Avaliação psicológica na saúde

**Coleção Avaliação Psicológica**

*Coordenadores*:
Makilim Nunes Baptista

*Conselho consultivo*:
Katya Luciene de Oliveira
Cristiane Faiad
Acácia A. dos Santos
Fabian Rueda
Hugo Cardoso
Monalisa Muniz

Dados Internacionais de Catalogação na Publicação (CIP)
(Câmara Brasileira do Livro, SP, Brasil)

Avaliação psicológica na saúde / Makilim Nunes Baptista, Karina da Silva Oliveira, Caroline Tozzi Reppold (orgs.). – Petrópolis, RJ : Vozes, 2025. – (Coleção Avaliação Psicológica)

Vários autores.
Bibliografia.

ISBN 978-85-326-7199-8

1. Avaliação psicológica 2. Saúde – Aspectos psicológicos I. Baptista, Makilim Nunes. II. Oliveira, Karina da Silva. III. Reppold, Caroline Tozzi. IV. Série.

25-251735     CDD-150.287

Índices para catálogo sistemático:
1. Avaliação psicológica 150.287

Eliete Marques da Silva – Bibliotecária – CRB-8/9380

# Avaliação psicológica na saúde

Makilim Nunes Baptista
Karina da Silva Oliveira
Caroline Tozzi Reppold

Petrópolis

© 2025, Editora Vozes Ltda.
Rua Frei Luís, 100
25689-900 Petrópolis, RJ
www.vozes.com.br
Brasil

Todos os direitos reservados. Nenhuma parte desta obra poderá ser reproduzida ou transmitida por qualquer forma e/ou quaisquer meios (eletrônico ou mecânico, incluindo fotocópia e gravação) ou arquivada em qualquer sistema ou banco de dados sem permissão escrita da editora.

**CONSELHO EDITORIAL**

**Diretor**
Volney J. Berkenbrock

**Editores**
Aline dos Santos Carneiro
Edrian Josué Pasini
Marilac Loraine Oleniki
Welder Lancieri Marchini

**Conselheiros**
Elói Dionísio Piva
Francisco Morás
Teobaldo Heidemann
Thiago Alexandre Hayakawa

**Secretário executivo**
Leonardo A.R.T. dos Santos

**PRODUÇÃO EDITORIAL**

Anna Catharina Miranda
Eric Parrot
Jailson Scota
Marcelo Telles
Mirela de Oliveira
Natália França
Priscilla A.F. Alves
Rafael de Oliveira
Samuel Rezende
Verônica M. Guedes

*Editoração*: Érica Santos Soares de Freitas
*Diagramação*: Guilherme Ayres
*Revisão gráfica*: Fernando Sergio Olivetti da Rocha
*Capa*: Pedro Oliveira
*Ilustração de capa*: Foto de pintura abstrata, Steve Johnson, via pexels.com

ISBN 978-85-326-7199-8

Este livro foi composto e impresso pela Editora Vozes Ltda.

# Sumário

*Apresentação*, 7
*Prefácio*, 9

1 Psicologia da saúde: o papel da avaliação psicológica, 11
André Faro, Luanna dos Santos Silva e Daiane Nunes dos Santos

2 Equipe interdisciplinar e avaliação psicológica em ambiente de saúde, 25
Diana Tosello Laloni e Rafael Andrade Ribeiro

3 A importância dos processos qualitativos e da integração de informações na avaliação psicológica em contexto de saúde, 37
Adriana Jung Serafini, Flávia Wagner e Denise Balem Yates

4 Avaliação de construtos de Psicologia Positiva na saúde: contribuições e limites, 49
Daniela Sacramento Zanini e Iorhana Almeida Fernandes

5 Avaliação da personalidade e desfechos na saúde, 62
Marcela Mansur-Alves, Willian de Sousa Rodrigues e Nelson Hauck Filho

6 Estresse e desfechos de saúde: adoecimento, avaliação e intervenção, 76
André Faro, Brenda Fernanda Silva-Ferraz, Natalício Augusto da Silva Junior e Makilim Nunes Baptista

7 Avaliação psicológica na internação e na enfermaria: potenciais e limitações do campo, 92
Doralúcia Gil da Silva e Prisla Ücker Calvetti

8 Avaliação psicológica nas doenças de pele no ciclo vital, 103
Prisla Ücker Calvetti

9 Avaliação psicológica e doenças crônicas transmissíveis, 113
Eduardo Remor e Miguel Luis Alves de Souza

10 Avaliação psicológica no contexto da doença renal crônica, 129
Celine Lorena Oliveira Barboza de Lira e José Maurício Haas Bueno

11 Dor crônica e implicações para os processos de avaliação psicológica, 143
Caroline Tozzi Reppold, Prisla Ücker Calvetti e Adriana Tavares Stürmer

12 Avaliação psicológica e saúde da mulher, 158
Nohana Emanuelly Cassiano da Silva, Júlia Duarte Firmino Salviano, Camila Nogueira Bonfim e Valeschka Martins Guerra

13 Avaliação psicológica na obesidade e cirurgia bariátrica, 174
Alef Alves Lemos, Juliana Bertoletti e Clarissa Marceli Trentini

14 Avaliação neuropsicológica em doenças neurodegenerativas, 192
Maria Andréia da Nóbrega Marques

15 Cuidados paliativos: desafios e possibilidades dos processos avaliativos, 202
Marina Noronha Ferraz de Arruda-Colli, Paula Elias Ortolan e Elisa Maria Perina

16 Abordagem psicossocial de avaliação do estresse em situações de desastres e catástrofes, 212
Tonantzin Ribeiro Gonçalves, Caroline Tozzi Reppold e Sheila Gonçalves Câmara

17 Avaliação psicológica de pessoas com deficiência no contexto da saúde, 229
Carolina Rosa Campos e Cassiana Saraiva Quintão Aquino

18 Resiliência no contexto hospitalar, 241
Karina da Silva Oliveira, Giovanna Viana Francisco Moreira, Evandro Morais Peixoto e Gabriela da Silva Cremasco

19 *Burnout* em profissionais da saúde, 255
Makilim Nunes Baptista, Hugo Ferrari Cardoso, Rodolfo A. M. Ambiel e João Carlos Caselli Messias

20 Psicologia Positiva e Psicologia da Saúde: Intervenções de bem-estar subjetivo nas doenças crônicas não transmissíveis, 265
Caroline Tozzi Reppold, Bruno Luis Schaab e Ana Paula Porto Noronha

*Índice*, 279
*Sobre os autores*, 283

# Apresentação

O livro *Avaliação psicológica na saúde*, da coleção do Instituto Brasileiro de Avaliação Psicológica (Ibap), apresenta um panorama abrangente e atualizado da avaliação psicológica em saúde, desvendando suas *nuances* e aplicações em diversos cenários. Com a colaboração de renomados especialistas, esta obra discute desafios e possibilidades da avaliação psicológica em diferentes contextos de saúde, tais quais a prática em equipes interdisciplinares, o manejo de doenças crônicas, transtornos mentais e situações de crise.

O que você encontrará nesta obra:

• Fundamentos teóricos e metodológicos: uma análise aprofundada dos processos qualitativos e quantitativos, abordando a integração de informações e a importância da ética na prática da avaliação;

• Instrumentos e técnicas: explorando testes psicológicos, entrevistas, observação comportamental e escalas de avaliação, com foco em diversos construtos relacionados aos contextos de saúde;

• Aplicações práticas: casos clínicos e exemplos que ilustram a avaliação em diferentes patologias e contextos de atuação, como doenças neurodegenerativas, obesidade, dor crônica, saúde da mulher, cuidados paliativos e situações de desastres;

• Atenção às necessidades específicas: discussões sobre a avaliação de pessoas com deficiência, profissionais da saúde e pacientes em diferentes faixas etárias.

Um guia essencial para:

• Psicólogos que buscam aprimorar suas habilidades de compreensão da área, de avaliação e de intervenção;

• Estudantes e residentes: um recurso didático completo para a formação em psicologia e áreas afins, com linguagem clara e exemplos elucidativos.

Amplie seus conhecimentos e aprimore sua prática profissional com esta obra fundamental sobre avaliação psicológica em saúde!

# Prefácio

Prezado(a) leitor(a),

Este livro que você tem em mãos trata de um tema muito caro na Psicologia: a psicologia da saúde, um campo de estudo fundamental para o entendimento da interação entre fatores psicológicos e o bem-estar físico, emocional e social dos indivíduos. Contudo, ele vai além e faz uma relação com a área de avaliação psicológica, essencial para a compreensão profunda do impacto dos fatores emocionais e cognitivos nas condições de saúde.

Livros sobre psicologia da saúde são muitos em nossas bibliotecas e livrarias. Porém, um livro que demonstre a presença de processos avaliativos e seu uso em diversos contextos da área da saúde são muito poucos. Portanto, este livro oferece uma contribuição significativa para esse campo ao explorar, de maneira abrangente, as múltiplas facetas da avaliação psicológica em ambientes de saúde, abordando desde as doenças crônicas até os desafios enfrentados em contextos de desastres e situações críticas.

Seus capítulos passam por discussões sobre o papel da avaliação psicológica na psicologia da saúde, colocando em foco os diferentes tipos de condições de adoecimento e os desafios que surgem em sua avaliação. O uso da abordagem biopsicossocial, com sua atenção na interação entre fatores biológicos, psicológicos e sociais, oferece ao leitor uma perspectiva essencial para o desenvolvimento de intervenções mais eficazes e sensíveis às necessidades do paciente. É interessante como, dessa perspectiva, a avaliação psico-

lógica torna-se uma ferramenta imprescindível não apenas para diagnóstico, mas também para a implementação de estratégias de tratamento e promoção da saúde.

Numa área como a saúde, na qual diferentes profissionais cuidam de pessoas, é imprescindível a existência da discussão do tema da interdisciplinaridade e sua importância no contexto hospitalar e de saúde. E este livro traz isso! A colaboração entre profissionais de diferentes áreas é necessária para uma abordagem holística, que considera todos os aspectos da saúde do paciente. A avaliação psicológica feita em um contexto interdisciplinar permite que se compreenda melhor o paciente em sua totalidade, promovendo uma intervenção mais integrada e eficaz.

Também é importante lembrar que a integração na avaliação psicológica na saúde não ocorre somente entre profissionais, mas também por meio de diferentes técnicas. Dessa forma, é abordada neste livro a integração entre os diferentes dados advindos da avaliação, sejam eles quantitativos quanto qualitativos, trazendo a subjetividade dos pacientes quando necessário. A utilização de métodos qualitativos, muitas vezes complementados por novas tecnologias, enriquece as informações obtidas e contribui para um entendimento mais completo do impacto das condições de saúde na vida do paciente. Aí está a riqueza dessa nossa área!

Como não poderia deixar de estar presente neste livro, encontramos a relação da saúde com questões de personalidade e estresse, abordada em diferentes capítulos. Essa presença indica a importância da avaliação desses fatores psicológicos e suas influências nas condições de saúde para a criação de programas de intervenção mais eficazes.

As doenças crônicas e os cuidados paliativos também foram abordados neste livro, mostrando o quanto a avaliação pode se tornar uma ferramenta de suporte emocional dos pacientes e de orientação da equipe multidisciplinar. Especificamente, mostrar o papel da avaliação psicológica para os cuidados paliativos é uma novidade na área.

Outro destaque deste livro tem relação com a área da psicologia positiva, que tem ganhado crescente importância nos últimos anos. A relação entre os construtos da psicologia positiva, como resiliência, esperança e bem-estar, e a saúde do indivíduo é uma das grandes inovações no campo da psicologia da saúde. Este livro detalha como esses conceitos podem ser aplicados na avaliação psicológica, fornecendo um olhar renovado para o tratamento e a promoção de saúde. Em especial, nesses momentos em que estamos enfrentando desastres e catástrofes, mostrar como a avaliação psicológica pode ser útil foi uma felicidade dos organizadores e autores deste livro. A inclusão de questões como a resiliência e a avaliação psicossocial nas práticas de intervenção psicológica é uma contribuição relevante desta obra.

Este livro não apenas aborda a teoria e a prática da avaliação psicológica em diversos contextos de saúde e em grupos específicos (mulheres, pessoas com deficiência), mas também reflete sobre as perspectivas futuras. Como a psicologia da saúde e a avaliação psicológica estão em constante evolução, é necessário continuar explorando novas formas de avaliação, incorporando os avanços tecnológicos e as novas descobertas científicas.

Antes de finalizar este prefácio, não posso deixar de apontar a qualidade dos organizadores desse livro. Makilim, Karina e Caroline (me dou o direito de chamá-los pelo primeiro nome pela proximidade que temos) são pesquisadores de destaque na avaliação psicológica no Brasil, com aproximações com a área da saúde. Para esta obra, eles souberam convidar pesquisadores com experiência, assim como organizar temáticas cujo mercado editorial estava carente. Portanto, oferecem aos leitores um livro que traz uma abordagem abrangente da avaliação psicológica na saúde, que combina teoria e prática, fornecendo ferramentas valiosas para os profissionais da área. A profundidade e a diversidade dos temas abordados o tornam uma leitura indispensável para aqueles que buscam compreender o papel essencial da avaliação psicológica na promoção da saúde e no cuidado integral ao paciente.

*Denise Ruschel Bandeira*

# 1
# Psicologia da saúde: o papel da avaliação psicológica

*André Faro*
*Luanna dos Santos Silva*
*Daiane Nunes dos Santos*

---

*Highlights*
- O campo da psicologia da saúde surge da necessidade de integrar fatores psicológicos à compreensão da saúde e doenças.
- A psicologia da saúde promove e alcança seus objetivos teóricos, práticos e de pesquisa por meio do processo de avaliação.
- A avaliação em psicologia da saúde é caracterizada pela abordagem teórica, contexto de aplicação e método adotado.

---

Imagine que você é um profissional de saúde tentando entender por que um paciente, mesmo após uma cirurgia bem-sucedida, continua a relatar níveis elevados de dor e ansiedade. Ou considere o caso de uma pessoa diagnosticada com uma doença crônica que sente dificuldades em lidar com as repercussões de seu adoecimento. O que acontece nessas situações? Quais os mecanismos psicológicos estão envolvidos nesses fenômenos? Quais as intervenções mais eficazes para esses cenários? Esses são alguns exemplos de questionamentos que a avaliação psicológica no contexto da saúde busca responder.

A avaliação psicológica descreve o processo sistemático de coleta, avaliação e integração de informações sobre o funcionamento psicológico (American Educational Research Association [AERA] et al., 2014), na psicologia da saúde. Esse processo objetiva entender os mecanismos comportamentais e psicológicos envolvidos na saúde, na doença e na assistência em saúde (Johnston & Johnston, 2001). De modo geral, a avaliação psicológica é necessária na psicologia da saúde

para: (a) avaliação do estado de saúde e das consequências da doença na qualidade de vida e funcionamento, incluindo o impacto psicológico e comportamental; (b) investigação da associação entre bem-estar e outros fatores, como estresse, comportamentos de saúde e características pessoais e sociais, para entender suas inter-relações; (c) avaliação da eficácia de modelos teóricos ou construtos na explicação e previsão de reações relacionadas à saúde e à doença; além da (d) avaliação da eficácia de intervenções para melhorar o bem-estar e a saúde (Johnston & Johnston, 2001; Karademas et al., 2016). Nesse sentido, a partir do processo de avaliação, a psicologia da saúde é capaz de promover e alcançar seus objetivos nas perspectivas teóricas, práticas e de pesquisa (Karademas et al., 2016).

Este capítulo proporciona uma discussão integrativa sobre avaliação psicológica no contexto da saúde, apresentando conhecimentos atuais e questões relevantes ao tópico. A seção introdutória traz uma visão geral do desenvolvimento da psicologia da saúde, discutindo os fundamentos teóricos centrais necessários para compreensão do papel da avaliação psicológica no campo. Em seguida, são feitas considerações sobre os aspectos da área que influenciam desenvolvimento, propósito, contextos e técnicas da avaliação em psicologia da saúde. A terceira seção foca na aplicação da avaliação psicológica em condições específicas de adoecimento: são examinados os principais construtos investigados, os instrumentos disponíveis e os desafios da avaliação em casos de síndrome do intestino irritável (SII) e paralisia cerebral (PC), tomados como exemplos de intercomunicação entre as áreas da psicologia da saúde e da avaliação psicológica. Ao final, são resumidas as principais informações do capítulo e discutidas direções futuras para a continuidade das pesquisas nessa interface.

## Psicologia da saúde

A psicologia da saúde é uma área relativamente nova, dedicada a entender as influências psicológicas sobre a manutenção da saúde, o desenvolvimento de doenças e seus comportamentos associados (Marks et al., 2024). Pesquisadores e psicólogos da saúde dedicam-se a desenvolver intervenções que ajudem as pessoas a se manterem saudáveis ou a se recuperarem de doenças, focando na promoção e na manutenção da saúde, além de investigar os aspectos psicológicos da prevenção e do tratamento de doenças. Psicólogos que atuam no campo da saúde podem, por exemplo, ensinar pessoas em ocupações de alto estresse a gerenciar tais demandas de maneira eficaz para evitar riscos à saúde ou intervir em pacientes que já estão doentes para ajudá-los na adesão ao tratamento (Taylor & Stanton, 2021). Além disso, os psicólogos da saúde exploram a etiologia da saúde e da doença, abordando fatores comportamentais e emocionais que influen-

ciam esse processo, a fim de analisar e melhorar o sistema de saúde e a formulação de políticas de saúde (Marks et al., 2024). Nesse escopo, a avaliação psicológica exerce papel crucial, isto é, como avaliar, mapear e identificar a etiologia e o diagnóstico dos componentes associados à saúde, à doença, à análise do sistema de saúde e ao planejamento da política de saúde (Maruish, 2018).

A psicologia da saúde, sob o enfoque de saúde pública e abrangendo a epidemiologia social e a saúde global, surge da incapacidade do modelo voltado ao reducionismo biológico como modo de explicação do processo saúde-doença de indivíduos, grupos e populações. Desse modo, o campo da psicologia da saúde desenvolve-se a partir da premissa de que entender a saúde e as doenças apenas por meio de fatores biológicos não é suficiente: é necessário também considerar fatores comportamentais, culturais e ambientais que influenciam a saúde das pessoas em nível individual e populacional (Hilton & Johnston, 2017). Essa perspectiva emerge da preocupação com a prevenção de doenças e a promoção de qualidade de vida pela transição da preocupação com doenças infecciosas para doenças crônicas e pelos progressos da medicina e consequente aumento da expectativa de vida. Ademais, reconhece o papel crucial do estilo de vida e dos comportamentos de proteção e risco para a saúde (Taylor & Stanton, 2021), além de a evolução da investigação nas ciências do comportamento, os crescentes custos em saúde e a busca por alternativas aos cuidados de saúde exclusivamente medicamentosos também impulsionarem essa interface.

Dada as definições e demandas que delimitam o campo da psicologia da saúde como uma área que investiga os fatores psicológicos, comportamentais e sociais relacionados à saúde e à doença, é fundamental considerar o papel da avaliação psicológica como uma ferramenta essencial para compreender as demandas individuais e coletivas, e elaborar intervenções mais eficazes e direcionadas nesse campo. Informações obtidas de testes com qualidades psicometricamente robustas e outros meios, como entrevistas com pacientes e terceiros, escalas clínicas de avaliação, instrumentos preenchidos por terceiros e revisões de registros médicos, desempenham um papel fundamental na tomada de decisões clínicas [Conselho Federal de Psicologia (CFP), 2022]. Estas informações são essenciais para a triagem de problemas de saúde mental, bem como o planejamento de tratamentos e monitoramento do progresso dos pacientes (Porcerelli & Jones, 2017). A avaliação psicológica amplia a discussão no campo da saúde por mapear os fatores psicológicos associados ao adoecimento físico. Assim, a inclusão de aspectos psicológicos nos processos avaliativos em saúde não apenas melhora a compreensão integral da saúde dos indivíduos, como também ajuda fundamentar políticas públicas e intervenções de saúde que visam promover o bem-estar geral da população (Haley et al., 2004).

## Avaliação e medidas em psicologia da saúde

A avaliação em psicologia da saúde pode ser caracterizada pela abordagem teórica que a fundamenta, pelo contexto de aplicação e pelo método adotado (Johnston & Johnston, 2001). O primeiro aspecto refere-se ao paradigma do modelo biopsicossocial que orienta a psicologia da saúde e pressupõe ser impossível compreender doença e saúde sem considerar a integração dos aspectos biológicos, psicológicos e sociais (Engel, 1977). A adoção desse paradigma será refletida na avaliação em psicologia da saúde na medida em que as

perguntas que orientam os processos avaliativos são guiadas por essa premissa. Como consequência, a avaliação em psicologia da saúde demanda a investigação de uma ampla gama de construtos de ordem física, cognitiva, emocional, comportamental e cultural (Karademas et al., 2016).

Essa diversidade é compreendida quando se considera a pluralidade de contextos explorados na área, os quais podem ser organizados em três domínios sobrepostos: comportamentos em saúde e prevenção; estresse e saúde; aspectos psicossociais de doenças e cuidados médicos (Smith, 2003). O domínio dos comportamentos em saúde e prevenção refere-se à associação entre hábitos diários (a exemplo de dieta alimentar e consumo de álcool) e desfechos em saúde, incluindo a avaliação de intervenções de redução de risco. Algumas variáveis investigadas são afeto, crenças em saúde, processos homeostáticos, condição socioeconômica, dentre outras. O segundo domínio, estresse e saúde, corresponde ao papel dos fatores psicobiológicos sobre desenvolvimento, curso e manutenção de doenças. Construtos como traços de personalidade, estresse e trauma são avaliados a fim de identificar ligações com a fisiopatologia de condições de saúde, como doenças cardiovasculares, inflamatórias e imunológicas. Por fim, o terceiro domínio diz respeito ao impacto do adoecimento na vida do paciente e de seus familiares. Dentre as variáveis estudadas estão a severidade de sintomas, *coping*, suporte social e adesão ao tratamento (Smith, 2003).

No que se refere ao método, a avaliação em psicologia da saúde exige a integração de diferentes campos de estudos, como medicina, biologia, saúde pública, epidemiologia, biomedicina e ciências sociais (Luecken & Tanaka, 2013). Diversos tipos de abordagem de avaliação podem ser utilizados, como entrevista, medidas padronizadas, observação de comportamento, índices clínicos (por exemplo: frequência cardíaca), índices fisiopatológicos (por exemplo: tomografia cerebral, contagem de células sanguíneas) e informações dos registros de saúde (por exemplo: regularidade de consultas médicas, medicação prescrita). A abordagem selecionada ditará o que e como avaliar, tornando-a um elemento central na avaliação na psicologia da saúde. Portanto, é preciso seguir um processo rigoroso e cuidadoso, considerando o objetivo que se deseja alcançar, pois cada método de avaliação é desenvolvido com base em um modelo teórico, mecanismos e possibilidades de desfechos que precisam ser considerados no momento da seleção (Johnston & Johnston, 2001). Além disso, a escolha do método de avaliação pode afetar tanto a motivação dos participantes quanto a qualidade dos dados obtidos (Karademas et al., 2016).

A essas circunstâncias complexas adicionam-se os níveis de análise. A avaliação no processo de saúde e doença precisa compreender o nível micro (pode incluir traços de personalidade, processos cognitivos, estilos de enfrentamento), meso (corresponde aos grupos sociais, como famílias, grupos étnicos) e macro (cultura, governos etc.) (Karademas et al., 2016; Luecken & Tanaka, 2013). Tipicamente, o foco da psicologia da saúde reside sobre o nível individual, assim como os métodos de avaliação desenvolvidos, com ênfase em medidas de autorrelato (Smith, 2003). Muitos exemplos de estudos no nível micro podem ser identificados, com achados diversos, como o efeito de intervenções psicológicas em cuidadores de pessoas com doenças crônicas (Wiegelmann et al., 2021); e a associação entre traços de personalidade, como neuroticismo e risco de desenvolver condições de adoecimento físico (Terracciano et al., 2021).

No nível meso, o reconhecido estudo de coorte Whitehall II é um exemplo de investigação, o qual examinou fatores de saúde no contexto organizacional e envolveu mais de 10.000 funcionários públicos britânicos com idades entre 35 e 55 anos. Um dos principais achados foi a associação entre posições ocupacionais mais baixas e maior risco de apresentar doenças cardiovasculares, Diabetes, mortalidade prematura e transtornos mentais (Marmot et al., 1991), demonstrando a ação dos contextos sociais. O Estudo *Global Burden of Disease* (GBD), conduzido pelo Institute for Health Metrics and Evaluation (IHME), é um exemplo de pesquisa macro (Murray, 2022). Produto de esforço global, com pesquisadores de mais de 160 países e territórios, o GBD fornece estimativas detalhadas sobre mortalidade, morbidade e fatores de risco para uma ampla gama de condições de saúde. Países como Brasil (Malta et al., 2020), Austrália (Australian Institute of Health and Welfare [AIHW], 2023) e Canadá (Kopec et al., 2024) usam as informações do GBD para orientar políticas de saúde pública e alocar recursos de forma eficaz.

A principal métrica utilizada no estudo GBD é o *disability-adjusted life year* (DALY), que representa um ano de vida saudável perdido ou vivido com incapacidade. Na investigação mais recente, foi identificado que em 2021 a Covid-19 foi a principal causa de DALY em todo o mundo, seguida pela doença cardíaca isquêmica, distúrbios neonatais e acidente vascular cerebral (Ferrari et al., 2024). Nesse sentido, a psicologia da saúde desempenha um importante papel na compreensão e no enfrentamento em todas essas condições.

Alcançar melhores desfechos em saúde requer estratégias que abranjam o nível individual, o contexto social e as intervenções estruturais (Hughes et al., 2020). A avaliação psicológica exerce papel importante nesse processo de integração multinível, pois a seleção e a publicação de indicadores de saúde são ações que tanto refletem quanto orientam os objetivos sociais e políticos (McDowell, 2006). É preciso que a informação esteja disponível, para que seja alcançada a partir da adoção da avaliação psicológica como procedimento-padrão, ou seja, é necessário produzir evidências para informar políticas e práticas. Nesse contexto (relevância da avaliação psicológica na saúde), deve-se considerar a recomendação da Organização Mundial da Saúde (OMS) (World Health Organization [WHO], 2022), sugerindo que a assistência em saúde mental seja integrada aos serviços de saúde. A identificação, a avaliação e o manejo de condições de saúde mental deveriam ser oferecidos em serviços de saúde geral. Como destacado pela OMS, problemas de saúde física e mental muitas vezes ocorrem e podem ser tratados simultaneamente; por exemplo, transtornos mentais comuns, como ansiedade e depressão, são frequentemente associados a condições de adoecimento físico (Lim et al., 2021; Zafar, 2022).

A avaliação psicológica é fundamental para abordar as necessidades complexas e diversas de pacientes acometidos por condições de saúde. A partir dela é possível identificar fatores relevantes que podem influenciar a apresentação e o manejo dos sintomas. Para exemplificar a aplicação dos princípios e questões discutidas até aqui, a próxima seção destaca a importância das decisões teóricas dos construtos avaliados e os métodos adequados para medi-los em diferentes contextos de adoecimento. Primeiro, na SII, distúrbio da interação intestino-cérebro de alta prevalência na população e com complexa inter-relação entre sintomas físicos e psicológicos. Em seguida, na PC, condição neurológi-

ca comum e de grande impacto que afeta não apenas o indivíduo, mas também suas famílias, exigindo uma abordagem abrangente de saúde. A SII e a PC são exemplos de intercomunicação entre psicologia da saúde e avaliação psicológica por envolverem aspectos complexos que exigem uma abordagem integrada de fatores biológicos, psicológicos e sociais para adequada compreensão e tratamento.

## Avaliação psicológica em diferentes contextos de adoecimento

### Síndrome do Intestino Irritável e avaliação psicológica

A demonstração empírica, por meio de métodos rigorosos, da associação de fatores psicossociais com saúde e doença é uma das maiores contribuições da psicologia da saúde. Especificamente, a área de investigação sobre os efeitos fisiológicos e físicos do estresse sobre a saúde geraram um grande volume de conhecimento, sendo um dos problemas de pesquisa mais antigos e um tópico central no surgimento da psicologia da saúde. O modelo básico que orienta esse domínio pressupõe que características pessoais (traços de personalidade específicos) e o contexto ambiental (relações familiares, trabalhos desafiadores) podem impactar a fisiopatologia de doenças específicas (por exemplo, doenças cardíacas). As investigações buscam identificar quais desses fatores psicossociais aumentam o risco de desenvolvimento de doenças específicas e de qual modo impactam o curso e a manutenção dos sintomas (Luecken & Tanaka, 2013; Smith, 2003).

Distúrbios da interação intestino-cérebro, como retocolite ulcerativa, doença de Crohn e SII, são especialmente interessantes para ilustrar esse domínio da psicologia da saúde. Em razão da ausência de uma etiologia orgânica, a explicação para essas doenças fundamenta-se na perspectiva de que o surgimento e a persistência dessas condições são resultado da complexa interação entre fatores psicológicos, biológicos e sociais. O cérebro e o intestino estão intimamente interligados e compartilham vias de comunicação endócrinas, humorais, metabólicas e imunológicas (Ancona et al., 2021), o que significa que o funcionamento de um pode influenciar o outro (Tonini et al., 2020).

A SII é uma doença crônica associada à dor abdominal recorrente, alterações nas fezes e mudança nos hábitos intestinais (Lacy & Patel, 2017), e considerada um dos distúrbios da interação intestino-cérebro mais comuns. Investigações recentes reportaram taxas de prevalência global entre 1,5% e 4,1%; no Brasil, a prevalência estimada foi de 8,3% (Sperber et al., 2021). Pesquisas apontam que fatores psicológicos afetam o início e curso desse distúrbio (Drossman, 2016; Tilburg et al., 2013); logo, para avaliar e tratar adequadamente a SII, a abordagem deve ser abrangente, avaliando fatores fisiológicos, psicológicos e sociais, como pode ser observado no modelo apresentado na Figura 1.

**Figura 1** *Modelo biopsicossocial da SII*

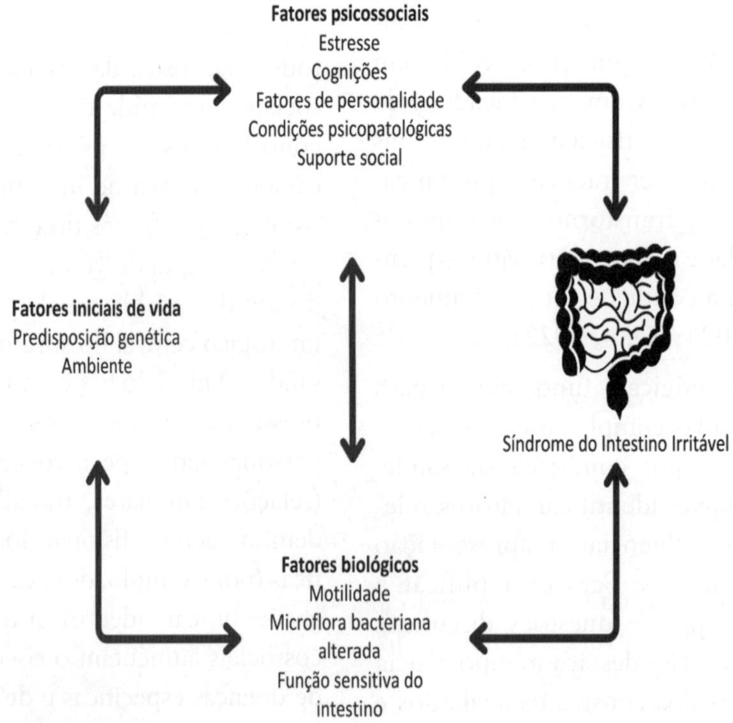

**Fatores psicossociais**
Estresse
Cognições
Fatores de personalidade
Condições psicopatológicas
Suporte social

**Fatores iniciais de vida**
Predisposição genética
Ambiente

Síndrome do Intestino Irritável

**Fatores biológicos**
Motilidade
Microflora bacteriana alterada
Função sensitiva do intestino

Fonte: Elaboração própria.

Primeiro, dada a prevalência estimada de transtornos psiquiátricos comórbidos em indivíduos com SII, a avaliação de transtornos mentais comuns é crítica. Quadros de ansiedade e depressão são frequentes, com taxas de prevalência estimadas em aproximadamente 40% para os sintomas ansiosos e 30% para os depressivos. A presença de transtornos psicológicos tem implicações importantes: pacientes com condições psicopatológicas apresentam maior severidade nos sintomas de SII e pior prognóstico quando comparados a pacientes com SII sem sintomas psicopatológicos (Goodoory et al., 2021). Essas associações levantam a questão de quais mecanismos psicológicos estão envolvidos nos efeitos observados, o que a literatura tem apontado como um importante papel da ansiedade gastrointestinal.

Caracterizada pelo medo de sensações e sintomas gastrointestinais, assim como das situações em que eles podem se manifestar, a ansiedade gastrointestinal está envolvida no complexo processo de desenvolvimento, manutenção e cronicidade da SII (Cassar et al., 2018; Labus et al., 2007; Tilburg et al., 2013). *Visceral Sensitivity Index* (Labus et al., 2004) é um questionário de 15 itens projetado para medir os aspectos únicos de medo, ansiedade e hipervigilância que podem acompanhar avaliações errôneas de sensações viscerais e desconforto. A pontuação total varia de zero (sem ansiedade específica dos sintomas gastrointestinais) a 75 (ansiedade específica dos sintomas gastrointestinais): quanto maior a pontuação, maior será a ansiedade específica. Para o contexto brasileiro, ainda não há estudo de adaptação e evidências de validade dessa medida.

Ainda que a SII não seja uma condição fatal, compromete diversas áreas da vida, reduzindo a percepção individual de controle e prejudicando a qualidade de vida, visto que o funcionamento social, ocupacional, sexual e nutricional é amplamente afetado pela doença. Avaliar o impacto desse distúrbio na qualidade de vida dos pacientes é relevante, por isso o *Irritable Bowel Syndrome Quality of Life Survey* (IBS-QOL) (Patrick et al., 1998) pode ser adotado com esse objetivo, por ser uma medida específica para a população

com SII, com 34 itens, a qual apresenta versão adaptada para o português brasileiro, licenciada pela *Rome Foundation*[1] (s.d.).

A avaliação dos sintomas presentes e da gravidade da apresentação é importante no processo de avaliação e tratamento da SII. A *Irritable Bowel Syndrome-Symptom Severity Scale* (Francis et al., 1997) é uma outra medida para avaliar a gravidade da doença, cujos itens estão relacionados à dor, à disfunção intestinal e ao bem-estar geral. Duas versões estão disponíveis: uma com pontuação baseada em uma escala visual analógica e outra com escala numérica. A versão em português brasileiro também é licenciada pela Rome Foundation (s.d.).

Medidas desenvolvidas para diagnósticos específicos, como SII, diferenciam-se das medidas genéricas por se afastarem de uma perspectiva generalizada e privilegiarem os aspectos mais relacionados à condição determinada, tornando-se mais sensível a mudanças clínicas ou variações no estado de saúde (Atherly, 2006). Nesse sentido, é interessante a adoção de medidas como as apresentadas, tanto em pesquisas e estudos de desenvolvimento e adaptação de instrumentos como na prática da assistência psicológicas aos pacientes com SII. Para isso, as intervenções psicológicas que estimulam a automonitorização de sintomas e cognições e utilizam a resolução de problemas e exposição podem aliviar os sintomas da SII e o sofrimento psicológico comumente relatado entre os pacientes (Axelsson et al., 2023; Henrich et al., 2015).

---

1. As versões em português brasileiro não têm, ainda, artigos de adaptação e validação; portanto, neste capítulo foram feitas referências aos artigos originais. A Rome Foundation licencia os questionários de pesquisa, que são protegidos por direitos autorais. Informações sobre as versões traduzidas e o processo para solicitar seu uso estão disponíveis no site da fundação.

## Paralisia Cerebral e avaliação psicológica

Os transtornos do neurodesenvolvimento representam um campo atual e dinâmico de pesquisa na psicologia da saúde, destacando-se como um tópico em ascensão na área. A relevância de investigações e estudos nessa área é evidente, dada a complexidade e o impacto desses transtornos na vida dos indivíduos e seus familiares (Cainelli & Bisiacchi, 2022). Nesse contexto, a avaliação psicológica surge como uma ferramenta crucial para o planejamento de intervenções eficazes, bem como o monitoramento e a avaliação contínua do progresso dos tratamentos em saúde. Embora a avaliação neurológica, que examina o funcionamento de habilidades, como memória, funções executivas, atenção, habilidades motoras e sensoriais, esteja bem estabelecida, a avaliação dos fatores psicológicos associados ao manejo das demandas presentes nesses quadros ainda carece de uma melhor estruturação (Oh, 2016). A PC, por exemplo, tem recebido atenção nos últimos anos, colocando-se como um tópico atual no campo da psicologia da saúde que merece atenção, principalmente pela pouca estruturação na assistência psicológica, tanto na intervenção e, mais evidente, nos processos avaliativos (Shaunak & Kelly, 2018).

A PC engloba um conjunto diverso de síndromes clínicas que se manifestam por *deficits* motores e/ou disfunções posturais. Essas alterações são resultado de uma lesão cerebral permanente e não progressiva, provocada por fatores hereditários e/ou danos ocorridos no binômio mãe-feto durante a gestação ou no recém-nascido no período perinatal. As desordens motoras frequentemente são acompanhadas de distúrbios sensoriais, perceptivos, cognitivos, de comunicação, comportamentais, além de epilepsia e problemas musculoesqueléticos secundários (Sado-

wska, 2020). A hipótese diagnóstica é formulada a partir de uma anamnese detalhada e um exame físico cuidadoso, descartando a possibilidade de distúrbios progressivos do sistema nervoso central (SNC). A investigação diagnóstica envolve análise da história do comprometimento motor, exame neurológico para determinar o tipo de PC; eletroencefalograma (EEG), em casos de PC associada; tomografia axial computadorizada (TAC); e ressonância magnética (RM), para avaliar as alterações cerebrais (Vitrikas et al., 2020). Estudos que sistematizam a avaliação de aspectos psicológicos em pessoas com PC são escassos na literatura, o que traz implicações significativas para a assistência integral desse público. Além disso, a falta de pesquisas e protocolos bem estabelecidos dificulta a implementação de estratégias eficazes de avaliação psicológica, impactando negativamente o cuidado integral (Shaunak & Kelly, 2018). Essa lacuna evidencia a necessidade urgente de desenvolver e implementar abordagens sistemáticas de avaliação psicológica que possam apoiar de maneira integral esse grupo, promovendo não apenas o bem-estar físico, mas também emocional e psicológico. Isso implica que, para avaliar aspectos relacionados à PC, a abordagem deve ser abrangente, avaliando fatores biológicos, psicológicos e sociais, como pode ser observado no modelo apresentado na Figura 2.

A avaliação psicológica na PC é essencial para a elaboração de protocolos de intervenção em saúde, tanto para os indivíduos com PC quanto para seus familiares. Incluir a avaliação de aspectos psicológicos é crucial no contexto de atenção em saúde a esse público, pois diferentes fatores psicológicos podem impactar o processo adaptativo dessas famílias e, consequentemente, o engajamento na assistência. Pais que estão melhor adaptados e que recebem suporte psicológi-

**Figura 2** *Modelo biopsicossocial da PC*

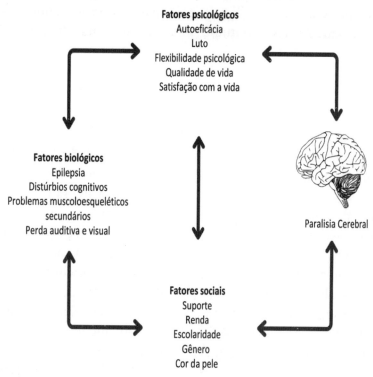

Fonte: Elaboração própria.

co adequado têm uma maior capacidade de contribuir positivamente para o desenvolvimento de seus filhos (Dieleman, et al., 2021; Isa et al., 2016; Sivaratnam, 2021). Portanto, investigar essas características é fundamental para fornecer um cuidado integral e eficaz, melhorando a qualidade de vida de toda a família envolvida.

Alterações cognitivas e comportamentais podem estar presentes na PC, sendo uma das principais fontes de estresse de pais. Avaliar essas alterações é relevante, por isso o *Strengths and Difficulties Questionnaire* (SDQ) (Goodman, 1997) pode ser adotado com esse objetivo. Desde seu desenvolvimento, o SDQ tornou-se o instrumento de pesquisa mais amplamente utilizado para a detecção de problemas relacionados ao comportamento infantojuvenil, sendo disponibilizado gratuitamente em mais de 40 idiomas, incluindo o português brasileiro (Fleitlich et al., 2000).

Apesar de não ser o instrumento específico para crianças e adolescentes com PC, o SDQ é a medida mais utilizada para avaliar alterações comportamentais nesse público (evidências de estudos de PC com essa medida). A medida é composta por 25 itens, sendo 10 itens sobre capacidades, 14 itens sobre dificuldades e um item neutro, os quais avaliam cinco domínios: sintomas emocionais, problemas de conduta, hiperatividade, problemas de relacionamento com colegas e comportamento pró-social. O instrumento é apresentado em três versões, indicadas para serem respondidas pelas próprias crianças (acima de 11 anos), por seus pais ou responsáveis e pelos professores. O SDQ provou ser eficaz na detecção de problemas de conduta e alterações emocionais, além de apresentar confiabilidade e validade globalmente satisfatórias. Contudo, cumpre ressaltar que não há estudos específicos que atestem as propriedades psicométricas do SDQ no contexto da PC, o que reforça a necessidade de desenvolver e adaptar medidas específicas para o público.

A autoeficácia parental volta-se à crença dos pais em sua capacidade de influenciar seus filhos, de forma a promover um desenvolvimento infantil positivo (Fang et al., 2021; Jones & Prinz, 2005). Frequentemente avaliada pela *Parenting Sense of Competence* (PSOC) (Gibaud-Wallston & Wandersman, 1978), é uma medida que conta com 17 itens, os quais avaliam a satisfação dos pais com a paternidade e sua autoeficácia no papel parental. A primeira dimensão reflete o grau em que os pais se sentem competentes, capazes de resolver problemas e à vontade com a parentalidade, enquanto a segunda reflete o grau em que os pais se sentem frustrados, ansiosos e pouco motivados no papel parental. O instrumento foi adaptado em diferentes países, como Canadá (Ohan et al. 2000), Estados Unidos (Lovejoy et al. 1997), China (Ngai et al. 2007), Brasil (Moura et al., 2020), entre outros.

Outros construtos são amplamente investigados no contexto da PC, tanto na pessoa acometida quanto em seus familiares, a exemplo da qualidade de vida em saúde, avaliado principalmente pelo Questionário de Qualidade de Vida da OMS – Versão Abreviada (*World Health Organization Quality Of Life – short form* [WHO-QOL-Bref]) (*Group*, 1998). A medida contém 26 itens, sendo duas questões gerais de qualidade de vida e demais perguntas que avaliam dimensões do construto: (a) domínio físico; (b) domínio psicológico; (c) relações sociais; e (d) meio ambiente. A flexibilidade psicológica (*Acceptance and Action Questionnaire* [AAQ]) (Hayes et al., 1996), o luto (*Adapted Burke Questionnaire* [ABQ]) (Hobdell, 2004), a solidão (UCLA *Loneliness Scale* [ULS-20]) (Austin, 1983), e a satisfação com a vida (*Life Satisfaction-Checklist* [LiSat-11]) (Fugl-Meyer, et al., 2002) são algumas das variáveis avaliadas no processo de ajustamento psicológico de pais de filhos com PC.

Os desafios da avaliação de aspectos psicológicos na PC são inúmeros, principalmente devido a características dessa condição, como a heterogeneidade do quadro clínico, o que necessita de uma abordagem muitas vezes personalizada e dificulta a padronização de protocolos de avaliação psicológica. Somado a esses fatores, é importante destacar, ainda, a presença de dificuldades de comunicação e as alterações cognitivas e comportamentais, que podem ser uma barreira no processo avaliativo, o que torna a aplicação de métodos de avaliação tradicionais mais complexa e exige adaptações específicas. Por fim, a falta de protocolos padronizados e instrumentos psicológicos (a maioria não foi desenvolvida originalmente para pessoas com PC) reforçam a necessidade de estudos de adaptação e validação de medidas para esse público. Abordar esses desafios requer uma combinação de desenvolvimento de protocolos específicos, um treinamento especializado para profissionais e uma abordagem colaborativa e interdisciplinar no cuidado à saúde de pessoas com PC e suas famílias.

## Considerações finais

A avaliação psicológica pode atender diferentes objetivos no campo da saúde. Por exemplo, auxiliar a tomada de decisões clínicas, o que envolve o diagnóstico de condições em saúde, a determinação da intervenção apropriada, a avaliação da elegibilidade para programas específicos ou a decisão sobre encaminhamentos. Para além da tomada de decisão, a avaliação psicológica cumpre o papel na previsão de resultados em saúde, com vista a prever comportamentos futuros, resultados de saúde ou respostas a procedimentos médicos, a partir de avaliações preditivas. Por fim, a avaliação em saúde também visa testar modelos teóricos, o que envolve projetos experimentais, testes de hipóteses e aplicação de ferramentas de avaliação específicas que medem construtos teóricos.

Vale destacar a escassez de estudos brasileiros voltados à compreensão da avaliação psicológica na saúde. Prova disso é que, mediante breve levantamento da literatura realizado na base de dados SciELO (em 27 de julho de 2024), por meio dos descritores "avaliação psicológica" e "psicologia da saúde", apenas um estudo foi encontrado. Logo, ressalta-se a importância do investimento em pesquisas para aprofundamento do conhecimento no campo, devido à relevância do papel da avaliação em saúde, a fim de que seja possível compreender como a área tem se estruturado na realidade brasileira.

## Referências

American Educational Research Association, American Psychological Association, & National Council on Measurement in Education. (2014). *Standards for educational and psychological testing.* AERA.

Ancona, A., Petito, C., Iavarone, I., Petito, V., Galasso, L., Leonetti, A., Turchini, L., Belella, D., Ferrarrese, D., Addolorato, G., Armuzzi, A., Gasbarrini, A., & Scaldaferri, F. (2021). The gut-brain axis in irritable bowel syndrome and inflammatory bowel disease. *Digestive and Liver Disease, 53*(3), 298-305. https://doi.org/10.1016/j.dld.2020.11.026

Atherly, A. (2006). Condition-specific measures. In R. L. Kane (Ed.), *Understanding health care outcomes research*, (pp. 165-183). Jones and Bartlett Publishers.

Austin, B. A. (1983). Factorial structure of the UCLA Loneliness Scale. *Psychological Reports, 53*(3), 883-889. https://doi.org/10.2466/pr0.1983.53.3.883

Australian Institute of Health and Welfare (2023). *Australian Burden of Disease Report 2023.* Australian Government. https://www.aihw.gov.au/reports/burden-of-disease/australian-burden-of-disease-study-2023/contents/summary

Axelsson, E., Kern, D., Hedman-Lagerlöf, E., Lindfors, P., Palmgren, J., Hesser, H., Andersson, E., Johansson, R., Olén, O., Bonnert, M., Lalouni, M., & Ljótsson, B. (2023). Psychological treatments for irritable bowel syndrome: a comprehensive systematic review and meta-analysis. *Cognitive Behaviour Therapy, 52*(6), 565-584. https://doi.org/10.1080/16506073.2023.2225745

Cainelli, E., & Bisiacchi, P. (2022). Neurodevelopmental disorders: past, present, and future. *Children, 10*(1), 31. https://doi.org/10.3390/children10010031

Cassar, G. E., Knowles, S., Youssef, G. J., Moulding, R., Uiterwijk, D., Waters, L., & Austin, D. W. (2018). Examining the mediational role of psychological flexibility, pain catastrophizing, and visceral sensitivity in the relationship between psychological distress, irritable bowel symptom frequency, and quality of life. *Psychology, Health & Medicine, 23*(10), 1168-1181. https://doi.org/10.1080/13548506.2018.1476722

Conselho Federal de Psicologia. (2022). *Resolução CFP n. 031, de 15 de dezembro de 2022.* https://site.cfp.org.br/publicacao/cartilha-avaliacao-psicologica-2022/

Dieleman, L. M., Soenens, B., Prinzie, P., De Clercq, L., & De Pauw, S. S. (2021). Parenting children with cerebral palsy: a longitudinal examination of the role of child and parent factors. *Exceptional Children, 87*(3), 369-390. https://doi.org/10.1177/0014402920986462

Drossman, D. A. (2016). Functional gastrointestinal disorders: history, pathophysiology, clinical features, and Rome IV. *Gastroenterology, 150*(6), 1262-1279.e2. https://doi.org/10.1053/j.gastro.2016.02.032

Engel, G. (1977). The need for a new medical model: a challenge for biomedicine. *Science, 196,* 129-135. https://doi.org/10.1126/science.847460

Fang, Y., Boelens, M., Windhorst, D. A., Raat, H., & van Grieken, A. (2021). Factors associated with parenting self-efficacy: a systematic review. *Journal of Advanced Nursing, 77*(6), 2641-2661. https://doi.org/10.1111/jan.14767

Ferrari, A. J., Santomauro, D. F., Aali, A., Abate, Y. H., Abbafati, C., Abbastabar, H., ElHafeez, S. A., Abdelmasseh, M., Abd-Elsalam, S., Abdollahi, A., Abdullahi, A., Abegaz, K. H., Zuñiga, R. A., Abeldaño R. A., Aboagye, R. G., Abolhassani, H., Abreu, L. G., Abualruz, H., & Bell, M. L. (2024). Global incidence, prevalence, years lived with disability (YLDs), disability-adjusted life-years (DALYs), and healthy life expectancy (HALE) for 371 diseases and injuries in 204 countries and territories and 811 subnational locations, 1990-2021: a systematic analysis for the Global Burden of Disease Study 2021. *The Lancet, 403*(10440), 2133-2161. https://doi.org/10.1016/S0140-6736(24)00757-8

Fleitlich, B., Cortázar, P. G., & Goodman, R. (2000). Questionário de capacidades e dificuldades (SDQ). *Infanto – Revista de Neuropsiquiatria da Infância e Adolescência, 44-50.* https://pesquisa.bvsalud.org/portal/resource/pt/lil-275954

Francis, C. Y., Morris, J., & Whorwell, P. J. (1997). The irritable bowel severity scoring system: a simple method of monitoring irritable bowel syndrome and its progress. *Alimentary pharmacology & therapeutics, 11*(2), 395-402. https://doi.org/10.1046/j.1365-2036.1997.142318000.x

Fugl-Meyer, A. R., Melin, R., & Fugl-Meyer, K. S. (2002). Life satisfaction in 18- to 64-year-old Swedes: in relation to gender, age, partner and immigrant status. *Journal of Rehabilitation Medicine, 34*(5), 239-246. https://doi.org/10.1002/pri.1887

Gibaud-Wallston J., & Wandersman L. P. (1978). *Development and utility of the parenting sense of competence scale.* The annual meeting of the American Psychological Association.

Goodman, R. (1997). The Strengths and Difficulties Questionnaire: a research note. *Journal of Child Psychology and Psychiatry, 38*(5), 581-586. https://doi.org/10.1111/j.1469-7610.1997.tb01545.x

Goodoory, V. C., Mikocka-Walus, A., Yiannakou, Y., Houghton, L. A., Black, C. J., & Ford, A. C. (2021). Impact of psychological comorbidity on the prognosis of irritable bowel syndrome. *The American Journal of Gastroenterology, 116*(7). https://doi.org/10.14309/ajg.0000000000001247

Group, T. W. (1998). The World Health Organization quality of life assessment (WHOQOL): development and general psychometric properties. *Social Science & Medicine, 46*(12), 1569-1585. https://doi.org/10.1016/S0277-9536(98)00009-4

Haley, W. E., McDaniel, S. H., Bray, J. H., Frank, R. G., Heldring, M., Johnson, S. B., Lu, E. G., Reed, G. M., & Wiggins, J. G. (2004). Psychological practice in primary care settings: practical tips for clinicians. In R. G. Frank, S. H. McDaniel, J. H. Bray, & M. Heldring (Eds.), *Primary care psychology* (pp. 95-112). American Psychological Association.

Hayes, S. C. (1996). Acceptance and action questionnaire. *The Psychological Record.* https://doi.org/10.1037/t04346-000

Henrich, J. F., Knittle, K., De Gucht, V., Warren, S., Dombrowski, S. U., & Maes, S. (2015). Identifying effective techniques within psychological treatments for irritable bowel syndrome: a meta-analysis. *Journal of Psychosomatic Research, 78*(3), 205-222. https://doi.org/10.1016/j.jpsychores.2014.12.009

Hilton, C. E., & Johnston, L. H. (2017). Health psychology: it's not what you do, it's the way that you do it. *Health Psychology Open, 4*(2), 2055102917714910. https://doi.org/10.1177/2055102917714910

Hobdell, E. (2004). Chronic sorrow and depression in parents of children with neural tube defects. *Journal of Neuroscience Nursing, 36*(2), 82-88. https://journals.lww.com/jnnonline/abstract/2004/04000/Chronic_Sorrow_and_Depression_in_Parents_of.5.aspx

Hughes, G., Shaw, S. E., & Greenhalgh, T. (2020). Rethinking integrated care: a systematic hermeneutic review of the literature on integrated care strategies and concepts. *The Milbank Quarterly, 98*(2), 446-492. https://doi.org/10.1111/1468-0009.12459

Isa, S. N. I., Ishak, I., Ab Rahman, A., Saat, N. Z. M., Din, N. C., Lubis, S. H., & Ismail, M. F. M. (2016). Health and quality of life among the caregivers of children with disabilities: a review of literature.

*Asian Journal of Psychiatry*, *23*, 71-77. https://doi.org/10.1016/j.ajp.2016.07.007

Johnston, M., & Johnston, D. W. (2001). Assessment and measurement issues. In D. W. Johnston, M. Johnston, A. S. Bellack, & M. Hersen (Eds.), *Health psychology. Comprehensive clinical psychology* (Vol. 8, pp. 113-135). Elsevier Science Publishers B.V. https://doi.org/10.1016/B0080-4270(73)00085-7

Jones, T. L., & Prinz, R. J. (2005). Potential roles of parental self-efficacy in parent and child adjustment: a review. *Clinical Psychology Review*, *25*(3), 341-363. https://doi.org/10.1016/j.cpr.2004.12.004

Karademas, E. C., Benyamini, Y., & Johnston, M. (2016). Introduction. In Y. Benyamini, M. Johnston, & E. C. Karademas (Eds.), *Assessment in health psychology* (pp. 3-18). Hogrefe.

Kopec, J. A., Pourmalek, F., Adeyinka, D. A., Adibi, A., Agarwal, G., Alam, S., Bhutta, Z. A., Butt, Z. A., Chattu, V. K., Eyawo, O., Fazli, G., Fereshtehnejad, S. M., Hebert, J. J., Hossain, M. B., Ilesanmi, M. M., Itiola, A. J., Jahrami, H., Kissoon, N., Defo, B. K., ... Elgar, F. J. (2024). Health trends in Canada 1990-2019: an analysis for the Global Burden of Disease Study. *Canadian Journal of Public Health*, *115*, 259-270. https://doi.org/10.17269/s41997-024-00851-3

Labus, J. S., Bolus, R., Chang, L., Wiklund, I., Naesdal, J., Mayer, E. A., & Naliboff, B. D. (2004). The visceral sensitivity index: development and validation of a gastrointestinal symptom-specific anxiety scale. *Alimentary Pharmacology and Therapeutics*, *20*(1), 89-97. https://doi.org/10.1111/j.1365-2036.2004.02007.x

Labus, J. S., Mayer, E. A., Chang, L., Bolus, R., & Naliboff, B. D. (2007). The central role of gastrointestinal-specific anxiety in irritable bowel syndrome: further validation of the visceral sensitivity index. *Psychosomatic medicine*, *69*(1), 89-98. https://doi.org/10.1097/PSY.0b013e31802e2f24

Lacy, B. E., & Patel, N. K. (2017). Rome criteria and a diagnostic approach to irritable bowel syndrome. *Journal of Clinical Medicine*, *6*(11). https://doi.org/10.3390/jcm6110099

Lim, L. F., Solmi, M., & Cortese, S. (2021). Association between anxiety and hypertension in adults: a systematic review and meta-analysis. *Neuroscience &*

*Biobehavioral Reviews*, *131*, 96-119. https://doi.org/10.1016/j.neubiorev.2021.08.031

Lovejoy, M. C., Verda, M. R., & Hays, C. E. (1997). Convergent and discriminant validity of measures of parenting efficacy and control. *Journal of Clinical Child Psychology*, *26*(4), 366-376. https://doi.org/10.1207/s15374424jccp2604_5

Luecken, L. J., & Tanaka, R. (2013). Health psychology. In J. A. Schinka, W. F. Velicer, & I. B. Weiner (Eds.), *Handbook of psychology: research methods in psychology* (2nd ed., pp. 245-273). John Wiley & Sons, Inc.

Malta, D. C., Azeredo, V. M. P., Machado, Í. E., Marinho Souza, M. D. F., & Ribeiro, A. L. P. (2020). The GBD Brazil network: better information for health policy decision-making in Brazil. *Population Health Metrics*, *18*, 1-3. https://doi.org/10.1186/s12963-020-00224-1

Marks, D. F., Murray, M., Locke, A., Annunziato, R. A., & Estacio, E. V. (2024). *Health psychology: theory, research and practice*. SAGE Publications Ltd.

Marmot, M. G., Stansfeld, S., Patel, C., North, F., Head, J., White, I., Brunner, E., & Feeney, A. (1991). Health inequalities among British civil servants: the Whitehall II study. *The Lancet*, *337*(8754), 1387-1393. https://doi.org/10.1016/0140-6736(91)93068-K

Maruish, M. E. (2018). Introduction. In M. E. Maruish (Ed.), *Handbook of pediatric psychological screening and assessment in primary care* (pp. 3-46). Routledge.

McDowell, I. (2006). *Measuring health: a guide to rating scales and questionnaires*. Oxford University Press.

Moura, D., Sousa, E. M. P., Santos, W. S., & Sousa, S. L. H. (2020). Escala de senso de competência parental (PSOC): evidências de validade e precisão em contexto brasileiro. *Revista de Psicologia*, *11*(2), 94-109. https://doi.org/10.36517/revpsiufc.11.2.2020.7

Murray, C. J. L. (2022). The Global Burden of Disease study at 30 years. *Nature Medicine*, *28*(10), 2019-2026. https://doi.org/10.1038/s41591-022-01990-1

Ngai, F. W., Chan, S. W. C., & Holroyd, E. (2007). Translation and validation of a Chinese version of the Parenting Sense of Competence Scale in Chinese mothers. *Nursing Research*, *56*(5), 348-354. https://doi.org/10.1097/01.NNR.0000289499.99542.94

Oh, M. Y. (2016). Psychological assessment in neuro-developmental disorders. *Hanyang Medical Reviews, 36* (1), 72-77. https://doi.org/10.7599/hmr.2016.36.1.72

Ohan, J. L., Leung, D. W., & Johnston, C. (2000). The Parenting Sense of Competence scale: evidence of a stable factor structure and validity. *Canadian Journal of Behavioural Science, 32*(4), 251. https://psycnet.apa.org/buy/2000-02962-007

Patrick, D. L., Drossman, D. A., Frederick, I. O., Dicesare, J., & Puder, K. L. (1998). Quality of life in persons with irritable bowel syndrome (development and validation of a new measure). *Digestive Diseases and Sciences, 43*, 400-411. https://doi.org/10.1023/A:1018831127942

Porcerelli, J. H., & Jones, J. R. (2017). Uses of psychological assessment in primary care settings. In M. E. Maruish (Ed.), *Handbook of psychological assessment in primary care settings* (pp. 75-94). Routledge.

Rome Foundation. (s.d.). *Rome Translation Project: Available translations*. https://theromefoundation.org/products/rome-translation-project/available-translations/

Sadowska, M., Sarecka-Hujar, B., & Kopyta, I. (2020). Cerebral palsy: current opinions on definition, epidemiology, risk factors, classification and treatment options. *Neuropsychiatric Disease and Treatment*, 1505-1518. https://www.tandfonline.com/doi/citedby/10.2147/NDT.S235165?scroll=top&needAccess=true

Shaunak, M., & Kelly, V. B. (2018). Cerebral palsy in under 25 s: assessment and management (NICE Guideline NG62). *Archives of Disease in Childhood-Education and Practice, 103*(4), 189-193. https://doi.org/10.1136/archdischild-2017-312970

Sivaratnam, C., Devenish, B., Howells, K., Chellew, T., Reynolds, K., & Rinehart, N. (2021). Risk factors for mental health difficulties in parents of children with cerebral palsy: a systematic review and meta-analysis. *Clinical Psychologist, 25*(1), 1-18. https://doi.org/10.1080/13284207.2020.1829945

Smith, T. W. (2003). Health psychology. In J. A. Schinka, & W. F. Velicer (Eds.), *Handbook of psychology* (2nd ed., pp. 242-265). John Wiley & Sons, Inc.

Sperber, A. D., Bangdiwala, S. I., Drossman, D. A., Ghoshal, U. C., Simren, M., Tack, J., Whitehead, W.

E., Dumitrascu, D. L., Fang, X., Fukudo, S., Kellow, J., Okeke, E., Quigley, E. M. M., Schmulson, M., Whorwell, P., Archampong, T., Adibi, P., Andresen, V., Benninga, M. A., ... Palsson, O. S. (2021). Worldwide prevalence and burden of functional gastrointestinal disorders, results of Rome Foundation Global study. *Gastroenterology, 160*(1), 99-114, e3. https://doi.org/10.1053/j.gastro.2020.04.014

Taylor, S. E., & Stanton, A., L. (2021). Introduction to health psychology. In S. E. Taylor, & A. L. Stanton (Eds.), *Health psychology* (pp. 3-13). McGraw Hill.

Terracciano, A., Aschwanden, D., Stephan, Y., Cerasa, A., Passamonti, L., Toschi, N., & Sutin, A. R. (2021). Neuroticism and risk of Parkinson's disease: a meta-analysis. *Movement Disorders, 36*(8), 1863-1870. https://doi.org/10.1002/mds.28575

Tilburg, M. A. L., Palsson, O. S., & Whitehead, W. E. (2013). Which psychological factors exacerbate irritable bowel syndrome? Development of a comprehensive model. *Journal of Psychosomatic Research, 74*(6), 486-492. https://doi.org/10.1016/j.jpsychores.2013.03.004

Tonini, I. G. O., Vaz, D. S. S., & Mazur, C. E. (2020). Eixo intestino-cérebro: relação entre a microbiota intestinal e desordens mentais. *Research, Society and Development, 9*(7), e499974303. https://doi.org/10.33448/rsd-v9i7.4303

Vitrikas, K., Dalton, H., & Breish, D. (2020). Cerebral palsy: an overview. *American Family Physician, 101*(4), 213-220. https://doi.org/10.21037/tp.2020.01.01

Wiegelmann, H., Speller, S., Verhaert, L. M., Schirra-Weirich, L., & Wolf-Ostermann, K. (2021). Psychosocial interventions to support the mental health of informal caregivers of persons living with dementia – a systematic literature review. *BMC geriatrics, 21*, 1-17. https://doi.org/10.1186/s12877-021-02020-4

World Health Organization. (2022). *World mental health report: transforming mental health for all*. https://www.who.int/publications/i/item/9789240049338

Zafar, M. (2022). Common mental disorder among patients with chronic respiratory disease. *The Egyptian Journal of Chest Diseases and Tuberculosis, 71*(1), 38-43. https://doi.org/10.4103/ejcdt.ejcdt_41_20

# 2
# Equipe interdisciplinar e avaliação psicológica em ambiente de saúde

*Diana Tosello Laloni*
*Rafael Andrade Ribeiro*

---

*Highlights*
- Psicologia da Saúde é interdisciplinar em sua essência, as ações são necessariamente interdisciplinares.
- A avaliação psicológica na saúde considera a relação entre comportamento e saúde, indo além do diagnóstico de transtornos mentais e integrando diversos saberes.
- A análise funcional do comportamento auxilia na compreensão das variáveis que influenciam o comportamento e a saúde.
- Psicologia da Saúde necessita de protocolos específicos para avaliação e intervenção em saúde geral, considerando a complexidade do comportamento humano.

---

Este capítulo introduz a interdisciplinaridade e a avaliação psicológica na saúde, a fim de conceituar essa temática e encontrar um denominador comum que oriente o trabalho dos psicólogos nesse ambiente predominantemente médico. Inicialmente, apresenta-se o conceito de saúde ao longo dos séculos até a posição atual da psicologia diante dessa complexa questão. Em seguida, aborda-se a questão da interdisciplinaridade, tratando-a como uma temática conceitual na integração entre os saberes na área da saúde e discutindo a equipe multiprofissional. No terço final do capítulo, foca-se a avaliação do psicólogo nos ambientes de saúde, sugerindo protocolos que incluam a relação comportamento e saúde.

O termo saúde vem de uma antiga palavra da língua alemã representada, em inglês, pelos vocábulos *hale* e *whole*, que referem a um estado de integridade do corpo. No entanto, é comum referir saúde como a ausência de doenças, um estado negativo, sugerindo que pessoas saudáveis estão livres de doenças. Nesse sentido, o estado de saúde, ou uma pessoa saudável, envolve muito além da ausência de doenças (Straub, 2014).

Ao longo do tempo os conceitos de saúde e doença foram influenciados por diversas posições: de filósofos, da ciência da época, das descobertas da biologia, da anatomia, da química, da fisiologia e de outras pesquisas em particular, com o objetivo de buscar a compreensão da vida e a solução dos problemas inerentes a ela. Em todos os tempos as pessoas foram afetadas por doenças; conforme a época, o adoecimento foi atribuído a possessões demoníacas, à punição pelos deuses ou ainda à fraqueza moral. De acordo com cada compreensão, os rituais de tratamento eram seguidos, demonstrando a preocupação de filósofos e alquimistas com a vida; logo, compreendiam-se e tratavam-se doenças de formas diferentes.

O filósofo grego Hipócrates (400 a.C.) estabeleceu outras raízes, rompeu com o misticismo e afirmou que a doença era um fenômeno natural, portanto pode ser estudada para prevenção e tratamento. Utilizou a observação dos fluidos corporais para propor a teoria humoral, propondo que o desequilíbrio dos fluidos afetava o corpo e a mente. Reconhecido como o pai da medicina, para ele era melhor conhecer o paciente que tem a doença do que conhecer a doença que ele tem (Wesley, 2003).

O avanço ocorreu ao longo dos séculos; uma das figuras importantes destacadas pelos historiadores é Galeno: embora nascido na Grécia, conduziu estudos em Roma. A partir da dissecação de animais e do tratamento dos gladiadores romanos, escreveu sobre anatomia, higiene e dieta. Seus estudos concentram-se entre os anos de 150 e 200 d.C. e foram seguidos por quase 1.500 anos. A metodologia utilizada por ele e seguida ao longo desse tempo foi a observação; ao mesmo tempo, desenvolveu-se no Oriente a denominada Medicina Tradicional Oriental, com o fundamento da harmonia interna do organismo, em que a energia vital oscila com as mudanças no bem-estar mental, físico e emocional de cada um (Straub, 2014).

Durante a Idade Média, por influência das crenças religiosas, em especial o cristianismo, as doenças foram apontadas como uma punição de Deus, nos momentos que as epidemias de peste assolavam as populações. Nessa época, poucos avanços ocorreram. A partir de 1500, a evolução na Europa retoma seu curso: a investigação científica evolui, promovendo a prática médica. A dissecação do corpo humano deixou de ser um pecado. Acrescenta-se nessa época a influência de Descartes (1596-1950), filósofo e matemático, que conceituava o corpo humano como uma máquina: a mente e o corpo são processos separados, que interagem minimamente, e cada um está sujeito a leis diferentes. Denomina-se, a partir daí, o dualismo mente-corpo (Straub, 2014).

O modelo biomédico permaneceu dominando a pesquisa na saúde até meados do século XX, favorecendo o preconceito quanto à importância dos processos psicológicos na saúde. Os ensaios de Canguilhem (1943, 2009) sobre o normal e o patológico trazem uma reflexão sobre essa questão, para o qual, a partir do patológico se decifra o ensinamento da saúde. Em seu resumo, esclarece ser muito instrutivo meditar sobre o sentido adquirido pela palavra "normal" na medicina, pois seu conceito pode estar equivocado. Segundo Lalande (1932), autor do *Vocabulário técnico e crítico da filosofia*, um esclarecimento ao problema do normal é a vida em si mesma, e não a apreciação médica, que faz do normal biológico um conceito de valor, e não um conceito de realidade estatística. Assim, as concepções de saúde e doença, do normal e do patológico, foram se transformando, e outros saberes vão sendo incorporados na atenção à saúde.

Canguilhem (2009) propõe que o estado patológico também é uma forma de se viver. A saúde seria, portanto, mais do que ser normal: é ser capaz de estar adaptado às exigências do meio e criar e seguir novas normas de vida, já que "o normal é viver num meio onde flutuações e novos acontecimentos são possíveis" (p. 188).

A saúde pode, por fim, ser concebida como um sentimento de segurança na vida, um sentimento de que o ser, por si mesmo, não se impõe nenhum limite. Nessa perspectiva, é impossível julgar o normal e o patológico se este estiver limitado à vida fisiológica e vegetativa. Como exemplo, é citado o astigmatismo, que poderia ser considerado normal em uma sociedade agrícola, mas patológico para alguém que estivesse na marinha ou na aviação. Dessa forma, só se compreende bem que são "nos meios próprios do homem, que este seja, em momentos diferentes, normal ou anormal" (Canguilhem, 2009, p. 162). Portanto, o patológico não tem uma existência em si, podendo apenas ser concebido numa relação.

Nessa visão, pode-se abstrair que a norma, não sendo uma média estatística, é algo individual, ou seja, uma noção que define as capacidades máximas de uma pessoa. Assim, cada indivíduo teria sua concepção do que é normal para si, já que a média não tolera desvios individuais que não podem ser considerados patológicos.

Poucos anos após a publicação do ensaio de Canguilhem (1943), a Organização Mundial da Saúde (OMS) definiu o conceito de saúde como "um estado de completo bem-estar físico, mental e social e não apenas a ausência de doença" (WHO, 1947, p. 1), impulsionando o ensino da medicina para uma visão multifatorial. Com essa tomada de posição da organização, os saberes não biológicos e fisiológicos na área médica passaram a ser objeto de questionamento das áreas psicológica e social.

A medicina psicossomática tentou explicar algumas doenças por meio dos princípios psicanalíticos de Freud. Estabelecendo uma relação entre a repressão inconsciente de conflitos e o desenvolvimento de doenças, cunhou o termo, que foi difundido ao longo de décadas até sofrer desgaste, pois abriu um grande leque de possibilidades, mas com baixa sustentabilidade na ciência psicológica (Cerchiari, 2000).

A medicina comportamental, na década de 1970, entrou como campo interdisciplinar entre psicologia e medicina, publicando pesquisas utilizando condicionamento clássico, comportamento operante, e funções biológicas, demonstrando sua inter-relação. Os experimentos de Ivan Pavlov que demonstram o condicionamento

clássico, os quais lhe deram na época o Prêmio Nobel de Fisiologia em 1904, já indicavam essa inter-relação. No entanto, apenas nessa época alguns experimentos com *biofeedback* marcaram o campo interdisciplinar de pesquisa (Straub, 2014).

A Associação Americana de Psicologia (American Psychological Association [APA]) reuniu, em 1973, profissionais da área para compilarem os estudos sobre os temas que relacionavam psicologia e medicina e, em 1978, criou a Divisão 38, denominada Psicologia da Saúde. Joseph Matarazzo (1980), primeiro presidente dessa divisão, publicou no Periódico Oficial, em 1982, os objetivos desse campo: (a) estudar de forma científica as causas e as origens de determinadas doenças, ou seja, sua etiologia. Os psicólogos da saúde estão principalmente interessados nas origens psicológicas, comportamentais e sociais da doença. Eles investigam por que as pessoas se envolvem em "comportamentos" que comprometem a saúde, como o hábito de fumar e o sexo inseguro; (b) promover a saúde. Os psicólogos da saúde consideram maneiras de fazer as pessoas adotarem comportamentos que promovam a saúde, como praticar exercícios regularmente e comer alimentos nutritivos; (c) prevenir e tratar doenças. Os psicólogos da saúde projetam programas para ajudar as pessoas a parar de fumar, perder peso, administrar o estresse e minimizar outros fatores de risco para uma saúde fraca. Eles também auxiliam aquelas que já estão doentes em seus esforços para se adaptarem a suas doenças ou adquirirem a regimes de tratamento difíceis; e (d) promover políticas de saúde pública e o aprimoramento do sistema de saúde pública. Os psicólogos da saúde são bastante ativos em todos os aspectos da educação para a saúde e mantêm reuniões frequentes com líderes governamentais que formulam políticas públicas na tentativa de melhorar os serviços de saúde para todos os indivíduos (Ribeiro, 2011).

George L. Engel (1977), psiquiatra, demonstrou o reducionismo do modelo médico vigente e defendeu uma nova abordagem em relação às doenças, apontando a relação entre determinantes biológicos, psicológicos e sociais e sugeriu a necessidade de um novo modelo médico.

Sarafino e Smith (2021) ilustram a definição com um diagrama, a partir do conceito de saúde na perspectiva biopsicossocial, a fim de identificar o contínuo entre saúde e doença. Os autores apresentam um modelo visualmente esclarecedor, o Continuum Saúde-Doença, que ilustra a saúde não como um estado absoluto, mas como um espectro dinâmico. Nesse contínuo, os indivíduos podem transitar entre condições precárias de saúde e uma saúde ótima, influenciados por diversos fatores, como a presença de sintomas e incapacidades, a adesão a tratamentos e a adoção de hábitos e estilos de vida saudáveis. O modelo destaca ainda a existência de um "*status neutro de saúde*", representando um estado intermediário entre os polos de condições precárias e condições ótimas. Essa perspectiva dinâmica da saúde é fundamental para a avaliação em psicologia da saúde, pois direciona o foco não apenas para a identificação de patologias, mas também para a promoção de comportamentos e condições que favoreçam o movimento em direção à saúde ótima (Sarafino & Smith, 2021).

Muitos fatores interagem para determinar a saúde. Esse é um tema fundamental da psicologia da saúde, uma das áreas da psicologia que aplica princípios e pesquisas psicológicas para a melhoria da saúde, o tratamento e a prevenção de doenças. Seus interesses incluem condições sociais (como a disponibilidade de cuidados de saúde e apoio de família e amigos) e fatores biológicos (como a longevidade familiar e vulnerabilidades hereditárias a certas doenças). Está consolidada a perspectiva biopsicossocial no campo da saúde, conceito interdisciplinar de saúde, incluindo as determinações biológicas, comportamentais e socioculturais.

Para a ciência psicológica que estuda o comportamento humano, conhecida como "behaviorismo", o comportamento é uma matéria difícil, não porque seja inacessível, mas porque é extremamente complexo. Desde que seja um processo, e não uma "coisa", não pode ser facilmente imobilizado para observação, ou de outro, tirado da vida. A descrição narrativa do comportamento de pessoas em épocas e/ou lugares determinados faz também parte de ciências, como arqueologia, etnologia, sociologia e antropologia (Skinner, 2003).

A interdisciplinaridade no campo da saúde impõe-se diante da complexidade do comportamento humano e da saúde. A saúde na perspectiva biopsicossocial define no próprio nome a interdisciplinaridade. Não é possível avaliar e intervir em saúde numa única perspectiva, apenas biológica, ou psicológica ou social, em virtude de se entender também o campo social como sociocultural. Um exemplo simples demonstra a inter-relação: as crianças pequenas que vivem em comunidades sem saneamento básico frequentemente sofrem de infecções gastrointestinais; quando não socorridas a tempo, desidratam e podem vir a óbito. Os programas de saúde para intervir nessa problemática incluem alterações na infraestrutura (programas de governo e sociais), na educação das famílias (para desenvolver repertórios comportamentais de higiene pessoal e dos alimentos, como programas psicológicos, sociais e educacionais) e na oferta de serviços de saúde na própria comunidade (para detectar a doença antes do estágio grave, como programas de atenção médica e enfermagem para prevenção). Logo, a intervenção em saúde exige a interdisciplinaridade.

A interdisciplinaridade é amplamente discutida; trata-se de um conceito utilizado e muitas vezes equivocado. A palavra inclui disciplinas que se inter-relacionam, uma difícil tarefa, visto ser a relação entre elas, e não a soma das partes. Para isso é preciso enfrentar a condição fragmentada da ciência e dos profissionais em sua especialidade.

A interdisciplinaridade não é qualquer coisa que se deve fazer, mas é qualquer coisa que tem sido feita, quer se queira ou não. Sem o interesse real por aquilo que o outro tem para dizer, não se faz interdisciplinaridade. Só se faz interdisciplinaridade quando se partilha um domínio do saber, quando há coragem para abandonar a linguagem técnica e especializada e participar num domínio de todos (Pombo, 2006).

O campo da saúde tem conceitos bem definidos em suas estratégias de ação: promoção, prevenção, avaliação, intervenção e remediação. Para cada um deles há descrições e estratégias. Promoção diz respeito à educação para a saúde, por exemplo educar as crianças para lavar as mãos antes de comer e depois de usar o banheiro; ao passo que prevenção diz respeito a estratégias de precaução em relação às doenças, por exemplo vacinação, ou uso de preservativos nas relações sexuais. A avaliação em geral é focada em diferentes dimensões, exames laboratoriais, entrevistas psicológicas, histórico do contexto sociocultural, consulta médica, cujos resultados devem estar contidos em um protocolo único, com um parecer final indicando a relação entre as variáveis.

Dessa forma a interdisciplinaridade se mantém. Por se tratar de saúde no ambiente médico, a estratégia dominante é a intervenção sobre a doença, mas o plano de intervenção deve estar apoiado nas diferentes dimensões, biológica, psicológica e sociocultural. A intervenção na saúde exige um planejamento integrado: para uma cirurgia, por exemplo, é necessário esclarecimentos, preparação, enfrentamento dos limites individuais e institucionais, a favor da vida do paciente. Não há intervenção sem a integração das partes, visto que qualquer intervenção clínica unilateral, com certeza trará conflito nas relações entre paciente e equipe, trazendo prejuízos à saúde do paciente. Já a remediação diz respeito ao enfrentamento das situações terminais, como nos cuidados paliativos e nas cirurgias de amputação e transplantes. Nesse sentido, as estratégias de ação garantem a vida e a qualidade de vida mesmo em situações extremas, pois são ações diretamente relacionadas à dimensão biológica, psicológica e social que devem ser desenvolvidas em conjunto.

A avaliação psicológica é um processo amplo que envolve a integração de informações provenientes de diversas fontes de informação, dentre elas: testes psicológicos, entrevistas, observações sistemáticas e análises de documentos (Conselho Federal de Psicologia [CFP], (2022). A avaliação psicológica na saúde é necessária para qualquer plano de avaliação e/ou intervenção, exigindo, portanto, desde o início, uma posição de integração dos conhecimentos de outras áreas para conduzir o planejamento da ação, considerando que a compreensão de saúde adotada é multifatorial.

Faz parte da área do conhecimento da avaliação psicológica o *Manual Diagnóstico e Estatístico de Transtornos Mentais* (*Diagnostic and Statistical Manual of Mental Disorders 5* [DSM-

5]) (APA, 2013). Embora o documento apresente categorias diagnósticas, atendendo ao modelo médico, alerta que outros domínios da saúde são importantes a serem considerados nos cuidados da saúde, denominando a questão como medidas transversais e concluindo que seus dados podem ajudar no diagnóstico, no acompanhamento e no plano terapêutico (APA, 2022).

A Psicologia da Saúde, em sua essência, é interdisciplinar, oferece caminhos e remete ao estudo da integração desses fatores. De acordo com Minayo (1994), a interdisciplinaridade não pode ser acolhida ingenuamente como uma panaceia para os males do campo científico. O conceito em questão, embora seja uma constante nas preocupações epistemológicas porque aparece em todas as épocas históricas no campo da ciência, deve receber um tratamento diferenciado no mundo contemporâneo, levando-se em conta as condições de produção do saber. Os êxitos dependem da reunião de pessoas capazes de dialogar e dispostas a isso, que sejam competentes em suas áreas disciplinares e compreendam a problemática específica da matéria de colaboração e produto do diálogo entre as partes, promovendo discussões sobre o mundo da vida.

Adotando o estudo do comportamento humano, como objeto da ciência psicológica e considerando sua complexidade como um todo que envolve aspectos biológicos, sociais e psicológicos, o plano de ação na saúde é multiprofissional, pois trata de desenvolver procedimentos para a saúde e o enfrentamento das doenças, que só podem ser criados a partir da participação de vários profissionais com treinamento e habilidades específicas. Nenhuma ação na saúde é exclusivamente médica: as ações sempre são para um indivíduo, que tem sua própria história social, está inserido numa comunidade, com sua própria cultura, e desenvolveu repertórios comportamentais determinados por essas contingências. É um organismo que se comporta em um ambiente, e seus comportamentos são produtos dessas exposições ao longo da vida, os quais fazem parte de sua saúde e de sua doença.

> O comportamento é tanto parte do organismo quanto suas características anatômicas. O próprio estatuto da espécie é uma variável que deve ser considerada na avaliação da probabilidade de qualquer tipo de comportamento. Desde que não podemos mudar a espécie de um organismo, a variável não tem importância no aumento de nosso controle, mas as informações sobre as características da espécie permitem prever os comportamentos típicos e, por outro lado, fazer uso melhor das outras técnicas de controle (Skinner, 2003, p. 174).

Os homens agem sobre o ambiente, modificando-o (comportamento) e são modificados pelas consequências dessa ação sobre o ambiente (consequência). Interações de qualquer organismo com seu meio ambiente são interações que envolvem alguma alteração no organismo com alguma alteração no ambiente. No homem, glândulas sudoríparas respondem a alterações da temperatura do ambiente, ao passo que o nível de oxigênio no sangue afeta a frequência de batimentos cardíacos, por exemplo. Na maior parte dos casos, essas relações são estudadas pelas ciências biológicas (Skinner, 2003).

> Respostas emocionais frequentes ou crônicas das glândulas e dos músculos lisos podem prejudicar a saúde do indivíduo. Distúrbios do aparelho digestivo, úlceras, e reações alérgicas têm sido atribuídas a respostas de medo, ansiedade, raiva ou depressão. Algumas vezes são denominadas doenças psicossomáticas. O termo acarreta a infeliz implicação de que a doença é o efeito da mente sobre o corpo. Como

vimos, às vezes é correto dizer que um estado emocional causa um distúrbio médico, como quando uma resposta crônica das glândulas ou músculos lisos produz uma mudança estrutural, como uma úlcera; mas tanto a causa quanto o efeito são somáticos, e não psíquicos. Ademais, um dos primeiros elos na cadeia causal permanece sem identificação. O estado emocional que produz a doença deve ser explicado e tratado. As variáveis manipuláveis das quais, ambos, a causa somática e o efeito somático, são funções, permanecem na história ambiental do indivíduo. Alguns sintomas psicossomáticos são meramente efeitos paralelos de uma causa comum anterior. Por exemplo, um ataque asmático não é o efeito da ansiedade, é parte dela (Skinner, 2003, p. 395).

A análise científica do comportamento pode contribuir para a sistematização da prática psicológica na saúde. Em uma perspectiva analítico-comportamental, o processo saúde-doença deve ser analisado funcionalmente. É necessário levantar que classes de respostas ocorrem na presença de eventos aversivos e quais suas consequências. Dessa maneira é possível analisar a relação entre os ambientes considerados não saudáveis e as classes de respostas dos organismos e suas consequências, sejam elas arbitrárias ou naturais. Logo, esse modelo de análise tem sido considerado importante para a prevenção e a manutenção da saúde. Por compreender os fenômenos psicológicos como comportamentais e reconhecer a determinação desses em função de variáveis ambientais, essa abordagem trabalha sob um enfoque relacional e pragmático na psicologia (Tourinho, 2003).

As questões que se impõem ao psicólogo na área da saúde, na prática diária e nos ambientes médicos, como hospitais ou ambulatórios, referem-se primordialmente ao auxílio ao tratamento médico para adesão (comportamento descrito como atender às prescrições), as decisões dos pacientes quanto apoio aos tratamentos propostos (comportamento descrito como a opção do paciente para a conduta proposta, denominadas de adesão), a avaliação psicológica em cirurgias eletivas, bariátricas, laqueaduras, vasectomias, plásticas e outras (comportamento descrito como avaliar o que, para que e para qual finalidade). Portanto, é mister que os psicólogos que trabalham com os princípios do comportamento humano têm sempre muitas perguntas a fazer.

As solicitações exigem que o psicólogo avalie os dois lados: aquele que pediu a intervenção no comportamento do paciente e o comportamento do paciente em relação ao pedido, além de observar quais são as contingências controladoras que estão presentes (análise funcional), não se trata de avaliar transtornos psicológicos como definidos no DSM-5 (2013), com a utilização de instrumentos psicológicos para essas medidas.

Essa é uma prática que, embora atenda objetivos do modelo médico, não atende ao modelo biopsicossocial: princípio da psicologia da saúde e ao conceito de interdisciplinaridade. Ao longo dos 50 anos da Psicologia da Saúde, pouco se evoluiu nessa direção: a maior parte das publicações não trata diretamente dessa questão, e quase nenhuma trata da relação comportamento e saúde como determinantes das doenças ou da saúde. Quando tratam, indicam comportamentos classicamente sugeridos como fatores determinantes, por exemplo: tabagismo, alcoolismo, exposição a agentes tóxicos.

Para exemplificar quanto essa questão é complexa, apresenta-se um problema: as pesquisas sobre estresse psicológico, as quais indicam que o estresse pode ser um gatilho para doenças autoimunes. Em uma pesquisa efetuada na Suécia com uma população de mais de 100.000

pessoas minuciosamente selecionadas, os autores encontraram a associação e sugerem, ainda, mais estudos para entender mais e melhor os mecanismos subjacentes (Song et al., 2018). Entende-se, portanto, que mecanismos subjacentes devem ser variáveis que determinam comportamentos e que ainda não foram estudados.

A observação sistemática no campo da saúde sugere a necessidade de estudos que se aprofundem na relação entre condições psicológicas (entende-se como comportamentos) e condições de saúde (entende-se como doenças); para isso, a avaliação psicológica em ambientes de saúde necessita ir além: verificar e analisar padrões comportamentais que podem estar relacionados a doença, pois geralmente antecedem a manifestação do sintoma. Quando a avaliação é centrada no período em que a doença já está estabelecida, o que está sendo avaliado como variável psicológica é considerado consequência e não uma condição antecedente.

A análise funcional é a metodologia que o psicólogo comportamental utiliza para compreender as variáveis das quais o comportamento é função. Caso seja adotada a hipótese de que o padrão crônico do comportamento de fuga/esquiva provoca alterações fisiológicas que favorecem doenças, a intervenção psicológica a ser planejada está no estudo das variáveis que determinam o padrão. "As variáveis manipuláveis da qual a causa somática e o efeito somático são funções permanecem na história ambiental do indivíduo" (Skinner, 2003, p. 396).

Nos ambientes médicos, os profissionais psicólogos analisados trabalham numa grande diversidade de ações, que podem variar desde a avaliação psicológica para cirurgias, o acompanhamento terapêutico em doenças crônicas, o auxílio no preparo para intervenções médicas de risco ou incapacitantes, a comunicação com a equipe de saúde sobre notícias difíceis, o acompanhamento psicológico de pacientes com transtornos mentais diversos, com internações prolongadas ou, ainda, sem suporte emocional familiar. Apesar de a diversidade de ações indicar quanto é esperado da ação do psicólogo, também aponta que não há clareza no papel da psicologia nesses ambientes. Contudo, é necessário considerar que essa definição deve partir da própria psicologia, o que ela faz, como faz e o que deve fazer, nesses ambientes.

A avaliação psicológica vai além da avaliação da saúde mental, pois se trata de avaliar o comportamento do paciente, do médico e da equipe de saúde frente às variáveis em ação. O comportamento do psicólogo deve estar sob controle das variáveis da ciência psicológica e ser capaz de avaliar o ambiente médico como agência controladora, determinando comportamentos.

Na literatura em psicologia, algumas sugestões têm surgido para auxiliar o trabalho do psicólogo no ambiente hospitalar. Uma delas vem dos autores Gorayeb e Guerrelhas (2003), que propõem um roteiro para sistematizar os atendimentos, destacando a importância de investigar diversos aspectos, como a história de vida do paciente, sua comunicação com a equipe, suas alterações cognitivas, comportamentais e emocionais decorrentes de determinada doença, suas dificuldades com procedimentos terapêuticos e a rede de apoio social. A partir dessas informações o psicólogo pode realizar análises funcionais, definir limites de intervenção, trabalhar a adesão ao tratamento e fortalecer o suporte social, contribuindo para uma atuação mais efetiva e embasada no contexto hospitalar.

A proposta de Gorayeb e Guerrelhas (2003) reforça a necessidade de ferramentas e critérios para organizar e otimizar o atendimento psicológico, além de sugerir o uso de protocolos para padronizar e qualificar as intervenções. Essa sistematização permite uma atuação mais precisa e alinhada com as demandas do ambiente hospitalar, beneficiando tanto os pacientes quanto a equipe de saúde.

Outra sugestão vem dos autores Nascimento et al. (2021), com a proposição de protocolos para avaliação psicológica na saúde e indicadores de atendimento para o planejamento dos trabalhos na internação e nos ambulatórios. A estruturação do protocolo "Avaliação Psicológica" buscou avaliar de maneira pormenorizada os seguintes aspectos: (a) estado geral; (b) aspectos cognitivos; (c) estado emocional; (d) histórico psiquiátrico; e (e) atitudes do paciente frente à vivência de adoecimento, hospitalização e tratamento. Os dados foram obtidos a partir de entrevistas para identificar transtornos mentais, desajustes comportamentais e sofrimento psicológico relativo ao adoecimento. Os autores verificaram que, em razão de poucos estudos terem sido encontrados, há uma necessidade urgente de pesquisas nessa área.

Para Costa Júnior (2010), os objetivos gerais da Psicologia da Saúde incluem a compreensão das variáveis de natureza psicológica sobre a saúde, incluindo as variáveis mantenedoras e gestoras, e as estratégias de intervenção. Ainda que os protocolos sugeridos e elaborados pelo Ministério da Saúde (MS), que indicam prevenção, diagnóstico e manejo das doenças, estejam elaborados com importantes indicadores comportamentais, são compreendidos e utilizados como um conjunto de regras, o que não é suficiente para alterar os comportamentos de adesão aos cuidados com a saúde.

Outro instrumental, sugerido pelo DSM-5 (APA, 2013), é a Avaliação de Saúde e Deficiência, desenvolvida pela OMS para avaliar a capacidade de um indivíduo realizar atividades em seis áreas: (a) compreensão e comunicação; (b) locomoção; (c) cuidados pessoais; (d) convívio com as pessoas; (e) atividades da vida (por exemplo, casa, trabalho/escola); e (f) participação na sociedade. Essa versão da escala é autoaplicável e foi desenvolvida para indivíduos com qualquer condição médica, não apenas transtornos mentais. Ela corresponde aos conceitos contidos na Classificação Internacional de Funcionalidade, Incapacidade e Saúde da OMS, publicada originalmente no ano de 2010 e adaptada para o português em 2015 (WHO, 2015; Silveira et al., 2013; Üstün et al., 2010). Essa avaliação também pode ser usada ao longo do tempo para rastrear mudanças no nível de funcionamento de um indivíduo, em virtude de identificar comportamentos necessários para a independência e, consequentemente, para a vida, e podem oferecer um caminho seguro para objetivos terapêuticos de intervenção aos psicólogos na saúde.

Há, ainda, instrumentos tradicionalmente conhecidos, como o Questionário de Saúde Geral de Goldberg (QSG). Trata-se de uma avaliação para determinar se o paciente tem algum nível de transtorno mental utilizado para rastreio, cuja escala foi adaptada para o Brasil por Pasquali e colaboradores (1994). Outro instrumento de triagem é o *Self-Reporting Questionnaire* (SRQ) (OMS, 1994), estudado no Brasil por Mari e Williams (1986) na Atenção Primária na Cidade de São Paulo, e frequentemente utilizado. Além disso, há o Questionário de Qualidade de Vida SF-36 (*Medical Outcomes Short-Form Health Survey* [SF-36]) (1996), um dos instrumentos mais utilizados em pesquisas de saúde e já validado no Brasil (Laguardia et al., 2011). Outra escala é a *Symptom Checklist-90-Revised* (SCL-90-R), que foi traduzida para 24 idiomas e usada para várias pesquisas na saúde; foi validada para o Brasil e reduzida de 90 para 40 itens (Gorenstein & Wang, 2024; Laloni, 2001).

Os instrumentos apresentados são amplamente utilizados na saúde para identificar algum nível de transtorno mental ou comportamental que pode estar relacionado com a saúde. Eles são questionários que, embora auxiliem as intervenções na área da Psicologia da Saúde, não contribuem para planejar intervenções para alteração de padrões comportamentais, de adesão ou mesmo de prevenção. A análise do comportamento que demonstra experimentalmente os processos de aprendizagem detém as ferramentas para a modelagem de comportamentos pró-saúde, por isso deve estar presente nessas ações e participar do desenvolvimento desse caminho (Marin & Faleiros 2020).

## Considerações finais

A abordagem escolhida para este capítulo foi demonstrar que a avaliação psicológica em ambientes médicos utiliza técnicas e instrumentos da avaliação psicológica tradicional, a partir de instrumentos para avaliar sintomas da saúde mental, conforme descrições no DSM-5 (APA, 2013). No entanto, os pacientes acometidos de qualquer adoecimento ou traumas físicos, ou seja, a população para a qual a Psicologia da Saúde deve trilhar caminhos e oferecer soluções, são avaliados com instrumentos para a saúde mental devido à ausência de protocolos específicos para a saúde geral e comportamentos.

Conclui-se que psicólogos e a psicologia, preferencialmente, escolhem a saúde mental como escopo de estudo e intervenção, e tradicionalmente entendem que intervenção é psicoterapia, com sua delimitação própria. Quando é necessária a atuação nos ambientes médicos, hospitais, ambulatórios ou unidades especiais, locais em que a saúde geral é o foco, carecem de tecnologia própria. Nesse sentido, buscam a tecnologia no tradicional da saúde mental, reduzindo o paciente adoecido a um paciente com transtornos mentais e ignorando que o transtorno a ser avaliado deve estar presente como consequência do adoecimento, o que indica uma adequação emocional, dado que os organismos se adaptam para sobreviver.

Diante desse enfoque, defende-se a necessidade urgente de paradigmas para análise do comportamento nesse ambiente, com visão para os comportamentos futuros de ajustamento às contingências presentes e previsão sobre as contingências futuras, e planejamento de ações nessa direção. Protocolos para as cirurgias bariátricas, plásticas, esterilizações, mudanças de sexo, amputações, por exemplo, existem no mundo interno das instituições de saúde, porém têm baixa publicação e poucos estudos de validação.

As avaliações devem levar em conta o funcionamento psicológico global dos indivíduos a partir dos princípios da integralidade e equidade, além de serem livres de conteúdo discriminatório e estigmatizante. Elas devem ir além da avaliação da saúde mental, pois as técnicas e instrumentos para realização da avaliação psicológica dependerão das demandas específicas de cada caso. Ademais, os pacientes ou usuários de serviço de saúde devem ser plenamente informados do conteúdo dessas avaliações e da forma como impactará no tratamento médico pretendido.

A importância da avaliação psicológica na saúde é um grande desafio aos psicólogos e aos serviços de saúde, considerando a visão integral do homem. A análise das contingências às quais ele está exposto, além de ser controlado por elas, volta-se à identificação das variáveis nas determinações da saúde e da doença, numa visão além do biológico e da capacidade de desenvolver ações que interfiram nessa determinação, em benefício da vida e da qualidade da vida. A tomada de decisão para a intervenção em saúde necessariamente deve estar apoiada na avaliação multidisciplinar e na compreensão do homem como um organismo que se comporta e está determinado pelas variáveis às quais o comportamento é função, sejam elas determinantes biológicos, psicológicos ou sociais.

## Referências

American Psychiatric Association. (2013). *Diagnostic and statistical manual of mental disorders: DSM-5™, 5th ed.* https://psycnet.apa.org/record/2013-14907-000

Canguilhem, G. (1943). *Ensaios sobre alguns problemas relativos ao normal e ao patológico* [Tese de doutorado, Faculdade de Letras Estrasburgo].

Canguilhem, G. (2009). *O normal e o patológico* (M. T. R. C. Barrocas, Trad., M. B. da Motta, Rev. Tec., 6ª ed.). Forense Universitária. https://app.uff.br/observatorio/uploads/O_Normal_e_o_Patol%C3%B3gico.pdf

Cerchiari, E. A. N. (2000). Psicossomática: um estudo histórico e epistemológico. *Psicologia: Ciência e Profissão, 20*(4), 64-79. https://doi.org/10.1590/S1414-98932000000400008

Conselho Federal de Psicologia. (2022). *Cartilha Avaliação Psicológica 2022.* https://site.cfp.org.br/wp-content/uploads/2022/08/cartilha_avaliacao_psicologica-2309.pdf

Costa Júnior, Á. L. (2010, maio 13-15). Psicologia da saúde: pesquisa e intervenção profissional. *Anais do I Congresso de Psicologia e Análise do Comportamento: Diversidade, Integração e Sustentabilidade* (pp. 26-27). Londrina: Universidade Estadual de Londrina. https://www.uel.br/eventos/cpac/pages/edicoes-anteriores/i-cpac.php

Engel, G. L. (1977). The need for a new medical model: A challenge for biomedicine. *Science, 196*(4286), 129-136. https://doi.org/10.1126/science.847460

Gorayeb, R., & Guerrelhas, F. (2003). Sistematização da prática psicológica em ambientes médicos. *Revista Brasileira de Terapia Comportamental e Cognitiva, 5*(1), 11-19. https://pepsic.bvsalud.org/scielo.php?script=sci_arttext&pid=S1517-55452003000100003

Gorenstein, C., & Wang, Y. P. (2024). *Instrumentos de avaliação em saúde mental* (2ª ed.). Artmed.

Laguardia, J., Campos, M. R., Travassos, C. M., Najar, A. L., Anjos, L. A., & Vasconcellos, M. M. (2011). Psychometric evaluation of the SF-36 (v.2) questionnaire in a probability sample of Brazilian households: results of the survey Pesquisa Dimensões Sociais das Desigualdades (PDSD), Brazil, 2008. *Health and Quality of Life Outcomes, 9*(1), 61. https://doi.org/10.1186/1477-7525-9-61

Lalande, A. (1932). *Vocabulaire technique et critique de la philosophie.* Alcan. https://archive.org/details/vocabulairetechn02lala/page/n3/mode/2up

Laloni, D. T. (2001). *Escala de avaliação de sintomas-90-R-SCL-90-R: adaptação, precisão e validade* [Tese de doutorado, Pontifícia Universidade Católica de Campinas]. http://repositorio.sis.puccampinas.edu.br/xmlui/handle

Mari, J. J., & Williams, P. (1986). A validity study of a psychiatric screening questionnaire (SRQ-20) in primary care in the city of Sao Paulo. *British Journal of Psychiatry, 148*(1), 23-26. https://doi.org/10.1192/bjp.148.1.23.

Matarazzo, J. D. (1980). Behavioral health and behavioral medicine: frontiers for a new health psychology. *American Psychologist, 35*(9), 807-817. https://pubmed.ncbi.nlm.nih.gov/7416568/

Minayo, M. C. S. (1994). Interdisciplinaridade: funcionalidade ou utopia? *Saúde e Sociedade, 3*(2), 42-63. https://doi.org/10.1590/S0104-12901994000200004

Nascimento, I. R. C., Jorge, M. S. B., & Leitão, I. M. T. A. (2021). Validação de protocolos de avaliação psicológica e indicadores de atendimento em psico-oncologia. *Psicologia: Ciência e Profissão, 41.* https://doi.org/10.1590/1982-3703003225481

Pasquali, L., Gouveia, V.V., Andriola, W.B., Miranda, F. J., & Ramos, A. L. M. (1994). Questionário de saúde geral de Goldberg (QSG): adaptação brasileira. *Psicologia: Teoria e Pesquisa, 10*(03), 421-437. https://www.researchgate.net/publication/279191898_Questionario_de_Saude_Geral_de_Goldberg_QSG_Adaptacao_Brasileira

Pombo, O. (2006). Interdisciplinaridade e integração dos saberes. *Liinc em Revista, 1*(2). https://doi.org/10.18617/liinc.v1i1.186

Ribeiro, F. A. (2011). A psicologia da saúde. In R. F. Alves (Ed.), *Psicologia da saúde: teoria, intervenção e pesquisa* (pp. 23-64). EDUEPB.

Sarafino, E. P., & Smith, T. W. (2021). *Health psychology: biopsychosocial interactions* (10th ed.). John Wiley & Sons.

Silveira, C., Parpinelli, M. A., Pacagnella, R. C., Camargo, R. S., Costa, M. L., Zanardi, D. M., Ferreira, E. C., Santos, J. P., Hanson, L., Cecatti, J. G., & Andreucci, C. B. (2013). Adaptação transcultural da Escala de Avaliação de Incapacidades da Organização Mundial de Saúde (WHODAS 2.0) para o Português. *Revista da Associação Médica Brasileira, 59*(3), 234-240. https://doi.org/10.1016/j.ramb.2012.11.005

Skinner, B. F. (2003). Ciência e comportamento humano (11ª ed.). Martins Fontes.

Song, H., Fang, F., Tomasson, G., Arnberg, F. K., Mataix-Cols, D., de la Cruz, L. F., Almqvist, C., Fall, K., & Valdimarsdóttir, U. A. (2018). Association of stress-related disorders with subsequent autoimmune disease. *Journal of the American Medical Association, 319*(23), 2388-2400. https://doi.org/10.1001/jama.2018.7028

Straub, R. O. (2014). *Psicologia da saúde* (R. C. Costa, Trad., B. Shayer, Rev. Tec., 3ª ed.). Artmed.

Tourinho, E. Z. (2003). A produção de conhecimento em psicologia: a análise do comportamento. *Psicologia: Ciência e Profissão, 23*(2), 30-41. https://doi.org/10.1590/S1414-98932003000200006

Üstün, T. B., Chatterji, S., Kostanjsek, N., Rehm, J., Kennedy, C., Epping-Jordan, J., Saxena, S., von Korff, M., & Pull, C. (2010). Developing the World Health Organization disability assessment schedule 2.0. *Bulletin of the World Health Organization, 88*(11), 815-823. https://doi.org/10.2471/BLT.09.067231

Wesley, J. (2003). *Primitive physic: or an easy and natural method of curing most diseases*. Wipf and Stock Publishers.

World Health Organization. (1947). *Constituição da Organização Mundial da Saúde (OMS/WHO) – 1946.* https://pesquisa.bvsalud.org/portal/resource/pt/lis-LISBR1.1-22006

World Health Organization. (1994). *User's Guide to Self. Reporting Questionnaire (SRQ)* (Expert Committee on Mental Health).

World Health Organization. (2015). *Avaliação de saúde e deficiência: manual do WHO disability assessment schedule (WHODAS 2.0).* https://apps.who.int/iris/bitstream/handle/10665/43974/9788562599514_por.pdf?sequence=19

# 3
# A importância dos processos qualitativos e da integração de informações na avaliação psicológica em contexto de saúde

*Adriana Jung Serafini*
*Flávia Wagner*
*Denise Balem Yates*

> *Highlights*
> - Definição de avaliação psicológica e sua aplicação no contexto de saúde.
> - A importância dos métodos qualitativos na avaliação psicológica.
> - A integração das técnicas ou dos processos qualitativos na avaliação psicológica.
> - Os processos de avaliação psicológica nomotéticos e idiográficos.

A Psicologia da Saúde busca compreender os múltiplos aspectos biopsicossociais envolvidos no processo saúde-doença, com o objetivo de promoção, prevenção e tratamento de doenças. Além disso, a identificação de causas e disfunções relacionadas a enfermidades permite sugerir melhorias no sistema de cuidados e nas políticas públicas de saúde com base em evidências empíricas. Nesse contexto, o papel do psicólogo e, mais especificamente, da avaliação psicológica é essencial por permitir a compreensão dos múltiplos determinantes em saúde.

A avaliação psicológica é um importante recurso para identificar e sistematizar diversas capacidades e necessidades dos usuários dos serviços de saúde. Tais informações podem auxiliar na elaboração de protocolos e ajudar a documentar a efetividade ou não de tratamentos, caracterizar a população atendida, traçar estratégias de intervenção e prevenção no campo da saúde (Capitão et al., 2005). O processo avaliativo é uma atividade complexa que integra julgamento clínico e conhecimento em uma área de atuação profissional e costuma envolver tanto fontes de informações qualitativas (como observações, entrevistas e relatos de terceiros) quanto instrumentos padronizados psicométricos e/ou projetivos (American Psychological Association [APA], 2020; Wright et al. 2021).

Neste capítulo, serão discutidos os processos avaliativos qualitativos, os quais permitem integrar de forma mais individualizada e qualificada múltiplas informações disponíveis nos diferentes locais de atendimento que fazem parte da rede de saúde. Como será abordado, o foco das avaliações em Psicologia da Saúde é diverso e depende do objetivo, do contexto em que o profissional está inserido e das limitações de tempo e recursos do local. A demanda da avaliação de um caso pode ser diferente, dependendo do setor em que o paciente está sendo acompanhado. Como exemplo, é possível pensar no caso de uma criança em internação psiquiátrica hospitalar em comparação com uma criança atendida em uma unidade básica de saúde (UBS). A primeira está sendo avaliada por diversos profissionais da equipe multidisciplinar e por um tempo mais extenso (dias ou semanas), enquanto a segunda terá uma consulta com o médico, que poderá solicitar informações complementares a colegas e a outros locais de atendimento ou cuidado dessa criança. Nesses casos, a demanda de avaliação em internação hospitalar pode ser muito mais específica e breve, pois a equipe já dispõe de informações complementares suficientes. Também pode ser necessário realizar a avaliação de forma breve, considerando tanto as condições do paciente (em função de questões que podem dificultar a avaliação, como uso de fármacos, agitação, entre outros), quanto a data da alta, pois muitos pacientes só estão aptos a realizar uma avaliação após a estabilização do quadro sintomatológico, o que costuma preceder o encaminhamento para tratamento ambulatorial. Já para o médico de uma UBS, uma avaliação mais completa, como um psicodiagnóstico, pode ser bastante importante para viabilizar um tratamento mais adequado. Na Atenção Primária, o foco do trabalho não contempla recursos essenciais para uma avaliação mais aprofundada, como um maior número de atendimentos e materiais específicos como testes psicológicos.

Assim, o primeiro tópico a ser abordado no capítulo serão as múltiplas demandas que podem ser foco de avaliação no contexto da Psicologia da Saúde. Em seguida, serão apresentados os principais métodos qualitativos utilizados, incluindo novas possibilidades que surgem com o avanço da tecnologia. Por fim, serão discutidas questões relacionadas à integração das técnicas ou dos processos qualitativos na avaliação psicológica, e implicações éticas do uso dos dados coletados.

## Foco da avaliação em Psicologia da Saúde

Diferentemente do processo de psicodiagnóstico, os processos avaliativos em Psicologia da Saúde focam nas interações entre a pessoa, a doença e seu ambiente ou contexto. A partir dessa avaliação é possível estabelecer um diagnóstico e/ou uma estratégia de tratamento (Remor, 2019). O psicólogo da saúde, em geral, trabalha com uma perspectiva biopsicossocial de saúde e doença, e necessita integrar informações de três dimensões: biológica, psicológica (aspectos afetivo-emocionais, cognitivos e do comportamento) e social dos principais envolvidos, a saber, o paciente, sua família/cônjuge/cuidador e o contexto/equipe de saúde Remor, 2019, p. 16).

A partir da dimensão biológica é importante levantarmos informações acerca dos da idade, gênero, raça e saúde (Remor, 2019). É essencial levar em conta as características biológicas do paciente; investigar a etapa do desenvolvimento em que ele está; verificar se os marcos do desenvolvimento foram atingidos no período esperado (especialmente nas avaliações de crianças e adolescentes); analisar como são suas condições de saúde mental e de saúde física, incluindo a presença de doenças crônicas e suas características, ocorrência de hospitalizações, uso de medicações ou outras substâncias, entre outras informações de seu histórico. De acordo com Bolze et al. (2019), a avaliação psicológica de pacientes em situação de hospitalização (e é possível, de forma geral, estender tal concepção para a área da saúde) deve, ainda, abranger o entendimento do paciente sobre sua doença, em razão de ser fundamental para a adesão ao tratamento.

A dimensão social, do mesmo modo, mostra-se de extrema relevância, considerando a rede de apoio, as questões educacionais, laborais, socioeconômicas (recursos em saúde, moradia, financeiros) e aquelas vinculadas aos ambientes em que o indivíduo está inserido (unidade familiar, estrutura de sua rede social, sistema de saúde, comunidade, entre outros) (Remor, 2019). Também é importante considerar a história de saúde familiar, os sentimentos da família sobre o paciente e seu processo de adoecimento, seu conhecimento sobre a doença e as expectativas sobre o tratamento, sua participação nos cuidados do paciente e a ocorrência de problemas intrafamiliares, as condições sociais e as atitudes religiosas em relação ao paciente e à doença.

Na avaliação de aspectos sociais é importante compreender de qual o tipo de suporte social o paciente dispõe, quais as condições de seus cuidadores, quanto tempo é empregado para o acompanhamento do paciente etc. Nesse sentido, a rede de apoio social existente, a forma estabelecida e o tipo de apoio recebido pelo paciente podem impactar tanto em seu desenvolvimento quanto em sua saúde geral, como também no prognóstico de um caso. Dados provenientes de diferentes fontes, como escola, profissionais que acompanham o paciente (incluindo a participação em *rounds* clínicos para a discussão do caso), os familiares, os cuidadores, a realização de observações *in loco* podem trazer dados relevantes para o entendimento do caso. Além disso, compreender o sistema de saúde, as características do centro de tratamento disponível e suas atitudes, os conhecimentos e os sentimentos da equipe em relação ao problema de saúde e ao paciente é fundamental. Da mesma forma, investigar se ele dispõe dos recursos necessários para os tratamentos permite adaptar as indicações conforme suas possibilidades.

A dimensão psicológica está presente em todo o processo de avaliação, em virtude de essa dimensão envolver os motivos de encaminhamento e as queixas trazidas por pacientes, familiares e fontes de encaminhamento. Os encaminhamentos para avaliação psicológica são diversos, podendo também ser múltiplos: dificuldades de aprendizagem, dificuldades cognitivas, avaliação da inteligência, problemas de comportamento, questões relacionadas ao humor ou afetos, entre outros. As avaliações na área da saúde ainda podem incluir demandas como: comorbidades psicológicas de doenças orgânicas, complicações das doenças orgânicas que resultam em sintomas psicológicos ou psiquiátricos, efeitos somáticos relacionados ao sofrimento psicológico ou diagnósticos diferenciais etc. (Remor, 2019). Cabe ressaltar que, na área da saúde, esses encaminhamentos podem ser variados e estão muito relacionados às equipes multiprofissionais às quais os psicólogos estão vinculados, sendo que solicitações para avaliações de pacientes de internação mostram-se diferentes daquelas de pacientes de ambulatório, assim como as avaliações de pacientes psiquiátricos têm características específicas, distintas, por exemplo, de pacientes em avaliação para uma cirurgia bariátrica. Dessa forma, ao longo do processo de avaliação será necessário selecionar e elencar as técnicas, os testes ou os métodos que possibilitam responder a questões levantadas a partir do encaminhamento e que possibilitem coletar essa diversidade de informações relacionadas a essas dimensões. A avaliação dessa dimensão precisa contemplar componentes afetivos que serão investigados, incluindo o humor e os afetos (no momento atual e na vida pregressa), a percepção e os sentimentos do paciente em relação à doença, os tratamentos e o apoio social recebidos. Questões comportamentais e cognitivas acerca de como o paciente lida ou encara sua doença e/ou dificuldades, e quais são seus hábitos relacionados à saúde (atuais e prévios) também fazem parte do modelo biopsicossocial (Remor, 2019).

Além disso, uma parte relevante dos processos avaliativos qualitativos é a exploração dos estilos cognitivos (como estilos de *coping* e atribuição de *locus* de controle) e de personalidade de paciente, visando identificar como seu funcionamento habitual influencia o enfrentamento ao processo de adoecimento e a adesão ao tratamento. Eles são aspectos imprescindíveis para que a avaliação dimensione os recursos e as potencialidades do paciente e de seu contexto ambiental e familiar no enfrentamento da doença e na manutenção da saúde. Nesse sentido, a Psicologia Positiva (PP) é uma área que auxilia a Psicologia da Saúde na identificação de fatores protetivos e preventivos que possam contribuir para a mudança de comportamento necessária ao enfrentamento de doenças agudas e crônicas (Figueiredo et al., 2021).

## Principais métodos qualitativos de avaliação

Os processos avaliativos qualitativos auxiliam a compreensão de informações sobre os pacientes ou usuários de serviços de saúde de forma detalhada e individualizada. Assim como nas avaliações quantitativas, a escolha das técnicas qualitativas utilizadas deve ser baseada em evidências, pesquisas e teorias (Ballan & Freyer, 2021; Wright et al., 2022). A seguir, serão descritos resumidamente os métodos qualitativos de coleta de informações (com exceção dos instrumentos psicológicos, abordados na sessão seguinte).

Os métodos utilizados nos processos avaliativos qualitativos no contexto da saúde englobam fontes fundamentais de informação em avaliação psicológica, compreendidas como "méto-

dos e/ou técnicas e/ou instrumentos psicológicos reconhecidos cientificamente para uso na prática profissional da psicóloga e do psicólogo", e podem também recorrer a fontes complementares de informação, ou seja, "procedimentos e recursos auxiliares" (Conselho Federal de Psicologia [CFP], 2018, p. 2-3). As fontes fundamentais consistem em entrevistas, observações e testes psicológicos aprovados para uso pelo CPF, ao passo que as fontes complementares podem ser "técnicas e instrumentos não psicológicos que possuam respaldo da literatura científica da área e que respeitem o código de ética e as garantias da legislação da profissão" (p. 3) ou documentos técnicos, tais como protocolos ou relatórios de equipes multiprofissionais. Dentre as fontes complementares, podem ser incluídos também registros (atuais ou passados) produzidos pelo próprio paciente (autorregistros, avaliação momentânea ecológica) ou por terceiros (vídeos domésticos, pareceres escolares, prontuários médicos).

As avaliações psicológicas iniciam habitualmente por meio de entrevistas: com a fonte encaminhadora, com o paciente, e, em caso de crianças ou adultos dependentes, com os responsáveis. Os contatos com outras fontes relevantes (como outros profissionais que acompanham o paciente ou outros familiares) podem ser feitos no início ou no decorrer da avaliação. O objetivo das entrevistas iniciais é aprofundar as queixas que levaram à avaliação (quais são e como essas dificuldades evoluíram) a fim de buscar informações sobre o paciente que serão relevantes para o plano de avaliação, bem como estabelecer um vínculo com ele, seus responsáveis e a equipe que o acompanha. Logo, o estabelecimento do vínculo é extremamente relevante para a realização dos demais métodos de avaliação, motivo pelo qual são essenciais os contatos iniciais com pacientes crianças ou adultos com necessidade de apoio. Nessas entrevistas é necessário abordar se o paciente sabe a razão pela qual foi encaminhado para avaliação e verificar como ele se sente em relação ao motivo. Tais questões podem ser exploradas também por meio de métodos projetivos gráficos (com crianças e adultos) e por meio da hora de jogo, usada como diagnóstico com crianças.

As entrevistas podem ser classificadas como de livre-estruturação, semiestruturadas ou estruturadas. A entrevista de livre-estruturação costuma partir de uma questão geral e ser construída ao longo de seu desenvolvimento, enquanto a entrevista semiestruturada é conduzida a partir de um roteiro de questões pré-formuladas, além de também permitir que novas perguntas sejam criadas durante a realização da entrevista. Já a entrevista estruturada segue um roteiro bastante rígido, contendo perguntas e alternativas de respostas determinadas: não é possível acrescentar novas questões, nem o paciente trazer respostas diferentes daquelas preestabelecidas (Serafini, 2016). Tais entrevistas costumam ser utilizadas na investigação diagnóstica de transtornos mentais, mas geralmente não são aplicadas como entrevistas iniciais. No contexto dos processos avaliativos em Psicologia da Saúde, e especialmente no âmbito hospitalar, é relevante considerar a necessidade de otimização do tempo; portanto, as entrevistas semiestruturadas costumam ser a opção ideal na medida em que admitem flexibilidade, apesar de seu direcionamento estabelecido.

As fontes entrevistadas após as entrevistas iniciais podem ser as mais variadas, cujo objetivo determinará qual será o informante mais indicado a ser contatado. Caso a intenção seja compreender o comportamento de uma criança fora de seu ambiente familiar, professores costumam ser boas fontes, assim como profissionais de saúde que atendem o paciente, como médicos, fisioterapeutas, fonoaudiólogos etc. No caso de adultos independentes dos quais se suspeite a ocorrência de transtorno do neurodesenvolvimento, familiares ou amigos que tenham convivido com eles na infância seriam as fontes mais relevantes. É necessário explicar aos entrevistados que o objetivo da conversa é possibilitar ao psicólogo compreender as dificuldades e as potencialidades do paciente, a quem o conteúdo do que foi abordado não será relatado desnecessariamente. Essa ressalva costuma ser necessária para deixar os entrevistados à vontade para revelar aspectos negativos dos pacientes, quando necessário, sem receio de serem expostos.

Vale lembrar que a discordância entre relatos de diferentes informantes é comum (Van der Ende et al., 2020). É papel do avaliador buscar compreender as incongruências entre os relatos, os quais muitas vezes trazem informações relevantes. Reyes e Epkins (2023) indicam que essas divergências podem ser decorrentes de variações situacionais, perspectivas dos informantes (qual frequência tem com o paciente e em qual contexto) e características dos informantes (vieses pessoais), mas apresentam validade. Os autores propõem diretrizes para a integração dessas discrepâncias. Na avaliação psicológica baseada em evidências, os resultados das entrevistas iniciais devem ser complementados pelos resultados de instrumentos psicológicos, além da realização de observações comportamentais, da leitura de registros e pareceres, da coleta de relatos de informantes e de outros métodos (Wright et al., 2022).

A observação é fundamental para obter informações detalhadas sobre o comportamento e o contexto do paciente, indo além da simples coleta de dados empíricos. A observação em psicologia consiste em focar a atenção em um indivíduo, evento ou fenômeno específico com a intenção de analisar, avaliar ou investigar. Embora ela não se limite à percepção visual, envolve todos os sentidos, integrando a sensopercepção, os conhecimentos do observador e seu raciocínio. Os principais tipos de observação em psicologia incluem: (a) observação participante *versus* não participante; (b) observação sistemática *versus* assistemática; e (c) observação em ambiente natural *versus* artificial. Explicando de forma bastante simplificada, na observação participante o observador interage com o sujeito ou grupo observado, enquanto naquela não participante, ele observa a distância, sem interação direta. A observação sistemática segue um protocolo estruturado e as etapas executadas são planejadas com antecedência e de maneira detalhada, como a determinação do local, o que será observado, qual a forma de registro (contagem do comportamento, tempo) etc., ao passo que a observação assistemática é mais flexível e adaptável, podendo modificar seus objetivos e procedimentos conforme necessário. A observação em ambiente natural ocorre em contextos familiares e cotidianos para o observado, enquanto a observação em ambiente artificial é realizada em locais controlados, como em sessões de avaliação psicológica. Cada tipo de observação tem suas vantagens e desvantagens, as quais devem ser consideradas pelo psicólogo ao interpretar os dados coletados (Oliveira et al., 2021).

A observação pode complementar as outras fontes de informação da avaliação, como testes psicológicos, entrevistas e outras técnicas. Ela também pode esclarecer possíveis inconsistências nas entrevistas e contribuir para a validade clínica dos procedimentos padronizados, identificando quando um teste ou uma técnica não atingiu

os objetivos desejados. Além disso, a observação também pode ser quantitativa ou qualitativa. A observação quantitativa resulta em dados numéricos sobre um fenômeno, enquanto a qualitativa visa sua descrição. Nesse sentido, a observação qualitativa tem como foco analisar a qualidade dos fenômenos descritos e sua intensidade, e deve ser fundamentada em teorias e experiências para reduzir o viés do observador (Oliveira et al., 2021). Algumas possibilidades de observação no contexto da Psicologia da Saúde são as observações de pacientes durante procedimentos médicos, fisioterápicos etc., em nível ambulatorial e de internação; em crianças, as observações de interação com os pais e pares costumam fornecer uma grande riqueza de informações.

Com relação às fontes complementares de informação, existe uma grande variedade de possibilidades: registros (por exemplo: prontuários médicos, vídeos domésticos da primeira infância) e pareceres (por exemplo: pareceres escolares), exames de saúde, aplicativos de avaliação momentânea ecológica e autorregistros (por exemplo: diários). Os registros e os pareceres facilitam a compreensão do histórico pessoal, educacional e de saúde do paciente de forma mais fidedigna do que a partir do relato dos informantes sobre eles (por exemplo: o relato de um paciente adulto sobre seu histórico escolar, por exemplo, muitas vezes é distorcido por vieses de memória). Os relatos também podem ser prejudicados por dificuldades de compreensão, como no caso de familiares que relatam problemas de saúde ocorridos no passado de forma pouco precisa ou com termos incorretos. Os vídeos domésticos costumam ser muito úteis na avaliação de sintomas de transtornos do neurodesenvolvimento, uma vez que os familiares, por vezes, passam a atribuir significado para comportamentos atípicos apresentados pelo paciente quando criança, tendo dificuldade de recordá-los e relatá-los de forma puramente descritiva.

Os diários ou autorregistros do paciente são frequentemente utilizados para monitorar comportamentos visíveis (como vômitos, tiques, atividade física, frequência urinária e uso de medicamentos, alimentação) e internos (como pensamentos, sentimentos, memórias e intensidade da dor). Estes registros servem tanto como medidas de referência quanto como ferramentas para entender as relações entre comportamentos e seus antecedentes e consequências. O uso de registros via *e-mail* ou aplicativos, bem como lembretes por aplicativos de conversas (por exemplo: WhatsApp) para incentivar o registro das informações pode aumentar a adesão a essas tarefas. Embora a confiabilidade e a validade desses dados não seja unânime, esses métodos ainda são bastante úteis para avaliar a eficácia de tratamentos e programas de intervenção (Remor, 2019).

O desenvolvimento de novas tecnologias trouxe uma outra forma de coleta de autorregistros, chamada de avaliação momentânea ecológica, também conhecida como amostragem de experiências. Trata-se de uma forma de coletar dados em ambientes naturais das pessoas em situações reais, a qual se tornou muito popular nas ciências sociais e da saúde, pois captura de forma eficaz comportamentos de saúde em tempo real e em seu contexto, melhorando a compreensão e a previsão de comportamentos de saúde importantes (Johnston, 2016). Uma das formas de coleta de informações pode ser feita de forma automática, no caso de medidores como pedômetros (que contam passos e distâncias percorridas), acelerômetros (que medem a vibração e a inclinação de membros do corpo), e medidores de dados fisiológicos (como frequência cardíaca,

hipertensão arterial e outras funções mais complexas). A outra forma de coleta de dados consiste em o paciente responder perguntas sobre o que está fazendo, pensando ou sentindo em momentos fixos ou aleatórios, geralmente por meio de um aplicativo em seu *smartphone*. Logo, a avaliação momentânea ecológica permite a coleta muito frequente de informações, minimamente distorcidas pela memória e por outros processos cognitivos, em praticamente todos os domínios do comportamento humano, incluindo comportamentos relacionados à saúde, como atividade física, hábitos alimentares, consumo de álcool, tabagismo e saúde sexual, além de possibilitar o cruzamento dessas informações. Dessa forma, por exemplo, é possível integrar dados quantitativos e qualitativos, como a frequência cardíaca e o registro de pensamento, e investigar quais pensamentos o paciente experimenta em momentos de taquicardia.

## A integração das técnicas ou processos qualitativos na avaliação psicológica

Uma das últimas etapas do processo de avaliação psicológica envolve o momento de integrar as informações obtidas a partir de diferentes fontes (Rigoni & Sá, 2016), como entrevistas, observações, e resultados dos instrumentos utilizados, com o objetivo de se realizar um diagnóstico e/ou análise do funcionamento do paciente, identificando dificuldades ou potencialidades. Como referido por Oliveira e Silva (2019), ao longo de uma avaliação psicológica o profissional deve analisar e entender os dados coletados, que podem ser quantitativos e qualitativos, buscando situá-los "no tempo, cultura e situação, e integrá-los de forma compreensiva, dinâmica e harmônica" (p. 98). Oliveira e Silva (2019) ainda ressaltam que a integração das informações de diferentes naturezas (quantitativas e qualitativas) minimiza as limitações dessas fontes de dados, contribuindo para conclusões científica e teoricamente embasadas. Dessa forma, entende-se que os dados qualitativos são fontes de extrema importância nessa fase do processo, pois permitem contextualizar os achados e compreender resultados de instrumentos psicológicos (os quais, em algumas situações, podem ser, inclusive, contraditórios ou inconsistentes).

Informações advindas de entrevistas, observações e outras fontes qualitativas possibilitam o entendimento das condições do paciente durante a aplicação dos testes, de seu momento de vida, do contexto em que está inserido, de seu estado de saúde geral e de outras questões que podem influenciar nos resultados. Uma avaliação psicológica realizada em um ambiente hospitalar, por exemplo, pode apresentar vieses de complexidade próprias de tal situação (Azevêdo et al., 2019), tanto em razão das particularidades do próprio local quanto das condições do paciente e dos motivos de encaminhamento, sendo que uma avaliação realizada em ambulatório tem características diversas de uma realizada em internação. Na internação, por exemplo, questões como a necessidade de hidratação ou medicação venosa, a permanência no leito, as interrupções para deslocamento para exames, assim como o uso de medicações podem interferir no planejamento de avaliação e escolha de instrumentos e técnicas (Azevêdo et al., 2019). Além disso, como referido por Schmidt et al. (2017), a situação de hospitalização distancia a pessoa de seu cotidiano, de atividades de sua rotina, assim como de seu círculo familiar e social, além de colocá-la frente a frente com o adoecimento, a dor, as restrições e a possibilidade de morte (mesmo que seja imaginária),

favorecendo uma maior fragilidade emocional. Dessa forma, a necessidade de obter informações de diferentes fontes, assim como de áreas e dimensões da vida de um paciente, faz parte desse processo de avaliação e vai ao encontro do modelo biopsicossocial, utilizado na área da Psicologia da Saúde, e detalhado anteriormente.

Compreender o impacto do problema de saúde, as características de personalidade antes do surgimento da doença, bem como os sentimentos em relação ao processo de adoecimento também é fundamental. Tais questões serão trianguladas com os demais dados e auxiliarão a compreender achados, por exemplo os de instrumentos da área cognitiva que podem se mostrar alterados em razão do uso de medicações e influenciar a capacidade de raciocínio, concentração ou de velocidade de processamento. Atrasos que vão acontecendo ao longo do desenvolvimento ou, ao contrário, a ocorrência de mudanças abruptas no desempenho cognitivo, na aquisição de habilidades, na linguagem, no comportamento, assim como no afeto do paciente, podem direcionar de diferentes formas a compreensão de um caso e dos resultados de instrumentos. Por exemplo, em um paciente que teve todo seu desenvolvimento nos marcos esperados, não apresentando dificuldades cognitivas, questões comportamentais ou emocionais prévias, e se, após um acidente ou adoecimento, passa a apresentar sintomas de tal ordem, observa-se a importância da análise de resultados da avaliação em conjunto com os dados biológicos e as informações de demais profissionais que acompanham o paciente (psiquiatras, neurologistas, fisioterapeutas, fonoaudiólogos, entre outros). As informações trazidas por familiares (pais, filhos, companheiros, entre outros) e pessoas próximas ao paciente (amigos, cuidadores) que o acompanharam ao longo de diferentes períodos de sua vida também são fontes importantes de informação.

Outro aspecto importante a ser ressaltado na avaliação psicológica, quando são considerados os processos qualitativos, é a natureza desses processos. É possível distinguir as diferentes fontes de informações, incluindo os testes psicológicos, como de caráter nomotético ou idiográfico. Os instrumentos nomotéticos terão como objetivo avaliar o indivíduo comparando-o com outros, em geral por meio de normas relativas ao grupo ao qual pertence (faixa etária, escolaridade, gênero, entre outros). Já os processos de caráter idiográfico englobam variáveis ou características individuais, ou seja, como o sujeito se distingue da maioria das outras pessoas e de características que são, de certa forma, únicas. O objetivo é maximizar tais variáveis e sua relevância para o indivíduo em particular (Campos, 2013; Haynes et al., 2009).

Instrumentos projetivos, por exemplo os Testes de Apercepção Temática (TAT), ou gráficos, como o Casa-Árvore-Pessoa (*House-Tree-Person* [HTP]), podem fornecer esses dados idiográficos, que não envolvem um enquadramento à norma, mas se mostram riquíssimos na medida em que podem fornecer aspectos da dinâmica da personalidade, aspectos afetivos e também de funcionamento do indivíduo, que são únicos. Esses instrumentos também devem ter seus achados compreendidos à luz da teoria que os embasa, visto que o conhecimento teórico aprofundado é requisito para seu uso. Além disso, o entendimento do que é esperado, ou não, em termos de desenvolvimento humano é outro fator relevante nessa análise. Outras fontes de informação como entrevistas, observação e diversos registros (como fotos, diários, dados de prontuário, entre outros) também podem ser entendidos como processos qualitativos que nos fornecem dados singulares do paciente. Compreende-se, ainda, que essas fontes são importantes aliadas para a triangulação dos resultados. Em instrumentos gráficos, por exemplo, o nível de desenvolvimento psicomotor, ou dificuldades motoras, podem nos trazer um viés para a análise projetiva dos resultados. Assim, informações coletadas em entrevistas, prontuários médicos e de outros profissionais de saúde e outras fontes são ferramentas essenciais nesse processo. Dados sobre o momento de vida do paciente ou de vivências anteriores, como o padrão nos relacionamentos estabelecidos, podem auxiliar a contextualizar o conteúdo verbalizado na elaboração de respostas ao TAT, por exemplo. Na avaliação psicológica em saúde, assim como em outros contextos, é importante ter atenção para o processo do desenvolvimento das respostas elaboradas aos testes. Em instrumentos projetivos, como TAT ou o Rorschach (que nos fornece tanto dados nomotéticos quanto ideográficos), por exemplo, habilidades verbais e também de raciocínio lógico mostram-se evidenciadas quando são observados a estruturação e o desenvolvimento de uma resposta. No TAT é necessário ter atenção à forma como os pacientes elaboram as histórias e verificar se o enredo se mostra lógico e encadeado, tanto de forma temporal quanto no conteúdo trazido. Uma maior riqueza ou pobreza nas respostas verbais dadas ao Rorschach e a linguagem utilizada também podem trazer dados qualitativos importantes sobre as habilidades dos pacientes. Essas informações podem favorecer uma análise que vai além das características traços ou estrutura de personalidade, auxiliando, inclusive, na compreensão do funcionamento cognitivo do paciente (entretanto, salienta-se que esse é um dado a mais, já que, para mensurar habilidades cognitivas, deve-se adotar instrumentos com tal finalidade).

As informações idiográficas provenientes dos processos qualitativos na avaliação psicológica também favorecem a compreensão dos resultados dos instrumentos psicométricos por meio da triangulação de informações. Dados nomotéticos são muito importantes, pois permitem que se compreenda o funcionamento do indivíduo quando comparado com outros do mesmo grupo ao qual pertence; por exemplo, os resultados de QI, a predominância de traços de personalidade ou a presença de um certo número de comportamentos, pensamentos ou sentimentos que indiquem alguma sintomatologia por se mostrarem acima ou abaixo de uma determinada média ou ponto de corte. No entanto, tais dados também precisam ser confrontados com informações acerca da realidade do paciente, em virtude de essas informações permitirem direcionar, confirmar ou descartar hipóteses diagnósticas. Por exemplo, um resultado de QI necessita ser compreendido à luz do desenvolvimento, do funcionamento adaptativo do indivíduo e do contexto em que está inserido, ou seja, são dados provenientes de um processo qualitativo. Em situações de hospitalização, o afastamento das atividades escolares pode impactar a aprendizagem e a aquisição de habilidades cognitivas. Outro exemplo a ser citado, no que se refere a importância da integração de dados nomotéticos e idiográficos, são situações em que se observa uma diferença importante entre resultados das áreas verbal e de execução nas escalas Wechsler, nas quais um pior desempenho na área verbal é explicado devido à falta de recursos socioeconômicos, que interfere diretamente nos aspectos educacionais e, muitas vezes, na qualidade do estímulo cognitivo recebido pelo paciente em ambientes familiares e/ou escolares. Logo, tais dados devem ser sempre considerados na avaliação dos resultados de um instrumento.

Entende-se que essas diversas fontes de dados (nomotéticos ou idiográficos) são igualmente relevantes e complementares. Em um contexto de saúde, essas diferentes fontes tornam possível a investigação das dimensões que compõem o modelo biopsicossocial, as quais só fazem sentido quando compreendidas de forma inter-relacionada.

## Considerações finais

O presente capítulo teve como objetivo discutir a importância das técnicas e dos instrumentos qualitativos na integração das informações em processos de avaliação psicológica na área da saúde. Para tanto, baseou-se no modelo biopsicossocial, que compreende saúde e doença de forma multicausal e multideterminada, a partir de três dimensões: biológica, psicológica e social (Remor, 2019). Ressalta-se que a perspectiva do texto não era se restringir ao entendimento da avaliação psicológica em um contexto específico de internação hospitalar, mas também às mais diversas possibilidades dessa prática no sistema de saúde, que pode incluir atendimentos ambulatoriais em hospital, clínicas, UBS, centros de atenção psicossocial (CAPS), entre outros.

Compreende-se que a perspectiva biopsicossocial possibilita uma visão mais integrada de diferentes aspectos do paciente, tanto atuais quanto pregressas, visto que contribui para o entendimento de seu funcionamento a partir do contexto e das experiências vivenciadas em saúde e doença. A importância de se entender que essas diferentes dimensões (biológica, psicológica e social) coexistem e se inter-relacionam é fundamental para o processo avaliativo e para a integração dos dados e resultados da avaliação.

Embora as ferramentas para poder acessar essas dimensões sejam diversas, salienta-se a importância dos processos qualitativos, já que possibilitam a obtenção de dados que contextualizarão os achados e a compreensão de resultados de instrumentos psicológicos. Entende-se, portanto, que informações advindas de entrevistas, observações, assim como fontes complementares de informações, ao serem trianguladas com resultados de outros instrumentos, minimizam as limitações dessas diferentes fontes de dados. Por vezes, o avaliador necessita confirmar se a interpretação produzida a partir dos dados corresponde ao percebido pelo paciente, por sua família e pela equipe de saúde, como forma de cuidado ético.

Outro aspecto essencial inerente a qualquer processo de avaliação é compreender de que forma os resultados encontrados podem ser utilizados e compreendidos. Considerando o trabalho interdisciplinar que caracteriza as redes de saúde, o psicólogo deve assegurar que os resultados sejam apresentados de forma compreensível para a equipe e também para o próprio paciente. Desse modo, é importante analisar e ponderar qual o uso que pode ser feito a partir dos resultados da avaliação, destacando no relatório disponibilizado as possíveis limitações ou complicações que possam ocorrer na interpretação (APA, 2020).

Por fim, salientamos que os processos avaliativos em Psicologia da Saúde impactam os processos de saúde-doença em diferentes níveis e contextos. Por se tratar de uma área de pesquisa e atuação relativamente nova, ainda há muito a ser desenvolvido e compreendido. Embora já existam avanços importantes, os determinantes em saúde são inúmeros e ainda carecem de investigação e compreensão. Assim, a avaliação qualitativa pode contribuir tanto na identificação de fatores a serem estudados ou priorizados, em determinados casos, quanto na integração e na contextualização das informações coletadas, a fim de contribuir para um tratamento cada vez mais preciso e com base em evidências empíricas.

## Referências

American Psychological Association. (2020). *APA guidelines for psychological assessment and evaluation: APA task force on psychological assessment and evaluation guidelines.* https://www.apa.org/about/policy/guidelines-psychological-assessment-evaluation.pdf

Azevêdo, A. V. S., Schmidt, B., & Crepaldi, M. A. (2019). Avaliação psicológica de crianças hospitalizadas. In C. S. Hutz, D. R. Bandeira, C. M. Trentini, & E. Remor (Orgs.), *Avaliação psicológica nos contextos de saúde e hospitalar* (pp. 27-38). Artmed.

Ballan, M. S., & Freyer, M. (2021). Qualitative clinical assessment methods. In C. Jordan, & C. Franklin (Eds.), *Clinical assessment for social workers: quantitative and qualitative methods* (5th ed., pp. 1-36). Oxford University Press.

Bolze, S. D. A., Schmidt, B., & Crepaldi, M. A. (2019). Avaliação psicológica de pacientes gravemente enfermos no contexto hospitalar. In J. C. Borsa (Org.), *Avaliação psicológica aplicada a contextos de vulnerabilidade psicossocial* (pp. 87-108). Vetor.

Campos, R. C. (2013). Além dos números há uma pessoa: sobre a utilização clínica de testes. *Avaliação Psicológica, 12*(3), 291-298. https://pepsic.bvsalud.org/scielo.php?script=sci_arttext&pid=S1677-04712013000300003

Capitão, C. G., Scortegagna, S. A., & Baptista, M. N. (2005). A importância da avaliação psicológica na saúde. *Avaliação Psicológica, 4*(1), 75-82. http://pepsic.bvsalud.org/scielo.php?script=sci_arttext&pid=S1677-04712005000100009&lng=pt&tlng=p

Conselho Federal de Psicologia. (2018). *Resolução 009/2018. Estabelece diretrizes para a realização de Avaliação Psicológica no exercício profissional da psicóloga e do psicólogo, regulamenta o Sistema de Avaliação de Testes Psicológicos – SATEPSI e revoga as Resoluções n. 002/2003, n. 006/2004 e n. 005/2012 e Notas Técnicas n. 001/2017 e 002/2017.* http://satepsi.cfp.org.br/docs/Resolu%C3%A7%C3%A3o-CFP-n%C2%BA-09-2018-com-anexo.pdf

Figueiredo, C. V., Moura, H. M., Rezende, A. T., Moizéis, H. B. C., de Oliveira Guedes, I., & Curvello, R. P. (2021). Como se articulam a Psicologia Positiva e a Psicologia da Saúde? *Research, Society and Development, 10*(2), 1-6 http://dx.doi.org/10.33448/rsd-v10i2.12288

Haynes, S. N., Mumma, G. H., & Pinson, C. (2009). Idiographic assessment: conceptual and psychometric foundations of individualized behavioral assessment. *Clinical Psychology Review, 29*(2), 179-191. doi:10.1016/j.cpr.2008.12.003

Johnston, D. W. (2016). Ecological momentary assessment. In D. W. Johnston, Y. Benyamini, & M. Johnston (Orgs.), *Assessment in Health Psychology* (pp. 241-251). Hogrefe.

Oliveira, S. E. S., Silva, M. A. (2019). Integração de resultados qualitativos e quantitativos. In M. N. Baptista, M. M. Nascimento, C. T. Reppold, C. H. S. S. Nunes, L. F. Carvalho, R. Primi, A. P. P. Noronha, A. G. Seabra, S. M. Wechsler, C. S. Hutz, & L. Pasquali (Orgs.), *Compêndio de Avaliação Psicológica* (pp. 98-108). Vozes.

Oliveira, S. E. S., Silva, M. A., & Andrade, M. C. R. (2021). Estratégias e métodos para o ensino da técnica de observação em avaliação psicológica. In K. L. Oliveira, M. Muniz, T. H. Lima, D. S. Zanini, & A. A. A. Santos (Orgs.), *Formação e estratégias de ensino em avaliação psicológica* (pp. 220-240). Vozes.

Remor, E. (2019). Avaliação psicológica em contextos de saúde e hospitalar. In C. S. Hutz, D. R. Bandeira, C. M. Trentini, & E. Remor (Orgs.), *Avaliação Psicológica nos Contextos de Saúde e Hospitalar* (pp. 13-26). Artmed.

Reyes, A., & Epkins, C. (2023). Introduction to the special issue. A dozen years of demonstrating that informant discrepancies are more than measurement error: toward guidelines for integrating data from multi-informant assessments of youth mental health. *Journal of Clinical Child & Adolescent Psychology, 52*, 1-18. https://doi.org/10.1080/15374416.2022.2158843

Rigoni, M. S., & Sá, S. D. (2016). O processo psicodiagnóstico. In C. S. Hutz, D. R. Bandeira, C. Trentini, & J. S. Krug (Orgs.), *Psicodiagnóstico* (pp. 27-34). Artmed.

Schmidt, B., Bolze, S. D. A., & Crepaldi, M. A. (2017). Avaliação psicológica no contexto hospitalar. In. M. R. C. Lins, & J. C. Borsa (Orgs.), *Avaliação psicológica: aspectos teóricos e práticos* (pp. 427-445). Vozes.

Serafini, A. J. (2016). Entrevista psicológica no psicodiagnóstico. In C. S. Hutz, D. R. Bandeira, C. M. Trentini, & J. S. Krug (Orgs.), *Psicodiagnóstico* (pp. 45-51). Artmed.

Van der Ende, J., Verhulst, F. C., & Tiemeier, H. (2020). Multitrait-multimethod analyses of change of internalizing and externalizing problems in adolescence: predicting internalizing and externalizing DSM disorders in adulthood. *Journal of Abnormal Psychology, 129*(4), 343-354. https://doi.org/10.1037/abn0000510

Wright, A. J., Chávez, L., Edelstein, B. A., Grus, C. L., Krishnamurthy, R., Lieb, R., Mihura, J. L., Pincus, A. L., & Wilson, M. (2021). Education and training guidelines for psychological assessment in health service psychology. *The American psychologist, 76*(5), 794-801. https://doi.org/10.1037/amp0000742

Wright, A. J., Pade, H., Gottfried, E. D., Arbisi, P. A., McCord, D. M., & Wygant, D. B. (2022). Evidence-based clinical psychological assessment (EBCPA): review of current state of the literature and best practices. *Professional Psychology: Research and Practice, 53*(4), 372. https://psycnet.apa.org/record/2022-34215-001

# 4
# Avaliação de construtos de Psicologia Positiva na saúde: contribuições e limites

*Daniela Sacramento Zanini*
*Iorhana Almeida Fernandes*

---

*Highlights*

- Embora a Psicologia Positiva (PP) tenha se formalizado na década de 1990 como campo científico, essas ideias não são novas.
- No século XXI houve uma crescente valorização do bem-estar subjetivo como um componente essencial da saúde geral.
- Contribuições da PP para a saúde: ampliação do conceito de saúde, predição dos resultados e intervenções baseadas em evidências.
- Limites da PP para a saúde: complexidade da avaliação dos construtos; foco excessivo no positivo; contexto cultural e social.
- A avaliação de construtos da PP no campo da saúde proporciona uma perspectiva multifacetada do bem-estar humano.

---

A Psicologia Positiva (PP) é um campo emergente que se dedica ao estudo científico das qualidades positivas humanas, como a gratidão, a esperança, o amor, entre outros, e as contribuições desses fenômenos para o bem-estar e a saúde. Embora a PP tenha se formalizado na década de 1990 como campo científico, essas ideias não são novas. De fato, a relação entre esses construtos e a saúde foram exploradas desde a Antiguidade.

Este capítulo pretende apresentar a relação entre os construtos positivos e a saúde discutindo suas contribuições e seus limites. Para isso, será apresentada uma breve evolução histórica sobre os construtos de PP e sua relação com a saúde, destacando as bases históricas e sociais para a mudança do paradigma biomédico para o atual modelo biopsicossocial e o modo como elas estão relacionadas aos construtos da PP. Posteriormente, o capítulo apresentará as contribuições oferecidas pela ciência psicológica positiva

e pela avaliação de seus construtos para o campo da saúde, destacando-as em termos da ampliação do conceito de saúde, da predição dos resultados em saúde e da proposição de intervenções baseadas em evidências. Além disso, o capítulo também aponta alguns aspectos que merecem cuidados e, portanto, podem se constituir como limites na atualidade. Esses aspectos serão discutidos em torno de três eixos: a complexidade da avaliação e operacionalização de construtos positivos; o risco do foco excessivo no positivo; e, por fim, a importância de se considerar o contexto cultural e social nessa avaliação.

## Breve histórico da saúde: de Hipócrates aos dias atuais

Na Grécia Antiga, a saúde era intrinsecamente ligada à filosofia e à psicologia, refletindo uma compreensão holística do ser humano que integrava corpo e mente. A teoria dos humores, desenvolvida por Hipócrates e posteriormente expandida por Galeno, propunha que a saúde dependia do equilíbrio entre quatro fluidos corporais: sangue, fleuma, bílis amarela e bílis negra (Longrigg, 1993). Esses humores não apenas influenciavam a saúde física, mas também eram relacionados a temperamentos e características psicológicas. Por exemplo, um excesso de sangue era associado a um temperamento sanguíneo caracterizado por otimismo e sociabilidade, enquanto um excesso de bílis negra estava ligado a um temperamento melancólico, marcado por pessimismo e introspecção (Nutton, 2004).

A teoria dos humores desempenhou um papel fundamental na medicina e na psicologia da época, influenciando práticas terapêuticas que visavam restaurar o equilíbrio dos humores por meio de métodos como dieta, exercícios físicos e sangrias (Barton, 1996). Essa abordagem integrada antecipou conceitos modernos de medicina biopsicossocial, que reconhecem a interdependência entre fatores biológicos, psicológicos e sociais na saúde e na doença (Engel, 1977). Embora a teoria dos humores tenha sucumbido à comprovação científica, cabe destacar sua contribuição no estabelecimento das bases para as futuras teorias sobre a interação entre mente e corpo, e relação medicina e psicologia (Porter, 1997).

A influência da teoria dos humores também se estendeu à filosofia moral e à ética, em que a busca pelo equilíbrio dos humores era considerada essencial para alcançar a virtude ou bem-estar pleno. Filósofos gregos, como Platão e Aristóteles, discutiram extensivamente a importância das virtudes e estados emocionais para a saúde e o bem-estar. Aristóteles (2011), em particular, introduziu o conceito de *eudaimonia*, que pode ser entendido como o bem-estar ou a felicidade plena que se alcança por meio da prática das

virtudes. Para ele, a saúde era vista não apenas como ausência de doença, mas como um estado de equilíbrio emocional e psicológico, refletindo a conexão entre corpo e mente. Essa interconexão entre saúde física, saúde mental e bem-estar moral reflete uma visão sofisticada da saúde que ressoa com abordagens contemporâneas da psicologia da saúde, as quais enfatizam a importância de intervenções holísticas para promover o bem-estar geral (Seligman, 2011).

Nos anos subsequentes, foram diversas as transformações científicas que impactaram a compreensão de saúde e sua aplicação. Durante a Idade Média, o conceito de saúde e doença foi gradualmente sendo integrado a visões religiosas. A medicina medieval frequentemente combinava práticas herdadas da Antiguidade com crenças religiosas, em que a saúde era considerada tanto como um estado físico quanto moral, refletindo a ordem divina (Porter, 1997). Com o advento do Renascimento e da Revolução Científica, houve uma reavaliação dessas ideias, impulsionada por avanços no conhecimento anatômico e fisiológico. A visão humoral foi desafiada e, em substituição, foi proposta uma abordagem mais mecanicista que focava na anatomia e na circulação do sangue, marcando o início do paradigma biomédico (Porter, 1997).

Nos séculos XVIII e XIX a Revolução Industrial e o surgimento das grandes cidades trouxeram novos desafios à saúde pública, como epidemias de doenças infecciosas. Esse período foi caracterizado por uma transição do foco na saúde individual para a saúde populacional, com a implementação de medidas sanitárias e a criação de instituições de saúde pública (Rosen, 1993). Além disso, a descoberta dos microrganismos por Louis Pasteur e Robert Koch consolidou a teoria germinal das doenças, que dominaria a medicina até o século XX (Brock, 1988).

No século XX, o modelo biomédico atingiu seu ápice, focando no tratamento de doenças por meio de intervenções tecnológicas e farmacológicas. No entanto, à medida que o século avançava, surgiu uma crítica a esse modelo, que era considerado reducionista por negligenciar os aspectos psicológicos e sociais da saúde. Isso levou ao desenvolvimento do modelo biopsicossocial que reintegrou os conceitos de saúde mental e social no entendimento da saúde e da doença (Engel, 1977).

Atualmente, a saúde é compreendida como um estado de completo bem-estar físico, mental e social, e não apenas como a ausência de doença, conforme definido pela Organização Mundial da Saúde (OMS). Essa visão holística reflete tanto as raízes antigas do pensamento grego quanto os avanços científicos modernos, integrando conhecimentos de biologia, psicologia, sociologia e outras disciplinas para promover um entendimento abrangente da saúde (World Health Organization [WHO], 1946).

## Retomada do interesse aos aspectos positivos

A PP, formalmente apresentada no final do século XX, com Martin Seligman sendo um dos principais proponentes desse movimento, representa uma mudança paradigmática na compreensão da saúde mental e do bem-estar (Seligman, 2011). Ela reflete uma tentativa de equilibrar a tradicional ênfase da psicologia nas patologias, oferecendo uma perspectiva mais holística e preventiva, centrada na promoção das qualidades e forças humanas (Seligman & Csikszentmihalyi, 2000; Seligman, 2019); nesse sentido, retoma a visão de saúde preconizada na Grécia antiga.

A partir do final do século XX e início do século XXI houve uma crescente valorização do bem-estar subjetivo como um componente essencial da saúde geral, estando presente na própria definição de saúde da Organização Mundial da Saúde (OMS) (WHO, 1946). O foco em aspectos como amor, gratidão e esperança não apenas oferece novas perspectivas sobre a promoção da saúde, mas também sublinha a importância de abordá-la de maneira integrada, considerando tanto os aspectos físicos quanto os psicológicos do bem-estar (Reppold et al., 2019).

Esse movimento em direção a uma abordagem mais holística e preventiva da saúde foi também catalisado pelas mudanças nas necessidades de saúde pública. À medida que as doenças crônicas se tornaram mais prevalentes e os custos associados ao tratamento dessas condições aumentaram, os pesquisadores e profissionais de saúde começaram a buscar formas de promover o bem-estar e prevenir doenças por meio de intervenções focadas em promover o bem-estar psicológico (Zanini et al., 2021). Nesse contexto, a PP não apenas se estabeleceu como um campo legítimo de estudo e prática, mas também influenciou significativamente o desenvolvimento de políticas de saúde pública e intervenções baseadas na comunidade.

## Contribuições dos construtos em PP para a saúde

Historicamente, a psicologia tem dado maior ênfase à investigação dos aspectos negativos, como transtornos e sintomas patológicos (Schultz & Schultz, 2019). Entretanto, a literatura recente demonstra um crescente interesse no estudo das qualidades, motivações e potencialidades humanas, tanto no Brasil quanto em outros países, o que pode ser atribuído em grande parte aos avanços promovidos pelo campo da PP (Fernandes & Araújo, 2018; Seligman & Csikszentmihalyi,

2000; Seligman, 2019). Essa área da psicologia tem promovido uma mudança gradual na forma de compreender o indivíduo e suas relações intra e interpessoais, a fim de buscar um equilíbrio entre a abordagem de aspectos positivos e negativos do comportamento humano.

Nesse sentido, a PP oferece uma perspectiva mais abrangente sobre os fatores protetivos e preventivos que influenciam a saúde e o bem-estar. Observa-se uma articulação entre a Psicologia da Saúde e a PP, pois ambas adotam perspectivas investigativas e interventivas focadas na promoção da saúde biopsicossocial e no bem-estar, além da redução e da prevenção de sintomas patológicos (Reppold & Hutz, 2021), e propõem modelos de investigação-ação e de intervenção psicológica (Figueiredo et al., 2021). Entre as várias contribuições dos construtos positivos para a saúde que se possa destacar, neste capítulo agrupamos as discussões em torno de três aspectos: ampliação do conceito de saúde; predição de resultados; e intervenções baseadas em evidências.

### Ampliação do conceito de saúde

O foco nos aspectos positivos da experiência humana, como bem-estar, sentido de vida, gratidão, esperança e resiliência, surgiu não só em relação a uma visão mais holística da saúde, mas também em resposta ao aumento das doenças crônicas e à percepção de que o modelo biomédico tradicional era insuficiente para lidar com os desafios da saúde contemporânea. De fato, o desenvolvimento científico e social (mais especificamente relacionado ao saneamento básico), tão associado ao modelo biomédico, conseguiu avançar no controle das doenças infecciosas e no aumento da expectativa de vida geral das sociedades (Mendonça et al., 2012). Contudo, na contramão, o mesmo desenvolvimento social e

a industrialização possibilitaram o crescimento de outro conjunto de enfermidades para as quais o modelo biomédico não encontrava resposta, porque não se tratava apenas de eliminar os agentes infecciosos ou fatores de risco associado às doenças; em muitos casos, as novas patologias estavam associadas a comportamentos (tais como alimentação, uso de tabaco, álcool, entre outros), interação social (entre pessoas do convívio pessoal, do trabalho, entre grupos, com a sociedade etc.), ou ambiente social (trânsito, trabalho, poluição etc.) (WHO, 2024b).

De fato, de acordo com os dados da OMS (WHO, 2024a), em 2019, das dez doenças que mais impactaram a mortalidade brasileira apenas uma (infecção respiratória) estava associada a um agente infeccioso (Figura 1). Por outro lado, a quarta e a oitava causa de morte, respectivamente violência interpessoal e acidente de trânsito, estavam diretamente relacionadas a danos ou lesões altamente preveníveis.

As demais causas de morte (infarto, acidente vascular cerebral, Diabetes, doença obstrutiva pulmonar crônica, doenças do fígado, câncer de traqueia, brônquios e pulmão, Alzheimer e outras demências) fazem parte do conjunto das denominadas Doenças Crônicas Não Transmissíveis (DCNT) e, na maioria dos casos, estão relacionadas a comportamentos, hábitos e estilos de vida, sendo, portanto, altamente preveníveis. Destaca-se que, embora sejam referidos os dados brasileiros, estes não diferem significativamente dos dados mundiais (WHO, 2024), salvo em relação aos problemas relacionados às violências (interpessoal e acidente de trânsito), em que o Brasil apresenta dados mais elevados do que a taxa mundial.

Em conjunto, esses dados revelam, por um lado, o avanço científico na prevenção de doenças transmissíveis e sua consequente mortalidade, evidenciando um importante avanço no sistema de saúde brasileiro em relação a aspectos de saúde básica. Dessa forma, ainda que o Brasil siga enfrentando desafios importantes em relação à saúde básica e a suas disparidades entre as diferentes regiões do território nacional, é possível observar avanços importantes em relação às doenças infectocontagiosas e seu impacto na mortalidade da população. Por outro lado, os dados apresentados na Figura 1 também evidenciam o crescimento das DCNT como problema de saúde pública e a estreita relação entre o comportamento e estilo de vida nos atuais índices de mortalidade brasileira.

**Figura 1** *Distribuição das causas de morte por 100.000 habitantes, no Brasil em 2019, segundo a OMS*

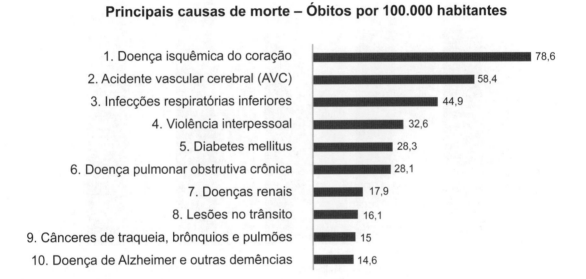

Fonte: Adaptado de WHO (2024a).

Além da influência direta sobre a mortalidade, a necessidade de uma abordagem mais holística da saúde que considere seus múltiplos determinantes pode ser evidenciada pelos dados que comparam a expectativa de vida total à expectativa de vida saudável (*Healthy Life Expectancy* [HALE]). O HALE, um indicador da OMS, reflete o número médio de anos que um recém-nascido pode esperar viver com plena saúde, ajustando a expectativa de vida para incluir tanto condições fatais quanto não fatais.

Diferente de medir apenas a mortalidade, o indicador leva em conta o impacto das doenças e incapacidades na qualidade de vida (morbidade), proporcionando uma avaliação mais completa da saúde populacional em razão de considerar não apenas a quantidade, mas também a qualidade dos anos vividos. Esse modelo ajusta a expectativa de vida ao incluir os anos vividos com condições debilitantes, doenças e lesões, oferecendo uma estimativa mais precisa da qualidade de vida ao longo do tempo.

Para isso, o HALE baseia-se em modelos que integram tanto mortalidade quanto morbidade, tornando-se uma medida robusta do bem-estar populacional.

A Figura 2 apresenta os dados relativos ao estudo da tendência global, entre os anos de 2000 e 2021, sobre expectativa de vida e expectativa de vida saudável de homens e mulheres ao nascer.

**Figura 2** *Tendência global na expectativa de vida e na expectativa de vida ajustada por incapacidade (HALE) ao nascer, por sexo, 2000-2021*

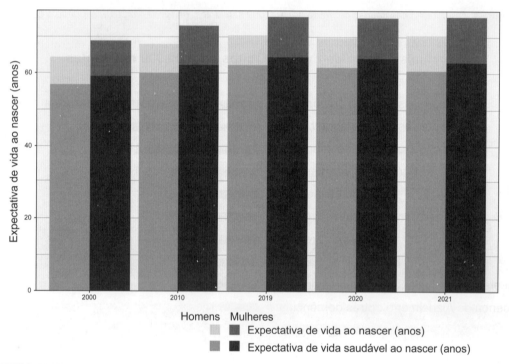

Fonte: WHO (2024a).

Conforme a Figura 2, ao longo dos anos as mulheres apresentaram maiores expectativas de vida do que os homens, assim como maior expectativa de vida saudável. Destaca-se que, no coorte de 21 anos apresentado (2000-2021), observa-se um aumento da expectativa de vida em ambos os sexos, chegando ao pico em 2019. Essa expectativa de vida foi impactada pela pandemia e seu decréscimo pode ser observado nos anos de 2020 e 2021. Ressalta-se que estes dados são globais, ou seja, representam o conjunto de países-membros da OMS. Porém, a variabilidade de mortalidade por Covid-19 entre esses países é grande, podendo a queda na expectativa de vida ser maior nos países mais impactados por essa doença, como o caso do Brasil.

Também cabe destacar que o aumento na longevidade observado tanto nas mulheres quanto nos homens não significou um aumento nos anos de vida saudável, demonstrando que, embora as pessoas passaram a viver mais, ainda vivem os últimos anos de sua vida apresentando alguma forma de incapacidade ou comprometimento da saúde. Outra vez, esses dados apontam para a necessidade de um olhar mais sensível para as questões de saúde em que se considere não apenas os aspectos biológicos (como o aumento dos anos de vida de uma pessoa), mas também os aspectos psicossociais e, portanto, cognitivos, emocionais, comportamentais e de interação social que compõem a saúde humana e influenciam na determinação dos anos de vida saudável de uma pessoa. Em síntese, pode-se dizer que os dados apresentados evidenciam: (a) a necessidade da visão biopsicossocial no enfrentamento dos problemas em saúde; (b) a importância dos construtos da PP como importante recurso para prevenção de doenças e promoção de saúde; (c) a importância de se considerar intervenções psicológicas que trabalhem com construtos positivos nas políticas de saúde pública.

Nesse sentido, considerar os aspectos positivos da vida humana que possibilitam o engajamento em comportamentos e estilos de vida mais saudáveis e anos de vida com maior qualidade é imprescindível. A contribuição dos estudos dos construtos de PP é, portanto, fundamental nessa ampliação do conceito de saúde e na promoção de uma saúde que reverbere em mais do que o aumento de anos de vida, mas também o aumento de anos de vida saudável. De fato, a contribuição dos construtos positivos para ampliação do conceito de saúde está presente na própria definição de saúde postulada pela OMS (WHO, 1946) e utilizada até hoje. Nessa definição, o bem-estar é parte constitutiva da saúde; logo, a compreensão de seus determinantes assim como de sua potencialização se tornam imprescindíveis.

## Predição dos resultados em saúde

Construtos da PP têm sido amplamente associados a melhores desfechos de saúde mental e física. Esses construtos, que incluem otimismo, gratidão, resiliência e esperança, entre outros, têm se mostrado fundamentais para o bem-estar e a promoção da saúde (Seligman, 2019). Estudos sugerem que a prática intencional de atividades positivas, como o exercício da gratidão, da gentileza e da construção de relacionamentos significativos, pode levar a melhorias significativas nos níveis de felicidade e bem-estar geral (Benoit & Gabola, 2021).

Sobre os impactos na saúde mental, Lyubomirsky e Layous (2013) conduziram um estudo sobre os efeitos das atividades positivas intencionais, como expressar gratidão e praticar atos de bondade, e observaram um aumento significativo nos níveis de felicidade autoinformada. Eles também identificaram variáveis mediadoras, como emoções positivas, pensamentos positivos e comportamentos, que amplificam os efeitos dessas práticas. Estudos brasileiros corroboram esses achados, mostrando que práticas como a gratidão estão associadas ao aumento da felicidade e do equilíbrio emocional (Hutz, 2014; Reppold et al., 2018).

Em termos de impactos na saúde física, a relação entre construtos positivos e saúde física é igualmente robusta. Indivíduos que cultivam altos níveis de otimismo tendem a ter uma melhor recuperação após cirurgias, menores níveis de mortalidade e um risco reduzido de doenças cardiovasculares (Carver et al., 2010; Parra-Gaete & Hermosa-Bosano, 2023). O otimismo influencia a forma como as pessoas lidam com o estresse e as adversidades, resultando em menores níveis de inflamação e um sistema imunológico mais eficiente (Cohen & Pressman, 2006). Além disso, a resiliência, outro importante construto da PP, está associada a uma maior adaptabilidade em situações de adversidade, como doenças crônicas, melhorando a recuperação e a qualidade de vida (Masten, 2001).

No que diz respeito aos impactos na saúde física e mental de forma combinada, a relação é bidirecional, com emoções positivas e construtos, como otimismo e resiliência, não apenas promovendo bem-estar mental, mas também influenciando diretamente a saúde física. Um estudo de Steptoe et al. (2015) aponta que pessoas com níveis elevados de bem-estar psicológico têm menor incidência de doenças crônicas e mortalidade reduzida, reforçando a ideia de que o cultivo de construtos positivos pode ter um impacto profundo tanto na longevidade quanto na qualidade de vida.

Esses achados apontam para o efeito que a prática de construtos positivos pode ter sobre a saúde das pessoas, prevenindo o adoecimento e potencializando a recuperação e a adaptação em situações adversas. A partir dessas evidências pode-se delinear intervenções em PP.

## Intervenções baseadas em evidências

Para que seja considerada uma Intervenção Psicológica Positiva (IPP) é essencial que alguns critérios sejam cumpridos, tais como o conteúdo, o objetivo, o público-alvo e a avaliação que compõem o protocolo de intervenção (Zanini & Fernandes, 2022). Assim, as IPP devem focar em variáveis que promovam aspectos positivos e ser direcionadas tanto para indivíduos que enfrentam dificuldades quanto para aqueles que buscam melhorar sua saúde e bem-estar, mesmo que não apresentem problemas psicológicos. Nessa linha, podem ser utilizadas tanto em contexto de atenção primária quanto em atenção secundária em saúde (Zanini et al., 2021).

Contudo, para além do contexto de saúde, as IPP podem ser aplicadas a outros contextos. No Brasil, há bibliografia suficiente para apontar sua aplicação nos contextos de saúde (Hutz & Reppold, 2018), educação (Nakano, 2018), ambientes de trabalho (Vazquez & Hutz, 2018) e clínica (Noronha et al., 2021). Em conjunto, esses estudos demonstram um interesse científico contínuo em adaptar esse modelo de intervenção a diferentes populações e cenários, priorizando a avaliação rigorosa de seus efeitos, a manutenção de seus resultados a longo prazo, bem como o impacto na promoção do bem-estar e da qualidade de vida dos indivíduos envolvidos.

Nesse sentido, a literatura é farta em oferecer evidência da eficácia das IPP. De fato, observa-se uma preocupação nos estudos com IPP na produção de evidências empíricas de sua validade e eficácia (Shankland & Rosset, 2017), tanto por meio de comparações dos resultados em saúde antes e depois da intervenção quanto por meio de estudos de Ensaios Clínicos Randomizados (ECR) (Zanini et al., 2021). Cabe destacar que o ECR tem sido sublinhado como o delineamento que melhor avalia a eficácia de uma intervenção (Hutz & Reppold, 2018) e tem sido amplamente utilizado em conjunto com as revisões sistemáticas para o estudo e a divulgação da eficácia, efetividade e eficiência das IPP (Parsons et al., 2017).

## Limites

Apesar das contribuições apontadas dos construtos de PP para a saúde, alguns limites merecem ser destacados. Esses limites não correspondem a barreiras importantes, mas sim a cuidados a serem observados e desafios da PP em sua interação com o contexto de saúde. Destacam-se três deles: a avaliação e a operacionalização dos construtos, o foco excessivo nos aspectos positivos e a necessidade de se considerar o contexto cultural e social.

## Avaliação e operacionalização de construtos positivos

Um dos principais desafios na avaliação de construtos da PP na saúde é a dificuldade em medi-los e operacionalizá-los de maneira consistente e válida. Construtos como bem-estar subjetivo e florescimento são frequentemente medidos por meio de autorrelato, o que pode introduzir vieses de resposta e limitar a validade dos resultados (Diener et al., 2017). Nesse sentido, os participantes podem exagerar seus níveis de bem-estar ou felicidade para atenderem às expectativas sociais ou parecerem "melhores" do que realmente se sentem (desejabilidade social) (Hauck Filho & Valentini, 2019). Isso é particularmente problemático em contextos em que o "positivo" é altamente valorizado, como no ambiente de trabalho ou em programas de saúde mental, nos quais se espera que os indivíduos demonstrem atitudes otimistas ou resiliência.

Além disso, a diversidade de definições e instrumentos para medir construtos similares pode dificultar a comparabilidade entre estudos e a generalização dos achados (Fernandes & Zanini, 2024). Essa diversidade de definições e instrumentos também gera desafios para a replicação de estudos e o estabelecimento de padrões robustos na avaliação de intervenções baseadas em PP.

## Foco excessivo no positivo

Embora a PP tenha contribuído significativamente para a compreensão do bem-estar, há críticas de que um foco excessivo no positivo pode negligenciar aspectos importantes da experiência humana, como o sofrimento, o estresse e as emoções negativas. A ênfase desproporcional nos aspectos positivos pode levar a uma visão incompleta da saúde, desconsiderando a complexidade e a dualidade das experiências humanas (Reppold et al., 2019). Esses aspectos também

são cruciais para a saúde e o desenvolvimento humano e, portanto, devem ser considerados nas avaliações (Held, 2004).

Estudos como o de Kashdan e Biswas-Diener (2015) argumentam que aspectos saudáveis e adoecidos estão interligados, portanto as emoções negativas podem ter um papel adaptativo e funcional no desenvolvimento do indivíduo. Reconhecer e integrar o sofrimento experienciado pode funcionar como um catalisador para a construção de estratégias de enfrentamento adaptativas e como resultado o florescimento humano. Além disso, a busca excessiva pela felicidade pode, paradoxalmente, gerar mais sofrimento. Cabe ressaltar que, embora alguns estudos ainda tragam o foco excessivo nos aspectos positivos, a atualidade dos trabalhos em PP busca superar essa ênfase identificada como característica da primeira onda e centrar-se na ampliação dos estudos no sentido de integrar os aspectos positivos e negativos da vivência humana na determinação da saúde (segunda e terceira onda), ampliando para além do contexto individual, mas ainda considerando a pessoa em seu meio social (quarta onda) (Reppold et al., 2019).

## Contexto cultural e social

A generalização dos construtos da PP pode ser limitada por diferenças culturais e individuais. Construtos como felicidade e bem-estar subjetivo podem ser percebidos e valorizados de maneiras diferentes em culturas distintas, o que pode afetar a relevância e a precisão das avaliações em contextos multiculturais (Diener et al., 2003). A discussão sobre a universalidade em contraste com as especificidades dos conceitos psicológicos não é nova. Um consórcio de pesquisa demonstrou o caráter *emic versus ethic* do conceito felicidade, analisando-o em diferentes culturas (Gardiner et al., 2020). Os autores concluíram haver a necessidade de cuidado no reconhecimento de aspectos universais e específicos do conceito para diferentes grupos culturais.

Além das diferenças entre culturas, aspectos sociais vivenciados em uma mesma cultura também podem influenciar o modo como os construtos positivos se manifestam, o que torna ainda mais desafiador desenvolver medidas e intervenções universais que sejam eficazes para todas as pessoas. Esse aspecto é especialmente importante quando são avaliados os efeitos na saúde de se pertencer a grupos minorizados. Por exemplo, estudos demonstram níveis significativamente menores de bem-estar em população LGBTQIA+ (Heath & Keene, 2023; Van Hooijdonk et al., 2023). Também se observa desigualdades significativas na saúde decorrente do racismo; segundo Dugassa (2012), as desigualdades entre brancos e negros são explicadas não só pelas diferenças socioeconômicas, mas também pelo racismo epistemológico, caracterizado por uma agenda de pesquisa, delineamento metodológico e interpretação dos dados que negligencia ou nem sequer reconhece as demandas da população negra. Nesse sentido, ainda faltam estudos para avaliar se essas diferenças significativas impactam a compreensão do que se constitui bem-estar.

O mesmo comportamento de negligência epistemológica também é observado segundo os níveis de desenvolvimento. Por exemplo, o modelo PERMA[2] propõe que o bem-estar é composto por emoções positivas, engajamento, relacionamentos positivos, propósito de vida e realizações (Seligman, 2011). Embora tenha sido desenvolvido para adultos saudáveis, devido à rápida adesão do modelo ele foi adaptado para adolescentes. No entanto, estudos recentes (Fernandes & Zanini, no prelo) têm apontado que a compreensão dos componentes PERMA difere do que é compreendido para adultos, principalmente em relação ao engajamento, ao propósito de vida e à realização. Dessa forma, se o modelo for generalizado para outras faixas etárias da mesma forma que é compreendido por adultos, ele pode gerar um impacto negativo na experiência desses outros grupos etários.

Outro fator limitante é a predominância de amostras *Western, Educated, Industrialized, Rich, and Democratic* (WEIRD) nas pesquisas de PP, que representa um desafio significativo à representatividade e à aplicabilidade dos resultados (Henrich et al., 2010). A maior parte dos estudos que dão origem aos principais construtos e intervenções é realizada em contextos ocidentais, com participantes de nível educacional elevado e *status* socioeconômico privilegiado, o que pode gerar um viés que limita a generalização dos achados para outras culturas e realidades (Fernandes & Zanini, 2024; Ryff, 2022). Nesse sentido, a aplicação direta de tais modelos em populações culturalmente distintas pode ser inadequada, visto que a manifestação desse fenômeno nessas populações pode diferir significativamente.

Dessa forma, é fundamental reconhecer que variáveis, como a história de vida, o contexto socioeconômico, a identidade racial e de gênero, entre outras, impactam a forma como os construtos da PP se manifestam. Para além de compreender as possíveis manifestações diferentes,

---

2. O acrônimo PERMA, proposto por Seligman (2011), representa cinco componentes centrais do bem-estar. Cada letra representa um componente, sendo eles, **P**: emoções positivas (*positive emotions*), como alegria e felicidade; **E**: engajamento (*engagement*), que se trata estado de concentração e envolvimento em tarefas; **R**: relacionamentos (*relationships*), que se trata de experiências de relacionamentos positivos; **M**: propósito de vida (*meaning*), que se trata da compreensão de uma vida baseada em valores e objetivos; e **A**: realização (*accomplishment*), que se refere a percepção de conquistas que geram um senso de competência e progresso pessoal.

é necessária também a avaliação dos modelos e medidas e suas possíveis variações entre grupos. Esse aspecto está associado à produção de uma avaliação psicológica de construtos positivos com rigor ético e comprometimento com a justiça social, com o objetivo de resultados mais precisos e desenvolvimento de intervenções mais adaptadas e eficazes.

## Conclusão

A relação entre PP e Psicologia da Saúde representa uma extensão moderna das ideias da Grécia antiga sobre saúde e bem-estar. A incorporação de construtos positivos no campo da saúde reflete uma abordagem mais integrada, proporcionando novas ferramentas para melhorar a qualidade de vida. Ao revisitar conceitos filosóficos antigos e transformá-los em modelos teóricos aplicáveis à saúde, a PP oferece uma compreensão mais profunda do bem-estar. Dessa forma, ela destaca o papel fundamental das emoções e das atitudes positivas, como otimismo e gratidão, na promoção da saúde física e mental.

## Referências

Aristóteles. (2011). *Ética a Nicômaco*. Loyola.

Barton, J. (1996). *Greek medicine from the heroic to the Hellenistic age*. Cambridge University Press.

Benoit, V., & Gabola, P. (2021). Effects of positive psychology interventions on the well-being of young children: a systematic literature review. *International Journal of Environmental Research and Public Health, 18*(22), 12065. https://doi.org/10.3390/ijerph 182212065

Brock, T. D. (1988). *Robert Koch: a life in medicine and bacteriology*. Springer-Verlag.

Carver, C. S., Scheier, M. F., & Segerstrom, S. C. (2010). Optimism. *Clinical Psychology Review, 30*(7), 879-889. https://doi.org/10.1016/j.cpr.2010.01.006

Esse foco em emoções positivas como promotoras de saúde traz implicações práticas importantes, incentivando intervenções que não apenas tratam doenças, mas que também visam fortalecer os recursos psicológicos e emocionais dos indivíduos. Isso demonstra uma mudança paradigmática na forma como o bem-estar é compreendido, priorizando o desenvolvimento de forças pessoais e resiliência.

A avaliação de construtos da PP no campo da saúde proporciona, portanto, uma perspectiva enriquecedora e multifacetada sobre o bem-estar humano, contribuindo para uma compreensão mais abrangente da saúde e o desenvolvimento de intervenções mais eficazes. Apesar de seus benefícios, essa abordagem enfrenta desafios importantes, especialmente em relação à avaliação e à operacionalização de seus conceitos, bem como à generalização dos resultados para diferentes populações. Logo, a superação desses desafios exige uma análise crítica que leve em consideração as complexidades inerentes à experiência humana, incluindo variáveis culturais e individuais.

Cohen, S., & Pressman, S. D. (2006). Positive affect and health. *Current Directions in Psychological Science, 15*(3), 122-125. https://doi.org/10.1111/j.0963-7214.2006.00420.x

Diener, E., Oishi, S., & Lucas, R. E. (2003). Personality, culture, and subjective well-being: emotional and cognitive evaluations of life. *Annual Review of Psychology, 54*, 403-425. https://doi.org/10.1146/annurev.psych.54.101601.145056

Diener, E., Oishi, S., & Tay, L. (2017). Advances in subjective well-being research. *Nature Human Behaviour, 1*(5), 253-260. https://doi.org/10.1038/s41562-017-0076-8

Dugassa, B. (2012). Knowledge construction: untapped perspective in pursuit for health equity. *Sociology Mind, 2*(4), 388-394. https://doi.org/10.4236/sm.2012.24050

Engel, G. L. (1977). The need for a new medical model: a challenge for biomedicine. *Science, 196*(4286), 129-136. https://doi.org/10.1126/science.847460

Fernandes, F. F. R., & Araujo, N. M. (2018). Bem-estar subjetivo de crianças e adolescentes: revisão integrativa. *Ciências Psicológicas, 12*(2), 249-260. https://doi.org/10.22235/cp.v12i2.1689

Fernandes, I. A., & Zanini, D. S. (2024). Youth well-being: exploring models and instruments. *Medical Research Archives, 11*(12). https://doi.org/10.18103/mra.v11i12.zanini

Fernandes, I. A., & Zanini, D. S. (no prelo). *Avaliação do modelo PERMA aplicado à adolescência: contribuições da entrevista cognitiva.*

Figueiredo, C. V., Moura, H. M., Rezende, A. T., Moizéis, H. B., Guedes, I. O., & Curvello, R. P. (2021). How are positive psychology and health psychology articulated? *Research, Society and Development, 10*(2), e16510212288. https://doi.org/10.33448/rsd-v10i2.12288

Gardiner, G., Lee, D., Baranski, E., Project, M. O. T. I. S., Zanini, D. S., & Funder, D. (2020). *Happiness around the world: A combined etic-emic approach across 63 countries.* PLoS One.

Hauck Filho, N., & Valentini, F. (2019). O controle da desejabilidade social no autorrelato usando quádruplas de itens. *Avaliação Psicológica, 18*, 1-3. https://doi.org/10.15689/ap.2019.1803.ed

Heath, R. D., & Keene, L. (2023). The role of school and community involvement in the psychosocial health outcomes of Black and Latinx LGBTQ youth. *Journal of Adolescent Health, 72*(5), 650-657. https://doi.org/10.1016/j.jadohealth.2022.11.010

Held, B. S. (2004). The negative side of positive psychology. *Journal of Humanistic Psychology, 44*(1), 9-46. https://doi.org/10.1177/0022167803259645

Henrich, J., Heine, S. J., & Norenzayan, A. (2010). The weirdest people in the world? *Behavioral and Brain Sciences, 33*(2-3), 61-83. https://doi.org/10.1017/S0140525X0999152X

Hutz, C. S. (2014). Felicidade e Psicologia Positiva. *Revista Brasileira de Terapias Cognitivas, 10*(1), 3-10. https://doi.org/10.5935/1678-7165.20140001

Hutz, C. S., & Reppold, C. T. (2018). *Intervenções em Psicologia Positiva na área da saúde.* Leader.

Kashdan, T. B., & Biswas-Diener, R. (2015). *The upside of your dark side.* Plume.

Longrigg, J. (1993). *Greek medicine: from the heroic to the Hellenistic age.* Routledge.

Lyubomirsky, S., & Layous, K. (2013). How do simple positive activities increase well-being? *Current Directions in Psychological Science, 22*(1), 57-62. https://doi.org/10.1177/0963721412469809

Masten, A. S. (2001). Ordinary magic: resilience processes in development. *American Psychologist, 56*(3), 227-238. https://doi.org/10.1037/0003-066X.56.3.227

Mendonça, H., Ferreira, M. C., Porto, J., & Zanini, D. S. (2012). Saúde, qualidade de vida e bem-estar: Limites e interfaces teórico-metodológicas. In M. C. Ferreira, & H. Mendonça (Orgs.), *Saúde e bem-estar no trabalho: dimensões individuais e culturais* (pp. 11-34). Casa do Psicólogo.

Nakano, T. C. (2018). *Psicologia positiva aplicada à educação.* Vetor.

Noronha, A. P. P., Zanini, D. S., & Muniz, M. (2021). Psicologia Positiva e psicoterapia: reflexões sobre intersecções. In C. B. Neufeld, B. Rangé, & E. Falcone (Orgs.), *Programa de atualização em terapia cognitivo-comportamental* (pp. 129-158). Artmed Panamericana.

Nutton, V. (2004). *Ancient medicine.* Routledge.

Parra-Gaete, C., & Hermosa-Bosano, C. (2023). A pilot exploration of the relationships between optimism, affect, and cardiovascular reactivity. *Frontiers in Psychology, 14*, 1233900. https://doi.org/10.3389/fpsyg.2023.1233900

Parsons, C. E., Crane, C., Parsons, L. J., Fjorback, L. O., & Kuyken, W. (2017). Home practice in mindfulness-based cognitive therapy and mindfulness-based stress reduction: a systematic review and meta-analysis. *Behaviour Research and Therapy, 95*, 29-41. https://doi.org/10.1016/j.brat.2017.05.004

Porter, R. (1997). *The greatest benefit to mankind: a medical history of humanity.* W. W. Norton & Company.

Reppold, C. T., & Hutz, C. S. (2021). *Intervenções em Psicologia Positiva: no contexto escolar e educacional*. Vetor.

Reppold, C. T., Mayer, J. C., & Hutz, C. S. (2018). Psicologia Positiva: uma revisão integrativa da literatura. *Psicologia em Estudo, 23*(1), 73-83. https://doi.org/10.4025/psicolestud.v23i1.35335

Reppold, C. T., Zanini, D. S., Campos, D. C., Faria, M. R. G., & Tocchetto, B. S. (2019). La felicidad como producto: una mirada crítica a la ciencia de la psicología positiva. *Avaliação Psicológica, 18*(4), 333-342. https://doi.org/10.15689/ap.2019.1804.18777.01.

Rosen, G. (1993). *A history of public health*. The Johns Hopkins University Press. doi:10.2105/AJPH.83.8.1180-a

Ryff, C. D. (2022). Positive psychology: looking back and looking forward. *Frontiers in Psychology, 13*, 840062. https://pubmed.ncbi.nlm.nih.gov/35369156/

Schultz, D. P., & Schultz, S. E. (2019). *História da psicologia moderna* (11ª ed.). Cengage Learning.

Seligman, M. E. P. (2011). *Flourish: a visionary new understanding of happiness and well-being*. Atria Books.

Seligman, M. E. P. (2019). Positive psychology: a personal history. *Annual Review of Clinical Psychology, 15*, 1-23. https://doi.org/10.1146/annurev-clinpsy-050718-095653

Seligman, M. E. P., & Csikszentmihalyi, M. (2000). Positive psychology: an introduction. *American Psychologist, 55*(1), 5-14. https://doi.org/10.1037/0003-066X.55.1.5

Shankland, R., & Rosset, E. (2017). Review of brief school-based positive psychological interventions: a taster for teachers and educators. *Educational Psychology Review, 29*, 363-392. https://doi.org/10.1007/s10648-016-9357-3

Steptoe, A., Deaton, A., & Stone, A. A. (2015). Subjective wellbeing, health, and ageing. *The Lancet, 385*(9968), 640-648. https://doi.org/10.1016/S0140-6736(13)61489-0

van Hooijdonk, K. J. M., Simons, S. S. H., van Noorden, T. H. J., Geurts, S. A. E., & Vink, J. M. (2023). Prevalence and clustering of health behaviours and the association with socio-demographics and mental well-being in Dutch university students. *Preventive Medicine Reports, 35*, 102307. https://doi.org/10.1016/j.pmedr.2023.102307

Vazquez, A. C. S., & Hutz, C. S. (Eds.). (2018). *Aplicações da psicologia positiva: trabalho e organizações*. Hogrefe.

World Health Organization. (1946). *Constitution of the World Health Organization*. https://www.who.int/about/governance/constitution

World Health Organization. (2024a). *data.who.int, Brazil [Country overview]*. https://data.who.int/countries/076

World Health Organization. (2024b). *World health statistics 2024: monitoring health for the SDGs, Sustainable Development Goals*. https://creativecommons.org/licenses/by-nc-sa/3.0/igo

Zanini, D. S., & Fernandes, I. A. (2022). Psicologia Positiva e suas aplicações. In C. T. Reppold, A. J. Serafini, & B. S. Tocchetto (Orgs.), *Habilidades para a vida: práticas da Psicologia Positiva para promoção de bem-estar e prevenção em saúde mental para além da pandemia* (pp. 23-30). UFCSPA. https://ufcspa.edu.br/editora_log/download.php?cod=050&tipo=pdf

Zanini, D., Pais-Ribeiro, J., & Fernandes, I. (2021). Psicologia Positiva e saúde: desenvolvimento e intervenções. *Psicologia, Saúde & Doenças, 22*(1), 3-13. http://dx.doi.org/10.15309/21psd220102

# 5
# Avaliação da personalidade e desfechos na saúde

*Marcela Mansur-Alves*
*Willian de Sousa Rodrigues*
*Nelson Hauck Filho*

---

*Highlights*

- Os traços de personalidade influenciam na escolha, pelos indivíduos, de ambientes mais ou menos saudáveis ou prejudiciais à saúde.
- Traços de personalidade, especialmente desde a infância, influenciam de forma duradoura a saúde física e mental ao longo da vida, com mecanismos complexos e influências mútuas entre hábitos, biologia e ambiente.
- Traços de personalidade, especialmente a conscienciosidade e o neuroticismo, continuam a influenciar significativamente a saúde física e mental na vida adulta e na velhice.
- Os psicólogos podem identificar grupos de risco para desfechos de saúde indesejáveis e desenvolver intervenções focadas em mudanças nos traços de personalidade, como a conscienciosidade, para promover melhores resultados na saúde.
- Traços patológicos, como distanciamento e antagonismo, estão associados a diversos desfechos negativos de saúde, como comportamento suicida, doenças crônicas e declínio cognitivo.

---

## Introdução

A personalidade refere-se às características persistentes na maneira com que as pessoas se comportam, sentem, significam e se adaptam ao mundo à sua volta. Quando tratamos de personalidade, estamos nos referindo a traços, necessidades, valores, interesses, motivos, competências e padrões emocionais (John et al., 2008; McCrae & Sutin, 2018), cuja organização é única para cada indivíduo, o que confere singularidade a cada um de nós. Várias propostas teóricas emergiram, ao longo de toda a história da ciência psicológica, na tentativa de descrever e explicar a estrutura, a natureza e o desenvolvimento típico e atípico da personalidade (John, 2021; McAdams, 1997). Essa multiplicidade de abordagens teóricas tornou a comunicação entre os pesquisadores da Psicologia da Personalidade virtualmente impossível, além de atrasar o desenvolvimento do campo em virtude da dificuldade de se comparar os achados de pesquisas e oferecer explicações consistentes a várias perguntas existentes até então.

Esse cenário alterou-se drasticamente a partir do advento do modelo dos cinco grandes fatores, no início dos anos de 1990 (John, 2021). O modelo tem como base a definição de traços de personalidade como padrões característicos na forma como as pessoas pensam, sentem e se comportam, que se mantêm estáveis ao longo do tempo e em diferentes situações, além da percepção de que os principais termos usados em um dado idioma para se referir às diferenças individuais na personalidade observadas entre as pessoas podem ser organizados em cinco dimensões amplas (John, 2021; McCrae & Sutin, 2018).

Essas dimensões foram categorizadas, com algumas variações possíveis, como: (a) extroversão: tendência a ser sociável, assertivo e entusiasmado *versus* tendência a ser quieto, passivo e reservado; (b) afetividade negativa ou neuroticismo: tendência a ser preocupado, pessimista, irritável *versus* tendência a ser calmo, resiliente e emocionalmente estável; (c) conscienciosidade: tendência a ser organizado, persistente e confiável *versus* tendência a ser descuidado e procrastinador e não planejar com antecedência; (d) amabilidade: tendência a ser respeitoso, empático e amável *versus* tendência a ser desrespeitoso, insensível e desconfiado; e (e) abertura mental ou abertura à experiência: tendência a ser curioso intelectualmente, imaginativo e estético *versus* tendência a não gostar de pensar, ser pouco imaginativo e ter uma visão conservadora (John, 2021; John et al., 2008; McCrae & Sutin, 2018).

Na atualidade, embora haja discordâncias e críticas, o modelo dos cinco fatores constitui-se como o referencial mais utilizado para a conceituação e a mensuração da personalidade (John, 2021; John et al., 2008). São numerosas as pesquisas atestando a utilidade do modelo na predição de diferentes desfechos de vida, contemplando desde a esfera ocupacional até o campo relacional amoroso, por exemplo (Ozer & Benet-Martínez, 2006; Roberts et al., 2007; Soto, 2019). De especial interesse para os propósitos do presente capítulo estão as relações existentes entre a personalidade, mais especificamente entre os traços de personalidade (sejam eles normais e patológicos) e os desfechos de saúde. Sabemos que os traços de personalidade variam quantitativamente entre as pessoas, ou seja, não é sobre ter ou não ter um traço, mas o quanto há dele. Desse modo, questionamos: Será que essas variações no quanto uma pessoa tem de um traço em relação a outras estão associadas a uma

maior ou menor probabilidade de ter problemas de saúde? A relação ocorre apenas para a saúde mental ou para a saúde física também? Ainda, como ocorrem estas relações? O traço de personalidade representaria um fator de risco direto para um problema de saúde ou traços de personalidade e vulnerabilidades de saúde estão associados a uma causa comum subjacente?

Questões relacionadas à saúde e ao adoecimento não têm respostas simples (Deary et al., 2010; Friedman & Hampson, 2021). Certamente, parte dos eventos adversos que acontecem em nossas vidas e acometem nossa saúde podem ser aleatórios ou mesmo decorrentes de simples fatalidades. Alguém pode ter chamado um táxi para ir ao trabalho e o automóvel pode se envolver em um acidente de trânsito que poderia deixar o passageiro com sequelas motoras. Ou, simplesmente, alguém pode ir ao posto de saúde se vacinar contra meningite e, no mesmo dia, contrair uma gripe.

Não obstante, não se pode deixar de perceber que as pessoas variam enormemente em relação à vulnerabilidade para contraírem doenças, se manterem saudáveis ou se recuperarem com mais rapidez ou não de determinadas patologias. Essas variações na probabilidade de adoecer são decorrentes de fatores de origens biopsicossociais e envolvem, portanto, a biologia ou a predisposição genética, os recursos e as oportunidades oferecidas pelo ambiente, além de aspectos do funcionamento psicológico, que variam com o tempo (Deary et al., 2010).

Dentre os aspectos psicológicos e individuais, há as diferenças em personalidade. Os traços podem atuar como risco ou proteção quando o assunto é saúde (Deary et al., 2010). Por exemplo, pessoas extrovertidas podem se envolver em mais acidentes, porque os níveis elevados de comportamentos de busca de sensação as colocam em situações potencialmente mais arriscadas. Apesar de a extroversão ser um fator de risco para, por exemplo, morte precoce, pode ser um fator associado à manutenção de qualidade de vida nos casos de doenças crônicas, porque pessoas extrovertidas são mais otimistas e vivenciam mais emoções positivas, o que costuma estar associado à qualidade de vida para doentes crônicos. Para ambos os exemplos não é somente a extroversão que conta: outros traços e outras características individuais, como os valores, podem ter papel importante. Além disso, os recursos ambientais disponíveis são essenciais; no caso de doentes crônicos, por exemplo, o adequado acesso a tratamentos e as consultas periódicas são fundamentais para a manutenção do bem-estar e da qualidade de vida. Também nesses casos a rede de suporte social é extremamente valiosa, visto que, inclusive, melhora a qualidade de vida de pacientes com doenças crônicas. Pessoas extrovertidas são também mais gregárias e, por isso, buscam ativamente ter e manter relações sociais. Em momentos de fragilidade como esses, extrovertidos, em geral, não apenas têm uma maior rede de suporte como também buscam por essa rede em situações de crise.

Esse interesse pelas relações entre a personalidade e os processos de saúde e adoecimento, subárea cunhada de Epidemiologia Personológica (Deary et al., 2010; Friedman & Hampson, 2021), não é recente. Os primeiros escritos acerca dessas relações remontam à Grécia antiga e aos trabalhos de médicos proeminentes da época, tais como Hipócrates e Galeno (Deary et al., 2010; Friedman & Hampson, 2021). Ademais, as concepções pré-científicas da psiquiatria psicossomática também ofereceram *insights* importantes sobre as relações entre o corpo (a saúde física) e a mente (comportamento das pessoas), ainda que essa abordagem não tenha conseguido usar um método científico rigoroso para validar suas conclusões.

A percepção de que as doenças poderiam estar atreladas a perturbações de fundo emocional (em um sentido mais amplo) forneceram as bases para o estudo científico das relações entre personalidade e saúde a partir de meados do século XX (Deary et al., 2010; Friedman & Hampson, 2021). Desde então, um considerável conjunto de evidências científicas têm apontado para as múltiplas possibilidades de associação entre a personalidade e a saúde (Deary et al., 2010; Friedman & Hampson, 2021; Ozer & Benet-Martínez, 2006; Roberts et al., 2007; Soto, 2019), evidências que serão mais bem exploradas nas próximas seções deste capítulo.

São vários os modelos que visam explicar como a relação entre personalidade e saúde acontece, com alguns mais complexos do que outros (Deary et al., 2010; Friedman & Hampson, 2021). Por exemplo, nos modelos saúde-comportamento, os traços de personalidade influenciariam a adoção e a manutenção de comportamento pró-saúde e poderiam evitar comportamentos prejudiciais à saúde, modelos que poderiam dar ênfase à relação dos traços de personalidade com o comportamento de beber, fumar ou praticar atividades físicas.

Outros modelos mais simples incluem o estresse como componente essencial para se pensar na relação entre traços de personalidade e saúde. Partem da premissa que algumas pessoas têm estratégias mais efetivas do que outras para regulação do estresse e melhores estratégias poderiam estar associadas à melhor saúde geral (embora o contrário também possa ser verdadeiro). Como exemplo, podemos pensar que um indivíduo com altos níveis de neuroticismo teria estratégias de enfrentamento mais negativas ou disfuncionais, tais como ruminação ou fome emocional; assim, estaria mais sujeito aos efeitos colaterais negativos na saúde em momentos de vida com níveis mais altos de estressores (por exemplo: perda de emprego, problemas no relacionamento, dentre outros).

Existem modelos que também conceituam o papel de sistemas fisiológicos e da genética como mediadores ou moderadores dessas relações, considerando que tanto os traços de personalidade quanto a saúde estão associados a diferenças no funcionamento de sistemas neurobiológicos. Por exemplo, níveis elevados de neuroticismo poderiam desencadear um mal funcionamento no eixo HPA (hipotálamo-pituitário-adrenal), que está diretamente associado à regulação dos níveis de cortisol no corpo: a falta de regulação adequada da liberação de cortisol poderia causar uma sobrecarga do sistema imunológico, aumentando as chances de doenças autoimunes, tais como a doença de Crohn, e alergias respiratórias, ambas associadas frequentemente a altos níveis de neuroticismo (Mangold & Wand, 2006; Tyrka et al., 2006, 2008).

Os modelos mais sofisticados e, também, mais atuais acerca das relações entre personalidade e saúde partem da premissa de que são vários os mecanismos causais envolvidos nessa relação e, em geral, eles interagem entre si. Ademais, esses modelos reconhecem que a relação entre personalidade e saúde é dinâmica; isso significa dizer que os mecanismos que operam em um dado momento do desenvolvimento podem não ser os mesmos que estão atuando em uma fase posterior (Friedman & Hampson, 2021).

Outras características dos modelos mais sofisticados para explicar a relação entre personalidade e saúde são elencados a seguir (Friedman & Hampson, 2021): (a) os traços de personalidade determinam a seleção e evocação seletiva de ambientes mais ou menos saudáveis ou prejudiciais à saúde; (b) relações entre personalidade e saúde são recíprocas. A experiência da doença ou processos biológicos neurodegenerativos (lesão cerebral, por exemplo) podem produzir mudanças na personalidade. No primeiro caso, uma pessoa que se aposenta por invalidez pode desenvolver um quadro depressivo e, este, por sua vez, pode diminuir seu nível de energia, disposição e interesse pelas pessoas (personalidade); (c) como as relações entre personalidade e saúde não são estáticas, estudos longitudinais são necessários para que seja possível entender melhor os mecanismos por trás dessas associações; (d) existem períodos críticos ou sensíveis ao longo do desenvolvimento em que determinados traços de personalidade podem funcionar como fatores de risco mais ou menos potentes para desfechos em saúde. Por exemplo, níveis baixos de amabilidade na adolescência podem aumentar a probabilidade de envolvimento com pares agressivos e comportamentos antissociais, o que pode tornar o adolescente mais vulnerável a mortes prematuras. Obviamente, é necessário destacar que fatores como o gênero, a cor e o nível socioeconômico são moderadores importantes; (e) os fatores de risco, muito provavelmente, atuam de forma cumulativa ao longo do desenvolvimento.

Nesse sentido, as características de personalidade têm uma influência vital nos processos de saúde e adoecimento. Há uma vasta literatura apontando para estas relações. É importante termos em mente os modelos e os pressupostos apresentados para tentarmos integrar os achados e formar um mapa mental sobre a forma como ocorrem essas relações. As próximas seções estão dedicadas, portanto, a apresentar algumas evidências de associações entre traços de personalidade e saúde.

## Evidências da relação entre personalidade e saúde

Embora seja antiga a premissa de que as características da personalidade estão relacionadas à saúde, apenas recentemente se acumulou um conjunto significativo de evidências empíricas e sistematizadas que indicaram e sustentaram essa relação. Conforme apontado, existem diferentes vias de ligação entre a personalidade e a saúde, o que resulta na criação de variados modelos que explicam essas associações, revelando a complexidade desse fenômeno. Por conseguinte, a literatura empírica também evidenciou essa natureza complexa na relação entre personalidade e saúde, trazendo, eventualmente, resultados nulos e outros que parecem paradoxais (Friedman & Kern, 2014). Assim, as pesquisas atuais buscam não apenas observar as relações existentes, mas também compreender os mecanismos e processos explicativos que acontecem nessas relações. Por exemplo, alguns estudos mostraram que o tabagismo é um mediador na relação entre a conscienciosidade e a mortalidade (Turiano et al., 2012a), ou seja, indivíduos menos conscienciosos apresentavam uma maior disposição ao hábito de fumar, o que afetava o tempo de vida dessas pessoas. No entanto, o efeito de mediação do tabagismo não foi encontrado em outras pesquisas (Graham et al., 2017), fenômeno que acontece, pois o caminho de ligação entre a conscienciosidade, o tabagismo e a mortalidade deve também considerar a inclusão de outras etapas e variáveis, tais como o desenvolvimento de doenças cardíacas ou pulmonares, a adoção de hábitos menos saudáveis, as predisposições genéticas, bem como outras características da personalidade, como a busca por sensações e estímulos novos. Como resultado, as propostas atuais em personalidade fornecem modelos, conceitos e ferramentas que consideram uma ampla perspectiva desenvolvimental, a existência de influências mútuas, diretas e indiretas, além dos processos de estabilidade e mudança tanto na personalidade quanto na saúde.

Nas seções a seguir, apresentamos estudos que evidenciaram algumas vias pelas quais se relacionam os traços de personalidade com a saúde. Inicialmente, seguindo uma linha desenvolvimental, são apresentadas as pesquisas com crianças e adolescentes, e, em sequência, os estudos que incluem adultos e idosos. Posteriormente, reunimos alguns achados que apontam sobre os modelos amplos existentes para a compreensão da relação entre personalidade e saúde. Por fim, apresentamos estudos sobre mudanças tanto na saúde quanto na personalidade, indicando as implicações para avaliação, prevenção e intervenção.

### Influências no início da vida

Entre os achados mais curiosos das pesquisas em personalidade estão os resultados que indicaram que os traços advindos do modelo dos cinco grandes fatores avaliados durante a infância são preditores de desfechos na saúde na vida adulta (Hampson, 2019). Estudos longitudinais revelaram que os traços de personalidade podem influenciar significativamente a saúde física e mental ao longo de todo o ciclo vital. Por exemplo, a respeito dos desfechos na saúde física, na pesquisa do *Hawaii Personality and Health Cohort*, os participantes foram avaliados durante a infância (média de idade = 10 anos) na década de 1960 e, novamente, na adultez, cerca de 40 anos depois (média de idade = 51 anos) (Hampson et al., 2013). Os pesquisadores observaram que níveis mais baixos de conscienciosidade na infância eram preditores de maior desregulação fisiológica, maior obesidade e piores perfis lipídicos durante a adultez, mesmo após controlar o efeito da conscienciosidade na idade adulta. Os resultados sugerem, portanto, que as crianças mais conscienciosas têm maior probabilidade de se tornarem adultos mais saudáveis.

De forma similar, Hampson et al. (2015), com dados do estudo longitudinal de personalidade e saúde do Havaí (que contou com sete avaliações, sendo a primeira entre 1959 e 1967 e a última em 2013), verificou que a conscienciosidade em crianças (média de idade = 10 anos) estava relacionada à saúde na meia-idade (média de idade = 51 anos), em que um menor nível de conscienciosidade na infância foi associado a uma maior desregulação fisiológica e um maior índice de massa corporal. Essa associação permaneceu mesmo após o controle da conscienciosidade avaliada na adultez, indicando que características de personalidade na infância têm um impacto duradouro na saúde física ao longo da vida.

A respeito dos desfechos na saúde mental, a literatura científica também indica que os traços de personalidade servem como fatores de risco e proteção para o desenvolvimento de sintomas psicopatológicos. Na pesquisa do *Tracking Adolescents Individual Lives' Survey* (TRAILS) com adolescentes holandeses (média de idade na primeira avaliação = 10,5 anos), por exemplo, Laceulle et al. (2014) observaram que características da personalidade e mudanças nessas características eram preditoras significativas de sintomas internalizantes e externalizantes durante a adultez inicial (média de idade = 19,1 anos). Já no *Christchurch Health and Development Study* (CHDS), os participantes foram avaliados aos 14 anos de idade e, posteriormente, aos 30 anos de idade (Newton-Howes et al., 2015); os pesquisadores observaram que o neuroticismo durante a adolescência era um preditor positivo de depressão, ansiedade, comportamento suici-

da, baixa autoestima e problemas gerais de saúde mental na idade adulta. Além disso, verificaram também que a extroversão na adolescência apresentava associação com desfechos tanto indesejáveis quanto desejáveis, sendo preditora do uso abusivo de álcool e drogas, e de problemas gerais de saúde mental, mas também de melhor bem-estar social, autoestima e qualidade de relacionamento durante a adultez.

Os resultados dos estudos apresentados nos trechos anteriores são particularmente interessantes por dois motivos principais. Em primeiro lugar, durante as fases iniciais do ciclo vital, os traços de personalidade sofrem importantes influências dos processos desenvolvimentais de aspectos biológicos. Por exemplo, a conscienciosidade é influenciada pela mielinização cerebral no córtex pré-frontal dorsolateral, que acontece até a adultez (DeYoung & Allen, 2019). Esse processo desenvolvimental, juntamente com outros aspectos ambientais, colabora para uma menor estabilidade dos traços de personalidade durante a infância e a adolescência em comparação com a idade adulta (Bleidorn et al., 2022). Logo, é curioso observar que, mesmo ainda em desenvolvimento e apresentando menor estabilidade, os traços de personalidade são preditores de desfechos na saúde.

Em segundo lugar, é interessante ponderar que o efeito preditivo dos traços na saúde permanece em um longo período, mesmo após controlar o efeito dos traços na idade adulta (Hampson et al., 2013, 2015). Existem diferentes vias que explicam essas relações duradouras. Uma delas considera que existem predisposições biológicas (incluindo genes, hormônios, síntese de proteína, atividade neuronal, estruturas morfológicas, entre outros) e características ambientais (como exposição a eventos estressores) que são compartilhadas entre a personalidade com a saúde posterior. Ainda utilizando o exemplo da conscienciosidade, o uso excessivo de álcool tem efeitos adversos no sistema nervoso central, podendo causar a desmielinização em diferentes regiões do cérebro, afetando, assim, tanto a conscienciosidade quanto as condições de saúde (Rice & Gu, 2019). Estudos anteriores também indicaram que a exposição à adversidade pré-natal impacta o desenvolvimento da personalidade (Krzeczkowski & Van Lieshout, 2019). Portanto, os traços de personalidade e muitas doenças têm alguma base biológica e/ou ambiental em comum, levando, assim, a associações posteriores entre personalidade e saúde.

Outra via explicativa para a associação entre personalidade e saúde está relacionada aos efeitos cumulativos de hábitos que podem ser mais ou menos saudáveis. A infância e a adolescência são períodos críticos para o estabelecimento de padrões de comportamento, como hábitos de higiene, práticas de atividade física e *hobbies*, hábitos alimentares, dentre outros. Os traços de personalidade podem influenciar o desenvolvimento desses hábitos, conforme observaram Hampson et al. (2015), para os quais as crianças mais conscienciosas têm maior probabilidade de se envolverem em comportamentos saudáveis e, consequentemente, apresentarem melhores índices de saúde aos 50 anos de idade. Já no estudo de Vollrath et al. (2007), foi observado que crianças com Diabetes tipo 1 que apresentaram pontuações mais altas em amabilidade e conscienciosidade, e pontuações baixas em neuroticismo, mantiveram melhor controle glicêmico ao longo do tempo. Em suma, os aspectos de saúde e as características de personalidade durante os períodos iniciais da vida podem colocar os indivíduos em trajetórias que favoreçem os desfechos desejáveis ou indesejáveis, tanto na saúde quanto na personalidade.

## Influências na adultez e velhice

Nas fases seguintes do ciclo vital, os traços de personalidade continuam a desempenhar um papel significativo na saúde física e mental. Em um estudo metanalítico realizado por Jokela et al. (2013), que contou com 76.150 adultos advindos dos Estados Unidos, Reino Unido, Alemanha e Austrália, foi observado que a conscienciosidade era o único traço do modelo dos cinco grandes fatores a predizer a mortalidade por diferentes causas. Verificou-se que os indivíduos no tercil mais baixo de conscienciosidade tinham um risco 34% maior de morrer em comparação com aqueles nos dois tercis superiores.

Outros traços do modelo dos cinco grandes fatores também têm sido associados ao risco de mortalidade, mas de forma menos consistente. No estudo realizado por Sutin et al. (2013) com adultos do *Baltimore Longitudinal Study of Aging* (BLSA), foi observado que os participantes com maiores pontuações em algumas facetas de neuroticismo (depressão e vulnerabilidade) apresentavam mais doenças. Por outro lado, maiores níveis em atividade (facetas do traço de extroversão), busca por novidades (faceta de abertura a experiências), competência e autodisciplina (facetas da conscienciosidade) estavam associados a menor quantidade de doenças autorrelatadas. Os pesquisadores também observaram que os adultos mais impulsivos (faceta de neuroticismo), cordiais e felizes (facetas da extroversão) apresentavam um risco aumentado de desenvolver alguma doença, ao passo que aqueles mais organizados, disciplinados e deliberados (facetas de conscienciosidade) apresentavam risco reduzido de desenvolverem uma doença.

A respeito dos desfechos de saúde mental, existe um conjunto considerável de evidências empíricas indicando que os traços do modelo dos cinco grandes fatores são características protetivas e de risco para o desenvolvimento de sintomas psicopatológicos, bem como para os desfechos desejáveis de saúde mental. Na pesquisa realizada por Lamers et al. (2012) com adultos e idosos (idades entre 18 e 88 anos), observou-se que níveis mais altos de neuroticismo estavam associados a sintomas psicopatológicos, enquanto extroversão e amabilidade foram contribuintes significativos para melhores desfechos de saúde mental. Já no estudo realizado por Kang et al. (2023) com adultos e idosos (idades entre 16 e 99 anos) advindos do *British Household Panel Study* (BHPS), observou-se que o neuroticismo estava positivamente relacionado à disfunção social, anedonia, perda de confiança, depressão e ansiedade, enquanto a conscienciosidade e a amabilidade estavam negativamente relacionadas à disfunção social, à anedonia e à perda de confiança. A extroversão, por sua vez, estava negativamente relacionada à disfunção social e anedonia e positivamente relacionada à depressão e ansiedade; por fim, a abertura à experiência estava negativamente relacionada à depressão e ansiedade.

Além das investigações sobre o impacto dos traços de personalidade nos desfechos de saúde em adultos e idosos, há um esforço dos pesquisadores para compreender sobre como as mudanças que ocorrem na saúde durante essas fases da vida afetam os traços de personalidade. Em particular, essas alterações têm um impacto significativo principalmente nos traços de personalidade dos idosos, grupo etário que apresenta uma maior variabilidade de desfechos de saúde, com o maior aparecimento de doenças, o que pode afetar seus processos cognitivos e dificultar um padrão de desenvolvimento homogêneo. Como resultado, estudos empíricos mostram que os traços de personalidade tendem a ser menos estáveis na terceira idade em comparação com a vida adulta (Bleidorn et al., 2022). Por exemplo, no estudo de coorte observacional longitudinal realizado por Terracciano et al. (2023) com pessoas com 50 anos ou mais de idade, foram examinadas as mudanças nos traços de personalidade antes e durante o comprometimento cognitivo. Os autores observaram que o aparecimento do comprometimento cognitivo estava associado a um padrão de mudanças na trajetória desenvolvimental da personalidade. Antes da detecção desse comprometimento houve uma leve diminuição na extroversão, na amabilidade e na conscienciosidade, enquanto o neuroticismo e a abertura permaneceram estáveis. Ademais, durante o comprometimento cognitivo, o neuroticismo aumentou, ao passo que a extroversão, a abertura, a amabilidade e a conscienciosidade diminuíram. Essas mudanças nos traços de personalidade provocadas por condições de saúde podem, portanto, intensificar o sofrimento psicológico, devido a seu potencial impacto no senso de identidade e nas mudanças de hábitos dos indivíduos. Por exemplo, em pacientes com demência, a redução significativa na extroversão pode levar a uma diminuição da disposição e do nível de atividade, além de um distanciamento das interações sociais e da exploração do ambiente. Como resultado, essas alterações na personalidade podem ser percebidas como consequências extensas do quadro de saúde, comprometendo o bem-estar social e psicológico do paciente.

## Modelos amplos em personalidade e saúde

A literatura científica demonstra replicabilidade para as pesquisas citadas nas seções anteriores (Friedman & Hampson, 2021). No entanto, conforme abordado, o campo de estudo apresenta algumas descobertas inconsistentes e resultados nulos sobre a relação entre personalidade e saúde (Friedman & Kern, 2014). Além dos desafios para realizar estudos longitudinais que abarquem uma perspectiva de vida completa, os pesquisadores têm identificado limitações em modelos explicativos simples, que consideram um número reduzido de variáveis relacionadas à personalidade e à saúde. Isso evidencia a necessidade de desenvolver modelos mais abrangentes e sofisticados que integrem a interação entre os mecanismos e a natureza dinâmica da personalidade e da saúde (Friedman & Kern, 2014; Graham et al., 2020).

Nas propostas atuais, os modelos de personalidade e saúde reconhecem a natureza adaptativa dos traços, a depender do contexto e da relação com outras variáveis. Por exemplo, o neuroticismo tem demonstrado efeitos tanto desejáveis quanto indesejáveis na saúde. Alguns estudos indicaram que altos níveis de neuroticismo estão associados a desfechos indesejáveis na saúde mental, como sintomas depressivos e ansiosos, uso abusivo de substâncias, anedonia, disfunção social, entre outros. No entanto, também existe um neuroticismo saudável, que leva os indivíduos a se preocuparem e manterem vigilância em relação à sua saúde (Friedman & Hampson, 2021), como apresentado no estudo do *Terman Life Cycle*, em que o neuroticismo na idade adulta jovem foi um fator protetivo do risco de mortalidade entre homens que ficaram viúvos (Taga et al., 2009). Portanto, os traços de personalidade podem favorecer ou dificultar a adaptação a determinados contextos, bem como o desenvolvimento de estratégias para enfrentamento de diferentes situações.

Além disso, uma grande parte dos estudos que investigam a relação entre os traços de personalidade e a saúde tende a observar o efeito direto entre essas variáveis. É comum ver pesquisas que analisam de que maneira um traço específico da personalidade influencia diretamente um desfecho de saúde. No entanto, é crucial entendermos as dinâmicas interativas entre diferentes características de personalidade; para que os modelos se tornem mais abrangentes é necessário incluir um maior número de mediadores e moderadores. Modelos que combinam esses elementos são conhecidos como moderação mediada e mediação moderada (Hampson, 2021). Um exemplo de efeito de interação foi observado no estudo realizado por Turiano et al. (2012b), que analisaram o efeito dos traços na previsão de comportamentos de saúde dos participantes do *Midlife in the United States* (MIDUS). Os pesquisadores verificaram que a conscienciosidade foi um fator moderador na associação entre neuroticismo e uso de substâncias e na relação entre a extroversão e uso de drogas ilícitas. Assim, os indivíduos que eram menos emocionalmente estáveis e conscienciosos tendiam a fazer o uso de álcool e drogas ilícitas, ao passo que os indivíduos menos extrovertidos e conscienciosos tendiam a fazer o uso de drogas ilícitas. Já na análise integrativa de dados realizada por Graham et al. (2020), envolvendo cerca de 54.000 participantes advindos de diferentes países, foi observado que níveis elevados de conscienciosidade amenizam a relação entre altos níveis de neuroticismo com o hábito de fumar e com a inatividade física. Em resumo, essas descobertas empíricas destacam a importância de considerar as interações complexas entre os traços de personalidade para uma compreensão mais aprofundada dos comportamentos de saúde.

## Mudanças na personalidade e na saúde

O conjunto de evidências empíricas que explicitam a relação entre a personalidade e a saúde indicam as vias pelas quais a psicologia pode atuar para proporcionar melhores desfechos na saúde. Embora os psicólogos não atuem diretamente na saúde física, como ocorre na prática médica, eles desempenham um papel crucial por identificar indivíduos que pertencem a grupos de risco para trajetórias indesejáveis na saúde, bem como potencializar o efeito das intervenções. No estudo realizado por Jokela et al. (2014) com cerca de 35.000 adultos advindos dos Estados Unidos e Reino Unido, observou-se que níveis mais baixos de conscienciosidade estavam associados ao risco elevado de Diabetes, bem como a um risco maior de mortalidade por essa doença. Essa associação entre a conscienciosidade e o desenvolvimento e morte por Diabetes pode ser explicada por alguns comportamentos, como o controle de peso inadequado, a inatividade física e a baixa adesão às recomendações dos tratamentos médicos.

Assim, o processo de avaliação psicológica pode identificar os indivíduos em maior risco e possibilitar o direcionamento de práticas de prevenção e promoção da saúde. Além disso, a avaliação psicológica permite identificar as principais dificuldades das pessoas para adesão e seguimento dos tratamentos, possibilitando a criação de planos de intervenção e prevenção que consideram as diferenças individuais. Bucher et al. (2019) observaram que níveis mais baixos de neuroticismo e níveis mais altos de extroversão, amabilidade, conscienciosidade e abertura estavam associados a resultados mais favoráveis de tratamento da saúde mental, favorecendo, por exemplo, o estabelecimento de melhor aliança terapêutica e seguimento das recomendações do tratamento. Utilizando os resultados do estudo de Jokela et al. (2014) como ilustração para melhores práticas de tratamento dos indivíduos com Diabetes, pode ser interessante direcionar recomendações específicas aos indivíduos com menores níveis de conscienciosidade, visto que podem se beneficiar de algumas estratégias, como lembretes constantes para monitoramento da saúde, apoio de familiares e amigos no desenvolvimento de hábitos mais saudáveis e acompanhamento constante por profissionais da saúde.

Além da identificação dos grupos de risco para desfechos indesejáveis na saúde, a literatura empírica indica um papel ativo dos psicólogos no desenvolvimento e na implementação de intervenções. Alguns estudos indicam que os traços de personalidade podem ser o foco de intervenções clínicas, considerando que a psicoterapia pode resultar em mudanças duradouras nos traços de personalidade (Bleidorn et al., 2021). Como consequência, as mudanças nos traços estão associadas a melhores desfechos de saúde; por exemplo, em um estudo com 11.105 adultos australianos com idades entre 20 e 79 anos, Magee et al. (2013) observaram que o aumento nos níveis de conscienciosidade e diminuição nos níveis de neuroticismo estavam associados a melhores desfechos na saúde física e mental. Logo, os traços podem ser considerados como características-alvo nos programas de prevenção e intervenção na saúde. Entretanto, deve-se também considerar que as mudanças nos traços tendem a ser pequenas (Bleidorn et al., 2021, 2022); logo, é relevante compreender os processos de mudança e estabilidade na personalidade para o estabelecimento de expectativas realistas das intervenções em personalidade.

## Traços patológicos da personalidade e saúde

Existe, na literatura, um relativo consenso de que a patologia da personalidade pode ser mapeada em modelos mais amplos da personalidade (Krueger et al., 2011; Widiger, 2005). A ideia central é que transtornos da personalidade consistem em perfis de elevações (ou rebaixamentos) nas dimensões amplas da personalidade e suas respectivas facetas.

Essa concepção levou ao desenvolvimento de um modelo de traços patológicos inspirada nos cinco grandes fatores da personalidade (Wright et al., 2012), detalhados no *Manual Diagnóstico* *e Estatístico de Transtornos Mentais 5 (Diagnostic and Statistical Manual of Mental Disorders 5 [DSM-5]) (American Psychiatric Association [APA], 2013). Esses traços são o distanciamento (versus extroversão), o antagonismo (versus amabilidade), a desinibição (versus conscienciosidade), a afetividade negativa (versus estabilidade emocional) e o psicoticismo (versus lucidez). Os autores da proposta desenvolveram um instrumento que captura essas dimensões, o Pathological Inventory for the DSM-5 (PID-5) (Krueger et al., 2012), um modelo apresentado na Seção III, Capítulo 27, em que constam facetas que pertencem a cada uma dessas dimensões (APA, 2013). A mesma estrutura de cinco fatores tem se mostrado representativa em outros modelos de traços patológicos, como o Comprehensive Assessment of Traits Relevant to Personality Disorders (CAT-PD) (Ringwald et al., 2023). Vale mencionar que essas dimensões também integram um modelo taxonômico mais amplo: a Taxonomia Hierárquica de Psicopatologia (Hierarchical Taxonomy of Psychopathology [HiTOP]), que busca descrever todos os transtornos mentais de uma perspectiva dimensional (Conway et al., 2022; Kotov et al., 2017).

Diversos estudos têm sido conduzidos para investigar a associação entre características patológicas da personalidade e desfechos em saúde. Uma revisão narrativa da literatura relatou associações entre aspectos patológicos da personalidade e desfechos tardios na vida, como comportamento suicida, diversos problemas de saúde e declínio cognitivo mais acentuado (Cruitt & Oltmanns, 2018). Em uma revisão sistemática da literatura, os autores relataram associações entre patologia da personalidade e desfechos em saúde, incluindo perturbações do sono, obesidade, dor e outras doenças de natureza crônica (Dixon-Gordon et al., 2015). Uma edição especial

sobre personalidade e saúde da publicação *Frontiers in Psychology* incluiu artigos em que pesquisadores relataram associações entre patologia da personalidade e doenças cardiovasculares e metabólicas, além de câncer (Galli et al., 2022).

Traços patológicos mais específicos também têm sido conectados a desfechos negativos em saúde. Um exemplo é a tríade sombria, nome concedido à psicopatia (tendência à insensibilidade, exploração interpessoal e descontrole), ao narcisismo (tendência à grandiosidade e à vulnerabilidade a críticas/intolerância à frustração) e ao maquiavelismo (tendência à bajulação e uso inescrupuloso e estratégico dos outros para sucesso pessoal) (Koehn et al., 2019). Uma revisão sistemática da literatura identificou uma série de desfechos psicossociais negativos desses três construtos, incluindo estilo de vida errático, agressão e delinquência, empobrecido bem-estar e dificuldades interpessoais (Muris et al., 2017).

## Considerações finais

Em suma, existe uma ampla documentação de evidências de relacionamento entre personalidade e desfechos em saúde, válidas tanto para modelos amplos, como os cinco grandes fatores, quanto para traços considerados patológicos. Um provável elo em comum, nesse caso, são dificuldades em competências socioemocionais, as quais representam padrões consistentes de pensamento, sentimentos e comportamentos que, originados na interação entre predisposições biológicas e fatores ambientais, influenciam desfechos na vida das pessoas (Primi et al., 2021). Indivíduos com traços patológicos podem não ter desenvolvido essas competências para lidar com determinados desafios pertinentes à sua saúde. Logo, é possível que sua resposta a problemas na área da saúde possa envolver comportamentos que não contribuem para resolver a situação, além de potencialmente agravá-la. Um indivíduo com traços patológicos da personalidade pode, por exemplo, manter hábitos nocivos, como fumar ou ingerir bebidas alcoólicas mesmo diante de uma doença cardíaca. Essa possibilidade abre caminhos possíveis para intervenções na psicologia ou nas demais áreas da saúde, com foco em promover saúde e prevenir doenças.

## Referências

American Psychiatric Association. (2013). *Diagnostic and statistical manual of mental disorders: DSM-5™, 5th ed.* https://psycnet.apa.org/record/2013-14907-000

Bleidorn, W., Hopwood, C. J., Back, M. D., Denissen, J. J. A., Hennecke, M., Hill, P. L., Jokela, M., Kandler, C., Lucas, R. E., Luhmann, M., Orth, U., Roberts, B. W., Wagner, J., Wrzus, C., & Zimmermann, J. (2021). Personality trait stability and change. *Personality Science, 2.* https://doi.org/10.5964/ps.6009

Bleidorn, W., Schwaba, T., Zheng, A., Hopwood, C. J., Sosa, S. S., Roberts, B. W., & Briley, D. A. (2022). Personality stability and change: a meta-analysis of longitudinal studies. *Psychological Bulletin, 148*(7-8). https://doi.org/10.1037/bul0000365

Bucher, M. A., Suzuki, T., & Samuel, D. B. (2019). A meta-analytic review of personality traits and their associations with mental health treatment outcomes. *Clinical Psychology Review, 70,* 51-63. https://doi.org/10.1016/j.cpr.2019.04.002

Conway, C. C., Forbes, M. K., & South, S. C. (2022). A Hierarchical Taxonomy of Psychopathology (HiTOP) primer for mental health researchers. *Clinical Psychological Science, 10*(2), 236-258. https://doi.org/10.1177/21677026211017834

Cruitt, P. J., & Oltmanns, T. F. (2018). Age-related outcomes associated with personality pathology in later life. *Current Opinion in Psychology, 21,* 89-93. https://doi.org/10.1016/j.copsyc.2017.09.013

Deary, I. J., Weiss, A., & Batty, G. D. (2010). Intelligence and personality as predictors of illness and death. *Psychological Science in the Public Interest, 11*(2), 53-79. https://doi.org/10.1177/1529100610387081

DeYoung, C. G., & Allen, T. A. (2019). Personality neuroscience: a developmental perspective. In D. P. McAdams, R. L. Shiner, & R. L. Tackett (Eds.), *Handbook of personality development* (pp. 79-105). The Guilford Press.

Dixon-Gordon, K. L., Whalen, D. J., Layden, B. K., & Chapman, A. L. (2015). A systematic review of personality disorders and health outcomes. *Canadian Psychology/Psychologie Canadienne, 56*(2), 168-190. https://doi.org/10.1037/cap0000024

Friedman, H. S., & Hampson, S. E. (2021). Personality and health: a lifespan perspective. In O. P. John, & W. R. Robins (Eds.), *Handbook of personality: theory and research* (4th ed., pp. 773-790). The Guilford Press.

Friedman, H. S., & Kern, M. L. (2014). Personality, well-being, and health. *Annual Review of Psychology, 65*(1), 719-742. https://doi.org/10.1146/annurev-psych-010213-115123

Galli, F., Tanzilli, A., Pompili, M., & Bagby, M. (2022). Personality and disease: new directions in modern research (Editorial). *Frontiers in Psychology, 12,* 1-3. https://doi.org/10.3389/fpsyg.2021.828337

Graham, E. K., Rutsohn, J. P., Turiano, N. A., Bendayan, R., Batterham, P. J., Gerstorf, D., Katz, M. J., Reynolds, C. A., Sharp, E. S., Yoneda, T. B., Bastarache, E. D., Elleman, L. G., Zelinski, E. M., Johansson, B., Kuh, D., Barnes, L. L., Bennett, D. A., Deeg, D. J. H., Lipton, R. B., ... Mroczek, D. K. (2017). Personality predicts mortality risk: an integrative data analysis of 15 international longitudinal studies. *Journal of Research in Personality, 70,* 174-186. https://doi.org/10.1016/j.jrp.2017.07.005

Graham, E. K., Weston, S. J., Turiano, N. A., Aschwanden, D., Booth, T., Harrison, F., James, B. D., Lewis, N. A., Makkar, S. R., Mueller, S., Wisniewski, K. M., Yoneda, T., Zhaoyang, R., Spiro, A., Willis, S., Schaie, K. W., Sliwinski, M., Lipton, R. A., Katz, M. J., ... Mroczek, D. K. (2020). Is healthy neuroticism associated with health behaviors? A coordinated integrative data analysis. *Collabra: Psychology, 6*(1). https://doi.org/10.1525/collabra.266

Hampson, S. E. (2019). Personality development and health. In D. P. McAdams, R. L. Shiner, & J. L. Tackett (Eds.), *Handbook of personality development* (pp. 489-502). The Guilford Press.

Hampson, S. E. (2021). Psychological processes and mechanisms to explain associations between personality traits and outcomes. In J. F. Rauthmann (Ed.), *The handbook of personality dynamics and processes* (pp. 57-74). Elsevier Academic Press. https://doi.org/10.1016/B978-0-12-813995-0.00003-0

Hampson, S. E., Edmonds, G. W., Goldberg, L. R., Dubanoski, J. P., & Hillier, T. A. (2013). Childhood conscientiousness relates to objectively measured adult physical health four decades later. *Health psychology*, *32*(8), 925-928. https://doi.org/10.1037/a0031655

Hampson, S. E., Edmonds, G. W., Goldberg, L. R., Dubanoski, J. P., & Hillier, T. A. (2015). A life-span behavioral mechanism relating childhood conscientiousness to adult clinical health. *Health psychology*, *34*(9), 887-895. https://doi.org/10.1037/hea0000209

John, O. P. (2021). History, measurement, and conceptual elaboration of the Big-Five trait taxonomy: the paradigm matures. In O. P. John, & R. W. Robins (Eds.), *Handbook of personality: theory and research* (4th ed., pp. 35-82). The Guilford Press.

John, O. P., Naumann, L. P., & Soto, C. J. (2008). Paradigm shift to the integrative Big Five trait taxonomy: history, measurement, and conceptual issues. In O. P. John, R. W. Robins, & L. A. Pervin (Eds.), *Handbook of personality: theory and research* (3rd ed., pp. 114-158). The Guilford Press.

Jokela, M., Batty, G. D., Nyberg, S. T., Virtanen, M., Nabi, H., Singh-Manoux, A., & Kivimäki, M. (2013). Personality and all-cause mortality: individual-participant meta-analysis of 3,947 deaths in 76,150 adults. *American Journal of Epidemiology*, *178*(5), 667-675. https://doi.org/10.1093/aje/kwt170

Jokela, M., Elovainio, M., Nyberg, S. T., Tabák, A. G., Hintsa, T., Batty, G. D., & Kivimäki, M. (2014). Personality and risk of diabetes in adults: pooled analysis of 5 cohort studies. *Health Psychology*, *33*(12), 1618-1621. https://doi.org/10.1037/hea0000003

Kang, W., Steffens, F., Pineda, S., Widuch, K., & Malvaso, A. (2023). Personality traits and dimensions of mental health. *Scientific Reports*, *13*(1), 7091. https://doi.org/10.1038/s41598-023-33996-1

Koehn, M. A., Okan, C., & Jonason, P. K. (2019). A primer on the Dark Triad traits. *Australian Journal of Psychology*, *71*(1), 7-15. https://doi.org/10.1111/ajpy.12198

Kotov, R., Krueger, R. F., Watson, D., Achenbach, T. M., Althoff, R. R., Bagby, R. M., Brown, T. A., Carpenter, W. T., Caspi, A., Clark, L. A., Eaton, N. R., Forbes, M. K., Forbush, K. T., Goldberg, D., Hasin, D., Hyman, S. E., Ivanova, M. Y., Lynam, D. R., Markon, K., ... Zimmerman, M. (2017). The Hierarchical Taxonomy of Psychopathology (HiTOP): a dimensional alternative to traditional nosologies. *Journal of Abnormal Psychology*, *126*(4), 454-477. https://doi.org/10.1037/abn0000258

Krueger, R. F., Derringer, J., Markon, K. E., Watson, D., & Skodol, A. E. (2012). Initial construction of a maladaptive personality trait model and inventory for DSM-5. *Psychological Medicine*, *42*(9), 1879-1890. https://doi.org/10.1017/S0033291711002674

Krueger, R. F., Eaton, N. R., Clark, L. A., Watson, D., Markon, K. E., Derringer, J., Skodol, A., & Livesley, W. J. (2011). Deriving an empirical structure of personality pathology for DSM-5. *Journal of Personality Disorders*, *25*(2), 170-191. https://doi.org/10.1521/pedi.2011.25.2.170

Krzeczkowski, J. E., & Van Lieshout, R. J. (2019). Prenatal influences on the development and stability of personality. *New Ideas in Psychology*, *53*, 22-31. https://doi.org/10.1016/j.newideapsych.2018.01.003

Laceulle, O. M., Ormel, J., Vollebergh, W. A. M., van Aken, M. A. G., & Nederhof, E. (2014). A test of the vulnerability model: temperament and temperament change as predictors of future mental disorders – the TRAILS study. *Journal of Child Psychology and Psychiatry*, *55*(3), 227-236. https://doi.org/10.1111/jcpp.12141

Lamers, S. M. A., Westerhof, G. J., Kovács, V., & Bohlmeijer, E. T. (2012). Differential relationships in the association of the Big Five personality traits with positive mental health and psychopathology. *Journal of Research in Personality*, *46*(5), 517-524. https://doi.org/10.1016/j.jrp.2012.05.012

Magee, C. A., Heaven, P. C. L., & Miller, L. M. (2013). Personality change predicts self-reported mental and physical health. *Journal of Personality*, *81*(3), 324-334. https://doi.org/10.1111/j.1467-6494.2012.00802.x

Mangold, D. L., & Wand, G. S. (2006). Cortisol and adrenocorticotropic hormone responses to naloxone in subjects with high and low neuroticism. *Biological Psychiatry*, *60*(8), 850-855. https://doi.org/10.1016/j.biopsych.2006.03.049

McAdams, D. P. (1997). A conceptual history of personality psychology. In R. Hogan, J. A. Johnson, & S. R. Briggs (Eds.), *Handbook of personality psychology* (pp. 3-39). Academic Press.

McCrae, R. R., & Sutin, A. R. (2018). A five-factor theory perspective on causal analysis. *European Journal of Personality*, *32*(3), 151-166. https://doi.org/10.1002/per.2134

Muris, P., Merckelbach, H., Otgaar, H., & Meijer, E. (2017). The malevolent side of human nature. *Perspectives on Psychological Science, 12*(2), 183-204. https://doi.org/10.1177/1745691616666070

Newton-Howes, G., Horwood, J., & Mulder, R. (2015). Personality characteristics in childhood and outcomes in adulthood: findings from a 30-year longitudinal study. *Australian & New Zealand Journal of Psychiatry, 49*(4), 377-386. https://doi.org/10.1177/0004867415569796

Ozer, D. J., & Benet-Martínez, V. (2006). Personality and the prediction of consequential outcomes. *Annual Review of Psychology, 57*(1), 401-421. https://doi.org/10.1146/annurev.psych.57.102904.190127

Primi, R., Santos, D., John, O. P., & De Fruyt, F. (2021). SENNA inventory for the assessment of social and emotional skills in public school students in Brazil: measuring both identity and self-efficacy. *Frontiers in Psychology, 12*. https://doi.org/10.3389/fpsyg.2021.716639

Rice, J., & Gu, C. (2019). Function and mechanism of myelin regulation in alcohol abuse and alcoholism. *BioEssays, 41*(7). https://doi.org/10.1002/bies.201800255

Ringwald, W. R., Emery, L., Khoo, S., Clark, L. A., Kotelnikova, Y., Scalco, M. D., Watson, D., Wright, A. G. C., & Simms, L. J. (2023). Structure of pathological personality traits through the lens of the CAT-PD Model. *Assessment, 30*(7), 2276-2295. https://doi.org/10.1177/10731911221143343

Roberts, B. W., Kuncel, N. R., Shiner, R., Caspi, A., & Goldberg, L. R. (2007). The power of personality: the comparative validity of personality traits, socioeconomic status, and cognitive ability for predicting important life outcomes. *Perspectives on Psychological Science, 2*(4), 313-345. https://doi.org/10.1111/j.1745-6916.2007.00047.x

Soto, C. J. (2019). How replicable are links between personality traits and consequential life outcomes? The life outcomes of personality replication project. *Psychological Science, 30*(5), 711-727. https://doi.org/10.1177/0956797619831612

Sutin, A. R., Zonderman, A. B., Ferrucci, L., & Terracciano, A. (2013). Personality traits and chronic disease: implications for adult personality development. *The Journals of Gerontology Series B: Psychological Sciences and Social Sciences, 68*(6), 912-920. https://doi.org/10.1093/geronb/gbt036

Taga, K. A., Friedman, H. S., & Martin, L. R. (2009). Early personality traits as predictors of mortality risk following conjugal bereavement. *Journal of Personality, 77*(3), 669-690. https://doi.org/10.1111/j.1467-6494.2009.00561.x

Terracciano, A., Luchetti, M., Stephan, Y., Löckenhoff, C. E., Ledermann, T., & Sutin, A. R. (2023). Changes in personality before and during cognitive impairment. *Journal of the American Medical Directors Association, 24*(10), 1465-1470.E1. https://doi.org/10.1016/j.jamda.2023.05.011

Turiano, N. A., Hill, P. L., Roberts, B. W., Spiro, A., & Mroczek, D. K. (2012a). Smoking mediates the effect of conscientiousness on mortality: the veterans affairs normative aging study. *Journal of Research in Personality, 46*(6), 719-724. https://doi.org/10.1016/j.jrp.2012.08.009

Turiano, N. A., Whiteman, S. D., Hampson, S. E., Roberts, B. W., & Mroczek, D. K. (2012b). Personality and substance use in midlife: conscientiousness as a moderator and the effects of trait change. *Journal of Research in Personality, 46*(3), 295-305. https://doi.org/10.1016/j.jrp.2012.02.009

Tyrka, A. R., Mello, A., Mello, M., Gagne, G., Grover, K., Anderson, G., Price, L., & Carpenter, L. (2006). Temperament and hypothalamic-pituitary-adrenal axis function in healthy adults. *Psychoneuroendocrinology, 31*(9), 1036-1045. https://doi.org/10.1016/j.psyneuen.2006.06.004

Tyrka, A. R., Wier, L. M., Price, L. H., Rikhye, K., Ross, N. S., Anderson, G. M., Wilkinson, C. W., & Carpenter, L. L. (2008). Cortisol and ACTH responses to the Dex/CRH test: influence of temperament. *Hormones and Behavior, 53*(4), 518-525. https://doi.org/10.1016/j.yhbeh.2007.12.004

Vollrath, M. E., Landolt, M. A., Gnehm, H. E., Laimbacher, J., & Sennhauser, F. H. (2007). Child and parental personality are associated with glycaemic control in Type 1 Diabetes. *Diabetic Medicine, 24*(9), 1028-1033. https://doi.org/10.1111/j.1464-5491.2007.02215.x

Widiger, T. A. (2005). Five factor model of personality disorder: integrating science and practice. *Journal of Research in Personality, 39*(1), 67-83. https://doi.org/10.1016/j.jrp.2004.09.010

Wright, A. G. C., Thomas, K. M., Hopwood, C. J., Markon, K. E., Pincus, A. L., & Krueger, R. F. (2012). The hierarchical structure of DSM-5 pathological personality traits. *Journal of Abnormal Psychology, 121*(4), 951-957. https://doi.org/10.1037/a0027669

# 6
# Estresse e desfechos de saúde: adoecimento, avaliação e intervenção

*André Faro*
*Brenda Fernanda Silva-Ferraz*
*Natalício Augusto da Silva Junior*
*Makilim Nunes Baptista*

---

*Highlights*
- O estresse afeta a saúde de forma direta ou indireta.
- O estresse é a resposta que o corpo apresenta frente a situações estressoras, o que influencia os comportamentos em saúde.
- Carga alostática é o desgaste sofrido pelo organismo frente à exposição crônica e excessiva ao estresse, que pode levar ao adoecimento.
- Estresse psicológico é a relação particular entre a pessoa e o ambiente, avaliada como algo que sobrecarrega ou excede seus recursos e coloca em risco seu bem-estar.

---

Como nosso corpo responde ao estresse? Como o estresse nos adoece? Essas são algumas questões que movem o campo da saúde há um tempo considerável. Entender como o estresse "entra" em nosso corpo e de que modo podemos avaliá-lo é fundamental para que possamos pensar em intervenções eficazes para os contextos de saúde.

Depois de mais de 70 anos do início de seus estudos, a teoria do estresse segue relevante para a compreensão dos desfechos em saúde física e mental (O'Connor et al., 2021). Há evidências extensivas que associam eventos estressores ao risco aumentado para uma série de condições, a exemplo de doenças coronarianas (Kivimäki & Steptoe, 2018; Steptoe & Kivimäki, 2013), asma (Landeo-Gutierrez & Celedón, 2020; Luria et al., 2020), doenças autoimunes (De Cock et al., 2022; Porcelli et al., 2016; Yan et al., 2023) e quadros dermatológicos (Galiniak et al., 2022; Gisondi et al., 2021; Kutlu et al., 2023; Zhang et al., 2024). Tais achados reforçam a importância de se estudar a avaliação psicológica do estresse, uma vez que ele figura como um dos construtos mais enfatizados quando se discute a adaptação dos seres humanos à adversidade e sua relação com as estratégias de enfrentamento de cada ser humano (Faro & Pereira, 2013a).

No final da década de 1980, Sterling, um neurocientista, e Eyer, um epidemiologista, juntaram esforços a fim de entenderem as bases fisiológicas para determinados padrões da morbidade e mortalidade em seres humanos. Perceberam que, muitas vezes, fatores sociais, como viuvez, divórcio, excesso de trabalho, guerras, expansão ou contração econômica, migração, dentre outros eventos e situações, interfeririam na saúde e nas taxas de mortalidade (Sterling & Eyer, 1988). Frente a esses padrões, os autores não conseguiam encontrar explicações teóricas na fisiologia, sobre por que a pressão arterial costumava subir com a idade, por exemplo. Ao longo do tempo, novos estudos foram realizados, e as definições de estresse passaram a variar: desde características objetivas ameaçadoras do ambiente (eventos estressores) até avaliações subjetivas dos indivíduos (estresse psicológico). Em ambos os casos, seja com um evento ameaçador do ambiente ou a percepção individual, isso fará com que o corpo ative os sistemas necessários para enfrentar a ameaça (Cohen et al., 2019).

Existem três principais concepções de estresse estudadas: a perspectiva baseada no estímulo, a perspectiva baseada na resposta e a perspectiva cognitiva. A partir da década de 1980, a última assumiu destaque.

Neste capítulo, inicialmente serão abordados os aspectos conceituais do estresse, suas evidências no campo da saúde, bem como seu modelo cognitivo. Posteriormente, o foco será no que tange à avaliação psicológica do estresse, destacando seu conceito, suas características e sua importância. Finalmente, realizar-se-á uma breve revisão dos instrumentos psicológicos de avaliação do estresse, com a finalidade de apresentar a importância dos instrumentos e suas características principais, com ênfase em suas propriedades psicométricas. Os objetivos deste capítulo, portanto, são (a) apresentar as definições e discorrer sobre o impacto do estresse para o processo saúde-doença; e (b) destacar a relevância da avaliação psicológica do estresse no contexto da saúde e do adoecimento.

## Aspectos conceituais do estresse e evidências no campo da saúde

Quando analisamos os eventos estressores, é importante destacar o que os caracteriza. Existem algumas concepções que tentam explicar o que constituiria uma situação estressora. A primeira delas entende que o quão estressor um evento pode ser dependerá da quantidade de adaptação ou mudança que ele demanda de um indivíduo (Holmes & Rahe, 1967). É o caso da escala de Eventos Vitais Estressores (EVE), criada por Holmes e Rahe (1967) para mensurar eventos desencadeantes, classificando-os em macro ou microestressores. Estudos recentes adaptaram esse instrumento, encontrando evidências favoráveis para a teoria (Echee & Eze, 2018; Wallace et al., 2023). Nessa perspectiva, compreende-se que eventos estressores são cumulativos, com cada novo evento adicionando uma carga (Cohen et al., 2019).

Eventos estressores também são aqueles que são considerados prejudiciais ou ameaçadores (Brown & Harris, 1989). A premência de dano, intensidade, duração e extensão em que um evento é incontrolável são fatores que podem contribuir para a magnitude potencial da ameaça (Lazarus & Folkman 1984). Desse modo, tanto o acúmulo de pequenos eventos pode ser um risco quanto um evento único pode ser bastante ameaçador.

Outra perspectiva sobre eventos estressores postula que uma situação a qual exige demais do indivíduo levaria ao sofrimento psicológico quando o controle sobre a situação é tido como insuficiente (Karasek et al., 1981). Aqui há uma ideia que se aproxima da concepção cognitiva do estresse, na qual a interpretação individual sobre a situação definirá o evento como estressor ou não. Ou seja, quando o indivíduo avalia que a situação excede os recursos de enfrentamento disponíveis, ela seria, então, estressora.

Por fim, uma quarta abordagem define eventos estressores como interrupções de grandes objetivos (Carver & Scheier, 1999), especialmente aqueles que mantêm a integridade e o bem-estar do indivíduo (Kemeny, 2003; Lazarus & Folkman, 1984). Nesse sentido, a interferência em objetivos pessoais tende a causar sofrimento psicológico; entretanto, não parece haver evidências consensuais sobre a associação com o adoecimento (Cohen et al., 2019).

Dentre as quatro perspectivas apresentadas, a que parece ser a mais aceita é a segunda, de ameaça ou danos. Percebe-se que muitas delas se sobrepõem entre si, além de faltarem evidências plausíveis sobre sua aplicabilidade. Entende-se ser um desafio para futuros investigadores testarem e distinguirem de forma mais clara as evidências sobre essas abordagens, a fim de prever e delinear diferenças importantes para os tipos de eventos ambientais com potencial para influenciar a saúde e o bem-estar (Cohen et al., 2019). Por um lado, o estresse pode afetar a saúde de forma direta, uma vez que implica a resposta apresentada pelo corpo frente a situações estressoras, envolvendo a ativação de sistemas (como o neuroendócrino) e órgãos. Por outro lado, o estresse também afeta a saúde indiretamente, pois influencia os comportamentos em saúde adotados (O'Connor et al., 2021), a exemplo de hábitos inadequados de alimentação, diminuição ou extinção de realização de atividades físicas, uso excessivo de álcool e tabaco, hábitos ruins de sono, dentre outros.

Para sobreviver o corpo humano precisa se adaptar continuamente ao ambiente interno e externo. Há dois estados importantes para entender a resposta do organismo ao estresse e como ele se adapta. Em primeiro lugar, o corpo sempre tenta voltar a seu estado original de equilíbrio – processo denominado de homeostase. O corpo tenta se regular de modo a equilibrar seus estados fisiológicos internos, como a temperatura corporal, o suprimento de oxigênio, a fim de nos manter vivos (O'Connor et al., 2021); assim, para manter a homeostase, o corpo libera hormônios, como cortisol, adrenalina e noradrenalina.

Outro estado importante é o de alostase, o qual postula que, para além de buscar o equilíbrio, o corpo procura mobilizar energia e recursos para as atividades que forem mais urgentes e/ou necessárias naquele momento. Isto é, para manter a estabilidade, um organismo deve variar os parâmetros internos para atender apropriadamente as demandas ambientais (Sterling & Eyer, 1988). Assim, alostase significa a estabilidade através da mudança.

McEwen (2000) propôs, então, o conceito de carga alostática para se referir ao desgaste sofrido pelo organismo frente à exposição crônica e excessiva ao estresse (Guidi et al., 2021). Quando os desafios ambientais excedem a capacidade individual de enfrentamento, a mobilização de órgãos e sistemas e liberação de hormônios e substâncias, a longo prazo, pode afetar o sistema neuroimunológico, predispondo o indivíduo ao adoecimento. Uma vez que o cortisol está implicado na resposta do organismo ao estresse, evidências apontam para o fato de que indivíduos que exibem respostas exageradas de cortisol frente ao estresse estão em risco aumentado para adoecimento futuro (O'Connor et al., 2021). A Figura 1 ilustra a resposta do organismo ao estresse.

**Figura 1** *Resposta do organismo ao estresse*

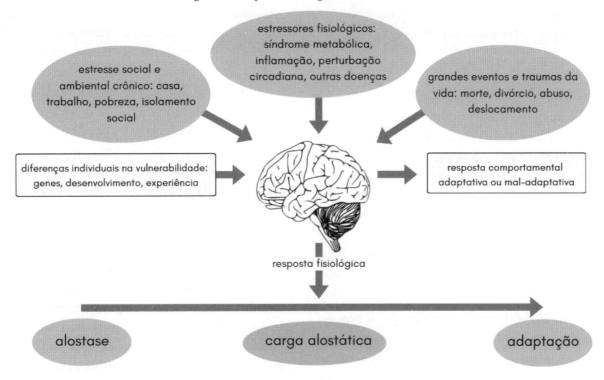

Fonte: Adaptado de McEwen e Akil (2020).

McEwen ainda demarcou 14 indicadores para mensurar da carga alostática, os quais demonstram o prejuízo acumulativo do estresse, predispondo o organismo à ocorrência de padrões disfuncionais e/ou desencadeamento de doenças (McEwen, 2000). São eles:

1. Pressão sistólica e diastólica; 2. Reatividade cardiovascular; 3. Razão da circunferência cintura-quadril; 4. Níveis crônicos de metabolismo e depósito de gordura; 5. Colesterol total; 6. Enrijecimento dos vasos sanguíneos; 7. Hemoglobina glicosilada; 8. Metabolismo da glicose em seguimento diário; 9. Soro do sulfato de dehidroepiandrosterona (DHEA-S); 10. Algum antagonista do eixo Hipotálamo-Pituitária-Adrenais (HPA); 11. Cortisol urinário durante uma noite; 12. Atividade do eixo HPA por 12 horas; 13. Epinefrina e norepinefrina urinária por uma noite; 14. Atividade do sistema nervoso simpático por 12 horas (Faro & Pereira, 2013b, p. 106).

Frente à natureza contínua, complexa e dinâmica da biologia do estresse, não é surpreendente que a desregulação do sistema provocado pelo estresse e o aumento da carga alostática estejam implicados em muitos transtornos psiquiátricos. Algumas evidências sobre a associação entre o estresse e diversas condições de adoecimento podem ser destacadas. O impacto dessa sobrecarga decorrente da resposta ao estresse é prejudicial à saúde do cérebro e resulta em vulnerabilidade a uma série de distúrbios cerebrais, incluindo Transtorno Depressivo Maior, Transtorno Bipolar (TAB), Transtornos de Ansiedade e Pânico e

Transtorno de Estresse Pós-Traumático (TEPT) (McEwen & Akil, 2020). Todos eles podem ser considerados transtornos possíveis decorrentes do estresse, visto que os principais circuitos neurais que regulam a reatividade ao estresse não estão funcionando de forma ideal.

No entanto, sempre um transtorno é complexo em sua etiologia e tem geralmente outros fatores de risco. O estresse pode gerar desregulação, a qual pode incluir maior reatividade a estímulos ameaçadores e redução da capacidade de encerrar a resposta ao estresse. Ainda que haja um peso hereditário para as condições psiquiátricas, a natureza da vulnerabilidade a esses transtornos também se relaciona a como o indivíduo responde ao ambiente (Akil et al., 2018).

Um estudo sobre a genética da depressão que avaliou 460.000 indivíduos concluiu que todos os seres humanos carregam um número menor ou maior de fatores de risco genéticos para depressão grave e observou que tais descobertas eram consistentes com a desregulação do eixo HPA na depressão: o desenvolvimento dessas influências genéticas vai depender da plasticidade da resposta ao estresse pela trajetória de desenvolvimento e experiências de vida do indivíduo (Wray et al., 2018). A ativação do eixo HPA é uma resposta do organismo a episódios de estresse (Cohen et al., 2019; McEwen, 2000), o que associaria a vivência de estressores agudos ou crônicos à vulnerabilidade para a depressão. Uma vez que os transtornos afetivos estão relacionados à alta morbidade e à carga, faz-se necessário avançar a compreensão de suas causas subjacentes e traduzir esse conhecimento em melhores tratamentos. Assim, uma visão compreensiva sobre a neurobiologia do estresse e seu impacto para os transtornos afetivos é de suma relevância.

O estresse também tem sido extensamente associado a condições dermatológicas, tanto como fator precipitante quanto como consequências desses quadros. Ele se relaciona a quadros de dermatite atópica, urticária crônica (Galiniak et al., 2022), psoríase (Gisondi et al., 2021) e acne (Kutlu et al., 2023). Desse modo, o estresse não só exacerba as condições de pele, mas afeta a qualidade de vida dos pacientes, criando um ciclo vicioso de estresse e sintomas dermatológicos (Zhang et al., 2024). Evidências ainda o apontam como fator de risco significativo para o desenvolvimento de doenças autoimunes (Porcelli et al., 2016): o estresse pode exacerbar os sintomas do Lúpus Eritematoso Sistêmico (LES) e está associado a crises da doença, além de afetar a resposta ao tratamento (Yan et al., 2023). No caso da artrite reumatoide, outra condição autoimune, o estresse está associado a mais incapacidade, mais dor, menos apoio social, menor renda e alguns traços de personalidade, como preocupação excessiva, pessimismo e sensibilidade à ansiedade (De Cock et al., 2022). Ademais, o estresse relaciona-se com exacerbações da doença de Crohn e colite ulcerativa, influenciando a inflamação intestinal e a microbiota (Ge et al., 2022).

Os dados supracitados evidenciam o quanto o estresse tem sido variável fundamental no que diz respeito ao estudo do processo saúde-doença nos últimos anos. Ao compreender possíveis fatores de risco, torna-se mais plausível a promoção de saúde e a prevenção de doenças, bem como o manejo adequado dos quadros já instalados. Para isso, a avaliação psicológica do estresse parece fundamental.

Para além do impacto do estresse em condições crônicas de saúde, igualmente se tem documentado o quanto a exposição ao estresse pode ser uma ameaça para quadros agudos. A exemplo disso, temos a lesão aguda renal, que tem sido associada ao estresse oxidativo (Pavlakou et al., 2017), uma condição em que a produção de radicais livres e a neutralização do corpo com antioxidantes é prejudicada. Essa lesão tem desempenhado um papel importante no que diz respeito a doenças agudas frequentemente vistas em prontos-socorros e unidades de terapia intensiva (Bar-Or et al., 2015).

Há ainda a copeptina, um marcador importante do estresse, que também tem sido avaliada como biomarcador para várias doenças, como acidente vascular cerebral e insuficiência cardíaca, mostrando um papel promissor principalmente como um biomarcador prognóstico. Os níveis de copeptina parecem estar fortemente relacionados à mortalidade de curto, médio e longo prazos em pacientes internados no hospital, mostrando que ela pode ser um valioso marcador de prognóstico nas entidades de doenças mais frequentes (Botros et al., 2020).

## Modelo cognitivo do estresse

De acordo com a perspectiva cognitiva do estresse, ele não é limitado à reação fisiológica, nem ao evento estressor, mas, principalmente, à percepção individual de não estar apto para enfrentar determinada situação e, assim, manejá-la de forma satisfatória (Faro & Pereira, 2013a). Diferentemente das abordagens baseadas no estímulo e na resposta, que focam na repercussão biológica e na análise dos eventos psicossociais (respectivamente), o que conta para o modelo cognitivo do estresse é a interpretação individual dos recursos disponíveis para lidar com possíveis situações avaliadas como estressoras. Um dos avanços proporcionados por essa perspectiva

diz respeito à participação dos processos psicológicos na relação entre o meio e o organismo. Assim, entende-se que o estresse não é uma condição isolada ou apenas responsiva; é possível, portanto, estruturar modelos explicativos em que a psicologia faça parte da relação entre estímulo, organismo e resposta (Boluarte-Carbajal et al., 2021; Faro & Pereira, 2013a; Folkman et al., 1986).

Uma definição clássica e muito importante de estresse psicológico na perspectiva cognitiva é descrita por Lazarus e Folkman (1984): "é uma relação particular entre a pessoa e o ambiente que é avaliada pela pessoa como algo que sobrecarrega ou excede seus recursos e coloca em risco seu bem-estar" (p. 19). Os autores completam discorrendo sobre diferenças individuais e como a avaliação cognitiva é um processo que determina por que e em que medida uma transação ou série de transações entre a pessoa e o ambiente podem ser estressantes.

Um estudo recente testou o modelo transacional proposto por Lazarus e Folkman, coletando dados durante sete anos com pacientes com condições psicossomáticas, como transtornos somatoformes, transtornos alimentares, dores crônicas, ansiedade e depressão (Obbarius et al., 2021). Os resultados corroboraram que tanto os recursos quanto os estressores percebidos tiveram um impacto na resposta ao estresse resultante, que, por sua vez, previu fortemente a depressão. Os recursos percebidos não apenas atenuaram a resposta ao estresse, mas também influenciaram os estressores percebidos. Essas descobertas corroboram a proposta de Lazarus e Folkman (1987), de que o estresse é um conceito altamente individual, resultante de uma transação pessoa-ambiente. Ainda, os resultados ressaltam a importância do fortalecimento dos recursos na psicoterapia e na prevenção de doenças e indicam a relevância dos processos de resiliência que permitem uma resposta adaptativa ao estresse diante da adversidade.

A perspectiva cognitiva do estresse é considerada um modelo explicativo robusto de como se processa psicologicamente a tríade estímulo-organismo-resposta (Faro & Pereira, 2013a). Assim, entende-se que o estresse não é unidirecional, ou seja, não está limitado a um processo avaliativo único. Frente a avaliações sucessivas do estressor e do próprio desfecho do estresse, o indivíduo busca sucessivamente novos estados de ajustamento ao estressor, alterando a relação entre a percepção e a resposta ao estresse até que seja extinto o estímulo estressor, por exemplo. Reforça-se, portanto, que não é a situação propriamente dita que é considerada estressora, mas o modo como o indivíduo avalia essa situação e os recursos que têm para manejá-la.

O conceito de avaliação cognitiva é necessário justamente em função das diferenças individuais que existem no enfrentamento a diferentes situações (Lazarus & Folkman, 1984). Uma pergunta que comumente pode ser feita é: Por que determinadas pessoas respondem de formas distintas a estímulos similares? Um exemplo disso seriam dois irmãos que experienciaram a separação de seus pais. Um desses irmãos adoece, desenvolvendo um quadro depressivo, ao passo que o outro irmão consegue lidar melhor com a situação e mantém sua saúde. Isso pode ser explicado pelo modo diverso como cada um deles enfrentou a situação, além de outros aspectos biológicos, que podem ser diferentes, apesar da genética. Logo, mesmo vivendo no mesmo ambiente e compartilhando uma carga genética similar, eles avaliaram a situação de modo distinto, percebendo os recursos disponíveis para enfrentar a possível ameaça de maneira díspar um do outro.

Em específico, na psicologia da saúde, entende-se o estresse como um processo relacional, isto é, relativo à relação entre o indivíduo e o meio social. O que se busca compreender é a razão da variabilidade frente à exposição psicossocial como risco ou proteção à saúde, ou intensidade da resposta adaptativa (Faro & Pereira, 2013a). Assim, direciona-se para as especificidades da interação entre o funcionamento psicológico, o ambiente social e o funcionamento biológico, de modo a entender como funciona e de que modo se diferencia a capacidade de adaptação individual, quantitativa e qualitativamente. Para tanto, compreender a avaliação psicológica do estresse é fundamental.

## A avaliação psicológica do estresse

Todavia, o que seria a avaliação psicológica? Ao considerarmos a definição desse termo, devemos levar em conta a atividade profissional principal do psicólogo, configurada em investigar fenômenos observados (Mendes et al., 2013; Rust & Golombok, 2014). O processo de avaliação psicológica ocorre de diferentes formas de acordo com cada contexto, intuito ou demanda específica. Entretanto, a investigação em si, de um modo geral, abrange a coleta de informações sobre o comportamento humano e a averiguação de construtos psicológicos. Inicialmente é feito um levantamento, propondo-se um método para coletar dados que expliquem esse procedimento (Ferraz, 2021; Rust & Golombok, 2014). No Brasil, obrigatoriamente o profissional deve justificar essa atividade com base em fontes de informação fundamentais, como instrumentos psicológicos, entrevistas psicológicas, protocolos de observação comportamental ou mesmo técnicas e instrumentos não psicológicos respaldados cientificamente, mas que estejam alinhados com a legislação profissional e orientação do código de ética. Uma vez coletadas as informações, os dados são submetidos a análise, gerando resultados que devem ser interpretados, restando a construção de uma hipótese diagnóstica *a priori* e *a posteriori* do processo, bem como, quando necessário, um documento psicológico, além da devolutiva para a parte solicitante (Bueno & Peixoto, 2018; Noronha et al., 2023; Wechsler et al., 2019; Zanini et al., 2022).

Todas essas etapas apresentadas, apesar da complexidade, visam a possibilidade de promoção do bem-estar e o respeito às necessidades humanas e de saúde, dado que, ao final, o avaliando pode ser direcionado a intervenções efetivas (Muniz, 2018; Nunes et al., 2012). Nesse sentido, a avaliação psicológica pode ser uma das atividades que contribuem para o rastreio, a mensuração e o encaminhamento de demandas ocasionadas ou relacionadas ao estresse. Levando em consideração que o estresse tem sido um conceito central em diversas pesquisas e teorias sobre o comportamento humano e saúde geral (Slavich, 2019), a investigação desse fenômeno tem sido frequente dentro de campos de atuação da psicologia, como a Psicologia da Saúde (Sampaio et al., 2020), a Psicologia Hospitalar e a Psicologia Clínica (Crosswell & Lockwood, 2020).

Na avaliação do estresse podem ser observadas diversas alterações, tais como de aspectos fisiológicos, comportamentais, emocionais, cognitivos e de estratégias de enfrentamento (Epel et al., 2018). Essas alterações demandam ao profissional avaliador considerar que o avaliando pode apresentar características como: exposição a ameaça ou dano, sua capacidade para manejar as adversidades, sua percepção e avaliação de possíveis situações desencadeantes e, claro, o padrão de sintomatologia e sinais (Hartmann et al., 2022). Ao refletir e ponderar sobre esses aspectos, o psicólogo pode ter uma compreensão bem fundamentada sobre os fatores proximais e distais do estresse. Tendo como exemplos a carga de trabalho excessiva (Chinguwo, 2023), os conflitos familiares (Elahi et al., 2022) ou mesmo o adoecimento (Barron & Gore, 2021), podemos investigar a possibilidade de uma relação direta do estresse provocando efeitos imediatos sobre a saúde, o que poderia ser um resultado de um fator proximal. Já fatores distais do estresse implicaria a propensão da pessoa em enfrentar situações de acordo com o ambiente ou contexto inserido, como questões financeiras ocorridas em uma crise econômica ou pandêmica, situações ocorridas no passado ou eventos ocorridos por um período longo (Hammett et al., 2022).

Nesse sentido, é importante que o psicólogo defina um escopo sobre o que exatamente gostaria de investigar em uma avaliação do estresse, escolhendo métodos apropriados para tal. Dentre as etapas para essa execução, pode ser interessante determinar aspectos como: o tipo de estresse (crônico, eventos da vida, eventos traumáticos, estressores diários e estresse agudo), o tempo de exposição ao estressor, quais respostas ao estresse podem ser capturadas, o ciclo vital em que o evento ocorre e o período de exposição à ameaça e/ou ao dano (Benfante et al., 2020; Crosswell & Lockwood, 2020; Dai et al., 2020; Epel et al., 2018; Sandner et al., 2020). Assim, é possível identificar pontos em que o estresse apresenta risco para a saúde do avaliando, compreendendo de forma ampla e minuciosa seus fatores de risco e proteção (Santee et al., 2023).

Vale ressaltar que o estresse apresenta diversas teorias, o que também pode dar ênfase maior em processos avaliativos específicos. Como exemplo temos a perspectiva com ênfase biológica, podendo ser mensurada a partir de exames de urina, frequência cardíaca, pressão arterial e saliva, ou ainda na busca de biomarcadores do estresse, como cortisol (Giacomello et al., 2020; Immanuel et al., 2023; Lin et al., 2021). Em uma avaliação do estresse focada na perspectiva cognitiva, por exemplo, poderiam ser adotadas estratégias como questionários de autorrelato e técnicas de observação e entrevista, métodos muito utilizados na psicologia. A depender do contexto e da demanda que o avaliando apresenta, o profissional pode empregar escalas que investigam vulnerabilidade, sintomatologia e percepção de estresse (Miaskowski et al., 2020; Wrzeciono et al., 2021).

Além disso, o estresse é compreendido como um construto transdiagnóstico e multidimensional (Dorsey et al., 2022; Eberle & Maercker, 2023). Ele tem sido um foco nas pesquisas sobre avaliação psicológica, indicando o estudo do estresse em correlação com outros temas de saúde, como ansiedade, autoeficácia, depressão, TEPT, *burnout*, entre outros (Gallagher et al., 2021; Hernández-Posadas et al., 2024; Yıldırım & Solmaz, 2022). Todos esses são aspectos que devem ser enfatizados, especialmente em virtude do acúmulo de evidências relacionando o estresse a resultados negativos na saúde, clinicamente indicados em possíveis riscos em uma diversidade de doenças, tais como infecciosas, dermatológicas, mentais, entre outras (Cramer et al., 2022; O'Connor et al., 2021).

Em levantamento breve sobre a avaliação psicológica do estresse utilizando as bases de dados *Web of Science* (s.d.), *MEDlinePubmed*

(s.d.) e *Scopus* (s.d.), e empregando os descritores *"stress"*, ou *"psychological stress"* e *"psychological assessment"*, ou *"psychological measures"*, encontramos, em torno de 80.000 artigos, a indicação de estudo do estresse juntamente com diferentes construtos, perfis de pesquisa e finalidades, corroborando com o interesse desse tema. Ao refinar os descritores para *"stress"*, ou *"psychological stress"* e *"psychometry"* ou *"reliability"*, encontramos em torno de 8.983 artigos. Ao selecionar ainda mais com os descritores *"Brazilian Portuguese"* ou *"Brazil"*, 200 artigos foram classificados como potencialmente relevantes.

Em leitura breve e exploratória dos resumos dos artigos, identificou-se ênfase sobre TEPT, possíveis marcadores psicológicos e adoecimento, além de indicadores de estresse em populações específicas, desde a área hospitalar até contextos organizacionais. Esses dados vão ao encontro das revisões da literatura sobre instrumentos de estresse, como a de Cazassa et al. (2023), que encontrou 35 instrumentos, agrupando-os em contextos gerais, clínicos e ocupacionais.

Um ponto de destaque nos estudos diz respeito à frequência da utilização de algumas escalas, como é o caso da Escala de Estresse Percebido e Escala de Depressão, Ansiedade e Estresse. A ocorrência pode estar direcionada em razão das propriedades psicométricas sólidas, facilidade de aplicação dos instrumentos e construtos que são esperados em correlação com o estresse (Barbosa et al., 2021; Pereira et al., 2022).

De modo a complementar essa breve revisão dos instrumentos de estresse, consultamos o Sistema de Avaliação de Testes Psicológicos (SATEPSI) no mês de julho de 2024 (CFP, s.d.). Foram encontrados dois instrumentos favoráveis: Escala de Vulnerabilidade ao Estresse no

Trabalho (EVENT) e Inventário de Sintomas de Stress para Adultos de Lipp – Revisado (ISSL-R). Dando foco para os instrumentos na área da Psicologia da Saúde, um resumo de três principais medidas é apresentado a seguir, enfatizando suas propriedades psicométricas e destacando evidências de validade com base na estrutura interna e confiabilidade em escalas de estresse, com dados representativos dos últimos cinco anos.

### Escalas de estresse em contextos de saúde no Brasil

Escala de Estresse Percebido (EPS): De modo geral, o instrumento avalia o grau em que situações da vida são percebidas como estressantes em adultos de 18 a 84 anos, sendo uma escala de aplicação simples, apresentando três versões (com 14, dez e quatro itens), com resultados de confiabilidade e validade fatorial adequadas (Chan & La Greca, 2013; Lee, 2012). Os itens são respondidos no formato *Likert* de cinco pontos (0 = Nunca a 4 = Sempre). Em amostras brasileiras, Faro (2015) aponta que a melhor solução está no modelo unifatorial. A confiabilidade da escala tem se apresentado satisfatória com valores de alfa de Cronbach de $\geq,80$ em professores, 0,79 na população geral e $\geq,70$ em gestantes (Faro, 2015; Machado et al., 2014; Yokokura et al., 2017). Dados mais recentes apresentam, na Análise Fatorial Confirmatória, bom ajustamento no modelo unifatorial $\chi^2(df) = 1282.573$, p < ,001; CFI = 0,99; TLI = 0,98; RMSEA = 0,04, IC 90% [0,04, 0,05] (Santos-Vitti et al., 2024).

Inventário de Sintomas de Stress para Adultos de Lipp – Revisado (ISSL-R): É um instrumento que busca reconhecer a presença de sintomas de estresse em adolescentes e adultos de 15 a 75 anos, indicando também um grau de severidade do estresse entre leve e grave (Lipp, 2022). A consistência interna da escala total é adequada, tendo o alfa de Cronbach no valor de $\alpha=0,93$ e o *ômega* de McDonald no valor de $\omega=0,94$. Os resultados de confiabilidade e análise multivariada mostraram um índice de adequação satisfatório para o modelo unidimensional ($\chi^2(df) = 19090.703$ (1325), p < 0,001; CFI = 0,918; TLI = 0,915; RMSEA = 0,077; SRMR = 0,094). Já os ajustes de Teoria de Resposta ao Item (TRI) foram: $\chi^2(df) = 9421.337$ (1325), p < 0,001; CFI = 0,948; TLI = 0,946; RMSEA = 0,052; SRMR = 0,054) (Anunciação et al., 2022).

Escala de Depressão, Ansiedade e Estresse (*Depression, Anxiety and Stress Scale – 21* [DASS-21]): A DASS-21 consiste em 21 itens de autorrelato projetados para avaliar o sofrimento em três dimensões: depressão, ansiedade e estresse. Os entrevistados fornecem suas respostas usando uma escala *Likert* de quatro pontos (0 = não se aplica a mim de forma alguma até 6 = se aplica a mim muito, ou na maioria das vezes). Vignola & Tucci (2014) adaptaram esse instrumento para a população brasileira, enquanto Peixoto et al. (2021) relataram que o modelo bifatorial de três fatores do instrumento exibiu índices de ajuste satisfatórios ($\chi^2(df) = 586.351$ (168); CFI = 0,989; TLI = 0,973; RMSEA = 0,061). No entanto, há indícios de um modelo em que não há distinção entre os fatores (Zanon et al., 2021).

Foram enfatizados esses instrumentos com base em informações mais recentes apontadas pela literatura nos últimos cinco anos. No entanto, a lista de instrumentos que avaliam estresse ou mesmo construtos correlatos é extensa, sendo encontrados por exemplo o Stress and Adversity Inventory (STRAIN) para adultos, medida que avalia o índice de exposição ao estresse, o tempo de exposição, os tipos estressores, os domínios da vida e as características sociais (Cazassa et al., 2020). Outro instrumento de interesse no contexto da saúde é o EVE, já mencionado, o qual investiga situações como internação, doenças graves, mortes de familiares, situações financeiras, entre outras situações (Lopes & Faerstein, 2001).

Por fim, cabe ressaltar que pesquisas mais recentes têm buscado contribuir com novas propostas de avaliação psicológica do estresse. É o caso da Escala Multifatorial de Estresse (EM-STRESS), em desenvolvimento por Silva Júnior e Baptista (2024), que enfatiza a avaliação do estresse sobre as dimensões psicofisiológica, comportamental, cognitiva e afetiva, baseando-se no Modelo Transdisciplinar do Estresse de Epel et al. (2018). A EM-STRESS contém 70 itens, a fim de investigar sintomatologia de estresse com base na frequência, atribuindo níveis de estresse em um *continuum*. Dentre os diferenciais desse instrumento está a proposta de controlar vieses de resposta, em especial o controle de aquiescência, construído inicialmente como um instrumento balanceado (Valentini, 2017). Trata-se de uma perspectiva diferente de outros instrumentos de estresse desenvolvidos, pois enfatiza o controle de aquiescência em instrumentos clínicos, o que, no Brasil, tem sido empregado em construtos como depressão e *burnout*, sendo ainda incipiente na área de estresse (Cardoso et al., 2022; Valentini et al., 2021).

## Considerações finais

A avaliação psicológica do estresse, assim como o desenvolvimento de instrumentos válidos e confiáveis no Brasil, pode ainda ser considerada uma área promissora (Cruz & Sardá Júnior, 2019). Na sociedade moderna, "estar estressado" é um dos termos mais utilizados para indicar experiências negativas sobre qualquer situação que possa ter ocorrido, abrindo espaço para investigar os tipos de estresse (Lupien et al., 2022). Avaliar esse construto tem uma importância social, dada a diversidade de situações que podem ser consideradas como possíveis desencadeantes, além de auxiliar questões, como níveis de *continuum*, gravidade e complexidade (Crosswell & Lockwood, 2020).

O estresse pode ser considerado um construto baseado em uma teoria robusta; entretanto, embora agrupe muitas evidências, há necessidade de um olhar crítico. Na psicologia, vale-se de escalas psicométricas; contudo, quanto à evidência física do estresse, ainda há uma lacuna. Logo, há muito espaço para que a teoria cognitiva consolide sua relação com o impacto na saúde: há evidências na área da saúde mental, mas faltam outras evidências quanto à saúde física.

Após mais de 70 anos de pesquisa, é consenso a associação entre eventos estressores de vida e o risco para a saúde. Um ponto importante sobre a avaliação psicológica do estresse é que, ao reconhecer estressores e fatores de risco para o adoecimento, partindo de uma perspectiva de saúde pública, reduzir estressores ambientais parece mais viável, menos custoso e mais efetivo do que manejar as respostas psicológicas ou fisiológicas individuais resultantes das consequências do estresse (Cohen et al., 2019). Desse modo, se é possível identificar situações estressoras, torna-se mais interessante mitigá-las a fim de promover saúde e prevenir doenças, em vez de tratar condições físicas e psicológicas já instaladas.

## Referências

Akil, H., Gordon, J., Hen, R., Javitch, J., Mayberg, H., McEwen, B., Meaney, M. J., & Nestler, E. J. (2018). Treatment resistant depression: a multiscale, systems biology approach. *Neuroscience & Biobehavioral Reviews, 84*, 272-288. https://doi.org/10.1016/j.neubiorev.2017.08.019

Anunciação, L., Marques, L., Andrade, L., Soares, A. C. C., Cruz, R. M., & Lipp, M. E. N. (2022). Psychometric evidence for the lipp' adult stress symptoms inventory. *Paidéia (Ribeirão Preto), 32*, e3235. https://doi.org/10.1590/1982-4327e3235

Barbosa, L. N. F., Melo, M. C. B., Cunha, M. C. V., Albuquerque, E. N., Costa, J. M., & Silva, E. F. F. (2021). Brazilian's frequency of anxiety, depression and stress symptoms in the COVID-19 pandemic. *Revista Brasileira de Saúde Materno Infantil, 21*(Suppl. 2), 413-419. https://doi.org/10.1590/1806-9304202100s200005

Bar-Or, D., Bar-Or, R., Rael, L. T., & Brody, E. N. (2015). Oxidative stress in severe acute illness. *Redox Biology, 4*, 340-345. https://doi.org/10.1016/j.redox.2015.01.006

Barron, R., & Gore, J. S. (2021). The many faces of stress: three factors that predict physical illness in young adults. *Psychological Reports, 124*(3), 1184-1201. https://doi.org/10.1177/0033294120936195

Benfante, A., Di Tella, M., Romeo, A., & Castelli, L. (2020). Traumatic stress in healthcare workers during COVID-19 pandemic: a review of the immediate impact. *Frontiers in Psychology, 11*. https://doi.org/10.3389/fpsyg.2020.569935

Boluarte-Carbajal A., Navarro-Flores, A., & Villarreal-Zegarra, D. (2021). Explanatory model of perceived stress in the general population: a cross-sectional study in Peru during the COVID-19 context. *Frontiers in Psychology, 12*, 673945. https://doi.org/10.3389/fpsyg.2021.673945

Botros, R., Maher, M., El Shaer, R., & Ali, H. (2020). The stress hormone copeptin as a prognostic biomarker in acute illness. *The Egyptian Journal of Hospital Medicine, 81*(5), 2026-2029. https://doi.org/10.21608/ejhm.2020.124798

Brown, G. W., & Harris, T. O. (1989). *Life Events and Illness*. Guilford Press.

Bueno, J. M. H., & Peixoto, E. M. (2018). Avaliação psicológica no Brasil e no mundo. *Psicologia: Ciência e Profissão, 38*(spe), 108-121. https://doi.org/10.1590/1982-3703000208878

Cardoso, H. F., Valentini, F., Hauck-Filho, N., & Baptista, M. N. (2022). Escala Brasileira de *Burnout* (EBB): estrutura interna e controle de aquiescência. *Psicologia: Teoria e Pesquisa, 38*. https://doi.org/10.1590/0102.3772e38517.pt

Carver, C. S., & Scheier, M. F. (1999). Stress, coping, and self-regulatory processes. In L. A. Pervin, & O. P. John (Eds.), *Handbook of personality* (pp. 553-575). Guilford Press.

Cazassa, M. J., Oliveira, M. S., Spahr, C. M., Shields, G. S., & Slavich, G. M. (2020). The Stress and Adversity Inventory for Adults (Adult STRAIN) in Brazilian Portuguese: initial validation and links with executive function, sleep, and mental and physical health. *Frontiers in Psychology, 10*. https://doi.org/10.3389/fpsyg.2019.03083

Cazassa, M. J., Slavich, G. M., Pesenti e Silva, V. H., Souza, L. H., Damasceno, E. S., Cordeiro, R. T. A., & Oliveira, M. D. S. (2023). Instrumentos de avaliação do estresse na população brasileira: uma revisão integrativa. *Revista Brasileira de Terapias Cognitivas, 19*(nesp). https://doi.org/10.5935/1808-5687.20230041

Chan, S. F., & La Greca, A. M. (2013). Perceived Stress Scale (PSS). In M. D. Gelman, & J. R. Turner (Eds.), *Encyclopedia of Behavioral Medicine* (pp. 1.454-1.455). Springer New York. https://doi.org/10.1007/978-1-4419-1005-9_773

Chinguwo, P. (2023). How excessive workloads and long hours of work contribute to occupational stress and burnout among clinical officers at public hospitals in Malawi. *South African Review of Sociology, 53*(1), 5-27. https://doi.org/10.1080/21528586.2023.2187448

Clarivate Analytics. (s.d.). *Web of Science*. https://www.webofscience.com

Cohen, S., Janicki-Deverts, D., & Miller, G. E. (2019). Psychological stress and disease. *Journal of the American Medical Association, 298*(14), 1685-1687. https://doi.org/10.1001/jama.298.14.1685

Conselho Federal de Psicologia. (s.d.). *Sistema de Avaliação de Testes Psicológicos (SATEPSI)*. https://satepsi.cfp.org.br/

Cramer, M. N., Gagnon, D., Laitano, O., & Crandall, C. G. (2022). Human temperature regulation under heat stress in health, disease, and injury. *Physiological Reviews, 102*(4), 1907-1989. https://doi.org/10.1152/physrev.00047.2021

Crosswell, A. D., & Lockwood, K. G. (2020). Best practices for stress measurement: how to measure psychological stress in health research. *Health Psychology Open*, 7(2), 205510292093307. https://doi.org/10.1177/2055102920933072

Cruz, R. M., & Sardá Júnior, J. J. (2019). Avaliação psicológica do estresse. In M. N. Baptista, M. M. Nascimento, C. T. Reppold, C. H. S. S. Nunes, L. F. Carvalho, R. Primi, A. P. P. Noronha, A. G. Seabra, S. M. Wechsler, C. S. Hutz, & L. Pasquali (Orgs.), *Compêndio de Avaliação Psicológica* (pp. 1.625-1.635). Vozes.

Dai, S., Mo, Y., Wang, Y., Xiang, B., Liao, Q., Zhou, M., Li, X., Li, Y., Xiong, W., Li, G., Guo, C., & Zeng, Z. (2020). Chronic stress promotes cancer development. *Frontiers in Oncology*, 10. https://doi.org/10.3389/fonc.2020.01492

De Cock, D., Doumen, M., Vervloesem, C., Van Breda, A., Bertrand, D., Pazmino, S., Westhovens, R., & Verschueren, P. (2022). Psychological stress in rheumatoid arthritis: a systematic scoping review. *Seminars in Arthritis and Rheumatism*, 55, 152014. https://doi.org/10.1016/j.semarthrit.2022.152014

Dorsey, A., Scherer, E. M., Eckhoff, R., & Furberg, R. (2022). Measurement of human stress: a multidimensional approach. *RTI Press Occasional Paper*, OP-0073-2206. https://doi.org/10.3768/rtipress.2022.op.0073.2206

Eberle, D. J., & Maercker, A. (2023). Stress-associated symptoms and disorders: a transdiagnostic comparison. *Clinical Psychology & Psychotherapy*, 30(5), 1047-1057. https://doi.org/10.1002/cpp.2858

Echee, S. A., & Eze, J. E. (2018). Assessing stressful life events in a Nigerian context: Adaptation of Holmes and Rahe Stress Scale. *Journal of Psychology and Sociological Studies*, 2(1). https://journals.aphriapub.com/index.php/JPSS/article/view/60

Elahi, N. S., Abid, G., Contreras, F., & Fernández, I. A. (2022). Work-family and family-work conflict and stress in times of COVID-19. *Frontiers in Psychology*, 13. https://doi.org/10.3389/fpsyg.2022.951149

Elsevier. (s.d.). *Scopus*. https://www.scopus.com

Epel, E. S., Crosswell, A. D., Mayer, S. E., Prather, A. A., Slavich, G. M., Puterman, E., & Mendes, W. B. (2018). More than a feeling: a unified view of stress measurement for population science. *Frontiers in Neuroendocrinology*, 49, 146-169. https://doi.org/10.1016/j.yfrne.2018.03.001

Faro, A. (2015). Análise fatorial confirmatória das três versões da Perceived Stress Scale (PSS): um estudo populacional. *Psicologia: Reflexão e Crítica*, 28(1), 21-30. https://doi.org/10.1590/1678-7153.201528103

Faro, A., & Pereira, M. E. (2013a). Estresse: revisão narrativa da evolução conceitual, perspectivas teóricas e metodológicas. *Psicologia, Saúde & Doenças*, 14(1), 78-100. https://scielo.pt/pdf/psd/v14n1/v14n1a06.pdf

Faro, A., & Pereira, M. E. (2013b). Medidas do estresse: uma revisão narrativa. *Psicologia, Saúde e doenças*, 14(1), 101-124. https://ri.ufs.br/bitstream/riufs/1921/1/MedidasEstresseNarrativa.pdf

Ferraz, A. S. (2021). Compêndio de Avaliação Psicológica: interlocução entre a pesquisa e a prática profissional. *Avaliação Psicológica*, 20(01). https://doi.org/10.15689/ap.2021.2001.20084.13

Folkman, S., Lazarus, R. S., Gruen, R. J., & DeLongis, A. (1986). Appraisal, coping, health status, and psychological symptoms. *Journal of Personality and Social Psychology*, 50, 571-579. https://doi.org/10.1037/0278-6133.1.2.119

Galiniak, S., Mołoń, M., Biesiadecki, M., Bożek, A., & Rachel, M. (2022). The role of oxidative stress in atopic dermatitis and chronic urticaria. *Antioxidants*, 11(8), 1590. https://doi.org/10.3390/antiox11081590

Gallagher, M. W., Smith, L. J., Richardson, A. L., D'Souza, J. M., & Long, L. J. (2021). Examining the longitudinal effects and potential mechanisms of hope on COVID-19 stress, anxiety, and well-being. *Cognitive Behaviour Therapy*, 50(3), 234-245. https://doi.org/10.1080/16506073.2021.1877341

Ge, L., Liu, S., Li, S., Yang, J., Hu, G., Xu, C., & Song, W. (2022). Psychological stress in inflammatory bowel disease: psychoneuroimmunological insights into bidirectional gut-brain communications. *Frontiers in Immunology*, 13, 1016578. https://doi.org/10.3389/fimmu.2022.1016578

Giacomello, G., Scholten, A., & Parr, M. K. (2020). Current methods for stress marker detection in saliva. *Journal of Pharmaceutical and Biomedical Analysis*, 191, 113604. https://doi.org/10.1016/j.jpba.2020.113604

Gisondi, P., Geat, D., Bellinato, F., Spiazzi, L., Danese, E., Montagnana, M., Lippi, G., & Girolomoni, G. (2021). Psychological stress and salivary cortisol levels in patients with plaque psoriasis. *Journal of*

*Personalized Medicine*, *11*(11), 1069. https://doi.org/10.3390/jpm11111069

Guidi, J., Lucente, M., Sonino, N., & Fava, G. A. (2021). Allostatic load and its impact on health: a systematic review. *Psychotherapy and Psychosomatics*, *89*(1), 11-27. https://doi.org/10.1159/000510696

Hammett, J. F., Halmos, M. B., Parrott, D. J., & Stappenbeck, C. A. (2022). COVID Stress, socioeconomic deprivation, and intimate partner aggression during the COVID-19 pandemic. *BMC Public Health*, *22*(1), 1666. https://doi.org/10.1186/s12889-022-14093-w

Hartmann, S., Lohaus, A., Rüth, J.-E., & Eschenbeck, H. (2022). Stresserleben und Stresssymptomatik bei Kindern und Jugendlichen. *Zeitschrift Für Entwicklungspsychologie Und Pädagogische Psychologie*, *54*(1), 15-26. https://doi.org/10.1026/0049-8637/a000247

Hernández-Posadas, A., De la Rosa-Gómez, A., Bouman, T. K., Mancilla-Díaz, J. M., Del Palacio-González, A., & Lommen, M. J. J. (2024). Transdiagnostic factors in depression and post-traumatic stress in a Mexican and Dutch sample. *Personality and Individual Differences*, *218*, 112476. https://doi.org/10.1016/j.paid.2023.112476

Holmes, T. H., & Rahe, R. H. (1967). The social readjustment rating scale. *Journal of Psychosomatic Research*, *11*, 213-218. https://doi.org/10.1016/0022-3999(67)90010-4

Immanuel, S., Teferra, M. N., Baumert, M., & Bidargaddi, N. (2023). Heart rate variability for evaluating psychological stress changes in healthy adults: a scoping review. *Neuropsychobiology*, *82*(4), 187-202. https://doi.org/10.1159/000530376

Karasek, R., Baker, D., Marxer, F., Ahlbom, A., & Theorell, T. (1981). Job decision latitude, job demands, and cardiovascular disease: a prospective study of Swedish men. *American Journal of Public Health*, *71*, 694-705. https://doi.org/10.2105/ajph.71.7.694

Kemeny, M. E. (2003). The psychobiology of stress. *Current Directions in Psychological Science*, *12*, 124-129. https://doi.org/10.1111/1467-8721.01246

Kivimäki, M., & Steptoe, A. (2018). Effects of stress on the development and progression of cardiovascular disease. *Nature reviews. Cardiology*, *15*(4), 215-229. https://doi.org/10.1038/nrcardio.2017.189

Kutlu, Ö., Karadag, A. S., & Wollina, U. (2023). Adult acne versus adolescent acne: a narrative review with a focus on epidemiology to treatment. *Anais Brasileiros de Dermatologia*, *98*, 75-83. https://doi.org/10.1016/j.abd.2022.01.006

Landeo-Gutierrez, J., & Celedón, J. C. (2020). Chronic stress and asthma in adolescents. *Annals of allergy, asthma & immunology: official publication of the American College of Allergy, Asthma, & Immunology*, *125*(4), 393-398. https://doi.org/10.1016/j.anai.2020.07.001

Lazarus, R. S., & Folkman, S. (1984). *Stress, appraisal, and coping*. Springer.

Lazarus, R. S., & Folkman, S. (1987). Transactional theory and research on emotions and coping. *European Journal of Personality*, *1*, 141-169. https://doi.org10.1002/per.2410010304

Lee, E.-H. (2012). Review of the psychometric evidence of the Perceived Stress Scale. *Asian Nursing Research*, *6*(4), 121-127. https://doi.org/10.1016/j.anr.2012.08.004

Lin, Q., Li, T., Shakeel, P. M., & Samuel, R. D. J. (2021). Advanced artificial intelligence in heart rate and blood pressure monitoring for stress management. *Journal of Ambient Intelligence and Humanized Computing*, *12*(3), 3329-3340. https://doi.org/10.1007/s12652-020-02650-3

Lipp, M. E. N. (2022). Manual do inventário de sintomas de *stress* para adultos de Lipp – Revisado. *Nila Press*.

Lopes, C. S., & Faerstein, E. (2001). Confiabilidade do relato de eventos de vida estressantes em um questionário autopreenchido: estudo pró-saúde. *Revista Brasileira de Psiquiatria*, *23*(3), 126-133. https://doi.org/10.1590/S1516-44462001000300004

Lupien, S. J., Leclaire, S., Majeur, D., Raymond, C., Jean Baptiste, F., & Giguère, C.-E. (2022). "Doctor, I am so stressed out!" a descriptive study of biological, psychological, and socioemotional markers of stress in individuals who self-identify as being "very stressed out" or "zen". *Neurobiology of Stress*, *18*, 100454. https://doi.org/10.1016/j.ynstr.2022.100454

Luria, C. J., Sitarik, A. R., Havstad, S., Zoratti, E. M., Kim, H., Wegienka, G. R., Joseph, C. L. M., & Cassidy-Bushrow, A. E. (2020). Association between asthma symptom scores and perceived stress and trait anxiety in adolescents with asthma. *Allergy and asthma proceedings*, *41*(3), 210-217. https://doi.org/10.2500/aap.2020.41.200017

Machado, W. L., Damásio, B. F., Borsa, J. C., & Silva, J. P. (2014). Dimensionalidade da escala de estresse percebido (Perceived Stress Scale, PSS-10) em uma amostra de professores. *Psicologia: Reflexão e Crítica*, *27*(1), 38-43. https://doi.org/10.1590/S0102-79722014000100005

McEwen, B. S. (2000). Allostasis and allostatic load: implications for neuropsychopharmacology. *Neuropsychopharmacology*, 22, 108-123. https://doi.org/10.1016/S0893-133X(99)00129-3

McEwen, B. S., & Akil, H. (2020). Revisiting the stress concept: implications for affective disorders. *Journal of Neuroscience*, 40(1), 12-21. https://doi.org/10.1523/JNEUROSCI.0733-20.2020

Mendes, L. S., Nakano, T. C., Silva, I. B., & Sampaio, M. H. L. (2013). Conceitos de avaliação psicológica: conhecimento de estudantes e profissionais. *Psicologia: Ciência e Profissão*, 33(2), 428-445. https://doi.org/10.1590/S1414-98932013000200013

Miaskowski, C., Paul, S. M., Snowberg, K., Abbott, M., Borno, H., Chang, S., Chen, L. M., Cohen, B., Hammer, M. J., Kenfield, S. A., Kober, K. M., Levine, J. D., Pozzar, R., Rhoads, K. F., Van Blarigan, E. L., & Van Loon, K. (2020). Stress and symptom burden in oncology patients during the COVID-19 Pandemic. *Journal of Pain and Symptom Management*, 60(5), e25-e34. https://doi.org/10.1016/j.jpainsymman.2020.08.037

Muniz, M. (2018). Ética na avaliação psicológica: velhas questões, novas reflexões. *Psicologia: Ciência e Profissão*, 38(spe), 133-146. https://doi.org/10.1590/1982-3703000209682

National Center for Biotechnology Information. (s.d.). *PubMed. U.S. National Library of Medicine.* https://pubmed.ncbi.nlm.nih.gov

Noronha, A. P. P., Reppold, C. T., Bandeira, D. R., & Santos, A. A. A. dos. (2023). The development of psychological assessment in Brazil and current and future challenges. *Psicologia: Teoria e Pesquisa*, 39(spe). https://doi.org/10.1590/0102.3772e39nspe10.en

Nunes, M. F. O., Noronha, A. P. P., & Ambiel, R. A. M. (2012). Entrevistas devolutivas em pesquisa em avaliação psicológica. *Psicologia: Ciência e Profissão*, 32(2), 496-505. https://doi.org/10.1590/S1414-98932012000200016

O'Connor, D. B., Thayer, J. F., & Vedhara, K. (2021). Stress and health: a review of psychobiological processes. *Annual Review of Psychology*, 72, 663-688. https://www.sciencedirect.com/science/article/abs/pii/S1081120620304786

Obbarius, N., Fischer, F., Liegl, G., Obbarius, A., & Rose, M. (2021). A modified version of the transactional stress concept according to Lazarus and Folkman was confirmed in a psychosomatic inpatient sample. *Frontiers in Psychology*, 12, 584333. https://doi.org/10.3389/fpsyg.2021.584333

Pavlakou, P., Liakopoulos, V., Eleftheriadis, T., Mitsis, M., & Dounousi, E. (2017). Oxidative stress and acute kidney injury in critical illness: pathophysiologic mechanisms-biomarkers-interventions, and future perspectives. *Oxidative medicine and cellular longevity*, 2017, 6193694. https://doi.org/10.1155/2017/6193694

Peixoto, E. M., Oliveira, K. S., Campos, C. R., Gagnon, J., Zanini, D. S., Nakano, T. C., & Bueno, J. M. H. (2021). DASS-21: assessment of psychological distress through the Bifactor Model and item analysis. *Psico-USF*, 26(4), 757-769. https://doi.org/10.1590/1413-82712021260413

Pereira, J. R., Fernandes, D. S., Aguiar, V. F. F., & Sousa, F. J. D. (2022). Avaliação do medo e estresse pelo idoso na pandemia do novo coronavírus: um estudo transversal. *Cogitare Enfermagem*, 27. https://doi.org/10.5380/ce.v27i0.83400

Porcelli, B., Pozza, A., Bizzaro, N., Fagiolini, A., Costantini, M., Terzuoli, L., & Ferretti, F. (2016). Association between stressful life events and autoimmune diseases: a systematic review and meta-analysis of retrospective case-control studies. *Autoimmunity Reviews*, 15(4), 325-334. https://doi.org/10.1016/j.autrev.2015.12.005

Rust, J., & Golombok, S. (2014). *Modern psychometrics: the science of psychological assessment* (3rd ed.). Routledge. https://doi.org/10.4324/9781315787527

Sampaio, L. R., Oliveira, L. C., & Pires, M. F. D. N. (2020). Empatia, depressão, ansiedade e estresse em profissionais de saúde brasileiros. *Ciências Psicológicas*, 14(2), e-2215. https://doi.org/10.22235/cp.v14i2.2215

Sandner, M., Lois, G., Streit, F., Zeier, P., Kirsch, P., Wüst, S., & Wessa, M. (2020). Investigating individual stress reactivity: high hair cortisol predicts lower acute stress responses. *Psychoneuroendocrinology*, 118, 104660. https://doi.org/10.1016/j.psyneuen.2020.104660

Santee, A. C., Rnic, K., Chang, K. K., Chen, R. X., Hoffmeister, J.-A., Liu, H., LeMoult, J., Dozois, D. J. A., & Starr, L. R. (2023). Risk and protective factors for stress generation: a meta-analytic review. *Clinical Psychology Review*, 103, 102299. https://doi.org/10.1016/j.cpr.2023.102299

Santos-Vitti, L., Nakano, T., Faro, A., Baptista, M. N., & Vasconcelos, M. M. (2024). Perceived stress assessment: factor structure and item analysis of the PSS-10. *Acta Colombiana de Psicología*, 27(1), 65-78. https://doi.org/10.14718/ACP.2024.27.1.4

Silva Júnior, N. A. & Baptista, M. N. (2024). *Construção e estudos psicométricos da Escala Multifatorial de Estresse EM-STRESS* (relatório técnico não publicado). USF.

Slavich, G. M. (2019). Stressnology: The primitive (and problematic) study of life stress exposure and pressing need for better measurement. *Brain, Behavior, and Immunity*, 75, 3-5. https://doi.org/10.1016/j.bbi.2018.08.011

Steptoe, A., & Kivimäki, M. (2013). Stress and cardiovascular disease: an update on current knowledge. *Annual review of public health*, 34, 337-354. https://doi.org/10.1146/annurev-publhealth-031912-114452

Sterling, P., & Eyer, J. (1988). Allostasis: a new paradigm to explain arousal pathology. In S. Fisher & J. Reason (Eds.), *Handbook of life stress, cognition and health* (pp. 629-649). John Wiley & Sons.

Valentini, F. (2017). Influência e controle da aquiescência na análise fatorial. *Revista Avaliação Psicológica*, 16(2), 116-119. https://doi.org/10.15689/ap.2017.1602.ed

Valentini, F., Baptista, M. N., & Hauck-Filho, N. (2021). typological profiles of depression of college students: latent classes and controlling for response bias of the Baptista Depression Short-Scale (EBADEP-short). *Paidéia*, 31. https://doi.org/10.1590/1982-4327e3129

Vignola, R. C. B., & Tucci, A. M. (2014). Adaptation and validation of the depression, anxiety and stress scale (DASS) to Brazilian Portuguese. *Journal of Affective Disorders*, 155, 104-109. https://doi.org/10.1016/j.jad.2013.10.031

Wallace, D., Cooper, N. R., Sel, A., & Russo, R. (2023). The social readjustment rating scale: Updated and modernised. *PloS one*, 18(12), e0295943. https://doi.org/10.1371/journal.pone.0295943

Wechsler, S. M., Hutz, C. S., & Primi, R. (2019). O desenvolvimento da avaliação psicológica no Brasil: avanços históricos e desafios. *Avaliação Psicológica*, 18(02). https://doi.org/10.15689/ap.2019.1802.15466.02

Wray, N. R., Ripke, S., Mattheisen, M., Trzaskowski, M., Byrne, E. M., Abdellaoui, A., Adams, M. J., Agerbo, E., Air, T. M., Andlauer, T. M. F., Bacanu, S. A., Bækvad-Hansen, M., Beekman, A. F. T., Bigdeli, T. B., Binder, E. B., Blackwood, D. R. H., Bryois, J., Buttenschøn, H. N., Bybjerg-Grauholm, J., ... & The Major Depressive Disorder Working Group of the Psychiatric Genomics Consortium. (2018). Genome-wide association analyses identify 44 risk variants and refine the genetic architecture of major depression. *Nature Genetics*, 50(5), 668-681. https://doi.org/10.1038/s41588-018-0090-3

Wrzeciono, A., Czech, O., Buchta, K., Zabłotni, S., Gos, E., Tłuczykont, Ł., Górecka, D., Pastuła, A., Adamczyk, M., Jach, E., Świerkowski, I., Szary, P., & Szczegielniak, J. (2021). Assessment of stress, depressive and anxiety symptoms in patients with COPD during in-Hospital pulmonary rehabilitation: an observational cohort study. *Medicina*, 57(3), 197. https://doi.org/10.3390/medicina57030197

Yan, Z., Chen, Q., & Xia, Y. (2023). Oxidative stress contributes to inflammatory and cellular damage in systemic lupus erythematosus: cellular markers and molecular mechanism. *Journal of Inflammation Research*, 16, 453-465. https://doi.org/10.2147/JIR.S399284

Yıldırım, M., & Solmaz, F. (2022). COVID-19 burnout, COVID-19 stress and resilience: initial psychometric properties of COVID-19 burnout Scale. *Death Studies*, 46(3), 524-532. https://doi.org/10.1080/07481187.2020.1818885

Yokokura, A. V. C. P., Silva, A. A. M., Fernandes, J. de K. B., Del-Ben, C. M., Figueiredo, F. P., Barbieri, M. A., & Bettiol, H. (2017). Perceived Stress Scale: confirmatory factor analysis of the PSS14 and PSS10 versions in two samples of pregnant women from the BRISA cohort. *Cadernos de Saúde Pública*, 33(12). https://doi.org/10.1590/0102-311x00184615

Zanini, D. S., Oliveira, K. S., de Oliveira, K. L., & Henklain, M. H. O. (2022). Desafios da avaliação psicológica no Brasil: nova realidade, velhas questões. *Avaliação Psicológica*, 21(4), 407-417. https://doi.org/10.15689/ap.2022.2104.24162.04

Zanon, C., Brenner, R. E., Baptista, M. N., Vogel, D. L., Rubin, M., Al-Darmaki, F. R., Gonçalves, M., Heath, P. J., Liao, H. Y., Mackenzie, C. S., Topkaya, N., Wade, N. G., & Zlati, A. (2021). Examining the dimensionality, reliability, and invariance of the Depression, Anxiety, and Stress Scale-21 (DASS-21) across eight countries. *Assessment*, 28(6), 1531-1544. https://doi.org/10.1177/1073191119887449

Zhang, H., Wang, M., Zhao, X., Wang, Y., Chen, X., & Su, J. (2024). Role of stress in skin diseases: a neuroendocrine-immune interaction view. *Brain, Behavior, and Immunity*, 116, 286-302. https://doi.org/10.1016/j.bbi.2023.12.005

# 7
# Avaliação psicológica na internação e na enfermaria: potenciais e limitações do campo

*Doralúcia Gil da Silva*
*Prisla Ücker Calvetti*

---

*Highlights*
- A avaliação da receptividade do paciente na enfermaria é um primeiro ponto a ser considerado.
- A etapa de planejamento da avaliação é compreendida como fundamental, pois, a partir dela, o profissional poderá antecipar possíveis dificuldades no decorrer do processo e encontrar formas de contorná-las.
- Existem algumas possibilidades de uso de instrumentos no processo avaliativo, os quais devem ser usados com reflexão crítica e serem contextualizados no processo como um todo.
- Os resultados provenientes de instrumentos, entrevistas e observações devem ser integrados, de modo a valorizar o raciocínio clínico como norteador das práticas em contextos de saúde.
- A avaliação psicológica em saúde colabora para o trabalho em equipe multiprofissional e pode funcionar como uma forma de dar visibilidade ao serviço prestado e uma ferramenta de gestão na forma de indicadores.

---

A avaliação psicológica no contexto da saúde é baseada no modelo biopsicossocial da Psicologia da Saúde. A interface entre as especialidades Psicologia da Saúde, Psicologia Hospitalar, Psicologia Clínica e a Avaliação Psicológica proporciona a atuação em campos da prevenção à reabilitação do processo saúde e doença. Atualmente, no Brasil, a Psicologia Hospitalar é área de especialidade do Conselho Federal de Psicologia (CFP); em outros países, essa área está inserida na Psicologia da Saúde. No CFP há a especialidade da Psicologia em Saúde, além de Psicologia Clínica, bastante consolidada na ciência psicológica (CFP, 2022a). Destaca-se que a especialidade em Avaliação Psicológica é exclusiva da psicologia, além de ser um campo de expertise também da Psicologia Clínica, conforme a American Psychological Association (APA, 2024). Em razão de essas especialidades indicadas se relacionarem diretamente com as práticas da psicologia em contextos de saúde e hospitalares, o presente capítulo visa apresentar a área de avaliação psicológica aplicada na internação e na enfermaria, bem como analisar potenciais e limitações do campo no âmbito hospitalar.

## Reflexões preliminares e ponderações sobre o percurso do processo de avaliação em enfermarias

A avaliação psicológica em enfermarias é um tema que demanda atenção das psicólogas e dos psicólogos, pois se trata de um processo que envolve uma série de etapas a serem observadas (Hutz et al., 2019). Primeiramente, é importante delimitar qual a demanda direcionada para a psicologia e avaliar sua viabilidade e pertinência. De maneira geral, profissionais da equipe multiprofissional solicitam avaliações para a psicologia; outras vezes, os próprios pacientes ou até mesmo familiares podem manifestar alguma queixa e solicitar apoio psicológico. No primeiro caso é necessário identificar se o profissional que solicitou a avaliação conversou a respeito desse pedido com o paciente, a fim de verificar se houve manifestação expressa ou indiretamente ao profissional de alguma questão de ordem emocional. No caso de a percepção a respeito da necessidade de avaliação psicológica ter sido por parte do profissional, é pertinente verificar se ele comunicou ao paciente sua conduta de solicitar a avaliação. Nesse sentido, é conveniente indagar se o paciente concorda, bem como se ele vislumbra um potencial benefício dessa avaliação.

Todos esses dados, como em avaliações realizadas em outros contextos, precisam ser primeiramente levantados, já que eles influenciarão diretamente na forma de proceder (CFP, 2019). Por exemplo, na situação de o paciente não aceitar a avaliação, ele pode ficar contrariado e não concordar com a necessidade de ser atendido pelo profissional da psicologia. Ou, ainda: o fato de o profissional não ter lhe comunicado a conduta de solicitar uma avaliação psicológica pode lhe causar estranhamento e até desconfiança, pois as informações a respeito de seu processo de internação não foram plenamente compartilhadas. Logo, é necessário considerar a possibilidade de causar desconforto, ser invasivo ou até mesmo mobilizar algum sentimento aversivo que, até aquele momento, não havia sido manifestado caso o primeiro contato do profissional de psicologia com o paciente não seja cauteloso nesse sentido.

Faz-se importante recordar de que o profissional precisa basear seu trabalho sob o princípio do respeito e da dignidade, preceitos éticos fundamentais do código de ética profissional (CFP, 2005). Além disso, é fundamental ponderar que, em enfermarias, as pessoas estão em situação de algum nível de fragilidade e vulnerabilidade, além de possivelmente expostas fisicamente em função do adoecimento e da provável manipulação por que passarão por diferentes profissionais. Assim, impor uma prática sem seu consentimento pode representar uma intervenção agressiva que possivelmente aumentará sua exposição naquele ambiente (CFP, 2019). Portanto, a avaliação da receptividade do paciente é um primeiro ponto a ser considerado.

Contudo, essa mesma pessoa que não considera um motivo para receber um atendimento psicológico com fins de avaliação, pode, em um segundo momento, compreender um provável proveito. Primeiramente, o profissional da psicologia pode realizar um primeiro contato em que o acolhimento, a escuta empática e a sensibilização sejam o guia do momento; para isso, o psicólogo pode utilizar a oportunidade para promover a reflexão do paciente acerca do motivo que o levou até aquela situação. Caso perceba-se que o paciente tende a assentir e se mostra interessado, é possível proceder para os demais passos da avaliação em si. No entanto, é prudente reiterar que não representa uma postura ética compactuar com uma conduta que indique alguma possibilidade de violência, crueldade e opressão para com o paciente (CFP, 2005). Ademais, conforme também prevê o código de ética, é indispensável lembrar que o profissional precisa considerar as relações de poder estabelecidas nos espaços em que atua. No caso de enfermarias, em que o paciente está fragilizado pela doença, pela internação e/ou pela ruptura da rotina, ainda que o motivo da hospitalização seja algo considerado não grave, ele provavelmente está em desequilíbrio, em uma posição de maior precariedade em relação à própria autonomia.

Outro ponto a ser examinado é verificar a adequação da solicitação por parte dos demais profissionais (CFP, 2019). Em alguns casos, podem surgir pedidos de avaliação que não poderão ser correspondidos; nesse caso, é necessário ser devolvido ao colega solicitante. Por exemplo, para uma pessoa hospitalizada em uma enfermaria coletiva com danos neurológicos em investigação, surge o pedido de uma avaliação da inteligência, solicitando a aplicação de um teste específico. Primeiramente, pontua-se que o psicólogo tem a prerrogativa de decidir quais métodos e técnicas ele lançará mão para realizar as avaliações, bem como qual será a escolha de testes, sempre observando os parâmetros psicométricos (CFP, 2022b). Ademais, caso o profissional prefira utilizar o teste sugerido, este provavelmente não seria possível de ser aplicado devido a questões de padronização em sua aplicação (que estarão contidas nos manuais), visto que, de modo geral, indicam ambiente sem barulhos e interrupções, e com as necessidades fisiológicas básicas observadas do testando. Um outro aspecto a ser considerado é o contexto de uma enfermaria coletiva. A realidade da maioria dos hospitais, especialmente aqueles referenciados no Sistema Único de Saúde (SUS), caracteriza-se por prioritariamente enfermarias coletivas em suas infraestruturas. O mais apropriado nessa situação seria encaminhar o paciente para, após a alta da hospitalização (e caso haja possibilidade de sua locomoção), se dirigir a um ambulatório em que esse serviço ocorra.

Um segundo exemplo desse tipo de situação é o pedido de avaliação sobre a capacidade de uma puérpera cuidar adequadamente do recém-nascido após a alta. Em muitos hospitais, os pedidos de avaliação ocorrem na forma de interconsultas, as quais podem ser escritos em formulários físicos ou em sistemas eletrônicos; de modo geral, são breves formulações escritas, com poucas informações. Portanto, uma das primeiras medidas necessárias é o contato do psicólogo com o profissional solicitante a fim de entender melhor a motivação do pedido e a expectativa a respeito da devolução. De maneira genérica, a expectativa dos profissionais em relação à conduta que será tomada pelo psicólogo é um ponto crucial a ser alinhado com a equipe. Nesse caso específico, é de responsabilidade do profissional compreender o que pode ter baseado essa dúvida a respeito da habilidade materna de cuidado e qual o tipo de cuidado esperado ou considerado adequado perante o profissional com essa hesitação. Além disso, caso o solicitante já tenha uma hipótese a respeito da resposta a essa pergunta, deve ser indicado, no encaminhamento, a correta condução a partir disso.

Da parte do profissional da psicologia, cabe atentar para o compromisso com a responsabilidade social, em que pese a análise crítica e histórica da realidade política, econômica, social e cultural ao realizar seu trabalho, conforme prevê o código de ética profissional (CFP, 2005). No caso, avaliar se o pedido foi baseado em inconsistências no cuidado materno que possam, de fato, prejudicar a vida, a saúde e o desenvolvimento da criança, ou se a solicitação contém algum nível de preconceito baseado em estereótipos relacionados a classe, gênero, raça ou configuração familiar da mãe em questão. São discussões que, algumas vezes, podem provocar tensionamento nas equipes, mas que são necessárias de serem conduzidas; nesse caso, cabe ao profissional da psicologia levá-las adiante, já que foi chamado devido à situação levantada.

Um terceiro aspecto a ser citado é que muitos pedidos de avaliação podem vir atrelados a solicitações de posteriores intervenções. Não é incomum conter uma frase ao final das solicitações como "solicito avaliação e conduta", ou, ainda, após apresentar a problemática a ser avaliada, haver a indicação: "solicito o acompanhamento psicológico". Esse tema merece atenção da área de psicologia no que concerne a avaliar se é possível o posterior atendimento, a partir dos dados colhidos com a avaliação, considerando primeiro a capacidade pessoal, técnica e teórica a respeito da solicitação, conforme prevê o primeiro artigo das responsabilidades da profissão no código de ética (CFP, 2005).

De modo geral, em hospitais gerais, ainda que seja reduzido o número de psicólogos no quadro de pessoal, geralmente as equipes são compostas por mais de um profissional, o que dá margem para encaminhar aqueles para colegas em situações em que aquele especialista chamado para fazer a avaliação não se perceba como totalmente capacitado. Além da adequação do profissional, outro ponto a ser examinado é se o posterior atendimento, de fato, é viável de ser feito e se o local para ocorrer será a enfermaria. Como alguns pacientes podem ter alta breve, necessitam de um encaminhamento de contrarreferência para a continuidade de cuidados em algum serviço da rede de saúde. Ainda, alguns resultados de avaliação precisam de intervenções que não, impreterivelmente, estarão no escopo do atendimento psicológico disponível no hospital, como a necessidade de intervenção em psicomotricidade feita em ambulatórios especializados. Há, ainda, a possibilidade de o atendimento necessitado pelo paciente extrapolar o campo psicológico, como o atendimento de terapia ocupacional e/ou de psicopedagogia, entre outras possibilidades.

Estas são considerações iniciais a respeito do processo de avaliação psicológica em enfermarias. A seguir, prosseguem-se algumas ponderações sobre as demais etapas da avaliação em cenário de internação e enfermarias.

## Procedimentos de avaliação psicológica e medidas no contexto de internação e enfermarias

A etapa de planejamento da avaliação é compreendida como fundamental, visto que, a partir dela, o profissional poderá antecipar possíveis dificuldades no decorrer do processo e encontrar formas de contorná-las (Schneider et al., 2020). Nessa fase, após o contato com o emissor do pedido de avaliação e dirimidas possíveis dúvidas acerca da pertinência, da viabilidade e do motivo do pedido, passa-se para a identificação dos conteúdos abordados e do objetivo primordial da avaliação. Durante esse passo, define-se quem serão as pessoas atendidas: se apenas o paciente, o paciente e seus familiares, ou todos e demais membros da equipe com os quais a pessoa internada tenha tido contato significativo, podendo ainda o profissional valer-se da consulta a prontuários, resultados de exames físicos e outras observações que entender como adequadas.

Destaca-se a relevância do modelo biopsicossocial e medidas psicométricas utilizadas para o contexto da avaliação psicológica em saúde (Hutz et al., 2019). A entrevista clínica para o contexto de saúde é fundamental para a integração dos dados coletados; assim, valoriza-se o raciocínio clínico como norteador das práticas em contextos de saúde.

No hospital, a pessoa internada pode ter limitações para responder a instrumentos psicológicos, principalmente protocolos extensos ou instrumentos que demandem um cenário mais inflexível em termos de padronização da aplicação. Porém, além de testes, as entrevistas também podem ocasionalmente ser difíceis de serem conduzidas devido às limitações impostas por condições clínicas, tais como cansaço, dor, sonolência, dificuldade em verbalizar, entre outros fatores. Ainda, deve-se considerar o preparo ou a realização recente de algum exame ou procedimento invasivo, o que deve ser abarcado no planejamento da avaliação. Ademais, o período da internação varia conforme cada pessoa, um dado também necessário de ser contemplado no planejamento. Dessa forma, a etapa de planejamento da avaliação torna-se fundamental, pois o profissional poderá antecipar possíveis dificuldades no decorrer do processo e encontrar formas de contorná-las (Hutz et al., 2019).

Reitera-se que a autonomia da opção em utilizar testes ou não cabe ao psicólogo. Caso essa seja a escolha, é necessário atender a alguns critérios para a escolha de instrumentos para uso nesse contexto. Primeiramente, indica-se atentar para a amostra à qual o instrumento foi pensado e validado (CFP, 2022b), porque os resultados obtidos de instrumentos feitos para a população geral nem sempre podem ser usados para pessoas adoecidas e hospitalizadas, especialmente devido à pluralidade existente entre as pessoas hospitalizadas, cada qual com suas particularidades, já que os instrumentos podem não ser apropriados.

No entanto, após leitura, familiarização e preparo cautelosos prévios com o instrumento escolhido, alguns podem ser utilizados. Contudo, sinaliza-se para a necessidade de articular, com reflexão crítica e ponderação, os dados obtidos a partir dos instrumentos com o resultado geral da avaliação. Por exemplo, instrumentos que objetivam verificar questões como depressão, ansiedade e estresse geralmente contêm itens acerca de sintomas que podem ser confundidos com alterações fisiológicas relativamente comuns entre pessoas doentes, especialmente aquelas com tempo prolongado de internação. Sintomas como alterações do sono, apetite, motivação, oscilações leves de humor, por exemplo,

são reações esperadas diante do impacto inicial da hospitalização. Ainda, ao escolher instrumentos para utilização na avaliação, deve-se atentar para parâmetros psicométricos adequados, como validade, fidedignidade, amostra de normatização, assim como para parâmetros direcionados, como especificidade e sensibilidade (Borsa, 2016; Schneider et al., 2020).

Também se faz necessário relembrar que instrumentos utilizados por qualquer profissional da saúde podem ser aliados. Geralmente, trata-se de questionários autoaplicáveis, rápidos e objetivos que fornecem escores de rastreio para alguma condição. Como exemplo, podem ser usados o *Alcohol, Smoking and Substance Involvement Screening Test* (ASSIST) (Henrique et al., 2004), usado para rastreio de abuso de substâncias psicoativas; o Questionário de Fagerstrom (Duncan et al., 2004), que avalia o uso de tabaco; e a Escala de Depressão Pós-parto de Edimburg (EPDS) (Malloy-Diniz et al., 2010). A escolha por esses recursos pode ser uma alternativa interessante se outros membros da equipe estiverem familiarizados ou se já utilizam o instrumento, o que facilitaria a comunicação. Além disso, os testes psicológicos privativos podem ser onerosos, enquanto estes estão disponíveis gratuitamente.

Nesse ponto, cabem algumas considerações a respeito de cenários específicos de atuação, assim como ponderações de instrumentos conforme as etapas do desenvolvimento. A avaliação de ansiedade pré e pós-cirúrgica está entre as possíveis demandas surgidas em enfermarias de hospitais gerais, e a psicologia pode contribuir com elas, seja para organizá-las, atenuá-las, fornecer possíveis encaminhamentos e dar devolutivas (Zemła et al., 2019). A ansiedade é uma das reações psicológicas mais frequentemente observadas entre os pacientes que aguardam várias cirurgias, podendo ocorrer em até 80% dos pacientes agendados para procedimentos cirúrgicos de alto risco. Foi comprovado que um nível elevado de ansiedade pré-operatória está relacionado a consequências negativas, tanto psicológicas quanto somáticas, e afeta, consequentemente, a anestesia, os cuidados e o tratamento pós-operatório, além do processo de reabilitação. Ela também é considerada um fator de risco para mortalidade em pacientes após cirurgias; logo, o planejamento de intervenções educacionais, farmacológicas e psicológicas necessárias deve ser precedido pela avaliação do nível de ansiedade, que deve ser considerado um elemento rotineiro dos cuidados pré-operatórios (Zemła et al., 2019).

A avaliação da intensidade da ansiedade pode ser feita por meio de escalas psicométricas. Vários fatores devem ser levados em consideração ao escolher a escala, inclusive sua confiabilidade e sua precisão, o objetivo da avaliação, a idade e o estado clínico do paciente, bem como o tipo de cirurgia que está sendo planejada. A seguir, são indicados alguns métodos padronizados que podem ser usados na avaliação da ansiedade pré-operatória entre pacientes programados para cirurgia, a saber: o Inventário de Ansiedade Traço-Estado (*State-Trait Anxiety Inventory* [STAI]); a Escala de Ansiedade e Depressão Hospitalar (*Hospital Anxiety and Depression Scale* [HADS]) e a Escala Visual Analógica (Visual Analogue Scale [VAS]).

Outra questão que pode estar presente em enfermarias de hospitais gerais são as queixas relacionadas a dor, ansiedade e humor deprimido. Diversos estudos sugerem forte associação entre a ansiedade e a depressão com dor crônica, o que pode ser evidenciado pela utilização de escalas padronizadas para a detecção desses sintomas. Castro et al. (2006) estimaram a sensibilidade e a especificidade da escala HADS em pacientes portadores de síndromes dolorosas crônicas acompanhados no Centro de Dor do Hospital Universitário Professor Edgard Santos. Foi realizado um estudo descritivo transversal em 91 pacientes, que contemplou entrevistas utilizando a Escala HADS e o M.I.N.I. *International Neuropsychiatric Interview Brazilian Version* 5.0.0 (MINI Plus). A utilização da HADS evidenciou que 61 pacientes (67%) apresentaram ansiedade e 42 pacientes (46,2%) apresentaram depressão. Os resultados da HADS mostraram que, dos pacientes deprimidos, 38 (90,5%) eram também ansiosos; enquanto dos ansiosos, 38 (62,3%) também estavam deprimidos, sendo uma associação considerada significativa pela análise estatística (p < 0,001). O MINI Plus revelou, ainda, 40,7% de transtorno do humor atual e 47,3% de transtorno de ansiedade. Quanto à sensibilidade e a especificidade da HADS, foram encontrados os seguintes resultados: sensibilidade 73,3% para depressão e 91,7% para ansiedade; especificidade 67,2% para depressão e 41,8% para ansiedade. Embora a escala HADS tenha mostrado boa sensibilidade para avaliar sintomas de ansiedade e depressão, não evidenciou boa especificidade para diagnósticos de depressão e ansiedade (Castro et al., 2006).

Considerando-se os índices cada vez maiores do uso de substâncias psicoativas no Brasil, faz-se necessário um instrumento para sua detecção precoce que seja válido, confiável e passível de ser utilizado largamente em serviços de saúde, inclusive como forma de rastreio em avaliações no contexto de enfermarias. Para tal finalidade foi desenvolvido o instrumento ASSIST, conforme mencionado em um projeto multicêntrico coordenado pela Organização Mundial de Saúde (OMS). O presente estudo teve como objetivo avaliar as propriedades psicométricas da versão brasileira desse instrumento, sua validade concorrente e sua confiabilidade na detecção do uso de substâncias psicoativas e problemas associados. O ASSIST e três instrumentos diagnósticos validados (o MINI Plus, o teste de identificação de distúrbio de uso do álcool (*Alcohol Use Disorder Identification Test* [AUDIT] e o Questionário de Fargerstron (*Revised Fargerstron Tolerance Questionnaire* [RTQ]) foram aplicados a 99 pacientes que procuraram serviços de assistência primária e secundária à saúde e a 48 pacientes em tratamento especializado para dependência de álcool ou outras substâncias. Os escores do ASSIST para álcool apresentaram boa correlação com os escores do AUDIT. O ASSIST apresentou boa sensibilidade e especificidade na detecção de uso abusivo e dependência de álcool, maconha e cocaína, considerando como padrão-ouro o diagnóstico do MINI Plus. A confiabilidade do instrumento foi boa (alfa de Cronbach de 0,80 para álcool, 0,79 para maconha e 0,81 para cocaína), enquanto as propriedades psicométricas da versão brasileira do ASSIST se mostraram satisfatórias, o que recomenda sua aplicação a pacientes de serviços de atenção primária e secundária à saúde (Henrique et al., 2004).

Outra demanda de avaliação atualmente encontrada em internações em enfermarias de diferentes especialidades em hospitais gerais são aquelas associadas a possíveis consequências de quadros pós-Covid-19. O vírus da síndrome respiratória aguda grave do coronavírus 2 (*Severe Acute Respiratory Syndrome CoronaVirus 2* [SARS-CoV-2]) está associado a distúrbios psicológicos e emocionais. Estudo realizado por Fernández-de-Las-Peñas et al. (2022) teve por objetivo avaliar a consistência interna, a confiabilidade e a validade de construção da HADS, como uma medida de resultado relatada pelo paciente (*Pacient-Reported Outcome Measure* [PROM]) para avaliar as consequências emocionais do SARS-CoV-2 em sobreviventes hospitalizados com Covid-19 longo. O LONG-COVID-EXP-CM tratou-se de um estudo de coorte multicêntrico que incluiu pacientes hospitalizados por Covid-19 durante a primeira onda da pandemia em cinco hospitais de Madri. Um total de 1.969 sobreviventes da Covid-19 (idade: 61 ± 16 anos, 46,5% mulheres) que apresentaram sintomas posteriores em uma média de 8,4 ± 1,5 meses após a alta hospitalar preencheram a HADS. Foram calculadas a consistência interna (α de Cronbach), a confiabilidade (consistência interna do item, validade discriminante do item), a validade do construto (análise fatorial confirmatória), o efeito de piso e o efeito de teto. O tempo médio de preenchimento da HADS foi de 65 ± 12 minutos. Foram observados um efeito teto variando de 1,99% a 13,74% e um efeito piso variando de 43,05% a 77,77%. Com base nos coeficientes de correlação da escala de itens, os valores alfa de Cronbach que refletem a confiabilidade da consistência interna HADS foram 0,890 para ansiedade e 0,856 para depressiva. O coeficiente de correlação entre as pontuações das duas foi excelente (r: 0,878). A análise fatorial confirmatória revelou que cinco dos sete índices de adequação foram excelentes: CFI = 0,969, NNFI = 0,963; TLI = 0,963; AGFI = 0,951; GFI = 0,972), apoiando a boa validade do construto. Em conclusão, esse estudo indica que as escalas de sintomas depressivos e de ansiedade da HADS apresentaram boas propriedades psicométricas gerais para serem usadas na avaliação do estresse psicológico e emocional em sobreviventes da Covid-19 com Covid-19 longa (Fernández-de-Las-Peñas et al., 2022).

Os instrumentos descritos até aqui aplicam-se a adultos. Considerando as solicitações de avaliações em idosos, apontam-se algumas possibilidades, sobretudo visando uma avaliação que repercuta em dados para promoção de qualidade de vida entre o público atendido. Pesquisa realizada por Santos et al. (2023) destaca que a depressão no envelhecimento pode levar à perda de autonomia e à piora das comorbidades. O estudo teve como objetivo comparar os escores dos construtos de bem-estar espiritual, apoio social, autoestima, satisfação com a vida, afeto, otimismo e esperança em idosos com depressão mínima, leve, moderada e grave, e controles saudáveis, a fim de investigar possíveis relações indiretas e mediadas entre os construtos positivos e a depressão. Foi realizado estudo transversal com idosos, 62 dos quais foram diagnosticados com diferentes graus de gravidade de Transtorno Depressivo Maior (TDM) (mínima, leve, moderada e grave de acordo com o Inventário de Depressão de Beck (*Beck Depression Inventory* [BDI]) e 66 controles saudáveis pareados por idade, sexo e escolaridade.

Os instrumentos utilizados na pesquisa (Santos et al., 2023) foram versões adaptadas e validadas: Spirituality Self-Rating Scale, Rosenberg Self-Esteem Scale, Medical Outcomes Social Scale of Support, Life Satisfaction Scale, Positive and Negative Affect Schedule, Revised Life Orientation Test e Adult Dispositional Hope Scale. Depois de comparar as médias dos escores entre os grupos, foi realizada uma análise de redes de associação parcial normalizada para investigar as relações diretas e mediadas entre a depressão e outros construtos avaliados. As pontuações de bem-estar espiritual, apoio social, autoestima, satisfação com a vida, afeto positivo, otimismo, afeto negativo e esperança diferiram significativamente entre o grupo de controle e os graus de depressão. A análise das redes de associação parcial normalizada mostrou que as relações da depressão

com os construtos de satisfação com a vida, a autoestima e o apoio social são mediadas, enquanto os construtos de esperança disposicional, afeto positivo, bem-estar espiritual e otimismo estão indiretamente relacionados à depressão, a qual, em diferentes graus, está associada a uma redução nas pontuações dos instrumentos que avaliam atributos positivos. Os construtos inversamente associados à depressão são o bem-estar espiritual, o otimismo, o afeto positivo e a esperança disposicional. Desse modo, esses resultados podem contribuir para a avaliação do funcionamento positivo e estratégias para a prevenção da depressão entre os idosos no processo saúde-doença.

Com relação ao público juvenil (adolescentes), pode-se destacar a escala *Depression Anxiety and Stress Scale – 21* (DASS-21). Participaram do estudo de validação 426 adolescentes de 12 a 18 anos (M = 14,91; DP = 1,66), sendo 264 meninas (62%) e 162 meninos (39%), que responderam a uma versão adaptada, nomeada Escala de Depressão, Ansiedade e Estresse para Adolescentes (EDAE-A). As subescalas demonstraram níveis adequados de consistência interna, variando entre 0,83 e 0,90. A análise fatorial confirmatória indicou que o melhor modelo foi o de três fatores, confirmando o modelo original com as dimensões depressão, ansiedade e estresse. No escore total e por fatores houve diferença por sexo, com maior média entre as meninas em todos os escores. Conclui-se que a EDAE-A apresenta qualidades psicométricas favoráveis, mostrando-se um simples e adequado instrumento de levantamento de sintomas de depressão, ansiedade e estresse para adolescentes brasileiros (Patias et al., 2016). Aponta-se que o estudo, embora não tenha sido conduzido com adolescentes hospitalizados, com postura crítica do avaliador, a escala pode ser usada como forma de rastreio e integrada com demais técnicas utilizadas nos processos avaliativos com adolescentes internados.

Pondera-se que, em algumas situações, pode não ser possível a aplicação de instrumentos, seja devido a condições clínicas do paciente ou do ambiente hospitalar, como ruídos e outras pessoas na enfermaria, porque o avaliador pode compreender que não seja relevante o uso ou que o instrumento não forneça dados que o profissional busca em uma avaliação específica (Hutz et al., 2019). Além disso, podem existir ocasiões em que realmente o uso de observações e entrevistas poderão trazer mais elementos preponderantes e, portanto, serão as técnicas eleitas de preferência em determinado caso. Porém, independentemente da escolha das possibilidades de ferramentas que comporão as etapas do processo avaliativo, é fundamental recordar que os dados provenientes de todas elas devem ser contextualizados, analisados criticamente e integrados, de modo a obter um direcionamento de resposta ao pedido de avaliação qualificada tecnicamente e eticamente comprometida.

## Operacionalização dos processos de avaliação em enfermarias

Por fim, outro aspecto a ser tratado no que diz respeito à avaliação psicológica em enfermarias refere-se à apropriada organização e gestão dos serviços de psicologia em hospitais, a fim de operacionalizar e dar visibilidade ao trabalho realizado de forma pertinente para a instituição de saúde. Estudo realizado por Nascimento et al. (2021) sobre o desenvolvimento das atividades do psicólogo no contexto hospitalar aponta para a atuação psicológica ser demarcada a partir de um embasamento teórico-científico, visto que, por vezes, os profissionais são carentes de

conhecimentos e práticas sistemáticas de gestão exigidos pelas instituições hospitalares. A aplicabilidade de protocolos operacionais pode ser um efetivo instrumento para sistematização da rotina hospitalar, rastreamento fidedigno e embasamento de indicadores consistentes das demandas atendidas. Nesse sentido, o referido estudo teve como objetivo realizar a validação de conteúdo e avaliação de usabilidade dos protocolos "Avaliação Psicológica" e "Indicadores de Atendimentos da Psicologia" para serem implantados no serviço de psico-oncologia de um hospital oncológico. Para tanto, foram selecionados juízes especialistas para proceder com a validação dos instrumentos. Os dados foram avaliados com base no Índice de Validação de Conteúdo (IVC) e na *System Usability Scale* (SUS). Percebeu-se maior validação dos aspectos "Avaliação do Estado Geral", "Histórico Psiquiátrico" e "Atitudes Frente à Doença" (100%) no protocolo "Avaliação Psicológica"; em contrapartida, os itens referentes aos "Aspectos Cognitivos" (97,7%) e ao "Estado Emocional" (91,7%) apresentaram-se, não obstante com menores percentuais, estatisticamente significativos. Os índices do protocolo "Indicadores de Atendimentos da Psicologia" atingiram 100% de validação. Apesar de as avaliações de usabilidade dos protocolos indicarem maior adesão ao "Indicadores de Atendimentos da Psicologia", ambos os protocolos atingiram alto grau de efetividade, eficiência e satisfação.

Nascimento et al. (2021) apontam que a implantação dos protocolos permitiria a avaliação psicológica e o registro logístico do atendimento, auxiliando o psicólogo no acompanhamento do paciente e na construção de indicadores do serviço de psicologia hospitalar. A construção de indicadores nos serviços de saúde são cruciais como ferramentas de gestão e como forma de aprimoramento da qualidade do serviço prestado (Organização Pan-Americana de Saúde [OPAS], 2018). Nesse sentido, salienta-se a relevância de as atividades de avaliação psicológica prestarem-se a fornecer dados que podem ser transformados em indicadores a serem monitorados, além de servirem como uma das fontes de avaliação da qualidade dos serviços, bem como orientarem políticas nas instituições e em âmbito de políticas de saúde.

## Considerações finais

A avaliação psicológica no contexto de saúde e hospitalar, especificamente na internação e nas enfermarias, exige a escuta ativa da equipe de psicologia para identificar as especificidades do paciente em seu processo saúde-doença, assim como as adequações do ambiente; além disso, requer cuidado com aspectos de confidencialidade e sigilo, por meio das entrevistas ao leito. Nem sempre nesse contexto existem as condições plenas para tal avaliação psicológica que incluam entrevistas, observação e aplicação de instrumentos psicológicos. Faz-se necessário, se possível, primeiramente a preparação desse ambiente e a identificação das condições clínicas do paciente para a abordagem de avaliação biopsicossocial. Salienta-se também a importância de incluir no processo avaliativo a investigação dos fatores de proteção e riscos, bem como as potencialidades humanas (CFP, 2019).

Por fim, pode-se destacar que a avaliação psicológica em contexto de internação e enfermarias proporciona conhecimento sobre o paciente que contribui para o melhor manejo clínico da equipe em relação à sua condição de saúde. Entre os desafios, os informantes, como familiares e outros membros da equipe, podem complementar o processo de avaliação psicológica nesse contexto de saúde. As limitações podem existir em relação ao uso de medidas psicológicas devido às limitações dos próprios instrumentos, às condições do paciente e do ambiente ou, ainda, à preferência em lançar mão de outras técnicas mais pertinentes do que o uso de instrumentos. A potencialidade está na possibilidade de os processos avaliativos fornecerem dados que podem fomentar a qualificação dos serviços e servir como ferramentas de gestão tanto da instituição hospitalar como de políticas de saúde.

## Referências

American Psychological Association. (2024). *Especialidades, subespecialidades e proficiências reconhecidas em psicologia profissional.* https://www.apa.org/ed/graduate/specialize/recognized

Borsa, J. C. (2016). *Temas em Psicologia, 24*(1), 131-143. https://pepsic.bvsalud.org/scielo.php?script=sci_arttext&pid=S1413-389X2016000100006

Castro, M. M. C., Quarantini, L., Batista-Neves, S., Kraychete, D. C., Daltro, C. & Miranda-Scippa, A. (2006). Validade da escala hospitalar de ansiedade e depressão em pacientes com dor crônica. *Revista Brasileira de Anestesiologia, 56*(5), 470-477. https://doi.org/10.1590/S0034-70942006000500005

Conselho Federal de Psicologia. (2005). *Código de ética profissional do psicólogo.* https://site.cfp.org.br/wp-content/uploads/2012/07/codigo-de-etica-psicologia.pdf

Conselho Federal de Psicologia. (2019). *Referências técnicas para atuação de psicólogas(os) nos serviços hospitalares do SUS.* CFP; CRP; CREPOP. https://site.cfp.org.br/wp-content/uploads/2019/11/ServHosp_web1.pdf

Conselho Federal de Psicologia. (2022a). *Institui condições para concessão de registro de psicóloga e psicólogo especialistas* (Resolução 023/2022). https://atosoficiais.com.br/cfp/resolucao-do-exercicio-profissional-n-23-2022-institui-condicoes-para-concessao-e-registro-de-psicologa-e-psicologo-especialistas-

reconhece-as-especialidades-da-psicologia-e-revog
a-as-resolucoes-cfp-no-13-de-14-de-setembro-de-
2007-no-3-de-5-de-fevereiro-de-2016-no-18-de-5-
de-setembro-de-2019

Conselho Federal de Psicologia. (2022b). *Estabelece diretrizes para a avaliação psicológica no exercício profissional da psicóloga e do psicólogo, regulamenta o Sistema de Avaliação de Testes Psicológicos – SATEPSI* (Resolução 031/2022). https://atosoficiais.com.br/cfp/resolucao-do-exercicio-profissional-n-31-2022-estabelece-diretrizes-para-a-realizacao-de-avaliacao-psicologica-no-exercicio-profissional-da-psicologa-e-do-psicologo-regulamenta-o-sistema-de-avaliacao-de-testes-psicologicos-satepsi-e-revoga-a-resolucao-cfp-no-09-2018?origin=instituicao

Duncan B. B., Schmidt, M. I., & Giugliani E. R.J. (2004). *Medicina ambulatorial: condutas de atenção primária baseadas em evidências.* Artmed.

Fernández-de-Las-Peñas, C., Rodríguez-Jiménez, J., Palacios-Ceña, M., de-la-Llave-Rincón, A. I., Fuensalida-Novo, S., Florencio, L. L., Ambite-Quesada, S., Ortega-Santiago, R., Arias-Buría, J. L., Liew, B. X. W., Hernández-Barrera, V., & Cigarán-Méndez, M. (2022). Psychometric properties of the Hospital Anxiety and Depression Scale (HADS) in previously hospitalized COVID-19 patients. *International Journal of Environmental Research and Public Health, 19*(15), 9273. https://doi.org/10.3390/ijerph19159273

Henrique, I. F. S., De Micheli, D., Lacerda, R. B., Lacerda, L. A., & Formigoni, M. L. O. S. (2004). Validação da versão brasileira do teste de triagem do envolvimento com álcool, cigarro, tabaco e outras substâncias (ASSIST). *Revista da Associação Médica Brasileira, 50*(2), 199-206. https://doi.org/10.1590/S0104-42302004000200039

Hutz, C. S., Bandeira, D. R., Trentini, C. M., & Remor, E. A. (2019). *Avaliação psicológica nos contextos de saúde e hospitalar.* Artmed.

Malloy-Diniz, L. F., Schlottfeldt, C. G. M., F., Figueira, P. & Corrêa, H. (2010). Escala de depressão pós-parto de Edimburg: análise fatorial e desenvolvimento de uma versão de seis itens. *Revista Brasileira de Psiquiatria 32*(3), 316-318. https://doi.org/10.1590/S1516-44462010000300018

Nascimento, I. R. C., Jorge, M. S. B., & Leitão, I. M. T. A. (2021). Validação de protocolos de avaliação psicológica e indicadores de atendimento em psico-oncologia. *Psicologia: Ciência e Profissão, 41*, e225 481. https://doi.org/10.1590/1982-3703003225481

Organização Pan-Americana de Saúde. (2018). *Indicadores de saúde: elementos conceituais e práticos.* https://iris.paho.org/bitstream/handle/10665.2/49057/97892 75720059_por.p df?sequence=5&isAllowed=y

Patias, N. D., Machado, W. L., Bandeira, D. R., & Dell'Aglio, D. D. (2016). Depression Anxiety and Stress Scale (DASS-21) – short form: adaptação e validação para adolescentes brasileiros. *Psico-USF, 21*(3), 459-469. https://doi.org/10.1590/1413-82712016210302

Santos, S. B., Machado, W. L., Fernandez, L. L., Pádua, A. C., Hoffmann, S., Calvetti, P. Ü., Schaab, B. L., & Reppold, C. T. (2023). Positive attributes in elderly people with different degrees of depression: a study based on network analysis. *Psicologia, Reflexão e Crítica, 36*(1), 2. https://doi.org/10.1186/s41155-022-00244-w

Schneider, A. M. A., Dobrovolski, T. A. T., Marasca, A. R., Müller, C. M., & Bandeira, D. R. (2020). Planejamento do processo de avaliação psicológica: implicações para a prática e para a formação. *Psicologia: Ciência e Profissão, 40*, e214089, 1-13. https://doi.org/10.1590/1982-3703003214089

Zemła, A. J., Nowicka-Sauer, K., Jarmoszewicz, K., Wera, K., Batkiewicz, S., & Pietrzykowska, M. (2019). Measures of preoperative anxiety. *Anaesthesiology intensive therapy, 51*(1), 64-69. https://doi.org/10.5603/AIT.2019.0013

# 8
# Avaliação psicológica nas doenças de pele no ciclo vital

*Prisla Ücker Calvetti*

---

*Highlights*
- O desenvolvimento humano repercute na pele desde a gestação até o envelhecimento.
- Estudos mostram que fatores psicológicos estão diretamente ligados à pele.
- O estresse está relacionado ao aparecimento e ao desenvolvimento das dermatoses.
- No modelo biopsicossocial do processo saúde-doença, os sintomas da dermatite atópica fazem parte das relações familiares e podem alterar o funcionamento da família.
- Necessita-se avanço no conhecimento interdisciplinar entre psicologia e dermatologia, por meio da implementação e do aprimoramento da avaliação psicológica no monitoramento de intervenções psicológicas e interdisciplinares.

---

A Psicologia da Saúde é um campo da psicologia no qual se aplicam princípios e pesquisas psicológicas para a melhoria, o tratamento e a prevenção de doenças, bem como para a promoção de saúde. A área faz interfaces com diversas especialidades da saúde, entre elas a avaliação psicológica que visa a prevenção, o tratamento e a identificação dos fatores de proteção e riscos do processo saúde-doença (Straub, 2014; Calvetti et al. 2007). No contexto da dermatologia, estudos abordam a subespecialidade Psicodermatologia (Ferreira et al., 2024). É importante perceber esta inter-relação interdisciplinar implicada na saúde para a avaliação psicológica de pacientes com dermatoses, a fim de contribuir para a compreensão dos mecanismos de proteção e risco para a saúde mental e a qualidade de vida das pessoas no ciclo vital.

Para a área de avaliação psicológica na área das doenças de pele, é fundamental o entendimento de que a qualidade das relações interpessoais no desenvolvimento humano repercute na pele desde a gestação até o envelhecimento, por meio da qualidade do toque físico e emocional. As doenças de pele não se relacionam somente à pele e a suas questões orgânicas, pois também têm influência das questões emocionais e do ambiente (Ahmed et al., 2013; Straub, 2014). Esses aspectos são essenciais para serem inseridos no raciocínio clínico dos processos de avaliação psicológica de pacientes com doenças de pele em todas as etapas do ciclo vital.

A pele tem a capacidade de refletir problemas emocionais ou doenças que agem em conjunto com fatores genéticos e hormonais (Peters et al., 2014). Esses problemas podem apresentar-se em decorrência de transtornos físicos, por exemplo. O estresse é um ponto que está relacionado ao aparecimento e ao desenvolvimento das dermatoses: estudos indicam que o estresse emocional pode exacerbar alguns eventos, como é o caso da psoríase (Brouwer et al., 2014).

No processo saúde-doença, o estresse é um fator que está relacionado ao surgimento e ao agravamento de doenças na pele, como nas dermatoses psoríase e vitiligo (Orion & Wolf, 2013), ou seja, as doenças crônicas da pele estão associadas com sintomas de estresse emocional (Pärna et al., 2014). A tensão psicológica possivelmente altera a fronteira de resistência aos danos físicos eventuais contra a derme; existem, portanto, fortes evidências de uma função potencialmente patógena das perturbações provocadas pelo estresse psíquico no desencadeamento ou no agravamento das dermatoses (Lin et al., 2014).

Entende-se por estresse percebido o grau em que as pessoas avaliam, reconhecem e observam as situações estressantes de sua vida em função da autoavaliação da saúde, do nível econômico, do estado civil e das condições de vida, entre outras questões que se manifestam de forma imprevisível e incontrolável e se expressam por meio de alterações mentais e corporais (Luft et al., 2007). Nesse sentido, os processos de estresse impactam a qualidade de vida em dermatoses (Peters, 2013; Nearchou et al., 2019).

A qualidade de vida está ligada à percepção do indivíduo sobre sua posição na vida e o contexto da cultura e do sistema de valores nos quais ele vive, além de estar baseada, entre outros fatores, no modo como ele lida com as situações estressoras (Chernyshov, 2019). Os comprometimentos na qualidade de vida decorrentes das dermatoses são diversos e bastante amplos. Primeiramente, podem ser observadas dificuldades relacionadas ao desconforto físico, como coceira, queimação, descamação e dor. Além desses aspectos, são observadas dificuldades emocionais e sociais referentes à aparência das lesões, incluindo preconceito e estigmatização sofridos, especialmente em razão das preocupações com contágio, da vergonha e do desejo de esconder as lesões, implicando contato social prejudicado e dificuldades no trabalho, na escola e no lazer, entre outros problemas (Hrehorów et al., 2012).

## O processo de avaliação psicológica no contexto das doenças de pele no adulto

A avaliação psicológica é constituída de entrevista, observação e testagem por meio de medidas. Entre os aspectos relevantes para a entrevista clínica no contexto das doenças de pele estão: tempo de diagnóstico, tempo de medicação, percepção de estresse psicológico, de saúde e de qualidade de vida, suporte social, autoimagem e autoestima. A seguir, descrevem-se duas principais medidas utilizadas para avaliar o estresse e a qualidade de vida de pacientes com dermatoses.

Escala de Estresse Percebido (*Perceived Stress Scale* [PSS]): questionário para medir a percepção de estresse. Trata-se de uma medida do grau em que as situações na vida de alguém são avaliadas como estressantes, composta de 14 perguntas, com respostas variando de 0 a 4 para cada item, as quais vão desde "não", "quase nunca", "às vezes", "com bastante frequência" e "muitas vezes", respectivamente, com base em sua ocorrência durante o período de um mês anterior à pesquisa. O levantamento das respostas é realizado por meio da inversão das pontuações em quatro itens positivos, como $0 = 4$, $1 = 3$, $2 = 2$, $3 = 1$ e, em seguida, somam-se todos os itens. Os itens 4, 5, 6, 7 e 10 são afirmados positivamente. A escala apresenta estrutura unidimensional com um fator como marcador de estresse percebido; assim, altas pontuações indicam níveis mais elevados de estresse, enquanto escores mais baixos indicam níveis mais baixos de estresse. O PSS-14 tem pontuações entre 0 e 56 (Luft et al., 2007).

Questionário específico para doença de pele *Dermatology Life Quality Index* (DLQI): a medida classifica a qualidade de vida, fornecendo uma pontuação para cada domínio: (a) sintomas físicos e sentimentos (questões 1 e 2); (b) atividades diárias (questões 3 e 4); (c) lazer (questões 5 e 6); (d) trabalho/escola (questão 7); (e) relações pessoais (questões 8 e 9); e (f) tratamento (questão 10). Os pacientes devem responder às perguntas tendo em mente os obstáculos enfrentados durante a semana anterior. As pontuações no questionário vão de 0 a 30: quanto maior a pontuação, pior a qualidade de vida. Os resultados de 0 a 1 significam nenhum efeito da doença sobre a qualidade de vida do paciente; dezenas de 2 a 5 significam um pequeno efeito; dezenas de 6 a 10 significam um efeito moderado; dezenas de 11 a 20 correspondem a um grande efeito; por fim, pontuações de 21 a 30 significam um efeito muito importante da doença sobre a qualidade de vida do paciente. O questionário foi desenvolvido por Finlay e Khan (1994) e traduzido para o português com validação no Brasil por Martins et al. (2004).

A avaliação psicológica clínica é um processo importante que está relacionado aos parâmetros essenciais na indicação da terapêutica a ser instituída, bem como na avaliação dos resultados terapêuticos obtidos. Na prática clínica, a indicação do tratamento depende da avaliação de muitas variáveis. Além do grau de inflamação e da área acometida, outras variáveis são consideradas, tais como: a história clínica, a localização das lesões, a resposta a tratamentos prévios, os recursos financeiros do paciente e a capacidade do paciente de cuidar de si próprio ou de seguir o tratamento proposto. A percepção do paciente sobre sua enfermidade e suas expectativas quanto ao tratamento são fatores a serem considerados na escolha do esquema terapêutico.

Assim, além do índice de gravidade da doença, o qual mede os aspectos inflamatórios e a área acometida, o impacto da doença na qualidade de vida do paciente deve ser considerado quando da definição terapêutica frente aos pacientes com dermatoses (Finlay, 2005). Nesse sentido, é de extrema importância os médicos instruírem os pacientes quanto ao modo de enfrentamento da doença crônica, a fim de promover a melhora da qualidade de vida (Cranenburgh et al., 2015). Um dos principais papéis dos dermatologistas, também, é a educação dos pacientes, de seus familiares e da sociedade acerca das doenças dermatológicas e do suporte que os indivíduos acometidos por essas doenças devem receber para que aceitem suas limitações (Stalder et al., 2013).

Compreendem-se por suporte social todas as relações que as pessoas consideram como sendo de apoio emocional e material. O fato de as manifestações físicas das dermatoses crônicas serem visíveis para as outras pessoas pode restringir os relacionamentos sociais de muitos indivíduos com doenças de pele (Gon et al., 2013). O tempo de diagnóstico e o tratamento adequado podem estar relacionados à boa percepção de saúde e à qualidade de vida; nesse sentido, mostra-se fundamental o trabalho interdisciplinar da psicologia e da dermatologia para que o paciente receba um cuidado integral, de modo que possa ser atendido em suas necessidades psicológicas e dermatológicas (Shah & Bewley, 2014). Face ao exposto, faz-se importante o atendimento interdisciplinar entre dermatologia e psicologia nos centros de saúde pública e privados, tanto no campo da avaliação psicológica quanto em intervenções para a diminuição dos agravos, bem como observar os fatores de risco e promover aumento dos fatores de proteção das doenças de pele.

## Avaliação psicológica nas doenças de pele na parentalidade da infância e adolescência

Entre as doenças de pele mais comuns da infância está a dermatite atópica (DA), cujos principais sintomas são prurido, inflamação, lesões crostosas e coceira. Com a crescente prevalência mundial da DA e a evidência crescente da carga psicossocial e econômica dessa doença, a identificação de padrões específicos e mecanismos potenciais de comorbidade de sintomas psicológicos é cada vez mais importante para o desenvolvimento de avaliações específicas e intervenções de tratamento. Atualmente há alta incidência de crianças com doença crônica de pele, em concomitância com a escassez de pesquisas sobre a relação dos pais com seus filhos e cuidados relacionados a eles (Gon et al., 2013).

Conforme estudos, a prevalência da DA está aumentando nas últimas décadas; nos países industrializados é ainda mais recorrente, afeta cerca de 10 a 15% das crianças e 1 a 3% dos adultos no mundo todo. Os maiores casos ocorrem em crianças: cerca de 80 a 90% surgem antes dos 7 anos de idade (Calvetti et al., 2019).

No Brasil, a prevalência de DA demonstra variação em função da faixa etária acometida e da região brasileira em questão. Norte e Nordeste têm um número discretamente maior de casos, e em todas as localidades a prevalência é maior entre as crianças menores (6 e 7 anos). O *International Study of Asthma and Allergy Diseases in Childhood* (ISAAC) feito no Brasil apontou prevalência média para DA de 7,3%, sendo expressa na forma grave em 0,8% dos pacientes da faixa etária de 6 e 7 anos de idade. Na idade de 13 e 14 anos, a prevalência média de DA foi de 5,3%, com índice de DA grave de 0,9% (Campos et al., 2017).

Aproximadamente 30% das crianças com dermatite atópica desenvolvem asma e 35% rinite alérgica. Além dessas doenças que surgem, é ainda necessário verificar se há a presença ou a ausência de distúrbio do sono, qual a extensão e a localização das lesões, e, clinicamente, como vai se evoluir a DA. Esses são os indicadores de gravidade da doença, para que se tome decisões com relação ao tratamento que melhor se ajuste ao paciente (Lugović-Mihić et al., 2023).

Cerca de 60% das crianças com DA têm remissão dos sintomas quando se tornam adolescentes; porém, em menos casos, pode haver um retorno da doença na fase adulta. Para que a doença tenha prognóstico mais grave e volte a ocorrer, os indicativos são de sintomas com início precoce, gravidade precoce da doença, rinite alérgica e asma, somados à história familiar de prevalência de DA (Bylund et al., 2020).

Em razão de seu curso crônico, o tratamento da dermatite atópica é realizado em longo prazo e requer medidas de cuidados constantes com a pele. As recomendações médicas para o tratamento abrangem o uso de pomadas e cuidados com a hidratação da pele e com a restrição de contato com substâncias irritantes, as quais atribuem condições limitantes na vida das crianças e suas famílias. Pode-se destacar as restrições alimentares e de atividades sociais, as alterações na rotina da família, o manejo de condições especiais para uso de medicamentos e as dificuldades de sono (devido à coceira noturna da criança). Somando-se a isso, estudos apontam as queixas dos pais e cuidadores com relação à desobediência das crianças, em especial no momento da realização de procedimentos médicos, fazendo com que a adesão ao tratamento da dermatite atópica seja considerada um problema recorrente nessa população (Ramírez-Marín & Silverberg, 2022).

Pesquisas indicam que crianças com doença crônica apresentam problemas de comportamento com mais frequência do que aquelas que não têm essa doença, destacando-se a ansiedade, a depressão e o isolamento (Farrell et al., 2011). Nesse sentido, a doença impacta a qualidade de vida do paciente por interferir negativamente nos âmbitos físico, social e emocional de sua vida (Gon et al., 2013).

Existe ainda o impacto social, emocional e financeiro sobre a família dos pacientes. Pais de crianças acometidas relatam dificuldades na disciplina e no cuidado de seus filhos devido principalmente à privação do sono, à exaustão, a dificuldades no custo e à administração de medicação tópica e sistêmica. Essas questões geram conflitos entre os pais e também entre os filhos saudáveis, alterando a estrutura familiar (Alvarenga & Caldeira, 2009).

Assim, é de fundamental importância conhecer cada vez mais as respostas cognitivas e comportamentos dos pacientes, como a aprendizagem associativa, a motivação e a autorregulação emocional[3], que pode estar atrelada à gênese e manutenção de comportamentos (Almeida & Behlau, 2017). Em sentido mais abrangente, a autorregulação é uma função executiva gerenciada pelo córtex pré-frontal do lobo frontal do cérebro, fundamental para manter o indivíduo ativo no processo para alcançar seus objetivos. É um controle responsável por características que o distinguem de outros animais, como autoconsciência, capacidade de planejamento complexo e resolução de problemas. É um fenômeno complexo analisado pela neurociência que envolve o comportamento (ativação, monitorização, inibição, preservação e adaptação), as emoções e as estratégias cognitivas para alcançar objetivos desejados (Almeida & Behlau, 2017).

No contexto do processo saúde-doença, os sintomas da dermatite atópica fazem parte das relações familiares e alteram as regras de funcionamento do núcleo familiar, como informado. Devido às exigências de cuidados especiais, algumas famílias tiveram de se adaptar em termos de cuidados às crianças. Logo, as doenças dermatológicas acarretam impacto psicológico e social devido ao estigma pela aparência das lesões, além do impacto da coceira na qualidade de vida e do sono, bem como no comportamento e no desempenho escolar das crianças (Slattery et al., 2011).

Pelo fato de se tratar de crianças com uma doença crônica, os pais são responsáveis por sua saúde, independentemente da idade. Eles participam das consultas, questionam o médico e/ou respondem às perguntas sobre o problema de saúde de seu filho. Assim, por todas essas preocupações com a saúde dos filhos, observa-se que os pais das crianças com DA podem limitar e restringir o envolvimento de seus filhos em atividades escolares extras ou sociais (Anthony et al., 2003).

É evidente que o impacto psicossocial da dermatite atópica na qualidade de vida está bem-estabelecido: coceiras, perda de sono e constrangimento social são as dificuldades mais comumente relatadas, as quais contribuem para as dificuldades escolares, laborais, financeiras e sociais. Sintomas de depressão e ansiedade são mais comuns em crianças com DA, e a associação de DA com esses sintomas pode ser influenciada por fatores como gravidade da doença e qualidade de vida (Slattery et al., 2011).

No campo da avaliação psicológica é fundamental avaliar o estado emocional do indivíduo, como a autorregulação das emoções, que versa sobre as estratégias automáticas ou controladas e conscientes ou inconscientes, influenciando um ou mais componentes da resposta emocional que neles estão incluídos: os comportamentos, as respostas fisiológicas associadas às emoções e os sentimentos (Gross, 1998; L. Barros et al., 2015). A autorregulação emocional se refere a um processo intrínseco e extrínseco, que envol-

---

3. A autorregulação das emoções é o termo usado para definir os processos envolvidos na forma de lidar com níveis elevados de emoções positivas e negativas, dos tipos de comportamentos externalizantes e internalizantes (Cruvinel & Boruchovitch, 2011).

ve monitoramento, avaliação e modificação de reações emocionais para atender metas (Hutz, & Reppold, 2018). É imprescindível que se avalie a autorregulação emocional de pais e cuidadores responsáveis pela criança ou adolescente; para tanto, aqueles que são hábeis na regulação das emoções podem compensar melhor os estados emocionais negativos por meio de atividades agradáveis e prazerosas.

Juntamente com a regulação emocional, há também diversos estudos (Rodrigues et al., 2017) sobre a avaliação de *mindfulness*, descrito como um processo de atenção e consciência em relação ao momento presente, com sensações e experiências de uma posição não julgadora. A atenção plena é considerada um meio de alcançar prazer, sabedoria e conexão e, quando praticada corretamente, melhora a saúde mental e física.

Na última década observou-se um crescimento nas pesquisas sobre *mindfulness* e intervenções baseadas nessa técnica. Diversos estudos têm sugerido a eficácia das intervenções baseadas em *mindfulness* com relação à ansiedade, a desordens alimentares, à prevenção de recaída na depressão, a problemas com relação à imagem corporal, ao transtorno do *deficit* de atenção e hiperatividade, entre outros. Bons resultados são colhidos também para tratamento de queixas físicas com dor crônica, melhoramento do humor e bem-estar em pessoas doentes (Hutz & Reppold, 2018).

A ocorrência de comportamentos desadaptativos em crianças varia não somente em função do repertório de suas habilidades sociais, como também dos indicadores sociodemográficos, tais como gênero, idade, desempenho escolar, relação familiar, psicopatologia dos pais, nível socioeconômico e estilos parentais. Um repertório bem-ordenado de habilidades sociais consente à criança formar relações reforçadoras com outras crianças e com os adultos. É um indicador de proteção, podendo colaborar para o desenvolvimento sadio da criança, além de ser um preditor significativo de competência acadêmica, responsabilidade, independência e cooperação. Além desses comportamentos, temos a dimensão emocional do bem-estar subjetivo (BES): os afetos positivos e negativos, caracterizados como a intensidade e a frequência com que as pessoas vivenciam emoções (Lyubomirsky et al., 2005). Entende-se por BES o julgamento subjetivo do quão feliz as pessoas estão com suas vidas (Zanon et al., 2013).

Para tanto, avaliar os construtos autorregulação emocional, afetos e *mindfulness* podem ser valiosos para a identificação do estado emocional atual dos pais e responsáveis para, então, elaborar estratégias adaptativas para o enfrentamento do processo saúde-doença da criança ou do adolescente. Assim como todo processo de avaliação psicológica, a entrevista clínica é fundamental para direcionar possíveis escolhas de medidas para avaliação dos pais no contexto das dermatoses. Entre os aspectos biopsicossociais a serem considerados na entrevista com os pais em relação à criança ou adolescente, estão: sexo, idade, ano de escolaridade, frequência de visitas ao dermatologista, medicações, suporte social, atividades de lazer, percepção sobre a qualidade do sono do filho e outras. A seguir, apresentam-se medidas psicométricas direcionadas para os pais ou os responsáveis cuidadores da criança ou adolescente, que visam conhecer mecanismos de autorregulação emocional.

Escala de Autorregulação Emocional (EARE): desenvolvida por Noronha e Baptista (2016) e renomeada por Cremasco et al. (2020) de *Emotional Dysregulation Scale – Adults* (EDEA), trata-se de uma escala de avaliação do controle expressivo das emoções, envolvendo o monitoramento e a avaliação das experiências emocionais, com destaque para a importância de estar atento às emoções. O objetivo do instrumento é avaliar a autorregulação emocional diante de algum evento que gera tristeza. Ao responder, a pessoa deve considerar o quanto seus pensamentos, sentimentos e comportamentos melhor o descrevem quando está triste. A escala é composta por 34 itens, dispostos em uma escala *Likert* de cinco pontos (0 = nunca e 4 = sempre): quanto maior a pontuação, maior o nível de autorregulação emocional do respondente. Os fatores da escala são: estratégias de enfrentamento adequadas/avaliação da experiência, paralisação, pessimismo e externalização da agressividade/agressividade externalizada.

*Positive and Negative Affect Schedule* (PANAS): desenvolvida por Watson et al. (1988) e adaptada ao Brasil por Giacomoni e Hutz (1997), é composta por duas medidas com 10 itens, que incluem a lista de afetos positivos e a lista de afetos negativos. As evidências de validade dessa escala foram obtidas por meio de análises fatoriais que apresentaram estrutura bifatorial estável e teoricamente adequada. A versão adaptada brasileira conta com 20 itens que avaliam afetos positivos e 20 itens que avaliam afetos negativos.

*Mindful Attention Awareness Scale* (MAAS): originalmente de Brown e Ryan (2003) e adaptado para o Brasil por V. Barros et al. (2015), é um instrumento unifatorial que avalia o nível de *mindfulness*, composto por 15 itens numa escala *Likert* de seis pontos, que varia de 1 "quase sempre" a 6 "quase nunca". Em virtude de a escala ser unidimensional, todos os itens medem o *mindfulness*. Os autores do instrumento relatam que o mecanismo autorregulatório da atenção para

estados de consciência presentes é o ponto inicial e central para se compreender *mindfulness* e, por conseguinte, estabelecer conexões com o bem-estar psicológico.

Atualmente, o BES é estudado a partir de duas dimensões: afetiva e cognitiva. O elemento afetivo do BES compõe-se das experiências do sujeito, sendo o resultado de suas emoções. Desse modo, o nível de afeto do indivíduo ocorre pelo balanço hedônico entre os sentimentos agradáveis e desprazerosos, como: alegria, prazer, ansiedade, raiva. Por sua vez, o componente cognitivo caracteriza-se pela percepção do próprio sujeito de sua satisfação com a vida. Essa avaliação é feita de forma global, considerando amplos aspectos da vida, a saber: satisfação com o presente, passado e futuro. Em suma, o bem-estar subjetivo, como um todo, parece ser construído a partir de julgamentos que as pessoas realizam sobre suas vidas de um modo geral (Zanon et al., 2013). Por isso, altos escores de satisfação de vida estão associados a elevados níveis de afetos positivos e baixos níveis de afetos negativos.

## Considerações finais

A avaliação psicológica nas doenças de pele no ciclo vital, por meio de entrevistas com pais ou responsáveis, bem como em adultos, visa a prevenção e o tratamento de possíveis transtornos mentais. Este capítulo apresentou aspectos biopsicossociais e mecanismos de proteção e de riscos no processo saúde-doença. Frente ao exposto, pode-se observar que há demanda e necessidade de se investir em um trabalho interdisciplinar entre os campos da psicologia e da dermatologia por meio do aprimoramento de avaliações psicológicas e de intervenções nesse contexto de saúde.

O estresse ao longo do ciclo vital é um dos principais fatores que predispõem o aparecimento, o desenvolvimento e a exacerbação de dermatoses, impactando a qualidade de vida das pessoas que apresentam a doença e dos familiares, visto que atinge as relações e a vida cotidiana. Destarte, precisa-se de investimento em políticas públicas, no sentido de integrar os serviços especializados visando um trabalho interdisciplinar e auxiliando em uma melhora da percepção de qualidade de vida da população.

O suporte social é fator que contribui para a proteção contra a conotação negativa do estresse percebido em situações adversas oriundas da doença crônica. Faz-se necessário considerar no processo de avaliação e intervenção psicológica a extensão e a gravidade da dermatose na percepção do paciente, visto que podem influenciar as respostas relativas à qualidade de vida. Além disso, é preciso incluir, em futuros estudos, os traços e as características de personalidade, bem como de determinantes sociais do paciente, em razão de influenciarem a maneira como a pessoa percebe e lida com situações adversas da vida, como a dermatose crônica.

Além disso, é importante investigar o modo de enfrentamento das situações de adversidade e outras medidas positivas do desenvolvimento humano, assim como elaborar estratégias preventivas e de mitigação da doença. Destaca-se que são escassas as pesquisas sobre a relação entre psicologia e saúde, no contexto da dermatologia no Brasil. É necessário o avanço de novos estudos acerca da relação entre pele e aspectos psicológicos para o aumento da qualidade de vida do nascimento à idade adulta e um bom envelhecimento em pessoas com doenças de pele.

## Referências

Ahmed, A., Leon, A., Butler, D. C., & Reichenberg, J. (2013). Quality-of-life effects of common dermatological diseases. *Seminars in Cutaneous Medicine and Surgery*, 32(2), 101-109. http://dx.doi.org/10.12788/j.sder.0009

Almeida, A. A., & Behlau, M. (2017). Adaptação cultural do Questionário Reduzido de Autorregulação: sugestões de aplicação para área de voz. *Codas*, 29(5), e20160199. https://doi.org/10.1590/2317-1782/20172016199

Anthony, K. K., Gil, K. M., & Schanberg, L. E. (2003). Brief report: Parental perceptions of child vulnerability in children with chronic illness. *Journal of Pediatric Psychology*, 28(3), 185-190. https://doi.org/10.1093/jpepsy/jsg005

Barros, L., Goes, A. R., & Pereira, A. I. (2015). Parental self-regulation, emotional regulation and temperament: Implications for intervention. *Estudos de Psicologia*, 32(2), 295-306. https://doi.org/10.1590/0103-166X2015000200013

Barros, V. V, Kozasa, E. H., Souza, I. C. W., & Ronzani, T. M. (2015). Validity evidence of the brazilian version of the Mindful Attention Awareness Scale (MAAS). *Psicologia: Reflexão e Crítica*, 28(1), 87-95. https://doi.org/10.1590/1678-7153.201528110

Brouwer, S. J., Van Middendorp, H., Stormink, C., Kraaimaat, F. W., Joosten, I., Radstake, T. R. & Evers, A. W. (2014). Immune responses to stress in rheumatoid arthritis and psoriasis. *Rheumatology*, 53(10), 1844-1848. http://dx.doi.org/10.1093/rheumatology/keu221

Brown, K. W., & Ryan, R. M. (2003). The benefits of being present: mindfulness and its role in psychological well-being. *Journal of Personality and Social Psychology*, 84(4), 822-848. https://doi.org/10.1037/0022-3514.84.4.822

Bylund, S., Kobyletzki, L. B. v., Svalstedt, M., & Svensson, Å. (2020). Prevalence and incidence of atopic dermatitis: a systematic review. *Acta Dermato-Venereologica*, 100(12), 320-329. https://doi.org/10.2340/00015555-3510

Calvetti, P. Ü., Moitoso, G. S., Baja, J. U., & Pereira, K. R. (2019). Aspectos neuropsicológicos e socioemocionais em crianças com dermatite atópica. *Psicologia, Saúde & Doenças*, 20(1),47-58. https://pdfs.semanticscholar.org/334f/9f3919a8ed56438b796fa9bdb373c341fb4a.pdf.

Calvetti, P. Ü., Müller, M. C., & Nunes, M. L. T. (2007). Psicologia da Saúde e Psicologia Positiva: perspectivas e desafios. *Psicologia: Ciência e Profissão*, 27(4), 706-717. http://dx.doi.org/10.1590/S1414-98932007000400011

Campos, A., Araújo, F., Santos, M., Santos, A., Pires, C. (2017). Impacto da dermatite atópica na qualidade de vida de pacientes pediátricos e seus responsáveis. *Revista Paulista de Pediatria*, 35(1), 5-10. http://dx.doi.org/10.1590/1984- 0462/;2017;35;1;00006

Chernyshov P. V. (2019). The evolution of quality of life assessment and use in dermatology. *Dermatology*, 235(3),167-174. https://doi.org/10.1159/000496923

Cranenburgh, O. D., Smets, E. M., Rie, M. A., Sprangers, M. A., & Korte, J. (2015). A web-based, educational, quality-of-life intervention for patients with chronic skin disease: feasibility and acceptance in routine dermatological practice. *Acta Dermato-Venereologica*, 95(1), 51-6. http://dx.doi.org/10.2340/00015555-1872

Cremasco, G. S., Pallini, A. C., Bonfá-Araujo, B., Noronha, A. P. P., & Baptista, M. N. (2020). Emotional Dysregulation Scale – Adults (EDEA): validity evidence. *Psicologia: Teoria e Prática*, 22(2), 161-178. https://doi.org/10.5935/1980-6906/psicologia.v22n2p161-178

Farrell, J., Donovan, C., Turner, M. & Walker, R. (2011). Anxiety disorders in children with chronic health problems. *Handbook of Child and Adolescent Anxiety Disorders*, 5, 479-503. doi:10.1007/978-1-4419-7784-7_32

Ferreira, B. R., Vulink, N., Mostaghimi, L., Jafferany, M., Balieva, F., Gieler, U., Poot, F., Reich, A., Romanov, D., Szepietowski, J. C., Tomas-Aragones, L., Campos, R., Tausk, F., Zipser, M., Bewley, A., & Misery, L. (2024). Classification of psychodermatological disorders: proposal of a new international classification. *Journal of the European Academy of Dermatology and Venereolog*, 38(4), 645-656. https://doi.org/10.1111/jdv.19731

Finlay, A. Y. (2005). Current severe psoriasis and the rule of tens. *British Journal of Dermatology*, 152(5),861-867. http://dx.doi.org/10.1111/j.1365-2133.2005.06502.x

Finlay, A. Y., & Khan, G. (1994). Dermatology Life Quality Index (DLQI): a simple practical measure for routine clinical use. *Clinical and Experimental Dermatology*, 19(3), 210-216. http://dx.doi.org/10.1111/j.1365-2230.1994.tb01167.x

Giacomoni, C. H. & Hutz, C. S. (1997). A mensuração do bem-estar subjetivo: escala de afeto positivo e negativo e escala de satisfação de vida. In Sociedade Interamericana de Psicologia (Org.), *Anais do XXVI Congresso Interamericano de Psicologia* (p. 313). SIP.

Gon, M. C. C., Menezes, C. do C., Jacovozzi, F. M., & Zazula, R. (2013). Perfil comportamental de crianças com dermatoses crônicas de acordo com a avaliação dos cuidadores. *Psico*, 44(2). https://revistaseletronicas.pucrs.br/revistapsico/article/view/11118

Gross, J. J. (1998). The emerging field of emotion regulation: an integrative review. *Review of General Psychology*, 2(3), 271-299. https://doi.org/10.1037/1089-2680.2.3.271

Hrehorów, E., Salomon, J., Matusiaki, L., Reich, A., & Szepietowski, J. C. (2012). Patients with psoriasis feel stigmatized. *Acta Dermato-Venereologica*, 92(1), 67-72. http://dx.doi.org/10.2340/00015555-1193

Hutz, C. & Reppold, C., (2018). *Intervenções em Psicologia Positiva aplicadas à saúde*. Leader.

Lin, T. K., Man, M. Q., Santiago, J. L., Scharschmidt, T. C., Hupe, M., Martin-Ezquerra, G., Youm, J-K, Zhai, Y, Trullas, C. Feingold, K. R. & Elias, P. M. (2014). Paradoxical benefits of psychological stress in inflammatory dermatoses models are glucocorticoid mediated. *Journal of Investigative Dermatology*, 134(12), 2890-2897. http://dx.doi.org/10.1038/jid.2014.265

Luft, C. D. B., Sanches, S. O., Mazo, G. Z., & Andrade, A. (2007). Versão brasileira da Escala de Estresse Percebido: tradução e validação para idosos. *Revista de Saúde Pública*, 41(4), 606-615. http://dx.doi.org/10.1590/S0034-89102007000400015

Lugović-Mihić, L., Meštrović-Štefekov, J., Potočnjak, I., Cindrić, T., Ilić, I., Lovrić, I., Skalicki, L., Bešlić, I., & Pondeljak, N. (2023). Atopic dermatitis: disease features, therapeutic options, and a multidisciplinary approach. *Life, 13*(6), 1419. https://doi.org/10.3390/life13061419

Lyubomirsky, S., King, L., & Diener, E. (2005). The benefits of frequent positive affect: does happiness lead to success? *Psychological Bulletin, 131*(6), 803-805. https://doi.org/10.1037/0033-2909.131.6.803

Martins, G., Arruda, L., & Mugnaini, A. S. B. (2004). Validação de questionários de avaliação da qualidade de vida em pacientes de psoríase. *Anais Brasileiros de Dermatologia, 79*(5), 521-535. http://dx.doi.org/10.1590/S0365-05962004000500002

Nearchou, F., D'Alton, P., Donnelly, A., O'Driscoll, L., O'Flanagan, S., & Kirby, B. (2019). Validation and psychometric evaluation of a brief screening questionnaire for psychological distress in patients with psoriasis. *Journal of the European Academy of Dermatology and Venereology, 33*(7), 1325-1330. https://doi.org/10.1111/jdv.15612

Noronha, A. P. P., & Baptista, M. N. (2016). *Escala de Avaliação da Autorregulação Emocional – EARE* (relatório técnico não publicado). USF.

Orion, E., & Wolf, R. (2013). Psychological factors in skin diseases: stress and skin: facts and controversies. *Clinical Dermatology, 31*(6), 707-711. http://dx.doi.org/10.1016/j.clindermatol.2013.05.006

Pärna, E., Aluoja, A., & Kingo, K. (2014). O atendimento dermatológico integrativo – Uma contextualização do atendimento médico sobre a ótica integrativa. *Anais Brasileiros de Dermatologia, 78*(5), 619-624. http://dx.doi.org/10.1590/S0365-05962003000500013

Peters, E. M. (2013). Stress and the molecular basis of psychosomatics. *Hautarzt, 64*(6), 402-409. http://dx.doi.org/10.1007/s00105-012-2492-y

Peters, E. M., Michenko, A., Kupfer, J., Kummer, W., Wiegand, S., Niemeier, V. & Gieler, U. (2014). Mental stress in atopic dermatitis: neuronal plasticity and the cholinergic system are affected in atopic dermatitis and in response to acute experimental mental stress in a randomized controlled pilot study.

*PLoS One, 9*(12). http://dx.doi.org/10.1371/journal.pone.0113552

Ramírez-Marín, H. A., & Silverberg, J. I. (2022). Differences between pediatric and adult atopic dermatitis. *Pediatric dermatology, 39*(3), 345-353. https://doi.org/10.1111/pde.14971

Rodrigues, M. F., Nardi, A. E., & Levitan, M. (2017). Mindfulness in mood and anxiety disorders: a review of the literature. *Trends in psychiatry and psychotherapy, 39*(3), 207-215. https://doi.org/10.1590/2237-6089-2016-0051

Shah, R., & Bewley, A. (2014). Psoriasis: 'the badge of shame'. A case report of a psychological intervention to reduce and potentially clear chronic skin disease. *Clinical and Experimental Dermatology, 39*(5), 600-603. http://dx.doi.org/10.1111/ced.12339

Slattery, M. J., Essex, M. J., Paletz, E. M., Vanness, E. R., Infante, M., Rogers, G. M., & Gern, J. E. (2011). Depression, anxiety, and dermatologic quality of life in adolescents with atopic dermatitis. *The Journal of Allergy and Clinical Immunology, 128*(3), 668-671. https://doi.org/10.1016/j.jaci.2011.05.003

Stalder, J. F., Bernier, C., Ball, A., De Raeve, L., Gieler, U., Deleuran, M., & Barbarot, S. (2013). Therapeutic patient education in atopic dermatitis: worldwide experiences. *Pediatric Dermatology, 30*(3), 329-334. http://dx.doi.org/10.1111/pde.12024

Straub, R. O. (2014). *Psicologia da Saúde: uma abordagem biopsicossocial* (3ª ed.). Artmed.

Watson, D., Clark, L., & Tellegen, A. (1988). Development and validation of brief measures of positive and negative affect: the PANAS scales. *Journal of Personality and Social Psychology, 54*(1), 1063-1070. https://doi.org/10.1037/t03592-000

Zanon, C., Bastianello, M. R., Pacico, J. C., & Hutz, C. S. (2013). Desenvolvimento e validação de uma escala de afetos positivos e negativos. *PSICO-USF, 18*(2), 193-201. https://doi.org/10.1590/S1413-8271 2013000200003

# 9
# Avaliação psicológica e doenças crônicas transmissíveis

*Eduardo Remor*
*Miguel Luis Alves de Souza*

> *Highlights*
> - As Doenças Crônicas Transmissíveis (DCT) representam um importante problema de saúde pública.
> - É comum que as pessoas apresentem algum tipo de impacto psicológico associado ao diagnóstico de uma DCT.
> - As reações emocionais observadas, muitas vezes, não são efeitos diretos das doenças, mas da representação mental sobre a doença e o estigma social associado a elas.
> - Sem uma avaliação criteriosa dos aspectos psicológicos associados às DCT, não é possível uma prática profissional com resultados.
> - Integrar o uso de ferramentas psicométricas aos processos clínicos permitirá alcançar uma atenção integral ao paciente nesse contexto.

Doenças crônicas são enfermidades que apresentam duração longa (um ano ou mais), requerem cuidados médicos contínuos e podem limitar as atividades da vida diária. Essas doenças podem ser influenciadas por uma combinação de fatores genéticos, estilo de vida, comportamentos sociais, sistema de cuidados de saúde, influências da comunidade e determinantes ambientais da saúde. Têm, portanto, etiologia multifatorial, que compartilham fatores de risco e afetam de forma significativa a vida das pessoas acometidas por elas, seja pela persistência dos sintomas (como dificuldade de respiração em asmáticos, alto índice glicêmico em diabéticos), seja por limitações e mudanças no repertório de comportamentos impostos pela doença (como uso contínuo de medicação) (Airhihenbuwa, et al., 2021).

As doenças crônicas podem ser classificadas em Doenças Crônicas Transmissíveis (DCT) e Doenças Crônicas Não Transmissíveis (DCNT), cuja diferença entre o grupo de enfermidades está relacionada ao padrão infeccioso observado nas DCT. Esse tipo de doença pode ser transmitida de forma direta, por meio do contato com pessoas ou animais infectados, ou indireta, por meio do contato com vetores de transmissão presentes em superfícies contaminadas, como água, ar e outros objetos (Pereira & Oliveira, 2018).

Atualmente as DCT representam um importante problema de saúde pública em todo o mundo. De acordo com o mais recente monitoramento epidemiológico global realizado pela Organização Mundial da Saúde (OMS), as DCT representam a segunda principal causa de morte no mundo, em conjunto com aspectos relacionados com condições maternas, perinatais e nutricionais (World Health Organization [WHO], 2024). De acordo com o monitoramento da OMS, as principais DCT relacionadas com a mortalidade são as infecções respiratórias e a tuberculose. No entanto, a análise contextual dos indicadores de cada uma das regiões do mundo permite observar que essas doenças lideram as causas de morte na região africana e ocupam a segunda posição no *ranking* da região do Sudeste Asiático e Mediterrâneo Oriental, com destaque para a infecção pelo Vírus da Imunodeficiência Humana (*Human Immunodeficiency Virus* [HIV]) e a tuberculose (WHO, 2024).

No Brasil, a taxa de mortalidade decorrente de doenças infecciosas apresenta uma relação estreita com o desenvolvimento econômico do país. Historicamente, essas doenças, como diarreia e infecções respiratórias, representavam a principal causa de morte no país até a década de 1950 (Barreto et al., 2011). No mesmo período, a partir do desenvolvimento do Ministério da Saúde e do processo de crescimento dos espaços urbanos, a população passou a viver com melhores condições de saneamento básico, ter maior acesso à água potável e menos dificuldades para acessar os serviços de saúde (Barreto et al., 2011; Tauil, 2006). Esse conjunto de fatores, somado à implementação da Política Nacional de Imunização, contribuiu com a diminuição, controle e até extinção de doenças transmissíveis diagnosticadas na população, como no caso da poliomielite.

Embora as estratégias implementadas tenham obtido sucesso no controle de boa parte dos quadros infecciosos, é crescente a preocupação com as doenças transmissíveis que não respondem bem ao tratamento, não têm cura, ou ainda, em conjunto com outros fatores de risco, tornam-se crônicas. As DCT foram responsáveis por cerca de 8,4% do total de mortes ocorridas no Brasil ao longo da última década (Ministério da Saúde, 2024a). De acordo com o Ministério da Saúde, as hepatites virais (B e C), o HIV e a tuberculose representam as DCT mais frequentes e com maior taxa de mortalidade entre a população brasileira. Os boletins epidemiológicos mais recentes reportaram a ocorrência de 43.403 novos casos de HIV, 14.124 novos casos de hepatite C e 9.156 novos casos de hepatite B diagnosticados ao longo do ano de 2022 (Ministério da Saúde, 2023a, 2023b). Além disso, foram registrados 80.012 novos casos de tuberculose no país ao longo do ano de 2023 (Ministério da Saúde, 2024b).

Diante do diagnóstico de uma doença potencialmente fatal, de duração indeterminada e de caráter infeccioso, é necessário que as pessoas se comportem de maneira diferente, considerando a necessidade de mudanças em seu repertório de atitudes e estilo de vida, ao mesmo tempo em que lidam com o impacto emocional e social decorrente do adoecimento. Apesar de o diagnóstico de cada DCT provocar respostas emocionais específicas, observa-se que há algumas características comuns a todas elas. De forma geral, as DCT são percebidas pela população como doenças ameaçadoras, invisíveis e de rápida propagação (Pappas et al., 2009). Nesse sentido, é comum que os indivíduos sintam medo de contraírem as doenças e procurem evitar contato com vetores em potencial. A partir do diagnóstico de uma DCT as pessoas passam a ocupar, ao mesmo tempo, a posição de doente e transmissor da enfermidade, o que pode provocar sensação de tristeza, culpa e vergonha (Pappas et al., 2009). Além disso, quando a DCT apresenta grau de transmissibilidade sexual, é comum que as pessoas diagnosticadas sejam percebidas como promíscuas e passem a ser evitadas, o que reforça o estigma associado às DCT e, consequentemente, o sofrimento das pessoas acometidas por essa condição (Morens et al., 2008; Schoenfarber & Langan, 2023).

Nesse sentido, a Psicologia da Saúde preocupa-se com a investigação e a compreensão de aspectos psicológicos que podem estar relacionados com o estado geral de saúde e o processo de adoecimento dos sujeitos, buscando contribuir com a prevenção de agravos, a restauração e a manutenção da saúde das pessoas (Castro & Remor, 2018). Para dar conta desse objetivo, considera-se que a avaliação psicológica da pessoa atendida é a base para uma prática baseada em evidências no contexto da saúde.

Conceitualmente, a avaliação psicológica no contexto de saúde e hospitalar é diferente do processo de psicodiagnóstico e não se limita a aplicação de testes e escalas para avaliação de determinada sintomatologia ou condição clínica. A finalidade desse tipo de avaliação é combinar diferentes estratégias (por exemplo: entrevistas e dados do prontuário, utilização de instrumentos ou questionários) para levantar informações que possam contribuir com a compreensão e a sistematização do funcionamento de pacientes, e subsidiar o processo de tomada de decisão em saúde (Capitão et al., 2005; Conselho Federal de Psicologia [CFP], 2019). Por exemplo, é comum que as avaliações façam parte do processo de investigação da elegibilidade de pacientes para a realização de procedimentos cirúrgicos, para a entrada em ensaios clínicos, para a avaliação de fatores de risco para um determinado tratamento médico ou ainda como parte do acompanhamento pós-diagnóstico.

A partir do exposto, este capítulo objetiva sumarizar informações acerca do impacto psicológico decorrente do diagnóstico de cada uma das principais DCT no contexto brasileiro, destacando os aspectos que podem comprometer a qualidade de vida, o bem-estar e a adesão ao tratamento das pessoas, além de orientar diferentes estratégias para a avaliação dessas características a fim de preparar os psicólogos da saúde para a condução prática de um processo avaliativo robusto e baseado em evidências[4].

---

4. Para uma abordagem sobre a avaliação psicológica de pacientes com doenças crônicas não transmissíveis recomendamos aos leitores a consulta ao texto de Brito et al. (2019).

## HIV

O HIV é um tipo de retrovírus que afeta o sistema imunológico, especialmente os linfócitos T CD4+, comprometendo a capacidade do organismo para se defender de doenças oportunistas (WHO, 2023a). Esse vírus é considerado uma infecção sexualmente transmissível (IST), uma doença que representa um problema de saúde pública em todo o mundo, pois seu padrão de transmissibilidade está relacionado com a prática de sexo desprotegido, além de compartilhamento de seringas, contato com sangue infectado e transmissão vertical (da mãe infectada para seu filho) (Rachid & Schechter, 2017). Dados apurados pelo boletim epidemiológico do United Nations Programme on HIV/AIDS (UNAIDS) indicam que atualmente há cerca de 39 milhões de pessoas vivendo com HIV em todo o mundo (UNAIDS, 2023). No Brasil, os indicadores apurados pelo Ministério da Saúde demonstram que, no ano de 2023, houve o registro de cerca de 20 mil novos casos diagnosticados na população brasileira, o que representa um aumento de 17,2% quando comparado aos últimos três anos (Ministério da Saúde, 2023b).

Além dos agravos relacionados à saúde física, o diagnóstico da doença também pode impactar de forma negativa a saúde mental das pessoas acometidas por ela, implicando um aumento do sofrimento relacionado à infecção, uma diminuição da qualidade de vida percebida e uma baixa adesão ao tratamento. É comum que as pessoas que recebem o diagnóstico de infecção pelo HIV apresentem reações emocionais como: depressão, ansiedade, estresse, tristeza, vergonha e medo (Fauk et al., 2022), as quais não são efeitos diretamente do vírus da deficiência humana, mas da representação mental sobre a doença e do estigma social associado à infecção pelo HIV (Remor, 1999), aspectos persistentes ainda nos dias atuais. Logo, avaliar e monitorar o desenvolvimento, a intensidade e a persistência dos sintomas emocionais é fundamental para assegurar uma melhor adaptação ao processo da doença e contribuir com a adesão ao tratamento.

Evidências disponíveis na literatura demonstram que o sofrimento emocional, especialmente a depressão, está fortemente relacionada com a baixa adesão ao tratamento, principalmente entre pessoas de menor nível socioeconômico e aquelas com mais dificuldades para acessar os serviços de saúde (Rooks-Peck et al., 2018). Além disso, o estresse foi associado ao declínio da contagem de células CD4+ entre homens e mulheres que tomam medicação antirretroviral para o HIV, independentemente de fatores sociodemográficos e do estado da doença (Remor et al., 2007).

Para qualificar o processo de avaliação e contribuir com a efetividade do tratamento, compreender o contexto das pessoas com HIV é fundamental, investigando o nível socioeconômico, educativo e das condições de acesso ao serviço de saúde, a idade e o momento de vida das pessoas. Por exemplo, o número de casos de HIV diagnosticados entre as mulheres jovens tem crescido de forma exponencial, sendo o grupo com o maior número de novos casos da doença registrados ao longo do último ano (UNAIDS, 2023), um dado que chama atenção para a necessidade de compreender as especificidades do impacto emocional nessa população. Entre as mulheres que mantêm relacionamentos monogâmicos e são diagnosticadas com HIV, é comum observar reações como: medo, vergonha, culpa, tristeza, raiva e responsabilização do parceiro, além da negação do diagnóstico (Fauk et al., 2022). O adoecimento pode ainda promover a reavaliação dos planos de vida entre aquelas que são ou pretendem

ser mães na medida em que passam a viver com medo da possibilidade de transmissão vertical da doença ou ainda por não estarem disponíveis para prestar cuidados aos filhos. A sobreposição de diferentes fontes de estresse, como o adoecimento, a traição, a reavaliação e o medo do futuro, torna fundamental a identificação de quais são os principais estressores associados ao diagnóstico e as estratégias adotadas para lidar com esse momento. Para isso, a resolução de alguns problemas e o desenvolvimento de novas habilidades de *coping* podem mitigar o impacto emocional do adoecimento e favorecer a qualidade de vida e a adesão ao tratamento (Fauk et al., 2022).

Historicamente, a infecção pelo HIV representa um tipo de doença altamente estigmatizada. A crença de que as pessoas diagnosticadas apresentam condutas desviantes e moralmente inadequadas figura entre o imaginário da população geral e contribui com o incremento das dificuldades enfrentadas pelas pessoas infectadas, como a perda da rede de apoio, o isolamento, a sensação de inadequação e o rechaço social (Rzeszutek et al., 2021). Nesse sentido, o estigma relacionado ao HIV representa um dos principais estressores enfrentados pelas pessoas que vivem com a infecção e pode impactar de forma negativa em sua qualidade de vida e na adesão ao tratamento (Katz et al., 2013; Rzeszutek et al., 2021), além de reforçar sintomas emocionais negativos relacionados com a perda da rede de apoio, como a depressão (Fauk et al., 2022). Evidências disponíveis demonstram que escores elevados na percepção de estigma das pessoas infectadas estão relacionados com a diminuição em sua qualidade de vida e bem-estar, especialmente entre as pessoas com idade superior a 40 anos (Rzeszutek et al., 2021). Além disso, em conjunto com outros marcadores, como baixo nível socioeconômico e dificuldades no acesso aos serviços de saúde, é possível que as pessoas com HIV que apresentam uma percepção elevada de estigma também apresentem menor adesão ao tratamento (Katz et al., 2013). Dessa forma, a avaliação psicológica, cujo objetivo é subsidiar a tomada de decisão em saúde e a seleção de objetivos para a intervenção efetiva a fim de mitigar o impacto emocional decorrente do diagnóstico de HIV, deve, idealmente, investigar os seguintes aspectos: (a) caracterização sociodemográfica e psicossocial; (b) avaliação de sintomas emocionais negativos, especialmente estresse e depressão; (c) identificação do ajuste mental à doença e estratégias de autocuidado e *coping*; (d) avaliação do estigma relacionado ao HIV.

## Tuberculose

A tuberculose é uma doença infecciosa e transmissível causada pela bactéria *Mycobacterium tuberculosis*, também conhecida como bacilos de Koch. Essa doença é transmitida por meio do contato com pessoas infectadas com tuberculose em sua fase ativa, mais precisamente por meio da liberação dos bacilos em gotículas expelidas durante a tosse ou a fala de pessoas doentes e inaladas por pessoas saudáveis (Ministério da Saúde, 2010). A infecção por tuberculose também é comum entre pessoas que vivem com HIV, justamente pelo comprometimento de seu sistema imunológico quando não realizam o tratamento de forma adequada (Coelho et al., 2016). Nesses casos, é comum observar que o quadro de coinfecção está associado ao desenvolvimento de um tipo de tuberculose extrapulmonar, capaz de afetar o funcionamento de outros órgãos do corpo (Ministério da Saúde, 2024b; Coelho et al., 2016).

Embora se trate de uma doença tratável e com alto potencial curativo, a tuberculose re-

presenta uma das principais causas de morte no mundo. As estimativas mais atualizadas da OMS registraram 7,5 milhões de novos casos de pessoas infectadas pela doença e 1,3 milhão de casos de óbito decorrente do adoecimento no ano de 2022 (WHO, 2023b). No Brasil, a doença foi responsável por quase seis mil óbitos registrados no ano de 2022 (Ministério da Saúde, 2024b). Mesmo que a infecção possa acometer todas as pessoas, as estimativas atualizadas do Ministério da Saúde brasileiro denotam que há um componente social relacionado ao adoecimento e à morte da população, em razão de ser uma condição mais frequente entre homens, negros e indígenas, grupos que comumente apresentam menor frequência de acesso aos serviços de saúde ou percebem mais barreiras relacionadas a esse acesso (Ministério da Saúde, 2024b).

Além de tratável e potencialmente curável, o tratamento para a tuberculose costuma ser simples: consiste no uso de medicações durante seis meses, sob a supervisão de um profissional com preparo técnico para acompanhar a administração do tratamento (Marra et al., 2004; Sweetland et al., 2017).

No entanto, além do tempo dedicado ao tratamento, a cronicidade da doença também está relacionada com a alta taxa de abandono terapêutico, o que pode implicar o desenvolvimento de um quadro persistente e resistente às medicações (Ministério da Saúde, 2024b). A necessidade de mudar a rotina, afastar-se das atividades de trabalho e evitar o contato direto com pessoas próximas, além dos efeitos colaterais no organismo decorrentes do uso constante de medicação, são alguns fatores que comprometem a qualidade de vida das pessoas diagnosticadas e contribuem com o abandono do tratamento a partir do momento em que as pessoas voltam a se sentir bem (Ministério da Saúde, 2024b; Marra et al., 2004).

Nesse sentido, o diagnóstico de tuberculose costuma suscitar repercussões emocionais, como vergonha, culpa e medo de infectar outras pessoas (Marra et al., 2004; Sweetland et al., 2017). Por isso, não é incomum observar que os indivíduos adoecidos estejam isolados e sem rede de apoio, uma vez que as pessoas próximas também costumam apresentar medo de contraírem a infecção. Esse aspecto contribui diretamente com o desenvolvimento de quadro de depressão, identificado como um fator de risco para a tuberculose (Hayward et al., 2022; Marra et al., 2004; Sweetland et al., 2017); embora não seja possível isolar uma causa específica, a depressão é uma condição clínica comumente associada ao adoecimento por tuberculose (Hayward et al., 2022). Do ponto de vista fisiológico, supõe-se que a resposta imunológica do organismo seja comprometida, facilitando a ativação do bacilo ou oferecendo resistência ao efeito da medicação (Sweetland et al., 2017), ao passo que do ponto de vista social e comportamental, esse quadro clínico pode favorecer o isolamento e a adoção de estratégias desadaptativas para lidar com o adoecimento (por exemplo: fazer uso de álcool e outras substâncias ou adotar alimentação inadequada), que também podem afetar de forma negativa o sistema imunológico das pessoas adoecidas (Marra et al., 2004; Sweetland et al., 2017).

Outro importante aspecto a ser considerado na avaliação do impacto emocional decorrente do diagnóstico de tuberculose é o estigma associado à doença. Por ser uma condição altamente contagiosa e comumente associada a marcadores de vulnerabilidade social, a crença de que a infecção por tuberculose está associada a comportamentos socialmente inadequados e condenáveis contribui com o incremento do estigma associado a essa condição clínica (Silva et al., 2022). Um estudo realizado no Brasil identificou que a maior parte da população apresentava conhecimento adequado acerca da doença, um aspecto que estava associado a um maior grau de estigma percebido, reforçando a crença de que, por se tratar de uma condição já conhecida, aquelas pessoas que forem infectadas deveriam sentir vergonha, ou ainda, seriam merecedoras do adoecimento (Rebeiro et al., 2020). Um maior grau de estigma percebido está associado com piores taxas de adesão e uma maior frequência de abandono do tratamento, justamente pela falta de suporte e pelo desejo de negar esse aspecto que está associado com o rechaço social, levando os adoecidos a buscarem recuperar a sensação de normalidade e retomar as interações sociais que foram prejudicadas pelo adoecimento (Rebeiro et al., 2020; Wong et al., 2021).

Dessa forma, a avaliação psicológica, cujo objetivo é subsidiar a tomada de decisão em saúde e a seleção de objetivos para a intervenção efetiva a fim de mitigar o impacto emocional decorrente do diagnóstico da tuberculose, deve, idealmente, investigar os seguintes aspectos: (a) caracterização sociodemográfica e psicossocial; (b) avaliação de sintomas emocionais negativos, especialmente depressão; (c) avaliação da qualidade de vida percebida; (d) avaliação do estigma relacionado à tuberculose.

## Hepatite B

A hepatite B é uma doença viral infecciosa causada pelo vírus da hepatite B (VHB). É considerada uma IST por ser transmitida por meio da troca de fluidos em relações sexuais, embora também seja transmitida de forma vertical (da mãe infectada para o filho), por meio do compartilhamento de itens pessoais (como escova de dentes ou lâmina de barbear), uso de materiais não esterilizados (como alicate de cutículas), compartilhamento de seringas, ou ainda por meio de acidentes perfurocortantes (Ministério da Saúde, 2010). A forma crônica da doença é incurável e está associada ao desenvolvimento de cirrose e câncer de fígado (Ministério da Saúde, 2010, 2023a). Essa doença é considerada a segunda principal causadora de mortes entre as hepatites virais, tendo sido responsável por cerca de 10 mil óbitos registrados na população brasileira ao longo da última década (Ministério da Saúde, 2023a).

Quando comparada com outras condições crônicas e transmissíveis, como HIV e tuberculose, observa-se uma limitação importante no conhecimento disponível acerca dos meios de transmissão, métodos preventivos e consequências decorrentes da hepatite B, tanto entre a população geral (Yussf et al., 2022) quanto entre profissionais de saúde (Oliveira et al., 2022). Nesse sentido, o impacto emocional do diagnóstico é marcado especialmente pelo aumento significativo do nível de estresse entre os infectados, que pode afetar de forma negativa sua saúde e qualidade de vida (Carabez et al., 2014; Yussf et al., 2022; Zhao et al., 2015). Além disso, a incompreensão sobre a doença pode contribuir com o medo de revelar o diagnóstico para as pessoas próximas, o que pode afetar a qualidade das relações interpessoais e a disponibilidade da rede de apoio das pessoas que são diagnosticadas (Adekanle et al., 2020; Yussf et al., 2022). Entre as mulheres grávidas ou que são mães de crianças, a crença de que os filhos podem ser infectados por meio de qualquer relação descuidada, mesmo que estejam vacinados, contribui com a frequente exposição desse grupo ao estresse (Yussf et al., 2022).

A crença de que o desenvolvimento de câncer de fígado é inevitável entre aqueles que são infectados também contribui com a constante exposição dessas pessoas a experiências de estresse elevado, especialmente quando percebem qualquer tipo de sintoma relacionado com adoecimento (por exemplo: dor de cabeça ou tosse) (Carabez

et al., 2014). Do ponto de vista fisiológico, é extremamente importante mitigar a exposição desse grupo de pessoas a experiências de estresse, uma vez que a secreção de cortisol em larga escala no organismo pode contribuir com a cronicidade e o agravamento do quadro clínico decorrente da infecção por hepatite B (Zhao et al., 2015).

Dessa forma, a avaliação psicológica, cujo objetivo é subsidiar a tomada de decisão em saúde e a seleção de objetivos para a intervenção efetiva a fim de mitigar o impacto emocional decorrente do diagnóstico de hepatite B, deve, idealmente, investigar os seguintes aspectos: (a) caracterização sociodemográfica e psicossocial; (b) avaliação de sintomas emocionais negativos, especialmente estresse; e (c) avaliação das crenças individuais acerca da hepatite B.

## Hepatite C

A hepatite C é uma doença viral infecciosa causada pelo vírus da hepatite C (VHC), considerada a de maior letalidade entre as hepatites virais. A transmissibilidade da doença é semelhante à hepatite B, ou seja, é uma doença transmitida por meio da troca de fluidos em relações sexuais, de forma vertical, por meio do compartilhamento de objetos de uso pessoal e seringas, do uso de materiais não esterilizados de forma adequada e de acidentes perfurocortantes (Ministério da Saúde, 2010). De acordo com o boletim epidemiológico do Ministério da Saúde, a hepatite C foi responsável por cerca de 65 mil óbitos registrados na população brasileira ao longo da última década (Ministério da Saúde, 2023a). Assim como a hepatite B, é uma doença assintomática cuja cronicidade está associada ao fato de o diagnóstico ocorrer em estágios mais avançados; também está relacionada com o desenvolvimento de cirrose e câncer de fígado entre as pessoas que são diagnosticadas (Ministério da Saúde, 2010). No entanto, trata-se de uma condição clínica tratável e potencialmente curável.

O diagnóstico da hepatite C é amplamente reconhecido como um evento altamente estressante, sendo percebido como mais impactante na qualidade de vida do que situações como a perda de um emprego ou a mudança de residência (Castera et al., 2006). Esse aspecto está relacionado tanto com a necessidade de mudanças no estilo de vida (por exemplo: interromper uso de álcool e mudar a dieta) quanto com a experiência de eventos adversos decorrentes do tratamento, como fadiga, perda de cabelo, insônia e irritabilidade (Castera et al., 2006; Côco et al., 2022). Além do estresse percebido e de sua repercussão para a qualidade de vida, o impacto emocional decorrente do diagnóstico também costuma suscitar respostas como o desenvolvimento de quadros de depressão (Côco et al., 2022; Qureshi et al., 2012; Wilson et al., 2010). Até o ano de 2014, a combinação dos medicamentos Interferon e Ribavirina eram as únicas disponíveis para tratamento da hepatite C (Côco et al., 2022), os quais foram amplamente utilizados antes da introdução dos antivirais de ação direta (*direct antiviral agents* [DAA]) e revolucionaram o tratamento da doença. Embora o tratamento fosse limitado no tempo e transcorresse, em geral, ao longo de 24 semanas, o uso do Interferon estava frequentemente associado a efeitos colaterais significativos, incluindo sintomas psiquiátricos, como fadiga, insônia, irritabilidade e quadros depressivos, efeitos atribuídos principalmente à ação do medicamento no sistema imunológico e em processos inflamatórios no cérebro (Côco et al., 2022; Qureshi et al., 2012). Dessa forma, observava-se uma alta prevalência de depressão entre as pessoas diagnosticadas com hepatite C

quando comparados com a população geral, ou ainda com pessoas diagnosticadas com outros tipos de hepatites virais (Qureshi et al., 2012). Com a terapia com DAA, observaram-se taxas de cura elevadas, próximas de 100% dos casos de VHC em determinadas combinações, com um perfil de segurança favorável e uma duração de tratamento mais curta, apesar de seus efeitos adversos, como a depressão e o sofrimento psicológico, que podem ocorrer também com os tratamentos com esses antivirais (Khalil et al., 2021).

Além do efeito da medicação, observa-se que características prévias ao adoecimento também podem contribuir com o desenvolvimento de quadros depressivos entre a população. O diagnóstico da hepatite C costuma intensificar vulnerabilidades que já existiam. Nesse sentido, é possível observar que indivíduos que já se sentiam sobrecarregados, com dificuldades para lidar com outros estressores e com histórico de tratamento psiquiátrico prévio passaram a apresentar respostas mais severas nos escores de depressão associados ao adoecimento (Khalil et al., 2021; Stewart et al., 2012; Wilson et al., 2010). Além disso, outros marcadores sociais, como ser do gênero feminino, apresentar idade inferior a 40 anos e ser alcoólatra também são fatores de risco associados ao desenvolvimento de quadros de depressão entre pessoas diagnosticadas com hepatite C (Khalil et al., 2021; Khoury et al., 2014; Qureshi et al., 2012). Portanto, a avaliação desses aspectos é de fundamental importância antes e após o início do tratamento para garantir as chances de cura da doença na medida em que a depressão apresenta uma relação importante com o abandono do tratamento entre pessoas diagnosticadas com hepatite C (Côco et al., 2022; Khalil et al., 2021).

Dessa forma, a avaliação psicológica, cujo objetivo é subsidiar a tomada de decisão em saúde e a seleção de objetivos para a intervenção efetiva a fim de mitigar o impacto emocional decorrente do diagnóstico e tratamento de hepatite C, deve, idealmente, investigar os seguintes aspectos: (a) caracterização sociodemográfica e psicossocial; (b) avaliação de sintomas emocionais negativos, especialmente estresse e depressão; (c) avaliação da qualidade de vida relacionada com a saúde.

## Um breve protocolo para avaliação de doenças crônicas transmissíveis

Os desfechos clínicos relacionados às DCT também sofrem influência de uma série de fatores de risco e proteção de ordem psicossocial que podem potenciar a vulnerabilidade à doença ou auxiliar para o controle da doença. Por isso, levantar estes fatores de risco e proteção de ordem psicossocial constitui uma etapa importante do processo de avaliação. São exemplos destes fatores: as características de personalidade, os modos de enfrentamento da doença, os recursos psicológicos, o apoio social e familiar, os sintomas psicopatológicos, os estressores e a reatividade ao estresse.

A despeito das particularidades de cada doença, busca-se apresentar neste breve protocolo algumas diretrizes sobre como proceder nas avaliações, considerando variáveis psicológicas e sociais mais recorrentes, com apoio na literatura. Junto com uma entrevista de anamnese (e/ou entrevista semiestruturada elaborada pelo profissional), o protocolo objetiva, portanto, avaliar variáveis psicossociais relacionadas ao processo de doença, desde uma perspectiva genérica, potencialmente ajustável para qualquer uma das DCT. No que se refere às especificidades de cada doença em particular, encoraja-se que os psicólogos da saúde complementem o protocolo para atender às particularidades individuais ou à complexidade do problema de saúde da pessoa avaliada (por exemplo: tipo de doença e comorbidades, severidade do caso, estadiamento da doença).

É importante destacar que a construção do protocolo de avaliação nos contextos de saúde e hospitalar não é homólogo àqueles realizados nos contextos clínicos privados (Remor, 2019). O processo, em geral, inclui a coleta de informações disponíveis sobre o paciente (como prontuário e encaminhamento), uma entrevista e a complementação de avaliação mediante testagem para posterior triangulação das informações e tomada de decisões, elaboração de laudo e entrevista devolutiva. A apresentação dos resultados da avaliação para a equipe de saúde também se faz necessária: um processo que pode sofrer ajustes, ou adaptar-se às demandas e às peculiaridades de cada contexto de saúde e hospitalar. No que se refere a seleção dos instrumentos para o processo de testagem, o Conselho Federal de Psicologia (CFP) regulamenta que somente sejam considerados instrumentos padronizados e validados para uso no Brasil, com propriedades psicométricas adequadas para o uso no processo de avaliação psicológica[5].

Cabe apontar, ainda, que avaliar as interações entre a pessoa, a doença, o ambiente da pessoa ou o contexto para formular um diagnóstico ou uma estratégia de tratamento com base nessa compreensão supõe assumir uma perspectiva biopsicossocial de saúde e doença, incorporando informações biofisiológicas, psicológicas e sociais (Remor, 2019). O uso de uma estratégia de avaliação que organize a avaliação sobre cada uma das dimensões do modelo biopsicossocial pode ser extremamente útil. Portanto, o profissional da psicologia pode ter como alvo na avaliação a compilação de informação sobre as

---

5. O CFP dispõe de um site de consulta pública a partir do qual o profissional pode consultar o Sistema de Avaliação de Testes Psicológicos (SATEPSI) para verificar quais instrumentos têm seu uso favorável em cada contexto (CFP, s.d.).

seguintes dimensões: biológica ou física, psicológica (afetivo, cognitivo e comportamental) e social, além das unidades de avaliação: paciente, família e contexto[6]. Em cada dimensão avaliativa (biológica ou física, psicológica e social), o psicólogo deve analisar e entender o estado atual do paciente, as mudanças ocorridas desde o início da doença e sua história pregressa (possíveis preditores e fatores de vulnerabilidade à doença e enfrentamento de adoecimentos prévios). Ademais, o foco da avaliação não deve ser apenas a identificação de problemas e vulnerabilidades, mas também o reconhecimento de recursos, forças e virtudes do paciente e de seu ambiente.

A seguir apresentam-se algumas sugestões de temas e perguntas a serem abordadas na entrevista durante o processo de avaliação de DCT (Quadro 1).

**Quadro 1** *Roteiro de temas comuns e perguntas para a entrevista na avaliação de DCT*

| Temas | Pergunta |
|---|---|
| Diagnóstico | Como foi o processo de diagnóstico? Como ele foi comunicado? Como a pessoa recebeu o diagnóstico da doença e como está lidando com a informação recebida? |
| Informação | De que informação a pessoa dispõe sobre a doença e o autocuidado (ou tratamento)? |
| Estigma | A pessoa identifica que a doença tem estigma ou há discriminação associada a ela? |
| Autogerenciamento | A pessoa precisa de auxílio para deliberar e tomar decisões sobre o tratamento (início, mudanças, dificuldades, participação em ensaios clínicos)? |
| Autocuidados | Quais dificuldades a pessoa antecipa em relação a autocuidados e à adesão ao tratamento médico? |
| Comportamento ético | A doença oferece risco para outros? E para si mesmo? A pessoa compreende sua responsabilidade em relação à doença? |
| Apoio social relacionado à saúde | O paciente tem apoio social e afetivo para lidar com a doença? E apoio instrumental? Quem são estas fontes de apoio? Essas fontes têm particularidades no suporte que podem oferecer? |
| Ajuste mental à doença | Como a pessoa tem lidado com as reações emocionais desde que a doença foi diagnosticada? Ela percebe que seu estado psicológico está alterado? Quais atribuições ela faz sobre essa experiência emocional? |
| Estresse relacionado à doença e *coping* | Como a pessoa tem lidado com o estresse relacionado ao diagnóstico? Identifica estressores concretos relacionados à doença? Ela se sente com ferramentas para lidar com as adversidades associadas ao processo da doença? Quais são as ferramentas, os recursos e as estratégias utilizados? |
| Revelação do diagnóstico | Há pessoas relevantes para o paciente que precisam ser informadas de sua condição? Ele se sente apto para fazer essa comunicação ou revelação? Qual o elemento a favor e/ou contra ele identifica para comunicar sua situação a pessoas afetivamente relevantes? |
| Relações interpessoais | O indivíduo precisa fazer novas combinações com seu cônjuge, companheiro/a ou familiar para poder enfrentar adequadamente a doença? |
| Efeitos colaterais ou adversos | O paciente percebe efeitos colaterais ou adversos relacionados ao tratamento? Eles eram esperados ou não? |
| Projeto de vida | Caso a doença esteja controlada, a pessoa precisa retomar seu projeto de vida; por exemplo, buscando um emprego ou reinserção laboral, ou mesmo iniciar um novo relacionamento. Qual o planejamento existente? Quais são as preocupações e temores do paciente em relação a isso? |
| Doença em estado avançado | Caso a doença não esteja controlada, o paciente se sente preparado para uma situação de final de vida? Quais são suas preocupações em relação a essa situação de final de vida? Ele sente que há assuntos pendentes? Como isso o afeta? |

Fonte: Elaboração própria.

---

6. Para um detalhamento na condução de avaliação a partir do modelo biopsicossocial, consultar Remor (2019).

## 9 Avaliação psicológica e doenças crônicas transmissíveis

**Quadro 2** *Estratégias genéricas para a avaliação de indicadores psicológicos em DCT*

| Aspecto avaliado | Método avaliativo | Exemplo de instrumento |
|---|---|---|
| Caracterização sociodemográfica | A caracterização pode ser acessada por meio de uma entrevista com itens avaliativos previamente estabelecidos. É importante investigar aspectos como: renda, escolaridade, condições de acesso aos serviços de saúde, seguro-saúde, idade e ocupação. | *Ad hoc*, elaborado pelo profissional da saúde |
| Depressão | Recomenda-se que a avaliação e o rastreio de sintomas da depressão aconteçam por meio de entrevista clínica combinada com utilização de instrumentos psicométricos. | *Patient Health Questionnaire-9* (PHQ-9) (Santos et al., 2013); Escala de Depressão de Beck II (*Beck Depression Inventory*-II [BDI-II]) (Paranhos et al., 2010) |
| Estresse | Apesar de ser possível que a avaliação e a identificação dos principais estressores sejam realizadas por meio da entrevista clínica, a utilização de instrumentos avaliativos pode fornecer uma compreensão aprofundada sobre a intensidade e o grau de comprometimento associados aos estressores. | Inventário de Sintomas de *Stress* para adultos de Lipp (Revisado) (ISSL-R) (Lipp, 2022); Escala de Estresse Percebido (*Perceived Stress Scale* [PSS]) (Faro, 2015) |
| Qualidade de vida | Ainda que a qualidade de vida possa ser avaliada mediante entrevista clínica, estão disponíveis instrumentos validados que permitem a avaliação estruturada e a identificação das dimensões de maior vulnerabilidade comprometidas pela doença. | Versão brasileira do Questionário de Qualidade de Vida SF-36 (*Medical Outcomes Short-Form Health Survey* [SF-36]) (Ciconelli et al., 1999); versão abreviada do *World Health Organization Quality Of Life-short form* (WHOQOL-Bref) (Pedroso et al., 2012) |
| Estratégias de enfrentamento | A investigação pode ocorrer por meio da entrevista clínica ou da aplicação de instrumentos avaliativos. | Inventário de Estratégias de *Coping* (Savoia & Amadera, 2016) |
| Crenças em saúde | A investigação pode ocorrer por meio de uma entrevista clínica que avalie crenças de saúde e doença com base em algum modelo teórico específico, ou por meio do uso de um instrumento avaliativo. | Versão brasileira da *Champion's Health Belief Model Scale* (Moreira et al., 2020); Questionário de Percepção de Doenças Versão Breve (Brief IPQ) (Nogueira et al., 2016) |

Fonte: Elaboração própria, com base em instrumentos listados como testes psicológicos favoráveis no SATEPSI (CFP, s.d.).

Como complemento às perguntas para a entrevista, nos quadros 2 e 3 são sugeridos alguns instrumentos de avaliação validados para uso no Brasil[7], visando abordar áreas específicas, indicadores psicológicos e sintomas relevantes para as DCT. A informação foi organizada atendendo ao critério de medidas genéricas (Quadro 2) que podem ser aplicadas a diferentes doenças, independente de suas peculiaridades e medidas específicas que aprofundam em aspectos característicos de cada doença para o qual foram desenvolvidos (Quadro 3). Esses instrumentos podem completar a avaliação, contrastar hipóteses diagnósticas, auxiliar a triangulação da informação, além de constituírem informação de linha-base para acompanhamento do paciente e reavaliação após a intervenção e/ou tratamento proposto.

---

7. Embora haja estudos que demonstrem evidências de validade no Brasil para o uso dos instrumentos indicados, alguns deles, por serem considerados não privativos para psicólogos, não constam na lista do SATEPSI; portanto, não podem ser "fontes fundamentais de informação" em uma "avaliação psicológica", de acordo com a *Resolução do Exercício Profissional n. 031* do CFP (2022).

**Quadro 3** *Estratégias específicas para a avaliação de indicadores psicológicos em DCT*

| DCT | Aspecto avaliado | Método avaliativo | Exemplo de instrumento |
|---|---|---|---|
| HIV | Estigma | Idealmente, a avaliação deve ser realizada por meio da utilização de instrumentos avaliativos adequados a fim de diminuir o possível viés de desejabilidade social no fornecimento de respostas abertas. | Escala de Estigmatização para Portadores do HIV (Suit & Pereira, 2008) |
| | Fatores de risco e proteção | Levantamento e avaliação de fatores psicossociais protetivos e de risco relacionados ao bem-estar e à qualidade de vida de pessoas com HIV. | Screenphiv (*Screening measure for psychological issues related to HIV infection*) (Ribeiro & Remor, 2023) |
| | Suporte social | A avaliação da presença e da qualidade da rede de apoio de pessoas vivendo com HIV pode ser realizada por meio de entrevista clínica ou medidas padronizadas de avaliação. | Escala de Suporte Social para Pessoas Portadoras do HIV/AIDS (Seidl & Tróccoli, 2006) |
| | Qualidade de vida | A avaliação pode ser realizada por meio de uma entrevista clínica ou de instrumentos padronizados. | Versão abreviada do *World Health Organization Quality of Life* para pessoas vivendo com HIV (WHOQOL-HIV Bref) (Pedroso et al., 2012) |
| | Adesão ao tratamento | A avaliação pode ser realizada por meio de uma entrevista clínica ou de instrumentos padronizados. | Versão brasileira do Questionário para a Avaliação da Adesão ao Tratamento Antirretroviral (*Cuestionario para la Evaluación de la Adhesión al Tratamiento Antiretroviral – VIH* [CEAT-VIH]) (Remor et al., 2007) |
| Tuberculose | Estigma | Idealmente, a avaliação deve ser realizada por meio da utilização de instrumentos avaliativos adequados a fim de diminuir o possível viés de desejabilidade social no fornecimento de respostas abertas. | Versão brasileira da Tuberculosis – Related Stigma (TRS) (Crispim et al., 2016) |
| Hepatite B | Adesão ao tratamento | A avaliação pode acontecer por meio de uma entrevista clínica com base nas diretrizes para o tratamento ou de aplicação de um instrumento padronizado. | Questionário de Adesão ao Tratamento da Hepatite B (*Cuestionario para la Evaluación de la Adhesión al Tratamiento Antiretroviral – HBV* [CEAT-HBV] (Abreu et al., 2016). |
| Hepatite C | Qualidade de vida | A avaliação pode ser realizada por meio de uma entrevista clínica ou de instrumentos padronizados. | Versão brasileira do *Patient Reported Outcome Quality of Life survey for HCV* (PROQOL-HCV) (Armstrong et al., 2016) |

Fonte: Elaboração própria.

## Considerações finais

O presente capítulo teve por objetivo sumarizar evidências acerca do impacto psicológico decorrente do diagnóstico das principais doenças crônicas transmissíveis no contexto brasileiro. Destacaram-se os aspectos que comprometem a qualidade de vida, o bem-estar e a ade-

são ao tratamento das pessoas, além de orientar diferentes estratégias para a avaliação adequada dessas características e preparar os profissionais da psicologia para a realização de boas práticas no contexto de avaliação psicológica. Identificou-se que algumas repercussões relacionadas ao impacto emocional decorrente de uma DCT são compartilhadas por todas as condições clínicas apresentadas. No entanto, observa-se que a inter-relação entre os marcadores sociais e os sintomas emocionais relacionados com o adoecimento é caracterizada por uma série de especificidades, a depender da DCT.

A boa prática em avaliação psicológica nesse contexto deve sempre contemplar a caracterização sociodemográfica e psicossocial e a investigação dos principais aspectos relacionados ao sofrimento emocional em cada uma das situações clínicas. Logo, o processo de avaliação não se restringe ao uso de ferramentas estandardizadas; entretanto, pode ser realizado com base em um conjunto de diferentes estratégias que visem subsidiar o processo de tomada de decisão em saúde. Nesse sentido, a avaliação psicológica no contexto de DCT é fundamental para garantir um melhor ajustamento à condição clínica do paciente, mitigar o sofrimento emocional decorrente de seu diagnóstico e favorecer sua adesão ao tratamento e, consequentemente, suas chances de cura, quando for possível.

Além do exposto, destaca-se a relevância desta obra diante da escassez de dados e estratégias de avaliação psicológica específica para o contexto de DCT no Brasil, o que se reflete tanto na limitação de instrumentos de avaliação específicos identificados quanto na disponibilidade de dados empíricos decorrentes de estudos conduzidos no contexto nacional.

## Referências

Abreu, R. M., Ferreira, C. S., Ferreira, A. S., Remor, E., Nasser, P. D., Carrilho, F. J., & Ono, S. K. (2016). Assessment of adherence to prescribed therapy in patients with chronic hepatitis B. *Infectious Diseases and Therapy*, *5*, 53-64. https://doi.org/10.1007/s40121-015-0101-y

Adekanle, O., Komolafe, A. O., Olowookere, S. A., Ijarotimi, O., & Ndububa, D. A. (2020). Hepatitis b infection: a mixed methods of disclosure pattern and social problems in the Nigerian family. *Journal of Patient Experience*, *7*(2), 208-216. https://doi.org/10.1177/2374373519827965

Airhihenbuwa, C. O., Tseng, T. S., Sutton, V. D., & Price, L. (2021). Global perspectives on improving chronic disease prevention and management in diverse settings. *Preventing chronic disease*, *18*, e33. https://doi.org/10.5888/pcd18.210055

Armstrong, A. R., Herrmann, S. E., Rainey, L. C., Tanaka, A., Tanguy, G., Colombatto, P., Anderson, M., Barros, M. M., & Gane, E. (2016). The international development of PROQOL-HCV: an instrument to assess the health-related quality of life of patients treated for Hepatitis C virus. *BMC Infectious Diseases, 16*, 443. https://doi.org/10.1186/s12879-016-1771-0

Barreto, M. L., Teixeira, M. G., Bastos, F. I., Ximenes, R. A., Barata, R. B., & Rodrigues, L. C. (2011). Successes and failures in the control of infectious diseases in Brazil: social and environmental context, policies, interventions, and research needs. *The Lancet*, *377*(9780), 1877-1889. https://doi.org/10.1016/S0140-6736(11)60202-X

Brito, A., Schaab, B., & Remor, E. (2019) Avaliação psicológica de pacientes com doenças crônicas não transmissíveis. In C. Hutz, D. Bandeira, C. Trentini, & E. Remor (Orgs.), *Avaliação psicológica nos contextos de saúde e hospitalar* (pp. 150-160). Artmed.

Capitão, C. G., Scortegagna, S. A., & Baptista, M. N. (2005). A importância da avaliação psicológica na saúde. *Avaliação Psicológica*, *4*(1), 75-82.

Carabez, R. M., Swanner, J. A., Yoo, G. J., & Ho, M. (2014). Knowledge and fears among Asian Americans chronically infected with hepatitis B. *Journal of Cancer Education*, *29*(3), 522-528. https://doi.org/10.1007/s13187-013-0585-7

Castera, L., Constant, A., Bernard, P. H., Ledinghen, V., & Couzigou, P. (2006). Psychological impact of chronic hepatitis C: comparison with other stressful life events and chronic diseases. *World Journal of Gastroenterology*, *12*(10), 1545-1550. https://doi.org/10.3748/wjg.v12.i10.1545

Castro, E. K., & Remor, E. (2018). Introdução à Psicologia da Saúde. In E. K. Castro, & E. Remor (Orgs.), *Bases Teóricas da Psicologia da Saúde* (pp. 9-26). Appris.

Ciconelli, R. M., Ferraz, M. B., Santos, W., Meinão, I., & Quaresma, M. R. (1999). Tradução para a língua portuguesa e validação do questionário genérico de avaliação de qualidade de vida SF-36 (Brasil SF-36). *Revista Brasileira de Reumatologia*, 39(3), 143-150. https://pesquisa.bvsalud.org/portal/resource/pt/lil-296502

Côco, L. T., Silva, G. F., Romeiro, F. G., & Cerqueira, A. T. D. A. R. (2022). Factors associated with hepatitis C treatment adherence: an integrative review. *Ciencia e Saúde Coletiva*, 27(4), 1359-1376. https://doi.org/10.1590/1413-81232022274.06942021

Coelho, L. E., Escada, R. O. S., Barbosa, H. P. P., Santos, V. G. V., & Grinsztejn, B. G. J. (2016). O tratamento da coinfecção HIV-TB. *The Brazilian Journal of Infectious Diseases*, 2(5), 134-148. https://api.semanticscholar.org/CorpusID:81483392

Conselho Federal de Psicologia. (s.d.). *Sistema de Avaliação de Testes Psicológicos (SATEPSI)*. https://satepsi.cfp.org.br/

Conselho Federal de Psicologia. (2019). *Referências técnicas para atuação de psicólogas(os) nos serviços hospitalares do SUS*. CFP; CRP; CRTPP. https://site.cfp.org.br/wp-content/uploads/2019/11/ServHosp_web1.pdf

Conselho Federal de Psicologia. (2022). *Resolução CFP n. 031, de 15 de dezembro de 2022*. https://site.cfp.org.br/publicacao/cartilha-avaliacao-psicologica-2022/

Crispim, J. A., Touso, M. M., Yamamura, M., Popolin, M. P., Garcia, M. C. C., Santos, C. B., Palha, P. F., & Arcêncio, R. A. (2016). Adaptação cultural para o Brasil da escala Tuberculosis-related stigma. *Ciência & Saúde Coletiva*, 21(7), 2233-2242. https://doi.org/10.1590/1413-81232015217.10582015

Faro, A. (2015). Análise fatorial confirmatória das três versões da Perceived Stress Scale (PSS): um estudo populacional. *Psicologia: Reflexão e Crítica*, 28(1), 21-30. https://doi.org/10.1590/1678-7153.201528103

Fauk, N. K., Mwanri, L., Hawke, K., Mohammadi, L., & Ward, P. R. (2022). Psychological and social impact of HIV on women living with HIV and their families in low-and middle-income Asian countries: a systematic search and critical review. *International Journal of Environmental Research and Public Health*, 19(11), 1-25. https://doi.org/10.3390/ijerph19116668

Hayward, S. E., Deal, A., Rustage, K., Nellums, L. B., Sweetland, A. C., Boccia, D., Hargreaves, S., & Friedland, J. S. (2022). The relationship between mental health and risk of active tuberculosis: a systematic review. *BMJ Open*, 12(1). https://doi.org/10.1136/bmjopen-2021-048945

Katz, I. T., Ryu, A. E., Onuegbu, A. G., Psaros, C., Weiser, S. D., Bangsberg, D. R., & Tsai, A. C. (2013). Impact of HIV-related stigma on treatment adherence: systematic review and meta-synthesis. *Journal of the International AIDS Society*, 16(3S2). https://doi.org/10.7448/IAS.16.3.18640

Khalil, M. A., Shousha, H. I., El-Nahaas, S. M., Negm, M. I., Kamal, K., & Madbouly, N. M. (2021). Depression in patients with chronic hepatitis-C treated with direct-acting antivirals: a real-world prospective observational study. *Journal of Affective Disorders, 282*, 126-132. https://doi.org/10.1016/j.jad.2020.12.128

Khoury, E. A., Health, P. G., El Khoury, A. C., Vietri, J., & Prajapati, G. (2014). Investigación original / Original research Health-related quality of life in patients with hepatitis C virus infection in Brazil. *Pan American Journal of Public Health*, 35(3), 200-206. https://www.scielosp.org/pdf/rpsp/2014.v35n3/200-206/en

Lipp, M.N. (2022). *Inventário de sintomas de stress para adultos de Lipp (revisado) – ISSL-R*. Nila Press.

Marra, C. A., Marra, F., Cox, V. C., Palepu, A., & Fitzgerald, J. M. (2004). Factors influencing quality of life in patients with active tuberculosis. *Health and Quality of Life Outcomes, 2*, 1-10. https://doi.org/10.1186/1477-7525-2-58

Ministério da Saúde. (2010). *Doenças infecciosas e parasitárias: guia de bolso*. Secretaria de Vigilância em Saúde; Departamento de Vigilância Epidemiológica. https://www.gov.br/saude/pt-br/centrais-de-conteudo/publicacoes/svsa/doencas-diarreicas-agudas/doencas-infecciosas-e-parasitarias_-guia-de-bolso.pdf/view

Ministério da Saúde. (2023a). *Boletim epidemiológico: Hepatites virais 2023*. Secretaria de Vigilância em Saúde e Ambiente. https://www.gov.br/aids/pt-br/central-de-conteudo/boletins-epidemiologicos/2023/hepatites-virais/boletim-epidemiologico-hepatites-virais-_-2023.pdf/view

Ministério da Saúde. (2023b). *Boletim epidemiológico: HIV e AIDS 2023*. Secretaria de Vigilância em Saúde e Ambiente. https://www.gov.br/saude/pt-br/centrais-de-conteudo/publicacoes/boletins/epidemiologicos/especiais/2023/boletim-epidemiologico-de-hiv-aids-numero-especial-dez-2023/view#:~:text=O%20Boletim%20Epidemiol%C3%B3gico%20de%20HIV%20e%20Aids%20apresenta,de%20aids%20no%20Brasil%2C%20regi%C3%B5es%2C%20estados%20e%20capitais

Ministério da Saúde. (2024a). *DATASUS (Departamento de Informática do SUS)*. https://datasus.saude.gov.br/

Ministério da Saúde. (2024b). *Boletim epidemiológico: tuberculose 2024*. Secretaria de Vigilância em Saúde. https://www.gov.br/aids/pt-br/central-de-conteudo/boletins-epidemiologicos/2024/boletim-epidemiologico-tuberculose-2024

Moreira, C. B., Fernandes, A. F. C., Champion, V., Dahinten, V. S., Vila, V. S. C., Howard, A. F., Oriá, M. O. B., & Schirmer, J. (2020). Evidências de validade da Champion's Health Belief Model Scale para o Brasil. *Acta Paulista de Enfermagem*, 33, eAPE20180264. https://doi.org/10.37689/acta-ape/2020AO0264

Morens, D. M., Folkers, G. K., & Fauci, A. S. (2008). Emerging infections: a perpetual challenge. *The Lancet Infectious Diseases*, 8(11), 710-719. https://doi.org/10.1016/S1473-3099(08)70256-1

Nogueira, G. S., Seidl, E. M. F., & Tróccoli, B. T. (2016). Análise fatorial exploratória do Questionário de Percepção de Doenças Versão Breve (*Brief IPQ*). *Psicologia: Teoria e Pesquisa*, 32(1), 161-168. https://doi.org/10.1590/0102-37722016011871161168

Oliveira, V. M. C., Gomes, C. N. S., Rocha, D. M., Abreu, W. J. C. P., Galvão, M. T. G., & Magalhães, R. L. B. (2022). Conhecimento, atitudes e práticas de enfermeiros sobre hepatite B: revisão integrativa. *Texto & Contexto – Enfermagem*, 31, e20210187. https://doi.org/10.1590/1980-265x-tce-2021-0187

Pappas, G., Kiriaze, I. J., Giannakis, P., & Falagas, M. E. (2009). Psychosocial consequences of infectious diseases. *Clinical Microbiology and Infection*, 15(8), 743-747. https://doi.org/10.1111/j.1469-0691.2009.02947.x

Paranhos, M. E., Argimon, I. I. L., & Werlang, B. S. G. (2010). Propriedades psicométricas do Inventário de Depressão de Beck-II (BDI-II) em adolescentes. *Avaliação Psicológica*, 9(3), 383-392. https://pepsic.bvsalud.org/pdf/avp/v9n3/v9n3a05.pdf

Pedroso, B., Gutierrez, G. L., Duarte, E., Pilatti, L. A., & Picinin, C. T. (2012). Avaliação da qualidade de vida de portadores de HIV/AIDS: uma visão geral dos instrumentos WHOQOL-HIV e WHOQOL-HIV-Bref. *Conexões*, 10(1), 50-69. https://doi.org/10.20396/conex.v10i1.8637688

Pereira, A. O., & Oliveira, F. M. (2018). Compromisso mundial de controle e eliminação das doenças crônicas transmissíveis. In E. F. M. Villela, & F. M. de Oliveira (Eds.), *Epidemiologia sem mistérios: tudo aquilo que você precisa saber!* (pp. 149-157). Paco Editorial.

Qureshi, M. O., Khokhar, N., & Shafqat, F. (2012). Severity of depression in hepatitis B and hepatitis C patients. *Journal of the College of Physicians and Surgeons Pakistan*, 22(10), 632-634. https://doi.org/10.2012/JCPSP.632634

Rachid, M., & Schechter, M. (2017). Transmissão do HIV e dados epidemiológicos. In M. Rachid, & M. Schechter (Eds.), *Manual de HIV / Aids* (10th ed., pp. 5-13). Thieme Revinter.

Rebeiro, P. F., Cohen, M. J., Ewing, H. M., Figueiredo, M. C., Peetluk, L. S., Andrade, K. B., Eakin, M., Zechmeister, E. J., & Sterling, T. R. (2020). Knowledge and stigma of latent tuberculosis infection in Brazil: implications for tuberculosis prevention strategies. *BMC Public Health*, 20(1), 897. https://doi.org/10.1186/s12889-020-09053-1

Remor, E. A. (1999). Abordagem psicológica da AIDS através do enfoque cognitivo-comportamental. *Psicologia: Reflexão e Crítica*, 12(1), 89-106. https://doi.org/10.1590/S0102-79721999000100006

Remor, E., Milner-Moskovics, J., & Preussler, G. (2007). Estudo psicométrico para a adaptação brasileira do "Cuestionario para la evaluación de la adhesión al tratamiento antirretroviral (CEAT-VIH)". *Revista de Saúde Pública*, 41 (5), 685-694. https://doi.org/10.1590/S0034-89102006005000043

Remor. E. (2019) Avaliação psicológica em contextos de saúde e hospitalar. In C. S. Hutz, D. R. Bandeira, C. M. Trentini, & E. Remor (Eds.), *Avaliação psicológica nos contextos de saúde e hospitalar* (pp. 13-26). Artmed.

Ribeiro, K. M., & Remor, E. (2023). Rastreio de fatores psicossociais associados à adesão aos cuidados de saúde na infecção pelo HIV. *Saúde e Desenvolvimento Humano*, 11(3): 9922. https://doi.org/10.18316/sdh.v11i3.9922

Rooks-Peck, C. R., Adegbite, A. H., Wichser, M. E., Ramshaw, R., Mullins, M. M., Higa, D., & Sipe, T. A. (2018). Mental health and retention in HIV care: a systematic review and meta-analysis. *Health Psychology*, 37(6), 574-585. https://doi.org/10.1037/hea0000606

Rzeszutek, M., Gruszczyńska, E., Pięta, M., & Malinowska, P. (2021). HIV/AIDS stigma and psychological well-being after 40 years of HIV/AIDS: a systematic review and meta-analysis. *European Journal of Psychotraumatology*, 12(1). https://doi.org/10.1080/20008198.2021.1990527

Santos, I. S., Tavares, B. F., Munhoz, T. N., Almeida, L. S. P., Silva, N. T. B., Tams, B. D., Patella, A. M., & Matijasevich, A. (2013). Sensibilidade e especificidade do Patient Health Questionnaire-9 (PHQ-9) entre adultos da população geral. *Cadernos de Saúde Pública*, 29(8), 1533-1543. https://doi.org/10.1590/0102-311X00144612

Savoia, M. G., & Amadera, R. D. (2016). Utilização da versão brasileira do inventário de estratégias de *coping* em pesquisas da área da saúde. *Psicologia Hospitalar*, 14(1), 117-138. https://pepsic.bvsalud.org/scielo.php?script=sci_arttext&pid=S1677-74092016000100007

Schoenfarber, A., & Langan, S. (2023). Communicable diseases. In M. Hemphill, & A. Nathanson (Eds.), *The practice of clinical social work in healthcare* (Essential Clinical Social Work Series, pp. 63-86). https://doi.org/10.1007/978-3-031-31650-0_4

Seidl, E. M. F., & Tróccoli, B. T. (2006). Desenvolvimento de escala para avaliação do suporte social em HIV/aids. *Psicologia: Teoria e Pesquisa*, 22(3), 317-326. https://doi.org/10.1590/S0102-37722006000300008

Silva, M. I. P., Araújo, B. R., & Amado, J. M. C. (2022). Adaptation and validation of the tuberculosis related stigma scale in Portuguese. *Aquichan*, 22(2), 1-17. https://doi.org/10.5294/aqui.2022.22.2.6

Stewart, B., Mikocka-Walus, A., Morgan, J., Colman, A., Phelps, M., Harley, H., & Andrews, J. (2012). Anxiety and depression in Australian chronic hepatitis C outpatients: prevalence and predictors. *Australasian Psychiatry*, 20(6), 496-500. https://doi.org/10.1177/1039856212460597

Suit, D., & Pereira, M. E. (2008). Vivência de estigma e enfrentamento em pessoas que convivem com o HIV. *Psicologia USP*, 19(3), 317-340. https://doi.org/10.1590/S0103-65642008000300004

Sweetland, A. C., Kritski, A., Oquendo, M. A., Sublette, M. E., Pala, A. N., Silva, L. R. B., Karpati, A., Silva, E. C., Moraes, M. O., Silva, J. R. L. E., & Wainberg, M. L. (2017). Addressing the tuberculosis-depression syndemic to end the tuberculosis epidemic. *International Journal of Tuberculosis and Lung Disease*, 21(8), 852-861. https://doi.org/10.5588/ijtld.16.0584

Tauil, P. L. (2006). Perspectivas de controle de doenças transmitidas por vetores no Brasil. *Revista da Sociedade Brasileira de Medicina Tropical*, 39(3), 275-277. https://doi.org/10.1590/S0037-86822006000300010

United Nations Programme on HIV/AIDS (2023). *The path that ends AIDS: UNAIDS Global AIDS Update 2023.* https://www.unaids.org/en/resources/documents/2023/global-aids-update-2023

Wilson, M. P., Castillo, E. M., Batey, A. M., Sapyta, J., & Aronson, S. (2010). Hepatitis C and depressive symptoms: psychological and social factors matter more than liver injury. *International Journal of Psychiatry in Medicine*, 40(2), 199-215. https://doi.org/10.2190/PM.40.2.f

Wong, Y. J., Noordin, N. M., Keshavjee, S., & Lee, S. W. H. (2021). Impact of latent tuberculosis infection on health and wellbeing: a systematic review and meta-analysis. *European Respiratory Review*, 30(159), 1-11. https://doi.org/10.1183/16000617.0260-2020

World Health Organization. (2023a*). HIV statistics, globally and by WHO region, 2023*. https://www.who.int/publications/i/item/WHO-UCN-HHS-SIA-2023-01

World Health Organization. (2023b). *Global Tuberculosis Report 2023.* https://www.who.int/publications/i/item/9789240083851

World Health Organization. (2024). *World Health Statistics 2024: Monitoring health for SDGs, Sustainable Development Goals.* https://www.who.int/publications/i/item/9789240083851

Yussf, N., Wallace, J., Perrier, M., Romero, N., Cowie, B., & Allard, N. (2022). Women with hepatitis B: how mothers with chronic hepatitis B understand and experience the prevention of mother-to-child transmission interventions in Victoria, Australia. *Australian Journal of Primary Health*, 28(6) 514-521. https://doi.org/10.1071/PY22014

Zhao, X., Zhao, L., Lai, Y., Jiang, S., Shen, X., & Liu, S. (2015). Physiological and subjective responses after psychosocial stress in Chinese hepatitis B patients. *Stress and Health*, 31(1), 44-51. https://doi.org/10.1002/smi.2525

# 10
# Avaliação psicológica no contexto da doença renal crônica

*Celine Lorena Oliveira Barboza de Lira*
*José Maurício Haas Bueno*

---

*Highlights*
- A regulação emocional foi identificada como uma variável-chave para o bem-estar mental de pacientes em hemodiálise.
- Crenças sobre a controlabilidade das emoções influenciam significativamente a qualidade de vida dos pacientes com Doença Renal Crônica (DRC).
- Intervenções psicológicas focadas no ajustamento psicológico podem melhorar a adesão ao tratamento e a saúde mental de pacientes renais.

---

Dentre as doenças crônicas, a Doença Renal Crônica (DRC) destaca-se como um dos maiores desafios para a saúde pública global devido à sua alta prevalência e ao impacto significativo na qualidade de vida (QV) dos pacientes (Ribeiro et al., 2020b). A DRC exige tratamentos contínuos, como as terapias dialíticas, que são física e emocionalmente desgastantes, afetando não apenas a saúde física, mas também o bem-estar psicológico. Essas terapias, especialmente a hemodiálise (HD), frequentemente impõem mudanças drásticas no cotidiano do paciente, trazendo consigo desafios emocionais significativos, como o aumento de sintomas de ansiedade, depressão e estresse (Clarke et al., 2016).

Nesse cenário, a avaliação psicológica emerge como uma ferramenta fundamental, visto que sua identificação e sua intervenção em aspectos emocionais e cognitivos influenciam tanto o curso da doença quanto a adesão ao tratamento. Por meio dessa avaliação é possível compreender como os pacientes lidam com as exigências impostas pela doença e pelo tratamento, além de identificar dificuldades no ajustamento psicológico, o que é crucial para promover estratégias eficazes de enfrentamento.

Este capítulo está organizado para discutir o papel da avaliação psicológica em pacientes com DRC, com ênfase naqueles submetidos à HD. Primeiramente, será apresentado o conceito de DRC e seu impacto psicológico. Em seguida, será explorada a avaliação psicológica nesse contexto, com foco em variáveis que influenciam o ajustamento psicológico, como regulação emocional (RE), crenças sobre as emoções e sintomas psicopatológicos. Por fim, serão apresentados os resultados de um estudo recente, que reforçam a relevância dessa prática no manejo integral dos pacientes.

## Introdução

A DRC é definida como "anormalidades na estrutura ou função dos rins, presentes por um período mínimo de três meses, com implicações para a saúde" (Stevens et al., 2024, p. 126), caracterizando-se como uma patologia de instalação gradual, progressiva e debilitante (Karpinski et al., 2023; Levin et al., 2013). Doenças renais causam incapacidades e apresentam alta mortalidade, gerando grande impacto na QV do paciente (Lira et al., 2015). O curso clínico da DRC é frequentemente acompanhado de complicações que afetam não somente os próprios rins, mas também outros órgãos, agravando ou iniciando processos fisiopatológicos sistêmicos por meio dos efeitos complexos da função renal na homeostase corporal (Bastos, 2018; Eckardt et al., 2013). O diagnóstico e o tratamento da doença renal pode ser um grande desafio, pois ocasiona modificações na vida das pessoas, podendo alterar sua forma de viver ou de perceber o mundo (Dantas et al., 2020). Principalmente nos estágios avançados, a DRC tem um impacto severo na vida das pessoas, visto que reduz sua capacidade de participar de atividades cotidianas, como trabalho, viagens e socialização, ao mesmo tempo em que causa inúmeros efeitos colaterais problemáticos, por exemplo: fadiga, dor, depressão, comprometimento cognitivo, problemas gastrointestinais e problemas de sono (Ali et al., 2024; Lira et al., 2015; Nakao, 2013).

No estágio final da DRC, o indivíduo acometido desenvolve dependência de uma terapia de substituição da função renal de maneira contínua, como os diferentes tipos de diálises, incluindo a HD e a diálise peritoneal, além da hemodiafiltração e do transplante renal. Tais modalidades de tratamento representam um problema de saúde de ampla magnitude e relevância, especialmente quando se reconhece sua complexidade, seus riscos, sua diversidade de opções e seu custo (Ribeiro et al., 2020a).

Além de aumentar a longevidade e reduzir a morbidade, terapias de substituição da função renal também têm o objetivo de melhorar a roti-na e a vida dos pacientes (Barbosa et al., 2017). Dentre as opções disponíveis, a HD é a terapêutica mais utilizada: trata-se de um procedimento que filtra o sangue e equilibra o excesso de sais e líquidos, auxiliando o controle da pressão arterial e o equilíbrio hídrico do organismo. Em média, são necessárias três sessões de tratamento por semana, com duração de três a quatro horas cada. Durante o tratamento, que é bastante rigoroso e requer uma série de cuidados específicos, o paciente está sujeito a diversas complicações técnicas e emergências clínicas, e inclusive ao óbito (Lira et al., 2015; Ribeiro et al., 2020b). Apesar de seus benefícios no alívio de alguns sintomas da doença, a HD pode intensificar problemas psicossociais, como estresse, ansiedade, isolamento e depressão (Kaul et al., 2023).

A adesão ao tratamento de HD exige significativas adaptações nos hábitos diários, incluindo restrições na ingestão de alimentos e líquidos, uso contínuo de medicamentos e dependência de uma máquina de diálise para a manutenção da vida (Dantas et al., 2020). Estudos indicam que a não adesão e o sofrimento psicológico são altamente prevalentes entre os pacientes com DRC em tratamento dialítico, além de ambos contribuírem para uma maior morbidade e mortalidade precoce nessa população (Asadizaker et al., 2022; Christensen & Ehlers, 2002).

Após o diagnóstico médico de uma doença crônica como a DRC, os pacientes são confrontados com novas situações que lhes desafiam e requerem alterações em suas estratégias habituais de enfrentamento. Diante dessa nova realidade, torna-se essencial desenvolver maneiras mais adaptativas de lidar com as transformações impostas pela condição. O ajustamento psicológico é um conceito utilizado para descrever os fatores que promovem o reequilíbrio saudável às novas circunstâncias, alcançando um estado desejável de bem-estar (Resende et al., 2007). No entanto, cerca de 30% dos pacientes apresentam dificuldades durante essa fase, resultando em um processo de ajuste prolongado ou até malsucedido (De Ridder et al., 2008).

Na literatura relacionada à avaliação de doenças crônicas, o ajustamento psicológico é descrito como um conceito multifacetado, englobando desde a adaptação às tarefas relacionadas à doença até a manutenção do estado funcional, a percepção da qualidade de vida, a ausência de transtornos psicológicos e o baixo afeto negativo (Stanton et al., 2007). Os pesquisadores destacam três conclusões principais: (a) a doença crônica requer ajuste em vários domínios da vida; (b) o ajuste desdobra-se ao longo do tempo; e (c) há uma heterogeneidade marcante entre os indivíduos em como eles se ajustam ao longo do tempo.

Um bom ajustamento pode envolver fatores cognitivos (como uma sensação de controle em relação ao manejo da doença, aceitação da própria doença e alto apoio social) combinados com fatores comportamentais (como estratégias de enfrentamento focadas no problema, comportamentos de saúde positivos e adesão ao tratamento) (Sein et al., 2020). Na literatura há também menção aos fatores fisiopatológicos, ao autocuidado e ao gerenciamento das emoções como aspectos de sucesso para o ajustamento psicológico (De Ridder et al., 2008).

Regular as emoções tem se mostrado importante para o ajustamento psicológico necessário porque, além da avaliação cognitiva dos sintomas e da doença, um indivíduo forma respostas emocionais paralelas a uma ameaça à saúde, como sentimentos de medo ou angústia (Clarke et al., 2016). Estudos têm demostrado que a RE envolve as tentativas de as pessoas influenciarem quais emoções experimentam, quando as sentem e como irão expressá-las, desempenhando um papel crucial no bem-estar psicológico de pacientes em HD e influenciando diretamente sua QV (Clarke et al., 2016; Gross, 2015; Kaul et al., 2023).

As crenças sobre as emoções e o estresse também desempenham um papel fundamental na forma como as pessoas lidam com adversidades, influenciando seu bem-estar psicológico. Essas crenças podem afetar a percepção e a interpretação das situações estressantes, o que, por sua vez, molda as estratégias de enfrentamento adotadas. Indivíduos que consideram o estresse como algo debilitante podem ter uma tendência maior a se sentir sobrecarregados e ansiosos, enquanto aqueles que acreditam que o estresse pode ser gerenciável ou até benéfico podem adotar estratégias mais adaptativas, como a RE eficaz e a busca por soluções práticas (Becerra et al., 2020; Peixoto et al., 2020).

A utilização de estratégias eficazes de RE pode minimizar o impacto psicológico do tratamento e facilitar a adesão às terapias (Tsujimoto et al., 2024). Em contrapartida, a utilização de estratégias ineficazes de RE, como a supressão emocional ou a ruminação, está associada ao agravamento de sintomas psicopatológicos, como ansiedade, depressão e estresse – condições frequentes em pacientes renais crônicos (Azevedo, 2020). Além de atuar como um fator de proteção em relação a possíveis complicações psicopatológicas, Barberis et al. (2017) ressaltam que os pesquisadores têm se concentrado na investigação da RE como um construto facilitador no processo de adaptação à doença e na melhora da QV.

Dada a importância de seguir o tratamento na promoção da saúde e da sobrevivência desses pacientes, é fundamental que os profissionais de saúde identifiquem os fatores que influenciam a adaptação emocional e o comportamento de enfrentamento. Diante disso, o estudo relatado a seguir teve como objetivo verificar as relações entre variáveis de ajustamento psicológico (RE, ansiedade, depressão, estresse e crenças sobre emoções e estresse) e indicadores de QV de pacientes renais.

## Método

### Participantes

Foi utilizada uma amostra de conveniência composta por 83 pacientes que estavam em tratamento hemodialítico no local do estudo, dos quais 44 eram mulheres (53,01%) e 39 homens (46,99%), apresentando média de idade de 47,25 anos (DP = 12,23) e em tratamento hemodialítico, em média, por oito anos e quatro meses (DP = 5 anos e 8 meses). Os critérios de inclusão estipulados para esse estudo requeriam que os participantes fossem maiores de 18 anos e estivessem em tratamento hemodialítico por um período mínimo de três meses. Foram excluídos os participantes com algum *deficit* cognitivo que inviabilizasse a aplicação dos instrumentos do estudo e aqueles que já tivessem participado de qualquer tipo de programa que envolvesse treinamento em habilidades socioemocionais.

### Instrumentos

Com vistas a atingir o objetivo proposto, foram aplicados os seguintes instrumentos: (a) questionários para coleta de informações sociodemográficas; e (b) medidas de variáveis do ajustamento psicológico: o Teste de Regulação de Emoções (TRE) (Lira & Bueno, 2020, 2022) para avaliação da RE, o *Emotion Beliefs Questionnaire* (EBQ) (Becerra et al., 2020) para avaliação das crenças sobre emoções, o *Kidney*

*Disease Quality of Life – short form* (KDQOL-SF™ 1.3) (Duarte et al., 2005) para avaliação da qualidade de vida, a *Depression, Anxiety and Stress Scale – 21* (DASS-21) (Patias et al., 2016) para avaliação dos níveis de ansiedade e depressão, e a *Stress Mindset Measure* (SMM) (Peixoto et al., 2020) para avaliação da mentalidade sobre o estresse. Todos os questionários e escalas foram formatados em formulários eletrônicos do Google Forms e com os respectivos *links* de acesso compartilhados com os participantes para que fossem respondidos no próprio celular do paciente ou em um *tablet* da pesquisadora (disponibilizado para a coleta de dados). Os instrumentos serão descritos a seguir.

Teste de Regulação de Emoções (TRE): instrumento caracterizado como um teste de julgamento situacional, composto por oito vinhetas nas quais um personagem central vivencia uma situação típica em que se experimenta uma das emoções básicas (alegria, medo, tristeza, aceitação, raiva, surpresa, nojo ou expectativa). O participante deve avaliar as alternativas que indicam o melhor desfecho para a situação, com estratégias de RE sendo apresentadas para julgamento de sua eficácia (Lira, 2017). A versão empregada no estudo, reformulada a partir da versão original, apesar de ter mantido a estrutura das oito vinhetas, ampliou o número de estratégias avaliadas, totalizando 40 itens (cinco estratégias para cada emoção básica). A eficácia de cada estratégia é avaliada em uma escala *Likert* de cinco pontos, em que 1 representa estratégias muito ineficazes e 5, estratégias muito eficazes, com as pontuações intermediárias (2, 3 ou 4) refletindo níveis variados de eficácia. Embora as propriedades psicométricas dessa nova versão ainda não tenham sido publicadas, análises preliminares indicam uma estrutura composta por 21 itens distribuídos em dois fatores, compatíveis com a versão anterior e com índices de fidedignidade superiores a 0,70 (N = 480).

*Emotion Beliefs Questionnaire* (EBQ): um instrumento de autorrelato que avalia as crenças sobre a controlabilidade e a utilidade das emoções (Becerra et al., 2020). É composto por 16 itens a serem respondidos por meio de uma escala *Likert* de sete pontos. Altas pontuações nesse instrumento indicam que os entrevistados acreditam que as emoções são incontroláveis e inúteis. Nos resultados do estudo de validação psicométrica inicial do EBQ com participantes australianos, todas as subescalas e as pontuações apresentaram bons níveis de consistência interna (α = 0,70 a 0,88).

*Depression Anxiety and Stress Scale – 21* (DASS-21): instrumento de autorrelato desenvolvido por Lovibond & Lovibond (1995) com 21 itens, subdivididos em três subescalas para avaliar sintomas de depressão, ansiedade e estresse (Vignola & Tucci, 2014). Os participantes atribuem suas respostas por meio de uma escala *Likert* de quatro pontos, que varia de 0 (não se aplicou de maneira alguma) a 3 (aplicou-se muito ou na maioria do tempo). A pontuação em cada subescala é determinada pela soma dos escores dos itens que a compõe. A estrutura fatorial da DASS-21 é estável e tem validade convergente e discriminante aceitáveis para a avaliação de sintomas de ansiedade, depressão e estresse, com níveis adequados de consistência interna, que variaram de 0,83 a 0,90 (Patias et al., 2016).

*Stress Mindset Measure* (SMM): instrumento de autorrelato composto por oito itens, sendo quatro referentes à compreensão do estresse como algo positivo (por exemplo: "os efeitos do estresse são positivos e podem ser úteis") e quatro, como negativos (por exemplo: "vivenciar o estresse esgota minha saúde e vitalidade"). As respostas são dadas por meio de uma escala do tipo Likert de cinco pontos, que variam de 0 (discordo fortemente) a 4 (concordo fortemente). Após a inversão dos itens negativos (processo de transformações das respostas 4 para 1, 3 para 2, 2 para 3 e 1 para 4), as pontuações totais são calculadas pela somatória dos valores atribuídos a todos os itens, com valores elevados indicando mentalidade positiva em relação ao estresse. Uma avaliação em amostra do Norte e Nordeste do Brasil apresentou bons indicadores de precisão, com coeficientes alfa de Cronbach variando entre 0,80 e 0,86 (Peixoto et al., 2020).

*Kidney Disease Quality of Life – short form* (KDQOL-SF): instrumento amplamente utilizado para avaliar QV de pacientes em programas de diálise, validado para a população brasileira, com consistência interna superior a α = 0,80 (Duarte et al., 2005). Ele inclui o SF-36, que mede a saúde geral em oito domínios físicos e mentais, e uma escala específica para doença renal com 43 itens, os quais avaliam sintomas físicos, impacto na vida diária, sobrecarga da doença, entre outros. Os escores variam de 0 a 100 e podem ser analisados separadamente para cada dimensão. Embora não forneça um escore geral, há pontuações para os componentes físico e mental. Pontuações mais altas refletem melhor qualidade de vida, cujo cálculo é feito por um programa específico disponibilizado pelo KDQOL-SF Working Group (s.d.).

## Procedimentos

O estudo foi aprovado pelo Comitê de Ética em Pesquisa do Centro de Ciências da Saúde da Universidade Federal de Pernambuco (CCS/UFPE), sob o CAAE n. 49804421.1.0000.5208. Os participantes foram selecionados enquanto faziam sua sessão do tratamento, no período de setembro de 2021 a dezembro de 2021, em uma clínica de HD na cidade de Recife (PE). A pesquisadora abordou os pacientes de maneira individual, convidando-os a participarem ao ofertar uma breve explicação sobre a pesquisa. A participação foi estritamente voluntária, garantindo o anonimato dos participantes; ademais, nenhum tipo de compensação financeira foi oferecido em virtude da participação nesse estudo. Caso aceitassem, os participantes eram incluídos mediante leitura e aceitação do Termo de Consentimento Livre e Esclarecido. Em virtude da grande quantidade de instrumentos utilizados, os participantes eram informados de que a coleta seria dividida em dois encontros para preenchimento dos questionários e escalas, de maneira a evitar sua fadiga. Em seguida, iniciava-se a coleta por meio de um *link* de acesso ao *Google Forms*, que continha os instrumentos da pesquisa. A pesquisadora auxiliou, com a leitura e compreensão dos instrumentos, todos os participantes que optavam por responder no próprio celular ou no *tablet* da pesquisadora, conforme mencionado, disponibilizado para a coleta de dados. Em um segundo encontro, geralmente uma semana após o primeiro, a pesquisadora novamente abordava o participante para concluir a coleta, ofertando o segundo *link*, que continha o KDQOL-SF™ 1.3 (Duarte et al., 2005). Todos os dados coletados foram armazenados em uma pasta na plataforma Google Drive, protegidos por senha criptografada e mantidos pela pesquisadora responsável.

Em função do período da coleta ter coincidido com as fases de restrições advindas pela pandemia de Covid-19, protocolos de saúde e segurança do paciente da unidade clínica (local de coleta) foram priorizados visando minimizar riscos à saúde dos participantes. Dentre os protocolos seguidos, destacam-se o uso de máscaras pelos participantes e pela pesquisadora, distanciamento físico e higienização das mãos e do *tablet* com álcool 70% a cada contato realizado com os participantes. Caso os participantes apresentassem sintomas característicos da infecção por Covid-19 durante o período da coleta, ela era suspensa e só era possível sua continuidade após a melhora e o retorno do paciente a seu local habitual de tratamento, visto que havia isolamento dos pacientes sintomáticos na própria unidade clínica.

### Análise dos dados

Para a realização das análises estatísticas desse estudo foi utilizado o Software R (R Core Team, 2021; RStudio Team, 2015). Inicialmente, foram realizados cálculos de estatísticas descritivas (frequência, média, desvio-padrão, assimetria, curtose) para as pontuações dos instrumentos empregados na pesquisa. Foi observado que os dados dos escores do TRE, EBQ, DASS-21 e SMM não apresentaram distribuição normal; portanto, foram utilizados testes não paramétricos para análise das variáveis. Para a exploração das relações entre as variáveis, foram calculados os coeficientes de correlação de Spearman ($\rho$), os quais variam de -1 a +1, com valores absolutos cada vez mais próximos de 1 indicando uma relação cada vez mais forte, além de considerar significativos os valores de $p < 0,05$. Com base no trabalho de Dancey & Reidy (2011), os coeficientes de correlação de Spearman foram classificados da seguinte forma: 0,10 até 0,30 apontam correlações fracas; 0,40 até 0,60, moderadas; e a partir de 0,70, fortes.

### Resultados

A fim de alcançar o objetivo desse estudo, inicialmente foi realizada uma verificação da adequação dos instrumentos. Foram calculados os índices de fidedignidade (alfa de Cronbach e ômega de McDonald) e as estatísticas descritivas dos instrumentos empregados no estudo. Posteriormente, foram realizadas análises de correlação e análises de redes, sendo seus resultados apresentados em seguida. A Tabela 1 mostra os índices de fidedignidade e as estatísticas descritivas das medidas de ajustamento psicológico (TRE, EBQ, DASS-21 e SMM).

Tabela 1  Índices de fidedignidade e estatísticas descritivas das medidas de ajustamento psicológico (TRE, EBQ, DASS-21 e SMM)

| Escalas | Alfa | Ômega | Assimetria | Curtose | Média | Desvio-padrão | n |
|---|---|---|---|---|---|---|---|
| TRE_ine | 0,84 | 0,93 | -1,27 | 2,33 | 8,82 | 1,16 | 83 |
| TRE_efi | 0,58 | 0,81 | -1,26 | 1,08 | 8,42 | 1,62 | 83 |
| EBQ_ctrl | 0,85 | 0,91 | 1,16 | 1,40 | 2,34 | 1,25 | 83 |
| EBQ_utin | 0,78 | 0,79 | -0,80 | -0,09 | 5,45 | 1,47 | 83 |
| EBQ_utip | 0,72 | 0,80 | 2,33 | 4,60 | 1,50 | 1,05 | 83 |
| DASS_dep | 0,85 | 0,92 | 1,64 | 3,11 | 0,42 | 0,50 | 83 |
| DASS_ans | 0,87 | 0,91 | 2,65 | 8,61 | 0,35 | 0,45 | 83 |
| DASS_est | 0,91 | 0,95 | 1,65 | 2,64 | 0,53 | 0,62 | 83 |
| SMM_total | 0,87 | 0,91 | 1,33 | 0,97 | 0,80 | 0,93 | 83 |

*Nota.* TRE_ine – Detecção de Estratégias Ineficazes de Regulação de Emoções; TRE_efi – Detecção de Estratégias Eficazes de Regulação de Emoções; EBQ_ctrl – Crenças sobre Controlabilidade das Emoções; EBQ_utin – Crenças sobre Utilidade das Emoções Negativas; EBQ_utip – Crenças sobre Utilidade das Emoções Positivas; DASS_dep – Sintomas de Depressão; DASS_ans - Sintomas de Ansiedade; DASS_est – Sintomas de Estresse; SMM_total – Crenças sobre Estresse.

Percebe-se que a maioria dos fatores obteve coeficientes alfa de Cronbach e ômega de McDonald, os quais podem ser considerados como excelentes (> 0,90) e bons (de 0,80 a 0,89), além de alguns aceitáveis (de 0,70 a 0,79) (George & Mallery, 2019). A única exceção foi o fator relacionado a estratégias eficazes do TER, que apresentou $\alpha = 0,58$ (questionável). Os dados de assimetria e curtose apresentaram-se majoritariamente fora do intervalo entre -1 e 1, indicando que os dados não apresentam distribuição normal (Marôco, 2011), excetuando-se o fator de crenças em utilidade das emoções negativas (EBQ_utin).

Em relação às médias nos instrumentos, observa-se que, no TER, os participantes apresentaram pontuações elevadas, o que indica um bom conhecimento acerca das estratégias de RE. Altas pontuações no EBQ indicam que o indivíduo acredita que as emoções são incontroláveis ou inúteis. Nessa amostra, observou-se que os pacientes em HD apresentam crenças mais fortes na inutilidade de emoções negativas ($\mu = 5,45$). Em relação a DASS, os participantes apresentaram sintomas elevados de estresse, seguidos pelo fator relativo à depressão e à ansiedade. A média elevada na avaliação do SMM indicou que os participantes dessa amostra apresentaram mentalidade mais positiva em relação ao estresse. A seguir, na Tabela 2, observam-se as estatísticas descritivas das dimensões de QV do KDQOL-SF.

**Tabela 2** *Estatísticas descritivas de qualidade de vida (KDQOL-SF)*

| Dimensões de QV (n. de itens) | Média | Mediana | Desvio-padrão | n |
|---|---|---|---|---|
| Sintomas/problemas físicos (12) | 72,57 | 77,08 | 19,99 | 83 |
| Efeitos da doença renal em sua vida diária (8) | 58,43 | 62,50 | 24,68 | 83 |
| Sobrecarga imposta pela doença renal (4) | 52,11 | 50,00 | 30,29 | 83 |
| Situação de trabalho (2) | 27,11 | 0,00 | 40,80 | 83 |
| Função cognitiva (3) | 81,53 | 86,67 | 21,42 | 83 |
| Qualidade das interações sociais (3) | 76,31 | 86,67 | 22,67 | 83 |
| Função sexual (2) | 88,75 | 100,00 | 25,76 | 40 |
| Sono (4) | 66,84 | 72,50 | 27,98 | 83 |
| Suporte social (2) | 76,71 | 100,00 | 34,13 | 83 |
| Apoio da equipe profissional de diálise (2) | 81,33 | 100,00 | 29,05 | 83 |
| Saúde global (1) | 67,35 | 70,00 | 20,01 | 83 |
| Satisfação do paciente (1) | 71,29 | 66,67 | 24,87 | 83 |
| Capacidade funcional (10) | 59,22 | 60,00 | 24,58 | 83 |
| Limitações causadas por problemas de saúde física (4) | 41,87 | 25,00 | 42,43 | 83 |
| Dor (2) | 59,28 | 57,50 | 35,09 | 83 |
| Percepção de saúde geral (5) | 52,77 | 50,00 | 26,38 | 83 |
| Bem-estar emocional (5) | 70,84 | 72,00 | 22,87 | 83 |
| Limitações causadas por problemas de saúde mental/emocional (3) | 53,82 | 33,33 | 42,24 | 83 |
| Função social (2) | 65,96 | 75,00 | 34,94 | 83 |
| Vitalidade (4) | 58,01 | 60,00 | 24,42 | 83 |
| SF-12 Componente físico | 39,30 | 39,48 | 11,11 | 83 |
| SF-12 Componente mental | 47,06 | 46,40 | 11,34 | 83 |

Na avaliação da QV dos participantes, através do instrumento KDQOL-SF (Tabela 3), verifica-se que as dimensões função sexual (88,75), função cognitiva (81,53), apoio da equipe profissional de diálise (81,33), suporte social (76,71) e qualidade das interações sociais (76,31) apresentaram as maiores pontuações. Cabe ressaltar que os resultados da dimensão função sexual não são representativos da amostra total de pacientes desse estudo, pois correspondem a apenas uma parcela daqueles que tiveram relação sexual nas últimas quatro semanas, ou seja, 40 sujeitos. Ainda no KDQOL-SF, a dimensão que obteve menor escore foi a situação de trabalho (27,11), seguida por limitações por problemas de saúde física (41,87).

Visando alcançar o objetivo previsto, foram conduzidas análises de correlação de Spearman (ρ). Na Tabela 3 observam-se os resultados entre as dimensões de QV (KDQOL-SF) e medidas de ajustamento psicológico (TRE, EBQ, DASS e SMM).

**Tabela 3** *Coeficientes de correlação de Spearman entre dimensões de qualidade de vida (KDQOL) e medidas de ajustamento psicológico (TRE, EBQ, DASS-21 e SMM)*

| | TRE_ine | TRE_efi | EBQ_ctrl | EBQ_utin | EBQ_utip | DASS_dep | DASS_ans | DASS_est | SMM_total |
|---|---|---|---|---|---|---|---|---|---|
| Sintomas problemas físicos | 0,20 | 0,14 | -0,12 | 0,11 | 0,08 | -0,37*** | -0,39*** | -0,30** | 0,14 |
| Efeitos da doença renal | -0,02 | 0,07 | -0,16 | -0,01 | 0,11 | -0,31** | -0,42*** | -0,29** | 0,19 |
| Sobrecarga imposta pela doença renal | 0,21 | -0,04 | -0,31** | -0,05 | 0,03 | -0,30** | -0,35** | -0,34** | 0,06 |
| Situação de trabalho | 0,12 | 0,02 | -0,14 | -0,2 | 0,07 | -0,16 | -0,26* | -0,10 | 0,17 |
| Função cognitiva | 0,26* | 0,03 | -0,17 | 0,10 | -0,01 | -0,50*** | -0,48*** | -0,49*** | 0,10 |
| Qualidade das interações sociais | 0,21 | 0,18 | -0,14 | 0,07 | 0,08 | -0,28** | -0,40*** | -0,42*** | 0,03 |
| Função sexual | 0,16 | 0,29 | 0,06 | 0,10 | 0,07 | -0,11 | -0,26 | -0,26 | 0,18 |
| Sono | 0,05 | 0,14 | 0,02 | 0,02 | 0,00 | -0,35** | -0,17 | -0,20 | 0,10 |
| Suporte social | 0,11 | 0,03 | -0,11 | 0,27* | -0,05 | -0,28* | -0,25* | -0,28* | -0,06 |
| Apoio da equipe profissional de diálise | 0,00 | 0,07 | 0,26* | 0,24* | 0,12 | 0,07 | 0,10 | -0,01 | -0,22* |
| Saúde geral | 0,16 | 0,11 | -0,07 | 0,11 | -0,2 | -0,25* | -0,22* | -0,23* | -0,13 |
| Satisfação do paciente | -0,01 | -0,17 | 0,00 | 0,15 | 0,17 | -0,15 | -0,02 | -0,19 | -0,01 |
| Capacidade funcional | 0,03 | 0,27* | -0,01 | -0,12 | -0,05 | -0,12 | -0,19 | -0,19 | 0,19 |
| Limitações por problemas de saúde física | 0,06 | 0,00 | -0,13 | -0,06 | -0,05 | -0,15 | -0,17 | -0,13 | 0,25* |
| Dor | 0,06 | 0,27* | -0,03 | 0,09 | 0,00 | -0,31** | -0,31** | -0,16 | 0,13 |
| Percepção de saúde geral | 0,20 | 0,11 | -0,23* | 0,05 | -0,14 | -0,33** | -0,31** | -0,27* | -0,07 |
| Bem-estar emocional | 0,33** | 0,11 | -0,31** | -0,02 | -0,06 | -0,42*** | -0,56*** | -0,51*** | 0,23* |
| Limitações por problemas de saúde mental | 0,17 | -0,04 | -0,21 | 0,02 | -0,21 | -0,24* | -0,27* | -0,26* | 0,02 |
| Função social | 0,23* | 0,06 | -0,26* | 0,12 | -0,15 | -0,21 | -0,32** | -0,19 | 0,07 |
| Vitalidade | 0,29** | 0,19 | -0,14 | -0,04 | -0,14 | -0,39*** | -0,4*** | -0,35** | 0,15 |
| Componente físico | 0,06 | 0,20 | -0,05 | 0,04 | -0,05 | -0,17 | -0,20 | -0,15 | 0,19 |
| Componente mental | 0,39*** | 0,01 | -0,33** | 0,06 | -0,17 | -0,38*** | -0,43*** | -0,4*** | 0,06 |

*Nota.* TRE_ine – Detecção de Estratégias Ineficazes de Regulação de Emoções; TRE_efi – Detecção de Estratégias Eficazes de Regulação de Emoções; EBQ_ctrl – Crenças sobre Controlabilidade das Emoções; EBQ_utin – Crenças sobre Utilidade das Emoções Negativas; EBQ_utip – Crenças sobre Utilidade das Emoções Positivas; DASS_dep – Sintomas de Depressão; DASS_ans - Sintomas de Ansiedade; DASS_est – Sintomas de Estresse; SMM_total – Crenças sobre o Estresse. ***. $p < 0,001$**. $p < 0,01$*. $p < 0,05$.

É possível constatar um padrão de correlações negativas e significativas entre os sintomas de depressão, ansiedade e estresse (DASS-21) com várias dimensões do KDQOL-SF, principalmente àquelas que representam especificamente os impactos do tratamento dialítico (sintomas problemas físicos, efeitos da doença renal, sobrecarga imposta pela doença renal, situação de trabalho, função cognitiva, qualidade das inte-rações sociais), além das dimensões genéricas: saúde geral, dor, percepção de saúde geral, bem--estar emocional, vitalidade e, ainda, o componente mental. Embora a maioria dos coeficientes tenha apresentado magnitudes fracas, observam--se magnitudes moderadas, principalmente entre sintomas de ansiedade (DASS_ans) e QV. Desta-cam-se, ainda, as correlações moderadas entre a função cognitiva, o bem-estar emocional, a vitalidade e o componente mental, além de todos os sintomas psicopatológicos coletados (DASS_dep, DASS_ans e DASS_est).

Os demais instrumentos também apresentaram algumas correlações significativas. Dentre eles, o TRE apresentou correlações positivas e de magnitude fraca entre o conhecimento de estratégias ineficazes (TRE_ine) e as dimensões de QV: a função cognitiva, o bem-estar emocional, a função social, a vitalidade e o componente mental. Já o fator relacionado ao conhecimento de estratégias eficazes (TRE_efi) apresentou correlações positivas e de magnitude fraca com as dimensões de capacidade funcional e dor. Em relação às crenças sobre emoções, o fator do EBQ relacionado às crenças de controlabilidade (EBQ_ctrl) apresentou correlações negativas e fracas com: sobrecarga imposta pela doença renal, percepção de saúde geral, bem-estar emocional e o componente físico. Porém, apresentou correlação positiva com o fator apoio da equipe profissional de diálise. Já o fator de crenças relacionadas à utilidade das emoções negativas (EBQ_utin) apresentou correlações positivas e de magnitude fraca com suporte social e apoio da equipe profissional de diálise. Por fim, a medida de mentalidade sobre o estresse (SMM_total), apresentou correlações fracas e positivas com limitações por problemas de saúde física e bem-estar emocional, e fraca e negativa com apoio da equipe profissional de diálise.

## Discussão

De forma geral, os resultados mostram que algumas variáveis de ajustamento psicológico (conhecimento de estratégias ineficazes de regulação de emoções (TRE_ine), sintomas de depressão (DASS_dep), ansiedade (DASS_ans) e estresse (DASS_est), e crenças sobre a controlabilidade das emoções (EBQ_ctrl)) se relacionaram significativamente mais com variáveis relacionadas ao componente mental (como bem-estar emocional e função social) do que ao componente físico da QV. Do ponto de vista psicológico, isso implica que as habilidades e traços associados a uma melhor QV durante o tratamento hemodialítico incluem: (a) o reconhecimento dos comportamentos que, em determinadas situações, levam a resultados ineficazes na resolução de problemas emocionais (TRE_ine); (b) a crença de que as emoções são controláveis (EBQ_ctrl); e (c) a ausência de sintomas de depressão (DASS_dep), ansiedade (DASS_ans) e estresse (DASS_est). A seguir, esses achados serão discutidos em relação à literatura.

A doença renal terminal é uma das doenças crônicas que põe em perigo não só a saúde física, mas também a saúde mental dos pacientes (Shokrpour et al., 2021). Embora a HD contribua para o aumento da sobrevida do paciente, pode causar perda do nível funcional, com consequente redução da QV ao longo do tempo (Barbosa et al., 2017; Lira et al., 2015). Regular as emoções tem se mostrado importante nesse contexto porque as pessoas desenvolvem respostas emocionais paralelas a uma ameaça à saúde, como sentimentos de medo ou angústia (Clarke et al., 2016).

Regular as emoções refere-se a processos intrínsecos e extrínsecos que controlam o início, a manutenção e a modificação de reações emocionais positivas e negativas, por meio de vários processos que também influenciarão a latência, a intensidade e a duração de tal emoção (Gross, 2015). A RE tem sido considerada uma variável importante para a saúde, relacionada a desfechos clínicos de pacientes (Baudry et al., 2018; Lee & Choi, 2023; Tsujimoto et al., 2024). Nesse sentido, embora a literatura aponte que há certa independência entre o conhecimento e o uso de estratégias eficazes e ineficazes nas diversas situações (Gross, 2015; Lira & Bueno, 2020), o uso de estratégias ineficazes de RE, como ruminação, supressão e evitação, tem sido associado a mais sintomas psicopatológicos, à pior saúde física e a afetos negativos contínuos e futuros (Aldao et al., 2010; Tsujimoto et al., 2024).

Também foi demonstrado que estratégias disfuncionais focalizadas na emoção estão associadas a uma queda em diversos aspectos da QV de pacientes em tratamento hemodialítico (Lira et al., 2015). Além disso, Baudry et al. (2018), por exemplo, em uma revisão crítica e sistemática da literatura, analisaram que o traço de regulação de emoções (captado por instrumentos de autorrelato) apresenta efeitos mais fortes na saúde do que variáveis interpessoais.

Esses resultados são semelhantes aos encontrados no presente estudo, que observou a identificação de estratégias ineficazes de regulação de emoções como uma habilidade relacionada com os aspectos mentais da QV de pacientes renais, com a diferença de que o instrumento para a avaliação da RE empregado aqui (TRE) foi baseado em desempenho, e não em autorrelato. Isso indica a robustez da RE que, independentemente do tipo de instrumento utilizado, se mostra relacionada a melhores resultados na saúde mental. Esse resultado é importante porque apoia a ideia de que o desenvolvimento de intervenções direcionadas às competências emocionais pode ser benéfico para melhorar a saúde, a adaptação ao tratamento e a QV de pacientes com doenças crônicas (Baudry et al., 2018).

## Considerações finais

Este capítulo apresenta uma contribuição relevante para a psicologia e, mais especificamente, para a área de avaliação psicológica por identificar variáveis de ajustamento psicológico que estão associadas à QV de pacientes em HD. O uso de instrumentos com boas propriedades psicométricas permite a mensuração das variáveis

de interesse e a condução de análises estatísticas para a verificação de suas relações com variáveis desfecho (dimensões de QV).

Assim, fica evidente que a pesquisa em avaliação psicológica vai além da construção de instrumentos e avaliação de suas propriedades psicométricas (embora seja muito importante) por permitir a investigação de relações entre variáveis psicológicas que podem ter efeitos significativos para a melhoria da QV das pessoas. No caso desse estudo, as variáveis RE e as crenças sobre emoções são treináveis por meio de programas de intervenção coletivos e breves que possibilitam instrumentalizar os pacientes a lidarem com sua nova condição. Esse treinamento pode, inclusive, ter efeito sobre as outras variáveis que também mostraram efeitos negativos sobre a QV dos pacientes, como a ansiedade, a depressão e o estresse, embora elas possam necessitar de intervenções psicoterapêuticas específicas. Nesse sentido, os resultados encontrados nesse trabalho fortalecem a relação entre a pesquisa e a prática psicológica, oferecendo *insights* valiosos para a prática clínica e o desenvolvimento de políticas de saúde mais integrativas.

Ainda que o estudo apresente resultados promissores, algumas limitações devem ser consideradas. Algumas características amostrais, como a seleção reduzida de participantes, por conveniência, de apenas uma clínica de tratamento hemodialítico da cidade de Recife, limitaram a generalização dos resultados. Apesar disso, o trabalho oferece uma base sólida para estudos futuros e um avanço na compreensão dos desafios emocionais enfrentados por pacientes com DRC. As evidências apresentadas não apenas enfatizam a relevância da avaliação psicológica nesse contexto, mas também fortalecem a conexão entre a psicologia e a promoção da saúde, contribuindo para um cuidado mais humanizado e eficaz.

## Referências

Aldao, A., Nolen-Hoeksema, S., & Schweizer, S. (2010). Emotion-regulation strategies across psychopathology: a meta-analytic review. *Clinical Psychology Review*, *30*(2), 217-237. https://doi.org/10.1016/j.cpr.2009.11.004

Ali, F. K. E., Abdelaziz, F. S., & Seham, E. M. (2024). Assessment of anxiety and stress levels in children undergoing hemodialysis. *Egyptian Journal of Health Care*, *15*(1), 82-102. https://doi.org/10.21608/EJHC.2024.337440

Asadizaker, B., Gheibizadeh, M., Ghanbari, S., & Araban, M. (2022). Predictors of adherence to treatment in hemodialysis patients: a structural equation modeling. *Medical Journal of The Islamic Republic of Iran*, *36*. https://doi.org/10.47176/mjiri.36.23

Azevedo, S. I. S. (2020). *A saúde mental na doença renal: o papel da vinculação, regulação emocional e da imagem corporal positiva* [Dissertação de mestrado, Universidade do Porto]. https://repositorio-aberto.up.pt/handle/10216/129373

Barberis, N., Cernaro, V., Costa, S., Montalto, G., Lucisano, S., Larcan, R., & Buemi, M. (2017). The relationship between coping, emotion regulation, and quality of life of patients on dialysis. *International Journal of Psychiatry in Medicine*, *52*(2), 111-123. https://doi.org/10.1177/0091217417720893

Barbosa, J. B. N., Moura, E. C. S. C., Lira, C. L. O. B., & Marinho, P. É. M. (2017). Quality of life and duration of hemodialysis in patients with chronic kidney disease (CKD): a cross-sectional study. *Fisioterapia em Movimento*, *30*(4), 781-788. https://doi.org/10.1590/1980-5918.030.004.ao13

Bastos, M. G. (2018). Prevenção da Doença Renal Crônica. In M. C. Riella (Org.), *Princípios de nefrologia e distúrbios hidreletrolíticos* (6ª ed., pp. 2319-2343). Guanabara Koogan.

Baudry, A. S., Grynberg, D., Dassonneville, C., Lelorain, S., & Christophe, V. (2018). Sub-dimensions of trait emotional intelligence and health: a critical and systematic review of the literature. *Scandinavian Journal of Psychology*, *59*(2), 206-222. https://doi.org/10.1111/SJOP.12424

Becerra, R., Preece, D. A., & Gross, J. J. (2020). Assessing beliefs about emotions: Development and validation of the emotion beliefs questionnaire. *PLoS ONE*, *15*(4), 1-19. https://doi.org/10.1371/journal.pone.0231395

Christensen, A. J., & Ehlers, S. L. (2002). Psychological factors in end-stage renal disease: an emerging context for behavioral medicine research. *Journal of Consulting and Clinical Psychology*, *70*(3), 712-724. https://doi.org/10.1037/0022-006X.70.3.712

Clarke, A. L., Yates, T., Smith, A. C., & Chilcot, J. (2016). Patient's perceptions of chronic kidney disease and their association with psychosocial and clinical outcomes: a narrative review. *Clinical Kidney Journal*, *9*(3), 494-502. https://doi.org/10.1093/ckj/sfw014

Dancey, C. P., & Reidy, J. (2011). *Statistics without maths for psychology* (5th ed.). Prentice Hall.

Dantas, L. G., Rocha, M. S., & Cruz, C. M. S. (2020). Não aderência à hemodiálise, percepção de doença e de gravidade da nefropatia avançada. *Brazilian Journal of Nephrology*, *42*(4), 413-129. https://doi.org/10.1590/2175-8239-JBN-2019-0147

De Ridder, D., Geenen, R., Kuijer, R., & van Middendorp, H. (2008). Psychological adjustment to chronic disease. *The Lancet*, *372*(9634), 246-255. https://doi.org/10.1016/S0140-6736(08)61078-8

Duarte, P. S., Ciconelli, R. M., & Sesso, R. (2005). Cultural adaptation and validation of the "Kidney Disease and Quality of Life - short form (KDQOL-SF™ 1.3)" in Brazil. *Brazilian Journal of Medical and Biological Research*, *38*(2), 261-270. https://doi.org/10.1590/S0100-879X2005000200015

Eckardt, K. U., Coresh, J., Devuyst, O., Johnson, R. J., Köttgen, A., Levey, A. S., & Levin, A. (2013). Evolving importance of kidney disease: from subspecialty to global health burden. *The Lancet*, *382*(9887), 158-169. https://doi.org/10.1016/S0140-6736(13)60439-0

George, D., & Mallery, P. (2019). *IBM SPSS Statistics 26 step by step: a simple guide and reference* (16th ed.). Routledge. https://doi.org/10.4324/9780429056765

Gross, J. J. (2015). Emotion Regulation: Current Status and Future Prospects. *Psychological Inquiry*, *26*(1), 1-26. https://doi.org/10.1080/1047840X.2014.940781

Karpinski, S., Sibbel, S., Gray, K., Walker, A. G., Luo, J., Colson, C., Stebbins, J., & Brunelli, S. M. (2023). Predicting hospitalizations for patients with chronic kidney disease. *American Journal of Managed Care*, *29*(9), E262-E266. https://doi.org/10.37765/AJMC.2023.89428

Kaul, S., Ahsan, A., Singh, N. P., & Gupta, A. K. (2023). Emotion regulation in chronic kidney disease – a systematic review. *The Journal of International Medical Sciences Academy*, *36*(1), 107-110. https://www.imsaonline.com/jan-march-2023/108-111.pdf

KDQOL-SF Working Group. (s.d.). *Kidney Disease Quality of Life Instrument*. RAND Corporation. https://www.rand.org/health-care/surveys_tools/kdqol.html.

Lee, M., & Choi, H. (2023). Art-based emotion regulation in major depression: framework for intervention. *The Arts in Psychotherapy*, *83*, 102018. https://doi.org/10.1016/J.AIP.2023.102018

Levin, A., Stevens, P. E., Bilous, R. W., Coresh, J., Francisco, A. L. M., Jong, P. E., Griffith, K. E., Hemmelgarn, B. R., Iseki, K., Lamb, E. J., Levey, A. S., Riella, M. C., Shlipak, M. G., Wang, H., White, C. T., & Winearls, C. G. (2013). KDIGO 2012 clinical practice guideline for the evaluation and management of chronic kidney disease. *Kidney International Supplements*, *3*(1), 1-150. https://doi.org/10.1038/kisup.2012.73

Lira, C. L. O. B. (2017). *Construção e busca de evidências de validade para um instrumento de avaliação da regulação emocional* [Dissertação de mestrado, Universidade Federal de Pernambuco]. https://repositorio.ufpe.br/handle/123456789/26023

Lira, C. L. O. B., Avelar, T. C., & Bueno, J. M. M. H. (2015). *Coping* e qualidade de vida de pacientes em hemodiálise. *Estudos Interdisciplinares em Psicologia*, *6*(1), 82-99. https://doi.org/10.5433/2236-6407.2015v6n1p82

Lira, C. L. O. B., & Bueno, J. M. H. (2020). Validity evidences for the Emotion Regulation Test. *Psico-USF*, *25*(4), 613-624. https://doi.org/10.1590/1413/82712020250402

Lira, C. L. O. B., & Bueno, J. M. H. (2022). Teste de regulação de emoções: análise com a teoria de resposta ao item. *Psicologia: teoria e prática*, *24*(1), 1-21. https://doi.org/10.5935/1980-6906/EPTPPA13605.EN

Lovibond, P. F., & Lovibond, S. H. (1995). The structure of negative emotional states: Comparison of the Depression Anxiety Stress Scales (DASS) with the beck depression and anxiety inventories. *Behaviour Research and Therapy*, *33*(3), 335-343. https://doi.org/10.1016/0005-7967(94)00075-U

Marôco, J. (2011). *Análise estatística com utilização do SPSS* (5ª ed.). Report Number.

Nakao, R. T. (2013). *Variáveis sociodemográficas, clínicas e psicológicas associadas à adesão à hemodiálise* [Tese de doutorado, Universidade de São Paulo). http://www.teses.usp.br/teses/disponiveis/59/59137/tde-07102013-104339/pt-br.php

Patias, N. D., Machado, W. D. L., Bandeira, D. R., & Dell'Aglio, D. D. (2016). Depression Anxiety and Stress Scale (DASS-21) – short form: adaptação e validação para adolescentes brasileiros. *Psico-USF*, *21*(3), 459-469. https://doi.org/10.1590/1413-82712016210302

Peixoto, E. M., Rocha, G. M. A., Franco, J. O., & Bueno, J. M. H. (2020). Avaliação da mentalidade sobre o estresse em amostra do Norte e Nordeste brasileiro. *Estudos de Psicologia*, *24*(3), 328-339. https://doi.org/10.22491/1678-4669.20190033

R Core Team. (2021). *R A Language and Environment for Statistical Computing*. https://www.scirp.org/reference/referencespapers?referenceid=3131254

Resende, M. C., Santos, F. A., Souza, M. M., & Marques, T. P. (2007). Atendimento psicológico a pacientes com insuficiência renal crônica: em busca de ajustamento psicológico. *Psicologia Clínica*, *19*(2), 87-99. https://doi.org/10.1590/s0103-56652007000200007

Ribeiro, W. A., Evangelista, D. S., Figueiredo Júnior, J. C., & Sousa, J. G. M. (2020a). Encadeamentos da doença renal crônica e o impacto na qualidade de vida de pacientes em hemodiálise. *Revista Pró-UniverSUS*, *11*(2), 111-120. https://doi.org/10.21727/rpu.v11i2.2306

Ribeiro, W. A., Jorge, B. O., & Queiroz, R. S. (2020b). Repercussões da hemodiálise no paciente com doença renal crônica: uma revisão da literatura. *Revista Pró-UniverSUS*, *11*(1), 88-97. https://orcid.org/0000-0002-4805-6156

RStudio Team. (2015). *RStudio: Integrated Development Environment for R*. http://www.rstudio.com/

Sein, K., Damery, S., Baharani, J., Nicholas, J., & Combes, G. (2020). Emotional distress and adjustment in patients with end-stage kidney disease: a qualitative exploration of patient experience in four hospital trusts in the West Midlands, UK. *PLoS ONE, 15*(11), 1-12. https://doi.org/10.1371/journal.pone.0241629

Shokrpour, N., Sheidaie, S., Amirkhani, M., Bazrafkan, L., & Modreki, A. (2021). Effect of positive thinking training on stress, anxiety, depression, and quality of life among hemodialysis patients: a randomized controlled clinical trial. *Journal of Education and Health Promotion, 10*(1). https://doi.org/10.4103/JEHP.JEHP_1120_20

Stanton, A. L., Revenson, T. A., & Tennen, H. (2007). Health psychology: psychological adjustment to chronic disease. *Annual Review of Psychology, 58*, 565-592. https://doi.org/10.1146/annurev.psych.58.110405.085615

Stevens, P. E., Ahmed, S. B., Carrero, J. J., Foster, B., Francis, A., Hall, R. K., Herrington, W. G., Hill, G., Inker, L. A., Kazancıoğlu, R., Lamb, E., Lin, P., Madero, M., McIntyre, N., Morrow, K., Roberts, G., Sabanayagam, D., Schaeffner, E., Shlipak, M. G., ... & Levin, A. (2024). KDIGO 2024 clinical practice guideline for the evaluation and management of chronic kidney disease. *Kidney international, 105*(4), 117-314. https://doi.org/10.1016/j.kint.2023.11.011

Tsujimoto, M., Saito, T., Matsuzaki, Y., & Kawashima, R. (2024). Role of positive and negative emotion regulation in well-being and health: the interplay between positive and negative emotion regulation abilities is linked to mental and physical health. *Journal of Happiness Studies, 25*(1-2), 1-20. https://doi.org/10.1007/S10902-024-00714-1/TABLES/2

Vignola, R. C. B., & Tucci, A. M. (2014). Adaptation and validation of the depression, anxiety and stress scale (DASS) to Brazilian Portuguese. *Journal of Affective Disorders, 155*(1), 104-109. https://doi.org/10.1016/j.jad.2013.10.031

# 11
# Dor crônica e implicações para os processos de avaliação psicológica

*Caroline Tozzi Reppold*
*Prisla Ücker Calvetti*
*Adriana Tavares Stürmer*

---

*Highlights*

- A dor é definida como uma experiência sensitiva e emocional desagradável associada, ou semelhante àquela associada, a uma lesão tecidual real ou potencial, o que ressalta seu caráter subjetivo e a complexidade da avaliação, especialmente em casos de dor crônica.
- Estudos indicam que a dor crônica, frequentemente negligenciada nos serviços de saúde, resulta em impactos significativos na qualidade de vida, sendo diversos os fatores emocionais, cognitivos, comportamentais e sociais que influenciam sua ocorrência.
- A inclusão da dor crônica na Classificação Internacional de Doenças (CID) e o desenvolvimento de protocolos multidisciplinares, como o Protocolo Clínico e Diretrizes Terapêuticas da Dor Crônica (PCDT), refletem uma evolução na compreensão, no diagnóstico e no tratamento da dor.
- A avaliação psicológica é fundamental para identificar fatores psicológicos e psicossociais que dificultam o manejo da dor e deve ser realizada em contextos multidisciplinares para otimizar os resultados do tratamento.
- Pesquisas indicam que as pessoas que relatam dores crônicas apresentam maior irritabilidade, ansiedade, humor deprimido, apatia, ruminações, preocupações, pensamentos catastróficos, pensamentos suicidas, somatizações e dificuldades com o sono. Em termos neuropsicológicos, tendem a apresentar prejuízos, sobretudo, em relação à atenção, à memória e a funções executivas.

---

A dor é concebida, nos dias de hoje, como uma experiência sensorial e emocional desagradável, relacionada ou semelhante àquela associada a um dano tecidual real ou possível (De-Santana et al., 2020); trata-se, portanto, de um construto que parte da perspectiva da pessoa que sente a dor. Assim, ao se considerar o caráter subjetivo e multifatorial da dor, é possível entender a complexidade envolvida na forma de avaliar tal construto. O presente capítulo trata desse tema, ao discutir como a dor crônica pode ser abordada em um processo de avaliação psicológica. Em específico, o capítulo aborda a importância de considerar a dor como uma variável

clínica da história dos indivíduos e planejar, em termos multidisciplinares, ações de prevenção e manejo da dor, especialmente ao se observar a alta prevalência de dor crônica descrita na literatura em amostras clínicas ou da comunidade.

Para tanto, este texto apresenta uma contextualização histórica sobre a definição de dor e as formas adotadas atualmente para classificar os tipos de dor. De modo a contribuir para formação multidisciplinar dos psicólogos, o capítulo descreve ainda a prevalência dos principais quadros de dores crônicas, suas manifestações clínicas mais recorrentes e suas consequências psicossociais. Por fim, o texto aborda as especificidades de um processo de avaliação psicológica de pacientes com dor crônica e apresenta exemplos de medidas que podem ser utilizadas como forma de mensurar o construto dor e outros construtos de interesse nessa avaliação.

## Importância da avaliação e das ações de prevenção/redução da dor

O manejo da dor e o alívio do sofrimento humano são responsabilidades fundamentais dos profissionais da saúde. No entanto, diante dos altos índices de prevalência de dor mundo afora, este é um desafio que ainda precisa ser enfrentado nos serviços de saúde. Pesquisas indicam que, frequentemente, pacientes com relato de dor não recebem o tratamento adequado, especialmente em ambientes hospitalares, possivelmente atribuído a causas multifatoriais, as quais envolvem, entre outras questões, o desconhecimento de alguns profissionais sobre técnicas analgésicas atualmente disponíveis (por exemplo: doses eficazes, tempo de ação dos analgésicos, efeitos adversos, risco de dependência ou superdosagem etc.) e manejo não farmacológico da dor (Ahmad et al., 2023; Gimenes et al., 2020; Oliveira et al., 2019). Cita-se, ainda, as subnotificações e a falta de políticas públicas de justiça social, equidade e acesso à saúde. Nessa perspectiva, por exemplo, o estudo de Katrein et al. (2015) explicita a desigualdade socioeconômica que há no Brasil relacionada ao manejo farmacológico da dor por revelar que mulheres mais pobres e com maior número de doenças crônicas têm nitidamente maior dificuldade de acesso à medicação.

Em determinados quadros clínicos, como é o caso do câncer, a situação relativa ao manejo da dor é preocupante em termos de saúde pública, em diversos países, inclusive no Brasil (Ahmad et al., 2023; Ministério da Saúde, 2024). A prevalência de dor entre pacientes com câncer é estimada em 25% a 50% para aqueles recém-diagnosticados, entre 33% e 80% para pacientes em tratamento, e em cerca de 75% a 100% para aqueles em estágios avançados ou terminais (Paice et al., 2011). Os mecanismos que causam a dor podem estar relacionados ao tumor primário e suas metástases, ao tratamento da doença, a seus métodos de diagnóstico ou ainda a fatores psicossociais, sendo a dor crônica decorrente da lesão tumoral, de sua multiplicação ou de seu tratamento (Ministério da Saúde, 2024). A repercussão desse quadro requer um olhar atento das equipes de saúde devido à alta incidência dos casos de câncer em termos globais e seu impacto sobre a qualidade de vida dos pacientes.

Em 2024, a Agência Internacional de Pesquisa sobre Câncer (AIPC), ao considerar os dados epidemiológicos de 185 países, estima que houve cerca de 20 milhões de novos casos de câncer no ano de 2022 (incluindo cânceres de pele não melanoma), juntamente com 9,7 milhões de mortes por câncer (Bray et al., 2024). As estimativas sugerem ainda que aproximadamente um em cada cinco homens ou mulheres desenvolve câncer ao longo da vida, enquanto cerca de um em cada nove homens e uma em cada 12 mulheres morrem em virtude da doença (Bray et al., 2024).

Apesar das novas tecnologias no campo do tratamento da saúde, as perspectivas sobre incidência não são promissoras. As estimativas feitas pela AIPC indicam que o número de casos pode chegar a 35 milhões em 2050, a depender dos investimentos feitos até lá na prevenção de fatores de risco, como tabagismo, sobrepeso e obesidade, sedentarismo e infecções (Bray et al., 2024). Isso representa um expressivo impacto negativo na qualidade de vida da população (pessoas diretamente afetadas pela doença ou seus pares) e no aumento de chances de as pessoas vivenciarem experiências dolorosas, caso políticas de prevenção e manejo da dor não sejam planejadas considerando essa realidade. A esse respeito, contudo, há dados promissores a serem relatados.

Os dados da Organização Mundial da Saúde (OMS) indicavam, em 2007, que, aproximadamente, 50% dos casos de câncer resultariam em óbito, e cerca de 70% dos pacientes experimentariam dor crônica, com 70% relatando dor moderada a intensa e 30% com dores severas, especialmente em populações com menor poder aquisitivo (World Health Organization [WHO], 2007). Evidências recentes indicam, todavia, que tanto a prevalência quanto a gravidade da dor entre pacientes oncológicos têm diminuído na última década mundo afora. Isso é o que demonstra a revisão sistemática com meta-análise publicada por Snijders et al. (2023): o estudo teve como objetivo fornecer um panorama sobre a prevalência e a gravidade da dor em pacientes com câncer, considerando a literatura publicada no período de 2014 a 2021. De um total de 10.637 estudos, 444 foram incluídos. A prevalência geral de dor relatada foi de 44,5%. Entre os participantes analisados, 30,6% relataram dor moderada a intensa, uma proporção menor em comparação com estudos anteriores. A dor relatada por pacientes em situação de remissão do câncer foi significativamente menor em relação à maioria dos grupos em tratamento. Estudos da América do Sul, da Ásia e África mostraram taxas de dor significativamente maiores em comparação aos estudos europeus. Os achados que demonstravam a diminuição da prevalência e severidade da dor ao longo do período investigado (2014-2021) foram atribuídos pelos autores à maior atenção dada pelos pesquisadores, pelos órgãos reguladores das políticas de saúde e pelos serviços de saúde à avaliação e ao manejo da dor no final da década de 2010 (Snijders et al., 2023).

Um exemplo de atenção a ser aqui citado é o Protocolo Clínico e Diretrizes Terapêuticas da Dor Crônica (PCDT), publicado recentemente pelo Ministério da Saúde brasileiro (2024). O documento apresenta informações sobre o diagnóstico, a classificação, o tratamento e o monitoramento da dor crônica, considerando o indivíduo em sua integralidade e orientando os profissionais de saúde sobre as condutas clínicas a serem adotadas em todos os níveis de assistência à saúde, inclusive gestores de saúde, em relação ao atendimento dos indivíduos com essa condição.

## Considerações históricas sobre a definição e avaliação da dor

A dor foi reconhecida e citada pela primeira vez como o quinto sinal vital, em 1996, por James Campbell, então presidente da American Pain Society. Um dos objetivos de Campbell era conscientizar os profissionais de saúde sobre os efeitos benéficos da avaliação adequada da dor e do tratamento precoce (Campbell, 2016). Junto com a pressão arterial, a temperatura, a frequência cardíaca e a frequência respiratória, a dor ajuda a identificar precocemente alterações na condição de saúde de uma pessoa, permitindo intervenções mais rápidas e eficazes, com vistas ao restabelecimento da saúde e à prevenção de complicações. Diferente dos outros sinais, que são medidas clínicas objetivas, a dor é uma experiência pessoal subjetiva, em razão de sua avaliação envolver, entre outros fatores, atributos psicológicos. Sua identificação, portanto, é mais complexa do que a de outros sinais vitais.

Assim, é essencial à formação do psicólogo reconhecer o caráter multifatorial da dor e seus efeitos sobre a qualidade de vida dos pacientes, visto que muitas vezes as queixas relacionadas à dor se manifestam na forma de sintomas psicológicos associados a humor deprimido, insônia, estresse, ansiedade, alterações da memória etc. (Fitzcharles et al., 2021). Ajudar os pacientes a identificarem tais queixas e encaminhá-las para intervenções adequadas ao alívio da dor é uma contribuição importante que os psicólogos podem dar para a evolução do paciente, de modo que ele consiga mitigá-la antes de se tornar crônica, sobretudo se considerar que o tratamento multidisciplinar da dor é o mais eficaz, na maioria dos casos (Ahmad et al., 2023; Corp et al., 2021; Raja et al., 2020).

A definição de dor, proposta em 1979 pelo subcomitê de taxonomia da International Association for the Study of Pain (IASP, 2024), caracterizava-se somente como uma experiência sensitiva e emocional desagradável relacionada a lesões teciduais. Essa definição foi amplamente aceita, inclusive pela OMS; nas quatro décadas seguintes, a compreensão da dor evoluiu, especialmente na última década (DeSantana et al., 2020; Kosek et al., 2016). A dor passou, então, a ser classificada de forma dicotômica, como nociceptiva ou neuropática. A dor nociceptiva é a que ocorre pela ativação de receptores especializados em identificar danos ou potenciais danos aos tecidos, os nocicpetores. Um exemplo de dor nociceptiva é a dor muscular de origem miofascial (St John Smith, 2018). Já a dor neuropática é a que ocorre quando há dano ou alterações nos nervos periféricos ou no sistema nervoso central (medula espinhal e cérebro), descrita como queimação, choques, agulhadas, formigamento ou adormecimento (St John Smith, 2018). Essa classificação deixava de fora, contudo, outras condições dolorosas, como a fibromialgia.

Em 2016 foi introduzido o termo dor nociplástica para caracterizar a dor decorrente da alteração do processamento e da modulação da dor no sistema nervoso central, entretanto ainda não tem seus mecanismos completamente compreendidos. O paciente percebe a dor com características semelhantes à dor nociceptiva ou neuropática, porém de uma forma exacerbada, seja na intensidade ou no tempo de duração, sem evidência de lesão tecidual real ou potencial. Um exemplo é a dor presente na fibromialgia (Fernández-de-Las-Peñas et al., 2023).

Em 2019, em um esforço conjunto entre a Associação Internacional de Estudos da Dor e a OMS, houve um novo avanço conceitual na forma de compreender a dor, com a inclusão da dor crônica na Classificação Internacional de Doenças (CID) (DeSantana et al., 2020). Atualmente, a CID-11 distingue a "dor crônica primária" e a "dor crônica secundária". A dor primária corresponde à dor que ocorre em uma ou mais regiões anatômicas, perdura por três meses ou mais e está associada a um componente emocional e/ou dificuldade ou incapacidade funcional significativa; além disso, seus sintomas não são explicados por outros diagnósticos (Ministério da Saúde, 2024).

As dores crônicas primárias são classificadas em cinco subtipos que levam a diagnósticos mais específicos: (a) síndromes de dores complexas regionais; (b) cefaleia ou dor orofacial primária crônica; (c) dor visceral primária crônica (como síndrome do cólon irritável); (d) dor muscoloesquelética primária crônica; e (e) dores generalizadas, como na fibromialgia. Por sua vez, a dor crônica secundária está associada a alguma condição subjacente (sendo, portanto, sintoma de outra doença) e pode incluir: (a) dor crônica relacionada ao câncer; (b) dor crônica pós cirúrgica; (c) dor crônica musculoesquelética; (d) dor crônica neuropática; (e) dor crônica visceral; e (e) cefaleia ou dor orofacial crônica (Ministério da Saúde, 2024).

No histórico da evolução do conceito de dor há de considerar ainda que, em 2018, a Associação Internacional de Estudos da Dor criou uma força-tarefa para avaliar a definição vigente sobre dor e a necessidade de recomendações de eventuais mudanças nas diretrizes clínicas relacionadas.

Após dois anos de análise e discussão, em 2020, a força-tarefa propôs uma definição atualizada do conceito de dor, conforme indicado; para isso, foram listadas seis notas explicativas: (a) a dor é sempre uma experiência pessoal multifatorial, influenciada por fatores biológicos, psicológicos e sociais; (b) a dor não pode ser determinada exclusivamente pela atividade dos neurônios sensitivos; (c) por meio das experiências de vida, as pessoas aprendem sobre a dor; (d) o relato de uma experiência de dor deve ser respeitado; (e) a dor pode ter uma função adaptativa, porém pode ter efeitos adversos funcionais, o que pode impactar a qualidade de vida; e (f) embora a dor seja expressa por autorrelato, a dificuldade ou a incapacidade de comunicação não invalida sua existência (Raja et al., 2020).

## Classificações da dor

Conforme foi descrito, a dor pode ser classificada a partir de diferentes parâmetros. Alguns critérios considerados são seu local de origem (periférica, central, visceral ou somática), seu tempo de evolução e patologia física (aguda ou crônica) e seu mecanismo fisiopatológico (neuropática, nociplástica, nociceptiva ou mista). Em termos de etiologia, embora a dor possa ser classificada atualmente em nociceptiva, neuropática ou nociplástica, os tipos de dor podem ocorrer isoladamente ou em padrões mistos (Fitzcharles et al., 2021; Ministério da Saúde, 2024). De forma geral, a dor pode também ser classificada por seu tempo de duração, sendo aguda quando dura menos de três meses, e crônica quando dura mais de três meses (Ministério da Saúde, 2024).

Porém, em termos clínicos, para melhor compreender a fenomenologia da dor crônica é importante, em avaliação clínica, não se minimizar a complexidade multifacetada da dor, em especial nos casos de dor de longa duração. O início, a manutenção e a exacerbação das dores são influenciados por diferentes fatores biopsicossociais (Calvetti & Segabinazi, 2019; Henschke et al., 2015). Deve-se lembrar que, ao mesmo tempo em que a dor crônica apresenta alterações biológicas (como modulação da dor, sensibilização central, alteração glial e neuroimune), ela envolve, na maior parte das vezes, alterações psíquicas de ordem emocional, cognitiva e/ou comportamental (como comportamentos de evitação, depressão e catastrofização), que levam a prejuízos na capacidade funcional do paciente e diminuição de sua qualidade de vida. Assim, a interação recíproca entre fatores biológicos e psicossociais é um fator que deve ser levado em consideração tanto para o diagnóstico quanto para o tratamento do indivíduo com dor crônica (Raffaeli et al., 2021).

## Prevalência das dores crônicas, suas principais manifestações clínicas e fatores de risco psicossociais

De acordo com o relatório organizado pela Comissão Nacional de Incorporação de Tecnologias no Sistema Único de Saúde, que deu origem à Portaria Conjunta SAES/SAPS/SECTICS n. 1 (Ministério da Saúde, 2024), dentre as Doenças

Crônicas Não Transmissíveis, a dor crônica destaca-se como uma das mais comuns, impactando significativamente a qualidade de vida dos pacientes e gerando altos custos para os sistemas de saúde. Pesquisas populacionais realizadas com adultos no Brasil indicam que cerca de 40% da população apresenta dor crônica. Além disso, a prevalência de dor crônica intensa (com intensidade igual ou superior a 8 pontos em uma escala até 10) é de aproximadamente 10%, enquanto a dor crônica que provoca limitações graves ou generalizadas atinge cerca de 5%.

A lombalgia é a forma mais frequente de dor crônica, seguida pela dor no joelho, no ombro, na cabeça, nas costas e nas pernas ou nos membros inferiores. Uma pesquisa conduzida em 16 capitais brasileiras com 1.342 participantes revelou que a prevalência da dor na coluna é de 77%; no joelho, de 50%; no ombro, de 36%; no tornozelo, de 28%; nas mãos, de 23%; e na região cervical, de 21%, sendo esses índices preocupantes, em termos de saúde pública, para o risco de doenças reumáticas (Reis Neto et al., 2016).

O PCDT revela que os custos econômicos e sociais associados à dor crônica musculoesquelética são elevados no país, possivelmente superando os gastos relacionados a outras condições, como Diabetes, doenças cardíacas e câncer. As dores musculoesqueléticas são o problema de saúde mais comum entre pessoas de 15 a 64 anos, sendo a principal causa de aposentadoria antecipada o segundo motivo mais recorrente de tratamentos prolongados e a principal razão para a incapacidade nesse grupo etário (Ministério da Saúde, 2024). Esse dado sobre incapacidade funcional decorrente vem ao encontro do panorama de outros países, como demonstra a revisão sistemática de *guidelines* sobre dor cervical e lombar publicadas por Corp et al. (2021).

Ao analisar os dados de oito países europeus, os autores apontaram as dores na coluna como a segunda maior causa de procura por atendimento em saúde, perfazendo a razão de 60% de afastamento do trabalho.

De fato, diferentes estudos brasileiros demonstram que as dores crônicas são um problema de alta prevalência no país. A pesquisa de base populacional realizada por De Souza et al. (2017), com 723 participantes maiores de 18 anos, encontrou uma prevalência de 39% de dor crônica na amostra investigada, sendo que 49% dos pacientes relataram insatisfação com o manejo da dor crônica. Já a revisão sistemática sobre a dor crônica no Brasil publicada por Aguiar et al. (2021) abrangeu uma amostra total de 122.060 pessoas e encontrou uma prevalência média de 45% nos estudos. A média de dor nociplástica entre os estudos foi de 12,5%, sendo 41,9% das dores crônicas localizadas principalmente na região lombar (Aguiar et al., 2021).

Na mesma direção, o estudo longitudinal (n = 9.324) de Mullachery et al. (2023) indica que dores crônicas fazem parte do cotidiano de 36,9% dos brasileiros com mais de 50 anos. Na pesquisa, as dores crônicas foram mais frequentemente relatadas por mulheres, pessoas de baixa renda e indivíduos com diagnóstico de artrite, dor nas costas e/ou na coluna, sintomas depressivos e histórico de quedas e hospitalizações, evidenciando a dimensão envolvida nesta doença. O uso de opioides foi citado por 30% da amostra, sendo que uma Análise de Regressão indicou que o uso psicossocial de analgésicos foi mais frequente entre os participantes que apresentavam artrite, dor crônica nas costas e sintomas depressivos (Mullachery et al., 2023).

O estudo realizado por Malta et al. (2022), a partir os dados da Pesquisa Nacional de Saúde

2019, além de confirmar a gravidade do quadro sobre a prevalência da dor crônica na coluna no país, mostra ainda que os fatores associados à dor são diretamente ligados a determinantes socioeconômicos/psicossociais. Os achados revelam que alguns dos principais fatores de maior risco para doença são o sexo feminino, o aumento da idade, o uso (atual ou passado) de tabaco, a prática de atividades físicas domésticas pesadas e outras condições clínicas, como obesidade, hipertensão e aumento do colesterol. Também a pesquisa realizada por Ferretti et al. (2019) sobre a prevalência de dor crônica em idosos residentes em uma cidade do interior do Sul do Brasil (em Chapecó – SC) demonstra alta prevalência na amostra estudada (58,2%), sendo o resultado associado ao sexo feminino, ao sedentarismo e à presença de doenças crônicas em comorbidade.

Os achados apresentados até aqui revelam que a avaliação e o manejo da dor são uma preocupação premente, sobretudo considerando o envelhecimento populacional e a maior vulnerabilidade dos grupos com baixo poder econômico e com altos índices de sedentarismo e/ou padrão inadequado de alimentação. Esses dados levam à reflexão sobre a importância de qualificar as técnicas e os instrumentos de avaliação da dor, bem como o processo de avaliação psicológica dos indivíduos que estão em uma condição de dor crônica. O texto apresentado mostra que os relatos da dor têm muitos determinantes e consequências psicossociais que devem ser considerados ao se avaliar o indivíduo em sua integralidade.

A seguir, o capítulo discute o processo de avaliação biopsicossocial do paciente com dor e algumas das principais medidas psicométricas utilizadas na área, além de outras técnicas complementares para o entendimento do mecanismo relacionado ao processo saúde-doença.

## O processo diagnóstico de avaliação da dor

As boas práticas de um processo de avaliação da dor recomendam a constituição de uma equipe multidisciplinar. Em relação às diretrizes clínicas no acompanhamento de pacientes com dor, a equipe multidisciplinar (médico de família e comunidade, enfermeira, fisioterapeuta, terapeuta ocupacional etc.) deve ser sempre constituída, entre os demais profissionais, conforme a necessidade (farmacêutico, psicólogo, profissional de educação física, entre outros), incluindo médicos especialistas (por exemplo: paliativista, fisiatra, ortopedista, reumatologista) (Ministério da Saúde, 2024).

O PCDT publicado pelo Ministério da Saúde (2024) é bastante específico ao indicar que o diagnóstico dos pacientes com dor crônica deve ser feito por meio de anamnese e exame físico, de modo a classificar o tipo de dor e apontar as possíveis condições clínicas que levaram o paciente a sentir a dor. O documento indica ainda que, quando necessário, exames complementares devem ser feitos para confirmação diagnóstica. Nessa categoria, estariam incluídas avaliações envolvendo, por exemplo, testes psicológicos e neuropsicológicos.

Sobre a anamnese, o PCDT preconiza a avaliação da dor em relação aos seguintes tópicos: duração, localização, histórico, intensidade, característica (forma como paciente descreve verbalmente a dor – por exemplo: sensação de queimação, formigamento, pressão, agulhada etc.), padrão (mecânico ou inflamatório) e periodicidade (importante para identificar padrões de comportamento ou atividades que possam estar relacionados à sua ocorrência). Além disso, o protocolo indica que a anamnese deve considerar os diversos fatores que podem interferir na melhora ou piora da dor (como fatores fisiológicos, socioeconômicos, psicológicos, culturais, ergonômicos, entre outros) e também os antecedentes pessoais e familiares do avaliando e suas condições de vida, dentre os quais: hábitos, pensamentos e comportamentos do paciente, como, por exemplo, hábitos alimentares, rotina de exercícios físicos, rotina e qualidade do sono, padrão de humor e pensamentos, ocorrência de pensamentos intrusivos, ansiogênicos ou catastróficos, uso de medicações, álcool ou outras drogas, histórico de intervenções e cirurgias, etc. Importante citar que o protocolo refere que a anamnese deve adotar a abordagem centrada na pessoa avaliada e considerar determinantes do contexto em que o paciente está inserido.

O PCDT chama atenção dos profissionais de saúde, portanto, para a relevância da avaliação de determinantes psicossociais. Em específico, o texto refere:

> É fundamental que o profissional de saúde possa agregar no processo de diagnóstico, tratamento e monitoramento das pessoas com dor crônica, a percepção de identificar e reconhecer marcadores de determinantes sociais, como: identidade de gênero, orientação sexual, etnia, questões laborais e iniquidades sociais e econômicas, como indicadores de saúde que podem contribuir ou desenvolver situações de agravos e condições de adoecimento. Por isso, é imprescindível que o cuidado integral inclua a abordagem dos determinantes sociais, por meio de um acolhimento que ultrapasse o olhar clínico e contextualize histórias de vida, especialmente considerando as vulnerabilidades individuais e coletivas fruto das desigualdades sociais do país (Ministério da Saúde, 2024, p. 3).

Em relação ao exame físico, o PCDT preconiza que o profissional da saúde, ao fazer o exame físico da pessoa com dor crônica, deve seguir a rotina propedêutica para avaliação musculoesquelética e, em termos neurológicos, contemplar a avaliação da força, da sensibilidade e dos reflexos do avaliando. Em acréscimo às técnicas de entrevista de anamnese e de exame físico, o protocolo indica que diferentes questionários e escalas podem ser utilizados para avaliação de um paciente com relato de dor. Esses instrumentos podem ser aplicados, por exemplo, com o propósito de avaliar, de forma objetiva, a intensidade da dor (como é o caso das Escalas Analógicas de Dor), a capacidade funcional do paciente ou sua qualidade de vida, entre outros construtos. Seguem alguns dos instrumentos apresentados no PCDT:

Para avaliação da intensidade da dor: Escala de Descritores Verbais da Dor; Escala Visual Analógica; Escala de Faces.

Para avaliação da (in)capacidade funcional: *Owestry Disability Index* (ODI); Questionário de Incapacidade de Roland-Morris.

Para avaliação da qualidade de vida: *The Medical Outcomes Study 36-item Short-Form Health Survey* (SF-36).

Na revisão publicada por Eckeli et al. (2016), há uma descrição e uma análise de instrumentos disponíveis para o diagnóstico e a avaliação de dor neuropática. Outros questionários e escalas utilizados, sobretudo em situações de pesquisa, para avaliação de construtos de interesse à avaliação de pacientes com dor são apresentados a seguir:

Questionário de dor McGil (*McGill Pain Questionnaire* [MPQ]): Tem por objetivo identificar as qualidades sensoriais, afetivas motivacionais e avaliativas do fenômeno doloroso. Instrumento originário de Melzack (1975), adaptado para o português brasileiro por Pimenta e Teixeira (1996). É constituído de palavras que frequentemente descrevem a dor dos pacientes;

contém ainda uma escala de intensidade (0 a 5), um diagrama corporal para representação do local da dor e uma caracterização de aspectos, como periodicidade e duração da dor.

*Brazilian Profile of Chronic Pain Screen* (B-P-CP:S): Tem por objetivo classificar a frequência de qualquer dor, a frequência de dor intensa, a dor média e a maior intensidade de dor nos últimos seis meses. Consiste em quatro questões relacionadas à gravidade da dor, seis questões relacionadas à interferência da dor e cinco questões relacionadas à carga emocional. Dois dos itens de gravidade da dor são apresentados como escalas de classificação numérica, com 0 = sem dor e 10 = dor insuportável. Dois dos itens são pontuados em uma escala de 0 (nunca) a 6 (diariamente). A versão original, desenvolvida por Ruehlman et al. (2005), foi traduzida e adaptada para o Brasil por Caumo et al. (2013).

*Fibromyalgia Impact Questionnaire* (FIQ): trata-se de um questionário que envolve questões relacionadas à capacidade funcional, à situação profissional, a distúrbios psicológicos e a sintomas físicos. Burckhardt et al. (1991) desenvolveram o instrumento e investigaram suas qualidade psicométricas considerando a avaliação da qualidade de vida especificamente no contexto da fibromialgia. A medida foi traduzida e adaptada para o Brasil por Marques et al. (2006), sendo composto por 19 questões organizadas em 10 itens. Nesse instrumento, quanto maior o escore, maior é o impacto da fibromialgia na qualidade de vida.

*Pain Catastrophizing Scale* (BP-PCS): a escala originalmente desenvolvida no Centre for Research on Pain and Disability, na Universidade de Montreal/Canadá, avalia o catastrofismo, que consiste em emoções e pensamentos negativos exagerados e ruminativos durante ou antecipadamente a situações que envolvem dor

(Sullivan et al., 1995). Foi traduzida e adaptada para o Brasil por Sehn et al. (2012); os estudos psicométricos indicam que, na versão adaptada, o modelo estrutural foi mantido, com suficiente consistência interna, em três fatores: desesperança, magnificação e ruminação (Sehn et al., 2012). Os escores da escala total variam de 0 a 52 pontos, sendo que, quanto maior o escore, maior o grau de catastrofismo.

Inventário de Sensibilização Central (CSI): o instrumento foi adaptado e validado para uma população brasileira (CSI-BP) por Caumo et al. (2017). A dor crônica está frequentemente associada a outros sintomas clínicos, incluindo fadiga, sono insatisfatório, *deficits* cognitivos, dores de cabeça, depressão e ansiedade, sintomas que estão frequentemente relacionados à sensibilização central (SC), identificada em muitos distúrbios. A SC tem sintomas sobrepostos em um espectro de patologia estrutural, desde aqueles com nocicepção persistente, por exemplo, osteoartrite (OA), até aqueles sem danos ao tecido físico, como fibromialgia (FM) e síndrome da dor miofascial (MPS) (Neblett et al., 2017; Caumo et al., 2017). Para a versão brasileira, uma equipe de especialistas traduziu o CSI de acordo com as diretrizes internacionais. Foram realizados estudos de teste-reteste, análise de itens, validade convergente e análise fatorial. O CSI-BP apresentou boas evidências quanto a suas propriedades psicométricas no estudo nacional (confiabilidade teste-reteste de 0,91, alfa de Cronbach = 0,91). A análise fatorial confirmatória indicou uma estrutura de quatro fatores, apoiando a versão original em inglês.

Em acréscimo há também a Classificação Internacional de Funcionalidade, Incapacidade e Saúde (CIF), que faz parte da "linhagem" de classificações desenvolvida pela OMS para a área da saúde (Farias & Buchalla, 2005). O modelo da CIF reformula a perspectiva negativa sobre deficiência e incapacidade, adotando uma abordagem positiva que destaca as atividades que indivíduos com alterações nas funções e/ou estruturas corporais podem realizar, além de sua participação na sociedade. Assim, a funcionalidade e a incapacidade das pessoas são moldadas pelo ambiente em que vivem. A CIF representa uma mudança de paradigma na compreensão e na abordagem da deficiência e da incapacidade, tornando-se uma ferramenta essencial para avaliar as condições de vida e promover políticas de inclusão social. Essa classificação tem sido amplamente adotada em diversos setores da saúde e por equipes multidisciplinares, sendo um modelo alternativo para avaliação em saúde frente à perspectiva tradicionalmente biomédica.

## O processo de avaliação psicológica da dor

De acordo com Reppold et al. (2019, p. 15), um processo de avaliação psicológica é:

> (...) uma prática que, geralmente, envolve o levantamento de demandas; a elaboração de um plano de trabalho (definição do método ou das estratégicas mais indicadas para coleta de dados, bem como dos objetivos da avaliação); o estabelecimento de um contrato de trabalho; a execução do plano constituído; a análise, interpretação e triangulação dos dados obtidos; a elaboração de um documento psicológico e a devolução dos resultados obtidos (p. 15).

Portanto, é fundamental, para o planejamento do processo, que se considerem inicialmente a origem do encaminhamento, a finalidade da avaliação, os determinantes sócio-históricos do avaliando e seus contextos, as fontes acessíveis para consulta e os recursos disponíveis.

Uma das propostas deste capítulo é levar os psicólogos a pensarem quando e por que encaminhar um paciente com relatos de dores crônicas à avaliação psicológica. A esse respeito é importante considerar que a literatura indica seis situações em que é recomendável realizar uma avaliação psicológica de um paciente com dor neuropática (a mais comum): (a) quando a incapacidade do paciente é desproporcional aos achados clínicos; (b) quando o paciente busca os serviços de saúde de forma excessiva; (c) quando há insistência em buscar tratamentos e exames que não são apropriados; (d) quando o paciente apresenta angústia significativa; (e) quando há indícios de dependência de medicamentos ou falta de adesão ao tratamento recomendado; (f) antes da realização de procedimentos intervencionistas, como a neuroestimulação medular (Siqueira & Morete, 2014). Assim, o trabalho de um psicólogo em uma equipe multiprofissional de atenção a pacientes com dor é da ordem da prevenção e do tratamento, porque, no momento em que uma avaliação psicológica detecta de forma precoce fatores psicológicos e comportamentais que complicam a condição dos pacientes, possibilita intervenções mais adequadas e otimiza os resultados dos tratamentos.

Em termos do trabalho do psicólogo com uma equipe multidisciplinar, é necessário considerar que a avaliação psicológica permite a administração de testes psicológicos que são de uso profissional exclusivo do psicólogo, segundo o Conselho Federal de Psicologia (CFP, 2022). Assim, construtos relacionados ao funcionamento e à dinâmica psicológica (como personalidade, ansiedade, humor, agressividade, raiva, etc.) podem ser mensurados (de forma exclusiva pelos psicólogos) por testes psicométricos e/ou projetivos, de modo a contribuir de maneira objetiva e qualificada para compreensão da realidade intra e interpsíquica do paciente que relata ter dor.

Em relação às especificidades de uma avaliação psicológica que tem como foco a questão da dor crônica, é importante que o processo de avaliação psicológica seja planejado a partir de um modelo biopsicossocial (Nicholas, 2022) e inclua dados que contribuam para se conhecer o funcionamento e o grau de incapacidade dos pacientes (Farias & Buchalla, 2005). Assim, adaptado o modelo ao campo da avaliação da dor, faz-se necessário: (a) compreender a influência das emoções e dos padrões de comportamento adotados pelo avaliando sobre a dor; (b) identificar as capacidades funcionais e as limitações que a dor implica ao paciente; (c) reconhecer que o grau e a natureza da funcionalidade e da incapacidade podem diferir entre pessoas com a mesma condição de saúde, ao mesmo tempo em que podem ser os mesmos entre pessoas com condições de saúde diferentes; (d) identificar estressores e fatores agravantes, bem como seu manejo (sejam eles biológicos, psicológicos ou sociais); (e) avaliar as expectativas do paciente; (f) identificar os impactos psicossociais que a condição de dor traz ao avaliando, considerando limitações do paciente a atividades individuais e restrições em sua participação em situações da vida real; (g) conhecer as potencialidades do paciente – como é o caso da autocompaixão (Ballejos et al., 2023) – e os fatores atenuantes da dor; (h) recomendar estratégias de intervenções psicológicas; (i) indicar possíveis encaminhamentos para assistência psicossocial e atendimento multidisciplinar, se necessário.

Nesse sentido, há de se considerar que a formação do psicólogo compreende o desenvolvimento de competências relacionadas a técnicas de entrevistas, observação e medidas que o habilita a identificar, em uma avaliação psicológica, a dinâmica do funcionamento emocional, cognitivo, comportamental e social do avaliando. Isso envolve tanto o reconhecimento de atributos pessoais (forças e fragilidades) e características psicológicas/neuropsicológicas do paciente, quanto a identificação de determinantes sociais e de outros indicadores de saúde que podem contribuir para o desenvolvimento ou o agravamento de suas condições de adoecimento.

Dados da literatura mostram, por exemplo, que pessoas que relatam dores crônicas tendem a apresentar maiores indicadores de irritabilidade, ansiedade, humor deprimido, apatia, ruminações, preocupações, pensamentos catastróficos, pensamentos suicidas, somatizações e dificuldades com o sono (Arévalo-Martínez et al., 2022; Burke et al., 2015; Garnæs et al., 2022). Em termos neuropsicológicos, elas tendem a apresentar prejuízos, sobretudo em relação à atenção, à memória e a funções executivas (Attal et al., 2014; Hart et al., 2000; Galvez-Sánchez et al., 2023). Alguns achados referem *deficits* quanto à velocidade de processamento, à velocidade psicomotora (Hart et al., 2000), à flexibilidade cognitiva (Duschek et al., 2022) e ao processamento da linguagem (Higgins et al., 2018). Esses achados ajudam a pensar os construtos de interesse a serem investigados em um processo de avaliação psicológica de paciente que tem a dor crônica como queixa principal. Contudo, há de se considerar também que diversos fatores podem moderar ou mediar a relação entre dor crônica e o funcionamento psicológico/neurocognitivo, entre os quais: sintomas de humor, efeitos colaterais de medicamentos e tipo, intensidade e/ou cronicidade da dor (Higgins et al., 2018); além desses, apoio social, qualidade do sono e crença de autoeficácia também influenciam o desempenho cognitivo de pacientes com dor crônica (Ballejos et al., 2023; Galvez-Sánchez et al., 2023). Portanto, cada avaliação deve ser pensada à luz de seu contexto e das possibilidades de triangular maior número de informações sobre o caso, dando-se preferência, sempre que possível, ao uso de recursos multimétodos e à discussão multidisciplinar.

## Considerações finais

Ao final deste capítulo, destaca-se a importância da abordagem multidisciplinar no manejo e na avaliação da dor crônica, enfatizando a relevância do papel do psicólogo em um contexto clínico que se mostra cada vez mais complexo. A dor, como experiência subjetiva e multifatorial, transcende as simples manifestações físicas, refletindo, também, as dimensões emocionais e sociais que afetam a qualidade de vida dos indivíduos. Assim, a compreensão da dor exige um enfoque que ultrapasse o tratamento convencional, a fim de integrar conhecimentos de diferentes áreas da saúde e promover um atendimento holístico que considere todos os aspectos da experiência humana.

Como discutido, a prevalência alarmante de dor crônica, evidenciada em diversas pesquisas, reflete um desafio significativo para os sistemas de saúde ao redor do mundo. Dados indicam que uma parcela considerável da população enfrenta essa condição debilitante, decorrente não apenas de fatores biológicos, mas também de influências psicossociais e contextuais. Portanto, a avaliação da dor deve incorporar instrumentos e métodos que possibilitem uma visão abrangente, considerando tanto os aspectos clínicos quanto os determinantes sociais que moldam a vivência da dor.

Nesse sentido, foi possível observar, ao longo deste capítulo, que a institucionalização de protocolos, como o PCDT, representa um avanço importante em direção à sensibilização dos profissionais de saúde sobre a dor e suas complexidades. A adoção de diretrizes que promovam a avaliação integral do paciente, considerando as inter-relações entre dor, saúde mental e fatores sociais, deve ser uma prioridade. Ademais, a prática do psicólogo, centrada na identificação de padrões de comportamento, no manejo emocional e na intervenção psicológica, é essencial para a promoção do bem-estar e da funcionalidade dos indivíduos afetados pela dor crônica.

Por fim, à medida que há avanços na compreensão da dor e de suas consequências psicossociais, cresce a necessidade de um comprometimento conjunto entre as diversas disciplinas da saúde. A finalização deste capítulo convida à reflexão sobre a importância de um atendimento colaborativo e sensível às necessidades dos pacientes que envolva não apenas intervenções farmacológicas, mas também estratégias psicológicas e sociais, a fim de favorecer a recuperação e a melhora na qualidade de vida. É um chamado à ação para que todos os profissionais de saúde se unam em prol de uma abordagem mais justa, integrada e eficaz no tratamento da dor crônica, com o objetivo de comprometimento com a saúde e a dignidade de cada paciente.

## Referências

Aguiar, D. P., Souza, C. P. Q., Barbosa, W. J. M., Santos-Júnior, F. F. U., & Oliveira, A. S. (2021). Prevalence of chronic pain in Brazil: systematic review. *Brazilian Journal of Pain, 4*(3), 257-267. https://doi.org/10.5935/2595-0118.20210041

Ahmad, T. A., Gopal, D. P., Chelala, C., Dayem Ullah, A. Z., & Taylor, S. J. (2023). Multimorbidity in people living with and beyond cancer: a scoping review. *American Journal of Cancer Research, 13*(9), 4346-4365. https://pmc.ncbi.nlm.nih.gov/articles/PMC10560952/

Arévalo-Martínez, A., Moreno-Manso, J. M., García-Baamonde, M. E., Blázquez-Alonso, M., & Cantillo-Cordero, P. (2022). Psychopathological and neuropsychological disorders associated with chronic primary visceral pain: systematic review. *Frontiers in psychology, 13*, 1031923. https://doi.org/10.3389/fpsyg.2022.1031923

Attal, N., Masselin-Dubois, A., Martinez, V., Jayr, C., Albi, A., Fermanian, J., Bouhassira, D., & Baudic, S. (2014). Does cognitive functioning predict chronic pain? Results from a prospective surgical cohort.

*Brain: a journal of neurology, 137*(3), 904-917. https://doi.org/10.1093/brain/awt354

Ballejos, K. G., Calvetti, P. Ü., Schaab, B. L., & Reppold, C. T. (2023). What are the benefits of cultivating self--compassion in adults with low back pain? A systematic review. *Frontiers in psychology, 14,* 1270287. https://doi.org/10.3389/fpsyg.2023.1270287

Bray, F., Laversanne, M., Sung, H., Ferlay, J., Siegel, R. L., Soerjomataram, I., & Jemal, A. (2024). Global cancer statistics 2022: GLOBOCAN estimates of incidence and mortality worldwide for 36 cancers in 185 countries. *CA: a Cancer Journal for Clinicians, 74*(3), 229-263. https://doi.org/10.3322/caac.21834

Burckhardt, C. S., Clark, S. R., & Bennett, R. M. (1991). The fibromyalgia impact questionnaire: development and validation. *The Journal of Rheumatology, 18*(5), 728-733. https://pubmed.ncbi.nlm.nih.gov/1865419/

Burke, A. L., Mathias, J. L., & Denson, L. A. (2015). Psychological functioning of people living with chronic pain: a meta-analytic review. *The British Journal of Clinical Psychology, 54*(3), 345-360. https://doi.org/10.1111/bjc.12078

Calvetti, P. Ü., & Segabinazi, J. D. (2019). Avaliação psicológica da dor em pessoas adoecidas. In C. Hutz, D. Bandeira, C. Trentini, & E. Remor (Orgs.), *Avaliação psicológica nos contextos de saúde e hospitalar* (pp. 103-114). Artmed.

Campbell J. N. (2016). The fifth vital sign revisited. *Pain, 157*(1), 3-4. https://doi.org/10.1097/j.pain.0000000000000413

Caumo, W., Antunes, L. C., Elkfury, J. L., Herbstrith, E. G., Busanello, R. S., Souza, A., Torres, I. L., Santos, V. S, & Neblett, R. (2017). The central sensitization inventory validated and adapted for a Brazilian population: psychometric properties and its relationship with brain-derived neurotrophic factor. *Journal of Pain Research, 10,* 2109-2122.https://doi.org/10.2147/JPR.S131479

Caumo, W., Ruehlman, L. S., Karoly, P., Sehn, F., Vidor, L. P., Dall-Ágnol, L., Chassot, M., & Torres, I. L. (2013). Cross-cultural adaptation and validation of the profile of chronic pain: screen for a Brazilian population. *Pain Medicine, 14*(1), 52-61. https://doi.org/10.1111/j.1526-4637.2012.01528.x

Conselho Federal de Psicologia (CFP). (2007). *Resolução n. 013/2007. Institui a Consolidação das Resoluções relativas ao Título Profissional de Especialista em Psicologia e dispõe sobre normas e procedimentos para seu registro.* Brasília: CFP. https://site.cfp.org.br/wp-content/uploads/2008/08/Resolucao_CFP_nx_013-2007.pdf

Conselho Federal de Psicologia. (2022). *Resolução n. 023, de 13 de outubro de 2022: Institui condições para concessão e registro de psicóloga e psicólogo especialistas; reconhece as especialidades da Psicologia e revoga as Resoluções CFP n. 13, de 14 de setembro de 2007; n. 3, de 5 de fevereiro de 2016; n. 18, de 5 de setembro de 2019.* https://atosoficiais.com.br/cfp/resolucao-do-exercicio-profissional-n-23-2022-institui-condicoes-para-concessao-e-registro-de-psicologa-e-psicologo-especialistas-reconhece-as-especialidades-da-psicologia-e-revoga-as-resolucoes-cfp-n-13-de-14-de-setembro-de-2007-n-3-de-5-de-fevereiro-de-2016-n-18-de-5-de-setembro-de-2019

Corp, N., Mansell, G., Stynes, S., Wynne-Jones, G., Morsø, L., Hill, J. C., & van der Windt, D. A. (2021). Evidence-based treatment recommendations for neck and low back pain across Europe: a systematic review of guidelines. *European Journal of Pain, 25*(2), 275-295. https://doi.org/10.1002/ejp.1679

De Souza, J. B., Grossmann, E., Perissinotti, D. M. N., Oliveira Júnior, J. O., Fonseca, P. R. B., & Posso, I. P. (2017). Prevalence of chronic pain, treatments, perception, and interference on life activities: Brazilian population-based survey. *Pain Research & Management, 2017,* 4643830. https://doi.org/10.1155/2017/4643830

DeSantana, J. M., Perissinotti, D. M. N., Oliveira Júnior, J. O., Correia, L. M. F., Oliveira, C. M., & Fonseca, P. R. B. (2020). Revised definition of pain after four decades. *Brazilian Journal of Pain, 3*(3), 197-198. https://doi.org/10.5935/2595-0118.20200191

Duschek, S., Guevara, C. M. L., Serrano, M. J. F., Montoro, C. I., López, S. P., & Paso, G. A. R. (2022). Variability of reaction time as a marker of executive function impairments in fibromyalgia. *Behavioural Neurology, 2022,* 1821684. https://doi.org/10.1155/2022/1821684.

Eckeli, F. D., Teixeira, R. A., & Gouvêa, Á. L. (2016). Neuropathic pain evaluation tools. *Revista Dor*, *17*, 20-22. https://doi.org/10.5935/1806-0013.20160041

Farias, N., & Buchalla, C. M. (2005). A classificação internacional de funcionalidade, incapacidade e saúde da Organização Mundial da Saúde: conceitos, usos e perspectivas. *Revista Brasileira de Epidemiologia*, *8*(2), 187-193. https://doi.org/10.1590/S1415-790X2005000200011

Fernández-de-Las-Peñas, C., Nijs, J., Cagnie, B., Gerwin, R. D., Plaza-Manzano, G., Valera-Calero, J. A., & Arendt-Nielsen, L. (2023). Myofascial Pain Syndrome: a nociceptive condition comorbid with neuropathic or nociplastic pain. *Life*, *13*(694). https://doi.org/10.3390/life13030694

Ferretti, F., Silva, M. R., Pegoraro, F., Baldo, J. E., & De Sá, C. A. (2019). Chronic pain in the elderly, associated factors and relation with the level and volume of physical activity. *Brazilian Journal of Pain*, *2*(1), 12-20. https://doi.org/10.5935/2595-0118.20190002

Fitzcharles, M. A., Cohen, S. P., Clauw, D. J., Littlejohn, G., Usui, C., & Häuser, W. (2021). Nociplastic pain: towards an understanding of prevalent pain conditions. *Lancet*, *397*(10289), 2098-2110. https://doi.org/10.1016/S0140-6736(21)00392-5

Galvez-Sánchez, C. M., Castelli, L., & Montoro, C. I. (2023). An integrative neuropsychological approach to chronic pain, emotions, and clinical symptoms. *Behavioural Neurology*, *2023*, 9786372. https://doi.org/10.1155/2023/9786372

Garnæs, K. K., Mørkved, S., Tønne, T., Furan, L., Vasseljen, O., & Johannessen, H. H. (2022). Mental health among patients with chronic musculoskeletal pain and its relation to number of pain sites and pain intensity, a cross-sectional study among primary health care patients. *BMC Musculoskeletal Disorders*, *23*(1), 1115. https://doi.org/10.1186/s12891-022-06051-9

Gimenes, A. B., Lopes, C. T., Rodrigues-Neto, A. J. A., & Salvetti, M. G. (2020). Recording acute pain in hospitalized patients. *Brazilian Journal of Pain*, *3*(3), 245-248. https://doi.org/10.5935/2595-0118.20200178

Hart, R. P., Martelli, M. F., & Zasler, N. D. (2000). Chronic pain and neuropsychological functioning. *Neuropsychology Review*, *10*(3), 131-149. https://doi.org/10.1023/a:1009020914358

Henschke, N., Kamper, S. J., & Maher, C. G. (2015). The epidemiology and economic consequences of pain. *Mayo Clinic Proceedings*, *90*(1), 139-147. https://doi.org/10.1016/j.mayocp.2014.09.010

Higgins, D. M., Martin, A. M., Baker, D. G., Vasterling, J. J., & Risbrough, V. (2018). The relationship between chronic pain and neurocognitive function: a systematic review. *The Clinical Journal of Pain*, *34*(3), 262-275. https://doi.org/10.1097/AJP.0000000000000536

International Association for the Study of Pain. (2024). *Cancer Pain*. https://www.iasp-pain.org/advocacy/global-year/cancer-pain/

Katrein, F., Tejada, C. A. O., Restrepo-Méndez, M. C., & Bertoldi, A. D. (2015). Desigualdade no acesso a medicamentos para doenças crônicas em mulheres brasileiras. *Cadernos de Saúde Pública*, *31*(7), 1416-1426. https://doi.org/10.1590/0102-311X00083614

Kosek, E., Cohen, M., Baron, R., Gebhart, G. F., Mico, J. A., Rice, A. S. C., Rief, W., & Sluka, A. K. (2016). Do we need a third mechanistic descriptor for chronic pain states? *Pain*, *157*(7), 1382-1386. https://doi.org/10.1097/j.pain.0000000000000507

Malta, D. C., Bernal, R. T. I., Ribeiro, E. G., Ferreira, E. M. R., Pinto, R. Z., & Pereira, C. A. (2022). Dor crônica na coluna entre adultos brasileiros: dados da Pesquisa Nacional de Saúde 2019. *Revista Brasileira de Epidemiologia*, *25*, e220032. https://doi.org/10.1590/1980-549720220032.2

Marques, A. P., Santos, A. M. B., Assumpção, A., Matsutani, L. A., Lage, L. V., & Pereira, C. B. (2006). Validação da versão brasileira do *Fibromyalgia Impact Questionnaire* (FIQ). *Revista Brasileira de Reumatologia*, *46*(1), 24-31. https://doi.org/10.1590/S0482-50042006000100006

Melzack, R. (1975). The McGill Pain Questionnaire: major properties and scorin methods. *Pain*, l (3), 277-299. https://doi.org/10.1016/0304-3959(75)90044-5

Ministério da Saúde. (2024). *Portaria Conjunta SAES/SAPS/SECTICS n. 1, de 22 de agosto de 2024: aprova o protocolo clínico e diretrizes terapêuticas da dor crônica.* https://saude.rs.gov.br/upload/arquivos/202409/02153237-dor-cronica-novo-pcdt.pdf

Mullachery, P. H., Lima-Costa, M. F., & Loyola Filho, A. I. (2023). Prevalence of pain and use of prescription opioids among older adults: results from the Brazilian Longitudinal Study of Aging (ELSI-Brazil). *Lancet Regional Health: Americas, 20*, 100459. https://doi.org/10.1016/j.lana.2023.100459

Neblett, R., Hartzell, M. M., Mayer, T. G., Cohen, H., & Gatchel, R. J. (2017). establishing clinically relevant severity levels for the central sensitization inventory. *Pain Practice, 17*(2), 166-175. https://doi.org/10.1111/papr.12440

Nicholas, M, K. (2022). The biopsychosocial model of pain 40 years on: time for a reappraisal? *Pain, 163*(S1), S3-S14. https://doi.org/10.1097/j.pain.0000000000002654

Oliveira, L. C. F., Nascimento, M. A. A., & Lima, I. M. S. O. (2019). O acesso a medicamentos em sistemas universais de saúde – perspectivas e desafios. *Saúde em Debate, 43*(spe5), 286-298. https://doi.org/10.1590/0103-11042019S523

Paice, J. A., & Ferrell, B. (2011). The management of cancer pain. *CA: A Cancer Journal for Clinicians, 61*(3), 157-182. https://doi.org/10.3322/caac.20112

Pimenta, C.A.M & Teixeira, M. J. (1996). Questionário de dor McGill: proposta de adaptação para a língua portuguesa. *Revista da Escola de Enfermagem USP*, 30 (3), 473-483. https://doi.org/10.1590/S0080-62341996000300009

Raffaeli, W., Tenti, M., Corraro, A., Malafoglia, V., Ilari, S., Balzani, E., & Bonci, A. (2021). Chronic pain: what does it mean? A review on the use of the term chronic pain in clinical practice. *Journal of Pain Research, 14*, 827-835. https://doi.org/10.2147/JPR.S303186

Raja, S. N., Carr, D. B., Cohen, M., Finnerup, N. B., Flor, H., Gibson, S., Keefe, F. J., Mogil, J. S., Ringkamp, M., Sluka, K. A., Song, X-J., Stevens, B., Sullivan, M. D., Tutelman, P. R., Ushida, T., & Vader, K. (2020) The revised International Association for the Study of Pain definition of pain: concepts, challenges, and compromises. *Pain, 161*(9), 1976-1982. https://doi.org/10.1097/j.pain.0000000000001939

Reis Neto, E. T., Ferraz, M. B., Kowalski, S. C., Pinheiro, G. R., & Sato, E. I. (2016). Prevalence of musculoskeletal symptoms in the five urban regions of Brazil – the Brazilian COPCORD study (BRAZCO). *Clinical Rheumatology, 35*(5), 1217-1223. https://doi.org/10.1007/s10067-015-2963-5

Reppold, C. T., Zanini, S. S., & Noronha, A. P. P. (2019). O que é avaliação psicológica? In M. N. Baptista, M. M. Nascimento, C. T. Reppold, C. H. S. S. Nunes, L. F. Carvalho, R. Primi, A. P. P. Noronha, A. G. Seabra, S. M. Wechsler, C. S. Hutz, & L. Pasquali (Orgs.), *Compêndio de Avaliação Psicológica* (pp. 15-28). Vozes.

Ruehlman, L. S., Karoly, P., Newton, C., & Aiken, L. S. (2005). The development and preliminary validation of a brief measure of chronic pain impact for use in the general population. *Pain, 113*(1-2), 82-90. https://doi.org/10.1016/j.pain.2004.09.037

Sehn, F., Chachamovich, E., Vidor, L. P., Dall-Agnol, L., de Souza, I. C., Torres, I. L., Fregni, F., & Caumo, W. (2012). Cross-cultural adaptation and validation of the Brazilian Portuguese version of the Pain Catastrophizing Scale. *Pain Medicine, 13*(11), 1425-1435. https://doi.org/10.1111/j.1526-4637.2012.01492.x

Siqueira, J. L. D., & Morete, M. C. (2014). Avaliação psicológica de pacientes com dor crônica: quando, como e por que encaminhar? *Revista Dor, 15*(1), 51-54. https://doi.org/10.5935/1806-0013.20140012

Snijders, R. A. H., Brom, L., Theunissen, M., & van den Beuken-van Everdingen, M. H. J. (2023) Update on prevalence of pain in patients with cancer 2022: a systematic literature review and meta-analysis. *Cancers, 15*(3), 591. https://doi.org/10.3390/cancers15030591

St John Smith, E. (2018). Advances in understanding nociception and neuropathic pain. *Journal of Neurology, 265*(2), 231-238. https://doi.org/10.1007/s00415-017-8641-6

Sullivan, M. J. L., Bishop, S. R., & Pivik, J. (1995). The Pain Catastrophizing Scale: development and validation. *Psychological Assessment, 7*(4), 524- 532. https://doi.org/10.1037/1040-3590.7.4.524

World Health Organization. (2007). *The World Health Organization's fight against cancer: strategies that prevent, cure and care.* https://iris.who.int/handle/10665/43665

# 12
# Avaliação psicológica e saúde da mulher

*Nohana Emanuelly Cassiano da Silva*
*Júlia Duarte Firmino Salviano*
*Camila Nogueira Bonfim*
*Valeschka Martins Guerra*

---

*Highlights*
- A inserção do profissional de psicologia no contexto da saúde da mulher é imprescindível para uma prática integrativa e de promoção de saúde.
- A avaliação psicológica nesse contexto ainda tem baixa inserção e/ou protagonismo.
- Aspectos estruturais da sociedade patriarcal dificultam o acesso ao cuidado integral da mulher.
- Uma avaliação psicológica integrada à intervenção em saúde pode contribuir para a promoção de saúde, bem-estar e qualidade de vida.

---

Tendo o entendimento de que a avaliação psicológica se sustenta em pressupostos científicos de caráter interventivo, uma vez que buscam o levantamento de dados e análise por métodos quantitativos e qualitativos de avaliação de um determinado fenômeno, seu uso tem grande valia no campo da saúde e, especificamente, na saúde da mulher. Esse campo pode ser definido tanto em sua dimensão orgânica quanto social e política, sendo as noções de saúde e doença interseccionadas por dimensões biológicas e sociais. Assim, neste capítulo, é discutida a noção de saúde integral e integralidade na saúde da mulher a fim de considerar essas dimensões durante a avaliação e a intervenção em saúde.

De acordo com a Resolução n. 006/2019 do Conselho Federal de Psicologia (CFP, 2019), a análise dos objetos de estudo parte da compreensão de diferentes aspectos do comportamento humano (por exemplo: atitudes, opiniões, desenvolvimento, condições emocionais, entre outras). A avaliação, portanto, é promovida por meio de tes-

tes e escalas, observações, entrevistas e/ou análise de documentos, a fim de contribuir com a construção de modelos interventivos e de diagnóstico que sejam eficazes, respeitando os princípios éticos e metodológicos propostos em uma avaliação.

Nesse contexto, a contribuição dos profissionais da psicologia, para além da utilização de diferentes métodos e técnicas, parte do olhar ampliado para com o adoecimento do indivíduo e suplementa as práxis dos demais profissionais de saúde, auxiliando, por exemplo, o processo diagnóstico, de tratamento e o prognóstico dos atendidos. Apesar de sua enorme contribuição, entraves e desafios ainda cruzam o fazer da psicologia no campo da saúde.

No âmbito da promoção e da efetivação da saúde da mulher, as dinâmicas de desigualdade e poder patriarcal ainda vigoram na sociedade e no fazer médico, contribuindo para o adoecimento e a não efetivação do cuidado. Apesar da existência de leis e políticas que respaldam e garantem o cuidado e a promoção de saúde, diversos entraves nesses contextos contribuem para a não efetivação completa do direito à saúde.

É notório como a prevenção, a promoção e a recuperação da saúde da mulher pode contribuir diretamente para a superação da desigualdade e a ascensão de seu bem-estar e empoderamento, o que pode ser garantido por meio da efetivação das políticas públicas e de saúde que visam a integralidade e promovem o cuidado pleno da mulher. Nesse sentido, a presença do profissional de psicologia em todas as etapas de cuidado traz inúmeros benefícios, ao mesmo tempo em que o processo de avaliação psicológica contribui diretamente no processo de cuidado e promoção tanto da saúde física quanto mental.

## A saúde da mulher e seus desdobramentos

A saúde da mulher, tradicionalmente em sua compreensão, é relacionada ao cuidado da dimensão reprodutiva, com atenção que parte desde o pré-natal até a concepção, bem como na prevenção e no tratamento de cânceres, e no enfrentamento do climatério e da menopausa (Ministério da Saúde, 2016). Porém, convém considerar a saúde da mulher contemplando a noção de integralidade, reconhecendo os fatores orgânicos e considerando os aspectos afetivos, sociais e culturais como fontes determinantes do processo de saúde, sofrimento e adoecimento (Ferreira et al., 2020).

Assim, a saúde física e mental pode ser compreendida como resultado da relação complexa entre fatores biológicos, psicológicos e sociais, uma vez que sua expressão positiva partiria do equilíbrio entre eles. Alguns fenômenos a serem avaliados em saúde podem ser resultados da predisposição genética, da realidade social econômica, assim como do excesso da responsabilidade e da possibilidade de violência de gênero (Cordei-

ro et al., 2017; Alves et al., 2024), que marcam a trajetória da mulher, produzem agravos significativos na unidade mente-corpo e apontam a relação direta com os fatores biopsicossociais.

O desenvolvimento histórico-cultural da mulher impõe a elas uma série de limitações, reforçando o papel reprodutivo e sua vinculação com a fragilidade, adicionando desafios a conquistas significativas em âmbito político, social e profissional que, por vezes, contribuem para o agravo do adoecer (Souto & Moreira, 2021). Ferreira et al. (2020) afirmam que "as mulheres não são um grupo homogêneo; nesse sentido, uma análise interseccional, que leve em consideração idade, raça, sexualidade, deficiência, território, classe, entre outros condicionantes, faz-se essencial" (p. 2), sobretudo no campo da saúde.

Diante disso, a criação de políticas públicas que garantam os direitos e a integralidade no atendimento às mulheres em suas singularidades se torna imprescindível. Inicialmente desenvolvida em 1984 com as primeiras políticas estruturantes do Sistema Único de Saúde (SUS), nasce o Programa de Atenção Integral à Saúde da Mulher (PAISM), com o objetivo de promover a saúde relacionada aos quadros orgânicos comuns a saúde da mulher, ações preventivas e assistenciais (Osis, 1998). Contudo, mediante sua implementação, questões sociais relacionadas à saúde das mulheres começaram a ser consideradas, levando à atualização e à implementação do novo Programa Nacional de Atenção Integral à Saúde da Mulher (PNAISM) em 2004 (Ministério da Saúde, 2011).

Por meio da integralidade, a prática dos profissionais de psicologia é inserida no contexto da saúde, contribuindo para o entendimento amplo do adoecimento. Nesse sentido, a intervenção e a avaliação psicológica no contexto clínico/hospitalar ocorre tanto na internação quanto em atendimentos ambulatoriais ou especializados em saúde da mulher. Em instituições que contam com o profissional de psicologia na equipe é possível realizar o acompanhamento e reportá-lo aos demais profissionais; entretanto, em sua maioria, o atendimento e a avaliação geralmente são solicitados por outros profissionais (Capitão et al., 2005; Cordeiro et al., 2017; Alves et al., 2024).

No âmbito do atendimento integral, o acompanhamento da mulher ocorre por diversos pontos de uma rede inter e multidisciplinar, com foco na promoção de um trabalho que vise melhoria nas condições de vida e esteja articulado na promoção e na prevenção em saúde, assim como na garantia de direitos. Para isso, é necessário reconhecer que a articulação entre os diversos profissionais que compõem a rede de saúde possa, de forma conjunta, promover ações multi e intersetoriais que contemplem as mulheres em suas singularidades (Alves et al., 2024).

O desenvolvimento da mulher é marcado por diversos pontos significativos em saúde, que partem desde a menarca e até depois da menopausa, acarretando-lhe agravos que podem partir do ponto biológico/reprodutivo, mas que também contam com pontos afetivos e comportamentais. Estudos apontam que grande parte dos quadros orgânicos trazem consigo agravos psíquicos que, por vezes, aumentam a complexidade do tratamento e da recuperação (Cordeiro et al., 2017; Campos et al., 2021; Gonçalves, 2022; Alves et al., 2024).

Dentre os possíveis agravos em saúde, há complicações durante a gestação e/ou pós-parto, com a ocorrência de Diabetes, transtornos alimentares e transtornos depressivos, que apresentam demasiada recorrência (Gonçalves, 2022; Costa & Santos, 2022). Cânceres (*e.g.*, mama ou colo do útero) também são de ampla ocorrência e mobilizam diversas campanhas e desenvolvimento de políticas públicas específicas, com

enfoque principal na prevenção e no desenvolvimento de estratégias de enfrentamento (Instituto Nacional de Câncer [INCA], 2022). Outro fator importante com certo papel no desenvolvimento de adoecimentos são as vulnerabilidades (por exemplo: sociais, emocionais, econômicas, entre outras), que contribuem no sofrimento gestacional/puerperal e no desenvolvimento de cânceres, além de estarem ligadas à incidência de doenças cardiovasculares, metabólicas e imunológicas (Capitão et al., 2005; Cordeiro et al., 2017).

Também convém apontar que, diante de sobrecargas de trabalho/cuidado, assim como de altas cargas de estresse e sofrimento, há a dificuldade em manter hábitos saudáveis, como exercício, boa alimentação, boa rotina de sono e autocuidado. Estudos apontam que mulheres estão duas vezes mais propensas do que homens a desenvolver adoecimentos físicos e psíquicos, com um alto índice de comorbidades (Bezerra et al., 2021).

Diante da exposição histórica e contextual da saúde da mulher, bem como de alguns quadros comuns de adoecimento e suas particularidades, percebe-se a indissociabilidade dos sintomas físicos dos psíquicos. Reforça-se, assim, o papel imprescindível do profissional de psicologia durante o processo avaliativo e de diagnóstico, e sua grande contribuição para o desenvolvimento e a eficácia dos tratamentos. Assim, é necessário entender de que forma o profissional de psicologia se insere nesse contexto e quais são suas contribuições para a saúde da mulher.

## Aplicação da avaliação psicológica na saúde da mulher

Diante das particularidades da ciência prática e ética do profissional de psicologia, destaca-se a avaliação psicológica, podendo ser compreendida como o sustentáculo da atuação profissional.

Dentre as diretrizes para a realização da avaliação psicológica, na Resolução n. 031/2022 (CFP, 2022), as estratégias de avaliação partem da utilização de métodos, técnicas e instrumentos reconhecidos cientificamente e regulamentados pelo Sistema de Avaliação de Testes Psicológicos (SATEPSI) (CFP, s.d.).

Importa ressaltar que o processo da avaliação, em suas diversas aplicações, não se restringe apenas ao uso de testes psicométricos, sendo necessário considerar as informações obtidas por fontes fundamentais e complementares (CFP, 2022) da ciência psicológica, caracterizadas como observações e entrevistas, bem como consulta de informações em relatórios e prontuários multiprofissionais, e outros instrumentos e escalas que tenham a devida validade psicométrica. Dessa forma, sustenta-se uma prática profissional que rompe as barreiras do consultório clínico, adentrando outros espaços de cuidado que demandam e consideram a importância da ciência psicológica para auxiliar o olhar integral para com a população (Cordeiro et al., 2017).

Um dos campos que se considera a extrema importância da avaliação psicológica é o da saúde, que busca garantir por meio de seu processo interventivo a promoção de saúde, bem-estar e qualidade de vida com vistas ao desenvolvimento de políticas públicas afirmativas, bem como ao acesso à garantia de direitos a determinados grupos (Gomes et al., 2018). Pensando nas especificidades dos grupos em saúde, destaca-se sua aplicação na saúde da mulher em seus diversos contextos sociais e interventivos, a serem discorridos com maiores detalhes ao longo deste capítulo.

Diante dos contextos e das possibilidades de atuação, convém reforçar a importância dos preceitos éticos que permeiam a prática da psicologia, sobretudo nos processos avaliativos que são determinantes e expressam informações significativas sobre o avaliador e o avaliado. A ética referida não diz respeito somente ao conhecimento e à aplicação do código de ética, mas também à vivência e ao entendimento moral, às crenças e aos valores que permeiam a prática e desenvolvem a ética (Muniz et al., 2021).

Visto que o cenário brasileiro apresenta diversas especificidades, incluindo as realidades sociais e culturais que se mostram distintas, é seguro afirmar que, no âmbito da avaliação psicológica, certos avanços são necessários para o desenvolvimento de estudos e capacitação profissional, em razão de que poderão corroborar na criação de estratégias e medidas psicológicas que atenderão à diversidade e às especificidades do cenário atual (Zanini et al., 2022). Os avanços partem da consideração das diferentes realidades sociais, que devem ser consideradas desde o planejamento até o fechamento do processo avaliativo, fazendo com que o produto da avaliação seja fidedigno à realidade do avaliado e de seu contexto (Bueno & Peixoto, 2018; Campos et al., 2021).

Direcionando o olhar para o contexto da saúde e, consequentemente, da saúde da mulher, o processo avaliativo assume seu caráter complementar e, muitas vezes, definitivo para determinados processos interventivos e diagnósticos. A avaliação psicológica garante a inserção do profissional de psicologia nos contextos da saúde, suplementando as práxis dos demais profissionais por visar o entendimento integral do indivíduo e um trabalho interdisciplinar preventivo, buscando garantir o bem-estar e a qualidade de vida, bem como contribuir com novos olhares e abordagens para o tratamento e a promoção da saúde (Cordeiro et al., 2017; Gonçalves, 2022).

A saúde da mulher é uma área caracterizada pela intervenção multidisciplinar cuja finalidade é garantir a saúde integral das assistidas. Demanda uma prática que propicie tal olhar integral e atenda às necessidades para além do campo orgânico e reprodutivo (Pizzinato et al., 2012), sendo várias as possibilidades de avaliação nesse contexto.

Tanto a avaliação psicológica quanto a intervenção da psicologia acompanham a mulher em seus diferentes momentos (por exemplo: idade e/ou condições de saúde) no contexto da saúde. Ao se considerar a caracterização de que o processo avaliativo tende a partir do adoecimento do corpo, a noção de Clínica Ampliada convida a estender o foco interventivo, caminhando para a compreensão do processo saúde-doença como algo que sofre influência direta do contexto sócio-histórico-cultural, oferecendo maiores recursos para o cuidado em saúde (Coelho et al., 2022). Dessa forma, foge-se da objetividade da noção de atenção em saúde como exclusivamente biologicista/clínica, em virtude de levantar diferentes aspectos a serem considerados no momento avaliativo.

A partir dessa noção, o fenômeno a ser investigado na avaliação psicológica adquire novos contornos. Questões comuns às mulheres que partem desde a saúde reprodutiva/materna até a avaliação em procedimentos cirúrgicos em saúde e/ou estéticos (Gonçalves, 2022; Holanda et al., 2021; Lima et al., 2024) vão ao encontro de adoecimentos em saúde mental que, por vezes, agravam os quadros orgânicos e lançam luz à relevância dos direitos sexuais, de gênero e de garantia de direitos como fatores condicionantes de saúde (Brasil, 2004; Campos et al., 2021).

O campo da saúde da mulher, diante de sua multidisciplinaridade e dos diversos aspectos que a compõem, mostra-se complexo. Estudos apontam que, ao se considerar a especificidade da área e dos diversos fatores que constituem a noção de saúde, há o desenvolvimento de fatores de risco que comprometem a adesão ao processo de tratamento/acompanhamento (Rangel & Souza, 2021). Como formas de tentar combater a baixa adesão, a promoção de grupos de apoio e campanhas que desenvolvam práticas educativas e preventivas, somadas ao desenvolvimento do vínculo entre as pacientes e os profissionais envolvidos no processo interventivo, mostram-se de grande valia (Cordeiro et al., 2017; Campos et al., 2021).

Durante a avaliação psicológica, um fator que propicia um melhor resultado e o sucesso da intervenção é o vínculo entre a mulher e o profissional (Alves et al., 2024), trazendo humanização ao processo no mesmo passo em que aponta o protagonismo da avaliada. A confiança depositada nos agentes responsáveis pela promoção e pelo cuidado da saúde pode desenvolver o pertencimento à instituição de saúde que, por vezes, pode se mostrar distante e inacessível (Campos et al., 2021). Assim, a avaliação e o contato com o psicólogo logo no início do tratamento podem atuar como fortalecedores do processo interventivo e atenuadores de fatores de risco.

Conforme apontado, por meio da inserção dos profissionais de psicologia, novos olhares e abordagens abrem-se para o tratamento, a prevenção e a promoção da saúde (Capitão et al., 2005; Cordeiro et al., 2017; Alves et al., 2024). Dada a possível sensibilidade do contexto da saúde da mulher, caracterizada pelo forte entrelace dos aspectos biopsicossociais, o papel da psicologia mostra-se fundamental no processo de diagnóstico diferencial, bem como no desenvolvimento do tratamento necessário e do prognóstico. A compreensão dos demais fatores (por exemplo: a violência doméstica e de gênero, as diversas formas de vulnerabilidade, a falta de suporte social e o meio ambiente) favorece a formulação de um plano de tratamento eficaz e integral.

A avaliação em saúde da mulher pode ocorrer tanto em casos de hospitalização quanto em diferentes especialidades clínicas (em âmbito público ou privado) e em diversos níveis de atenção à saúde (Capitão et al., 2005). Remor (2019) complementa, informando que, nessa direção, a prática da avaliação psicológica no contexto clínico auxilia o entendimento contextualizado do fenômeno psicológico a ser compreendido, em razão de desencadear processos positivos de avaliação, mudança e intervenção.

Diante das possibilidades de atuação, as intervenções podem ser caracterizadas por psicodiagnósticos, por vezes complementares ao diagnóstico médico e relacionados ao tratamento, dando ênfase aos ajustes psicológicos em face da doença (Remor, 2019). Outras intervenções observadas são as avaliações pré e pós-cirúrgicas, muito importantes na realização de procedimentos que comprometem o reconhecimento de si e do próprio corpo (Lima et al., 2024).

Um fenômeno regularmente avaliado após solicitação de algum profissional da equipe multidisciplinar ou realizado pelo próprio profissional de psicologia é o fenômeno afetivo-emocional, o que pode levantar indícios sobre o processo do adoecer, a receptividade do diagnóstico, do tratamento e do prognóstico. Um exemplo de instrumento que busca entender estas características de adaptação psicológica é a Escala Diagnóstica Adaptativa Operacionalizada-Revisada (EDAO-R), comumente usada em âmbito clínico. Trata-se de um instrumento que busca avaliar a integridade e a adaptação psíquica por meio de respostas a condições externas, considerando a adequação para quatro setores da vida: afetivo-relacional, produtivo, orgânico e sociocultural (Yoshida, 2013). Spagiari et al. (2018) relatam, em sua pesquisa, o uso desse instrumento na construção do perfil psi-cológico de mulheres que foram atendidas em um ambulatório multiprofissional de atenção à saúde da mulher. Os resultados apontam uma baixa eficácia adaptativa das mulheres que compuseram a amostra diante de seus comprometimentos orgânicos, afetando diversas áreas de sua vida. Tal resultado sugere a necessidade de acompanhamento psicológico, bem como de desenvolvimento de ações preventivas em saúde e voltadas à promoção da saúde mental.

Nos ambientes clínicos e de atendimento à mulher, a construção de protocolos de avaliação psicológica pode auxiliar no entendimento de fenômenos comuns ou em áreas específicas, levando em consideração as especificidades do meio dos grupos de mulheres a serem avaliadas. Diversos fatores podem intervir diretamente na avaliação, como as condições crônicas de saúde, o uso de fármacos e fatores sociais, como a realidade do contexto familiar e responsabilidades de cuidado, a existência de rede de apoio, as condições empregatícias e a garantia de direitos (Capitão et al., 2005; Remor, 2019).

É necessário o reconhecimento e o desenvolvimento da habilidade em lidar com os diversos contingentes presentes no curso da avaliação, relativos ao estado de saúde do indivíduo avaliado, para moldar os protocolos e os procedimentos de acordo com a realidade de cada contexto (Muniz et al., 2021; Zanini et al., 2022). Os pontos referidos indicam a necessidade do diálogo entre os profissionais da saúde e apontam que, quanto mais cedo for a inserção do profissional de psicologia nos processos relacionados à saúde, melhores serão os resultados dos processos avaliativos e adaptativos frente ao adoecimento.

Assim, são observadas a dificuldade e a baixa inserção da psicologia no campo da saúde à medida que se caminha para o reconhecimento e a necessidade dessa presença nesse campo. Quando relacionado à saúde da mulher, ainda são notados certos entraves no que tange o acesso integral à saúde (Spagiari et al., 2018).

## Avaliação psicológica na saúde da mulher: desafios e condições a serem superados

Tomando como base o conceito de saúde integral abarcando os aspectos físicos, psicológicos e sociais, compreende-se o impacto que a violação de direitos e a violência estrutural podem ter. Mesmo com uma legislação comum que considera a igualdade de todos os cidadãos, a vivência em sociedades patriarcais está associada à crença na inferioridade e na objetificação feminina, à sua consequente desvalorização e à necessidade de que as mulheres sejam custodiadas (Battaglin, 2019). O julgamento, o preconceito e a violência de gênero, muitas vezes visíveis, ocorrem majoritariamente de forma velada, sendo considerados estruturais (Silva, 2010).

Tal concepção impacta o atendimento e o cuidado em saúde, com seus reflexos sendo facilmente observados na história do desenvolvimento de políticas públicas de atendimento à mulher. Seu início ocorreu nas primeiras décadas do século XX, com uma atenção destinada apenas para o processo reprodutivo (Sousa, 2023). Com a construção do PAISM, em 1984, foi estabelecida uma série de prioridades na atenção à saúde da mulher, incluindo a política de saúde pública, com ações educativas e preventivas, de diagnóstico, tratamento e recuperação, da mesma forma que promoveu a assistência à mulher na clínica ginecológica, no pré-natal, no parto e no puerpério, no planejamento familiar e no climatério, nas doenças sexualmente transmissíveis (DST), no câncer de colo de útero e de mama, entre outras demandas (Ministério da Saúde, 1984). Portanto, o programa colaborou de forma significativa com as políticas públicas no que tange a integralidade e a equidade na saúde da mulher, complementando necessidades femininas mais amplas (e não apenas o ciclo gravídico-puerperal) (Domingues et al., 2013).

Dessa forma, observa-se que a conquista dos direitos da saúde da mulher brasileira foi fruto do movimento feminista e de outros movimentos sociais em prol da saúde de todas as mulheres e de um atendimento completo (Sousa, 2023). Por meio dessas lutas sociais durante as décadas de 1970 e 1980, o PAISM foi um resultado essencial para o rompimento com o antigo sistema centrado unicamente nas questões relacionadas à reprodução (Silva et al., 2020; Santos et al., 2024). Contudo, também tinha lacunas, como: (a) ausência de atendimento à mulher climatérica; (b) saúde da mulher na adolescência; (c) saúde ocupacional; (d) saúde mental; e (e) outras demandas (Santos et al., 2024).

Diante dessas ausências, em 2004 foi construída a Política Nacional de Atenção Integral à Saúde da Mulher (PNAISM) (Ministério da Saúde, 2011), que defendia uma visão da mulher como ser completo, indo para além de um olhar reprodutivo, pois compreende a mulher como cidadã e plena de direitos (Sousa, 2023; Souto & Moreira, 2021). A fim de garantir o acesso universal e igualitário às ações e serviços de saúde que abordem as demandas biológicas, sociais e culturais das mulheres brasileiras, entre os principais objetivos dessa política estão: (a) a redução da mortalidade materna e infantil; (b) a promoção da saúde sexual e reprodutiva; (c) a prevenção e o tratamento de cânceres específicos; d) a atenção integral às vítimas de violência doméstica e sexual; e (e) a promoção da atenção à saúde de mulheres negras, idosas, trabalhadoras do campo e da cidade, indígenas e em situação de prisão (Ferreira et al., 2020; Silva, 2024; Lemos et al., 2024). Essa política está estruturada para fortalecer a atenção integral à saúde da mulher no SUS, desde a atenção básica até a hospitalar especializada, ampliando, qualificando e humanizando o cuidado com a saúde da mulher (Lemos et al., 2024).

Em relação à qualidade da atenção dada para a saúde, esta envolve aspectos psicológicos, sociais, biológicos, sexuais, ambientais e culturais (Santos, 2017). Portanto, é necessário formar profissionais que gerenciem serviços e forneçam uma assistência integral e humanizada, baseada na equidade (Pedrosa, 2005), visto que esse contexto de aplicação não pode ser reduzido a um olhar exclusivamente biomédico da saúde que percebe a doença como fatalidade (Freitas et al., 2009). É essencial que o modelo biologicista e fragmentado seja superado para dar lugar a uma atenção cuidadosa e integral (Pedrosa, 2005), com a inserção de práticas que validem e respeitem as experiências das usuárias, compartilhando informações e reconhecendo direitos (Sousa, 2023). Logo, é crucial humanizar e qualificar o cuidado em saúde, estabelecendo uma atenção integral, com escuta qualificada (Santos, 2017), inclusive no que diz respeito ao caráter multissetorial e interdisciplinar de todos os tipos de violências cometidas contra as mulheres (Martino et al., 2023).

Nesse contexto, a avaliação psicológica tem um papel fundamental no levantamento e na apresentação de informações baseadas em evidências científicas que fundamentam decisões de profissionais da psicologia e de diversas outras áreas em suas intervenções (Zanini et al., 2022). Em vista disso, no decorrer da história, houve uma consolidação da avaliação psicológica com

a promoção e a garantia de acesso a direitos humanos, do cumprimento com serviço técnico embasado na ciência e de uma maior exigência de qualidade e atenção à saúde (CFP, 2007). Assim, a restrição do uso de testes psicológicos a profissionais da psicologia é uma forma de garantir um resultado de qualidade e com rigor necessário da ética, já que diagnósticos e ou avaliações podem gerar consequências significativas na vida dos indivíduos (Zanini et al., 2021).

No entanto, diante de um cenário de tantas conquistas, ainda existem dificuldades para implantar e manter o acesso a essas ações e serviços, especialmente nas políticas públicas brasileiras, com alguns fatores que contribuem para isso: negação do direito, crises, reduções de orçamentos, falta de equipamentos e manutenções, o que contribui para um diagnóstico tardio das usuárias (Sousa, 2023; Bezerra et al., 2024). Dessa forma, embora as políticas de saúde da mulher tenham evoluído bastante, ainda há impasses a serem ultrapassados. As desigualdades de gênero, o estigma em relação à saúde sexual e reprodutiva, assim como a violência de gênero e a discriminação continuam a prejudicar a saúde das mulheres (Silva et al., 2021).

Esses impasses foram observados com maior predominância no contexto da pandemia de Covid-19, que revelou e aumentou as desigualdades sociais, econômicas, raciais e de gênero que eram realidade, potencializando ainda mais as vulnerabilidades das mulheres (Barroso & Gama, 2020). Entre seus impactos, a violência contra a mulher foi um dos fatores que influenciou na integração da saúde, entre outros motivos, como o receio de um novo coronavírus, o afastamento da rede socioafetiva, as questões financeiras e o maior convívio domiciliar (Sousa, 2023). O isolamento domiciliar fez com que mulheres ficassem presas com seus agressores, influenciando no aumento significativo dos casos de violência doméstica contra as mulheres – inclusive trans, lésbicas e bissexuais (Ferreira et al., 2020), dificultando cada vez mais o acesso à saúde em virtude da incerteza ou da falta de recursos para sair do ambiente violento (Sousa, 2023).

Para além da pandemia, a violência contra a mulher continua sendo uma barreira significativa para o completo exercício dos direitos de saúde e bem-estar. A falta de acesso a serviços de apoio especializado para as vítimas configura-se como uma preocupação iminente (Sousa, 2023). Ademais, a garantia de direitos reprodutivos, como o acesso à informação e a serviços seguros de aborto em casos permitidos por lei, continua em falta devido a embate de diferentes visões ideológicas, dificuldades à implementação das políticas e falta de proteção dos direitos humanos (Bezerra et al., 2024).

A Atenção Primária à Saúde (APS) com os Agentes Comunitários de Saúde (ACS) contribui com a função de identificar a violência intrafamiliar. Porém, o mais comum é que profissionais da psicologia não façam parte dessas equipes de APS e/ou não estejam confortáveis e preparados para lidar com essa demanda (Ferreira et al., 2020). De acordo com Andrade e Bustamante (2024), foi tardio o entendimento de que a violência doméstica contra a mulher é um problema da saúde, com uma de suas consequências: embora seja crucial ter conhecimentos acerca de práticas voltadas para as demandas de violência, há intensa falta de reconhecimento disso por parte dos profissionais da saúde.

Considerando a importância do vínculo entre os profissionais da saúde e a paciente, é fundamental respeitar as diferenças para que o atendimento seja baseado no acolhimento, sem preconceito, valores e crenças pessoais (Silva et al., 2022). Para isso, é importante que haja sensibilização com a demanda social e a capacitação profissional acerca da humanização das práticas de saúde (Silva, 2024; Moraes & Zeferino, 2024). Esse acolhimento abrange um poderoso instrumento que possibilita maior acesso da mulher aos serviços, com o objetivo de ofertar avaliação e intervenção possivelmente mais efetivas, implementando-se, assim, as diretrizes do SUS (Santos, 2017).

É papel dos profissionais de saúde, incluindo os profissionais da psicologia, proporcionar cuidado integral e orientar ações de prevenção à saúde, sendo primordial que as mulheres se sintam seguras (Moraes & Zeferino, 2024). Atualmente, as unidades de serviços são redirecionadas para dar respostas também às vítimas de lesões e traumas físicos e emocionais (Lourenço & Costa, 2020). Apesar disso, existe uma reconhecida subnotificação dos profissionais da área de saúde que atendem mulheres, em razão da dificuldade de identificação de possíveis casos de violência (Santos & Prado, 2024).

Dentre os empecilhos que dificultam o direcionamento dos casos há, ainda, o desconhecimento dos profissionais acerca dos locais para encaminhar mulheres vítimas, o medo de afetar a segurança pessoal, a recusa em se envolver com burocracia judicial e a descrença de que a violência consta nas demandas das unidades de saúde (Silva et al., 2022). Assim, é essencial um melhor preparo dos profissionais de saúde e do profissional da psicologia na equipe de atendimento à mulher vítima de violência, a fim de promover um melhor acolhimento (Lourenço & Costa, 2020) voltado a ações de prevenção, promoção, proteção e reabilitação individual e coletiva (Pontes et al., 2023).

## Benefícios da avaliação psicológica para a saúde física e mental

A avaliação psicológica como um processo de envolvimento do profissional de psicologia constitui-se como uma intervenção em saúde, especialmente na área da saúde e hospitalar, em que o envolvimento da psicologia está limitado pelo tempo do indivíduo na unidade e pelas pressões de recursos profissionais muitas vezes insuficientes (Remor, 2019).

Dessa forma, ainda que o processo possa ser mais breve do que em outros contextos, sua realização possibilita benefícios psicológicos ao ser colocado em prática também como uma alternativa interventiva, que prevê uma mescla entre a intervenção psicológica e a avaliação psicológica. A intervenção em psicologia da saúde engloba tanto serviços prestados por profissionais individualmente quanto em programas de saúde, incluindo psicodiagnóstico e diagnósticos de saúde física, estratégias de saúde preventiva, consultas e processo psicoterapêutico, bem como processo de avaliação psicológica. Desse modo, tais serviços podem ser oferecidos tanto à paciente quanto às demais pessoas envolvidas no processo saúde-doença (Durgante & Dell'Aglio, 2018).

A psicóloga ou o psicólogo da saúde, participando da atenção integral à saúde da mulher como parte de atendimento multidisciplinar, deve ter o objetivo de promover a saúde física e mental no processo de avaliação e acompanhamento psicológico. Como apontado, esse profissional tem variadas demandas de promoção no cuidado, na promoção e na prevenção em saúde. Na área hospitalar, por exemplo, essa inserção é demandada por outros profissionais da equipe multidisciplinar em casos de doenças orgânicas com comorbidades psicológicas, complicações psicológicas, reações psicológicas, efeitos so-

máticos de sofrimento psicológico e diagnóstico diferencial (Remor, 2019). Especificamente no caso da saúde da mulher, isso significa se envolver no cuidado com mulheres gestantes e puérperas (Cordeiro et al., 2017; Guo et al., 2020; Monteiro et al., 2020), em processo de abortamento ou pós-abortamento (Raphi et al., 2021; Slade et al., 2023; Yu et al., 2014), que apresentem quadros clínicos de câncer (Holanda et al., 2021), bem como em casos de disfunções sexuais (Moreira, 2013), no climatério (Freitas et al., 2016; Soares et al., 2024) e em situações de complicação no período gravídico-puerperal (Viegas et al., 2023), dentre outros.

Os fatores psicológicos são intrinsecamente ligados à evolução de processos de saúde-doença (Remor, 2019), portanto é importante conhecê-los para manejo adequado durante a promoção de saúde, a prevenção e o tratamento. Um dos papéis da psicologia é a identificação do preparo e da capacidade do indivíduo em lidar com tarefas adaptativas necessárias para manejar com as questões relacionadas ao adoecimento e à sua condição de saúde (Remor, 2019). Dessa forma, além de buscar compreender os fatores que precederam o adoecimento ou a situação atual da pessoa atendida, Remor (2019) enfatiza que o processo de avaliação psicológica deve também focar em identificar os recursos psicológicos, as forças e as virtudes tanto da pessoa quanto do meio em que ela está inserida.

Portanto, outro benefício do processo de avaliação psicológica para a compreensão da situação individual de cada usuário dos serviços de saúde é o uso de múltiplas fontes de informação, a fim de possibilitar uma visão mais ampla e integral da condição de saúde e do funcionamento psicológico. O uso de múltiplas fontes é parte integral do processo estruturado de avaliação psicológica, conforme a definição de avaliação psicológica presente na Resolução n. 031/2022 do CFP (2022). Em qualquer processo de avaliação, o profissional da psicologia deve basear sua decisão em diversas fontes reconhecidas cientificamente que auxiliem a tomada de decisão de acordo com a demanda no contexto específico em que foi solicitada. Dentre as fontes variadas, podem ser utilizados testes, diferentes técnicas e instrumentos aprovados para uso, entrevistas e anamneses, protocolos ou registros de observação, além de documentos técnicos, como relatórios de equipes multiprofissionais (CFP, 2022).

Assim, para além do uso de instrumentos específicos, é importante reconhecer o impacto de uma escuta terapêutica qualificada que compreenda a importância das questões contextuais e de gênero na saúde integral da mulher (Souza & Silveira, 2019). Isso possibilita o planejamento de intervenções focadas nas forças pessoais, nos fatores de proteção e nos potenciais de cada indivíduo. Dessa maneira, as intervenções subsequentes têm mais potencial de serem bem-sucedidas.

Assim como em outros contextos no campo da saúde, a atuação do psicólogo inserido em uma equipe multidisciplinar beneficia também o cuidado para a saúde da mulher. Complicações de saúde no período gravídico-puerperal, por exemplo, podem ocasionar emoções mais difíceis de processar mudanças de humor, quadros clínicos psicológicos leves ou mesmo graves. Nesse sentido, o atendimento integral e multidisciplinar a mulheres que sofreram gestações ectópicas de repetição desempenha um importante fator para a melhora de sua qualidade de vida (Viegas et al., 2023). A avaliação psicológica, nesses casos, presta-se à identificação de questões de saúde mental e ao provimento do suporte mais indicado (Viegas et al., 2023).

A avaliação psicológica realizada em momentos de crise de saúde, como em processo de abortamento por anomalias fetais, requer atenção especial, tendo em vista que os instrumentos para a avaliação determinam a efetividade da intervenção no momento de crise (Yu et al., 2014), devendo ser escolhidos conforme sua adequação psicométrica para que guiem efetivamente o cuidado em saúde mais adequado (Slade et al., 2023). Assim, criar sistemas efetivos de triagem para a avaliação psicológica (Yu et al., 2014) é uma maneira de garantir que o envolvimento do profissional de psicologia será feito no momento mais propício para colaborar com o manejo da situação. Além disso, a escolha de instrumentos e medidas amplamente utilizados em outras avaliações com o mesmo grupo-alvo (Slade et al., 2023) permite que os sintomas psicológicos sejam acessados de maneira mais fidedigna, o que contribui para o planejamento das intervenções mais benéficas.

Dentre os fatores de proteção para a saúde mental que podem ser investigados na avaliação psicológica de gestantes está a autoestima e a autocompaixão. Ambos os construtos se apresentam como fatores protetivos para a depressão durante a gravidez e após o parto (Guo et al., 2020; Monteiro et al., 2020). Dessa forma, evidencia-se a importância de incluir a investigação de aspectos positivos ao realizar avaliações e intervenções psicológicas com essa população, seja no início, durante ou após a gravidez.

Protocolos de saúde do Ministério da Saúde brasileiro preveem avaliação psicológica para a díade mãe-bebê no pós-parto. Cordeiro et al. (2017) pontuam que a inserção de um profissional da psicologia, um residente, por exemplo, em visitas após o nascimento do bebê realizadas por equipes de Unidades Básicas de Saúde (UBS) pode ser uma opção para ofertar esse serviço. Essa é uma das formas de inserção profissional do psicólogo que pode beneficiar a saúde da mulher, provendo-lhe uma avaliação psicológica e algumas ações psicoeducativas e de psicoprofilaxia em geral, em um momento em que, usualmente, a avaliação psicológica não está amplamente inserida.

Em situações de disfunções sexuais, como o vaginismo, Moreira (2013) recomenda que o tratamento sempre se inicie com a avaliação psicológica, integrando também terapia sexual, avaliação sexológica médica e tratamento com fisioterapia especializada. No processo de avaliação psicológica é importante investigar a experiência da dor a partir de fatores cognitivos, comportamentais e emocionais que estejam ligados a ela (Santos, 2022).

Uma variável importante de se considerar durante a avaliação psicológica é a qualidade de vida. Ao se tratar de mulheres no climatério, em especial, é recomendado que a qualidade de vida seja um norteador para planejar e avaliar processos interventivos, de avaliação psicológica e de educação em saúde (Freitas et al., 2016).

Ademais, a avaliação psicológica de cuidadores apresenta-se como possibilidade de atuação que traz resultados positivos para a mulher que esteja em tratamento de saúde na medida em que a intervenção com essa população é capaz de identificar intervenções benéficas e, indiretamente, afetar também a mulher em tratamento. Isso se dá pelo fato de que há uma inter-relação entre sintomas experienciados pela pessoa em tratamento de saúde e pela família, de maneira que esta é afetada pela condição de saúde do paciente, que por sua vez também é afetado pela dinâmica familiar (Rezende et al., 2010).

Nesse sentido, Rezende et al. (2010) realizaram uma avaliação do bem-estar global de cuidadores de mulheres em fase avançada de câncer de mama ou câncer genital. Os autores recomendam avaliar o bem-estar global com a utilização do instrumento *General Comfort Questionnaire* (GCQ), a fim de que essa avaliação seja realizada antes do falecimento de pacientes com doenças terminais e seja feita com a díade paciente-cuidador.

Assim, observou-se que a inserção da psicologia no cuidado, promoção e prevenção da saúde da mulher pode ocorrer em variados momentos e situações de saúde. Além disso, evidencia-se que a prática da avaliação psicológica é uma importante ferramenta para atuação da psicologia, pois visa o favorecimento da saúde mental e física da mulher.

## Considerações finais

Mediante o caminho traçado, contata-se como a inserção do profissional de psicologia no contexto de saúde da mulher é imprescindível para que seja alcançada a integralidade nas práticas preventivas e de promoção de saúde. Contudo, ainda são muitas as dificuldades a serem superadas para que esse processo de acompanhamento integral ocorra com maior fluidez. As dificuldades constatadas partem desde a baixa inserção e/ou baixo protagonismo do profissional de psicologia na saúde, até a rigidez patriarcal que comanda a sociedade e as instituições.

Partindo do pressuposto de que o processo de avaliação psicológica é o sustentáculo da atuação do profissional de psicologia, o reconhecimento de sua relevância nos campos da psicologia da saúde e da saúde da mulher traz contribuições ricas. Ela aproxima a psicologia da área da saúde, auxilia os processos diagnósticos/interventivos e demonstra a importância dos fenômenos psíquicos na manutenção da saúde-doença.

Por meio desse auxílio, é possível colocar em prática as noções de integralidade, trabalhando todas as áreas que contribuem para a garantia do que se entende como saúde. Convém reforçar que somente com a saúde e a promoção do bem-estar e qualidade de vida as mulheres são fortalecidas em seus contextos e apresentadas a seus direitos, fazendo com que seja possível dar continuidade à luta pela igualdade social e mitigar imposições ao ser e ao corpo feminino.

## Referências

Alves, D. L. G., Marques, A. D. B., & Nunes, B. R. (2024). Atuação do psicólogo em saúde da mulher na atenção primária. *Cadernos ESP, 18*(1), e1520-e1520. https://doi.org/10.54620/cadesp.v18i1.1520

Andrade, L. M., & Bustamante, V. (2024). A construção do cuidado na assistência às mulheres em situação de violência doméstica: perspectivas de trabalhadores e trabalhadoras da Estratégia Saúde da Família. *Physis: Revista de Saúde Coletiva, 34*, e34020. https://doi.org/10.1590/S0103-7331202434020pt

Barroso, H. C., & Gama, M. S. B. (2020). A crise tem rosto de mulher: como as desigualdades de gênero particularizam os efeitos da pandemia de COVID-19 para as mulheres no Brasil. *Revista do Ceam, 6*(1), 84-94. https://doi.org/10.5281/zenodo.3953300

Battaglini, I. (2019). Direitos humanos das mulheres: uma história de violações. In A. C. C. Fonseca, & P. G. C. Leivas (Orgs.), *Direitos humanos e saúde* (Vol. 2, pp. 149-167). UFCSPA.

Bezerra, H., Alves, R. M., Nunes, A. D., & Barbosa, I. R. (2021). Prevalence and associated factors of common mental disorders in women: a systematic review. *Public Health Review, 42*, 1604234. https://doi.org/10.3389/phrs.2021.1604234

Bezerra, M. S., Sobreira, E. N. S., Gregório, M. S. C., Morais, F., Lima, C. L. S., Andrade, C. S. G. C., Cruz, I. F., Santos, S. S. G., Ribeiro, K. S. C., Ucima, V. H., Gregório, R. G. D., Santos, A. L., Santos Júnior, C. A. C., Silva, K. L., Tobias, L. M. C., Souza, R. A., & Oliveira, S. R. (2024). Avanços e desafios das políticas públicas relacionadas à saúde da mulher no Brasil. *Brazilian Journal of Implantology and Health Sciences, 6*(4), 106-123. https://doi.org/10.36557/2674-8169.2024v6n5p106-123

Bueno, J. M. H., & Peixoto, E. M. (2018). Avaliação psicológica no Brasil e no mundo. *Psicologia: Ciência e Profissão, 38*(spe), 108-121. https://doi.org/10.1590/1982-3703000208878

Campos, F. R. P., Oliveira, J., Fukushima, L. M., & Buosi, L. M. (2021). *Saúde mental e relações sociais de gênero: impactos da violência de gênero sobre a saúde mental da mulher* [Trabalho de Conclusão de Curso, Centro Universitário de Várzea Grande]. https://repositoriodigital.univag.com.br/index.php/Psico/article/view/1466/1397

Capitão, C. G., Scortegagna, S. A., & Baptista, M. N. (2005). A importância da avaliação psicológica na saúde. *Avaliação Psicológica, 4*(1), 75-82. https://pepsic.bvsalud.org/pdf/avp/v4n1/v4n1a09.pdf

Coelho, C. S., Post, N. A., Delmondes Sobrinho, P., & Batista, E. C. (2022). Atuação do psicólogo na clínica ampliada em saúde mental. *Revista Enfermagem e Saúde Coletiva-REVESC, 7*(2), 16-26. http://revesc.org/index.php/revesc/article/download/134/142

Conselho Federal de Psicologia. (s.d.). *Sistema de Avaliação de Testes Psicológicos (SATEPSI)*. https://satepsi.cfp.org.br/

Conselho Federal de Psicologia. (2007). *Resolução CFP n. 006/2007: institui o Código de Processamento Disciplinar*. http://site.cfp.org.br/wp-content/uploads/2012/07/resolucao2007_6.pdf

Conselho Federal de Psicologia. (2019). *Resolução CFP n. 006/2019: orientações sobre elaboração de documentos escritos produzidos pela(o) psicóloga(o) no exercício profissional*. https://site.cfp.org.br/wp-content/uploads/2019/09/Resolu%C3%A7%C3%A3o-CFP-n-06-2019-comentada.pdf

Conselho Federal de Psicologia. (2022). *Resolução CFP n. 031/2022: estabelece diretrizes para a realização de Avaliação Psicológica no exercício profissional da psicóloga e do psicólogo, regulamenta o Sistema de Avaliação de Testes Psicológicos – SATEPSI e revoga a Resolução CFP n. 009/2018*. https://satepsi.cfp.org.br/legislacao.cfm

Cordeiro, S. N., Reis, M. E. B. T., Spagiari, N. T. B., & Adamowski, W. D. (2017). Contribuições da psicologia à residência multiprofissional em saúde da mulher: relato de experiência. *Revista Polis e Psique*, 7(3), 100-115. https://pepsic.bvsalud.org/pdf/rpps/v7n3/n7a07.pdf

Costa, D. A., & Santos, A. M. C. (2022). Transtornos alimentares durante o período gestacional. *Latin American Journal of Development*, 4(6), 2014-2028. https://doi.org/10.46814/lajdv4n6-014

Domingues, R. M. S. M., Leal, M. C., Hartz, Z. M. A., Dias, M. A. B., & Vettore, M. V. (2013). Acesso e utilização de serviços de pré-natal na rede SUS do município do Rio de Janeiro, Brasil. *Revista Brasileira de Epidemiologia*, 16(4), 953-965. https://doi.org/10.1590/S1415-790X2013000400015

Durgante, H., & Dell'Aglio, D. D. (2018). Critérios metodológicos para a avaliação de programas de intervenção em psicologia. *Avaliação Psicológica*, 17(1), 155-162. https://doi.org/10.15689/ap.2017.1701.15.13986

Ferreira, V. C., Silva, M. R. F., Montovani, E. H., Colares, L. G., Ribeiro, A. A., & Stofel, N. S. (2020). Saúde da mulher, gênero, políticas públicas e educação médica: agravos no contexto de pandemia. *Revista Brasileira de Educação Médica, 44* (sup. 1), e0147. https://doi.org/10.1590/1981-5271v44.supl.1-20200402

Freitas, E. R., Barbosa, A. J. G., Reis, G. A., Ramada, R. F., Moreira, L. C., Gomes, L. B., Vieira, I. D., & Teixeira, J. M. S. (2016). Educação em saúde para mulheres no climatério: impactos na qualidade de vida. *Reprodução & Climatério*, 31(1), 37-43. https://doi.org/10.1016/j.recli.2016.01.005

Freitas, G. L., Vasconcelos, C. T. M., Moura, E. R. F. & Pinheiro, A. K. B. (2009). Discutindo a política de atenção à saúde da mulher no contexto da promoção da saúde. *Revista Eletrônica de Enfermagem, 11*(2), 424-428. https://doi.org/10.5216/ree.v11.47053

Gomes, R., Murta, D., Facchini, R., & Meneghel, S. N. (2018). Gênero, direitos sexuais e suas implicações na saúde. *Ciência & Saúde Coletiva, 23*, 1997-2006. https://doi.org/10.1590/1413-81232018236.04872018

Gonçalves, R. A. (2022). Saúde mental na gestação: importância da avaliação psicológica na identificação de depressão, ansiedade e ideação suicida na gestação. *Open Science Research I, 1*(1), 1826-1838. https://downloads.editoracientifica.com.br/articles/220107204.pdf

Guo, L., Zhang, J., Mu, L., & Ye, Z. (2020). Preventing postpartum depression with mindful self-compassion intervention: a randomized control study. *The Journal of Nervous and Mental Disease, 208*(2), 101-107. https://doi.org/10.1097/NMD.0000000000001096

Holanda, J. C. R., Araújo M. H. H. P. O., Nascimento W. G., Gama M. P. A., & Sousa C. S. M. (2021). Uso do protocolo de saúde da mulher na prevenção do câncer de colo do útero. *Revista Baiana de Enfermagem, 35*, e39014. https://doi.org/10.18471/rbe.v35.39014

Instituto Nacional de Câncer. (2022). *Estimativa 2023: incidência do câncer no Brasil*. https://www.gov.br/inca/pt-br/assuntos/cancer/numeros/estimativa

Lemos, A. S., Eccard, A. F. C., Silva, C. M. A., Lima, L. V. M., Lima, I. F., Oliveira, L. G. G., Santos, P. P. R., Batista, T. C., Matias, P. T. P., Cunha, D. S. C., & Sousa Júnior, E. C. (2024). Saúde pública e gênero: um panorama sobre a política nacional de atenção integral à saúde da mulher (PNAISM). *Revista CPAQV, 16*(2). https://doi.org/10.36692/V16N2-122R

Lima, B. C. de M., Cardozo Gasparin, C., & Gregório, P. C. (2024). Procedimentos estéticos: uma abordagem psicológica. *Brazilian Journal of Implantology and Health Sciences, 6*(3), 2601-2626. https://doi.org/10.36557/2674-8169.2024v6n3p2601-2626

Lourenço, L. M., & Costa, D. P. (2020). Violência entre parceiros íntimos e as implicações para a saúde da mulher. *Gerais: Revista Interinstitucional de Psicologia, 13*(1), e130109. https://doi.org/10.36298/gerais2020130109

Martino, M. K., Sobreira, L. A., & Nakandacare, V. C. S. A. (2023). Violência sexual e aborto legal: possibilidades e desafios da atuação psicológica. *Psicologia: Ciência e Profissão, 43*, e263877. https://doi.org/10.1590/1982-3703003263877

Ministério da Saúde. (1984). *Assistência integral à saúde da mulher: bases de ação programática*. Centro de documentação. https://bvsms.saude.gov.br/bvs/publicacoes/assistencia_integral_saude_acao_programatica.pdf

Ministério da Saúde. (2011). *Política nacional de atenção integral à saúde da mulher: princípios e dire-*

*trizes*. Secretaria de Atenção à Saúde; Departamento de Ações Programáticas Estratégicas. https://bvsms. saude.gov.br/bvs/publicacoes/politica_nacional_mu lher_principios_diretrizes.pdf

Ministério da Saúde. (2016). *Protocolos da atenção básica: saúde das mulheres*. Ministério da Saúde; Instituto Sírio-Libanês de Ensino e Pesquisa. https:// bvsms.saude.gov.br/bvs/publicacoes/protocolos_aten cao_basica_saude_mulheres.pdf

Monteiro, F., Pereira, M., Canavarro, M. C., & Fonseca, A. (2020). Be a mom's efficacy in enhancing positive mental health among postpartum women presenting low risk for postpartum depression: results from a pilot randomized trial. *International Journal of Environmental Research and Public Health, 17*(13), 4679. https://doi.org/10.3390/ijerph17134679

Moraes, W. F., & Zeferino, M. G. M. (2024). Prevenção de danos à saúde da mulher: um relato de experiência. *Revista Ciência Life,1*(3), 22-33. https://revista.cien cialife.com.br/index.php/life/article/view/18/21

Moreira, R. L. B. D. (2013). Vaginismo. *Revista Médica Minas Gerais, 23*(3), 336-342. https://dx.doi. org/10.5935/2238-3182.20130053

Muniz, M., Oliveira, K. L., & Rueda, F. J. M. (2021). Ética e justiça em Avaliação Psicológica: formação e prática. In K. L. Oliveira, M. Muniz, T. H. Lima, D. Zanini, & A. A. A. Santos. (Orgs.), *Formação e estratégias de ensino em Avaliação Psicológica* (pp. 21-36). Vozes.

Osis, M. J. M. D. (1998). PAISM: um marco na abordagem da saúde reprodutiva no Brasil. *Cadernos de Saúde Pública, 14*, S25-S32. https://doi.org/10.1590/ S0102-311X1998000500011

Pedrosa, M. (2005). Atenção integral à saúde da mulher: desafios para implementação na prática assistencial. *Revista Brasileira de Medicina de Família e Comunidade, 1*(3), 72-80. https://doi.org/10.5712/ rbmfc1(3)12

Pizzinato, A., Carvalho, G. S., Cé, J. P., Machado, R. O., & Strey, M. N. (2012). Integralidade à saúde da mulher e psicologia: análise da produção científica brasileira. *Psicologia Argumento, 30*(71). https://doi. org/10.7213/psicol.argum.7478

Pontes, B. F., Silva, B. M. S., Paixão, T. O., Souza, B. G., Quitete, J. B., Jesus, L., & Silvério, L. Z. A. (2023). Liga acadêmica de saúde da mulher: empoderamento feminino, promoção de saúde e qualificação profissional. *Research, Society and Development, 12*(9), e7412943250 . http://dx.doi.org/10.33448/rsd-v12i9.43250

Rangel, V., & Souza, A. Q. (2021). Fatores associados à não adesão às consultas de pré-natal na atenção primária à saúde. *Revista de Saúde Dom Alberto, 8*(2), 244-261. https://revista.domalberto.edu.br/rev istadesaudedomalberto/article/download/674/655

Raphi, F., Bani, S., Farvareshi, M., Hasanpour, S., & Mirghafourvand, M. (2021). Effect of hope therapy on psychological well-being of women after abortion: a randomized controlled trial. *BMC Psychiatry, 21*, 598. https://doi.org/10.1186/s12888-021-03600-9

Remor, E. (2019). Avaliação Psicológica em contextos de saúde e hospitalar. In C. S. Hutz, D. R. Bandeira, C. M. Trentini, & E. Remor (Orgs.), *Avaliação Psicológica nos contextos de saúde e hospitalar* (pp. 10-19). Artmed.

Rezende, V. L., Derchain, S., Botega, N. J., Sarian, L. O., Vial, D. L., Morais, S. S., & Perdicaris, A. A. M. (2010). Avaliação psicológica dos cuidadores de mulheres com câncer pelo General Comfort Questionnaire. *Paidéia (Ribeirão Preto), 20*(46), 229-237. https://doi. org/10.1590/S0103-863X2010000200010

Santos, F. S. L. (2017). *A relevância da educação em saúde na consulta ginecológica de enfermagem* [Trabalho de Conclusão de Curso, Fundação Oswaldo Cruz; Fundação Estatal Saúde da Família]. https:// www.arca.fiocruz.br/handle/icict/36985

Santos, M. C., Araujo, M. M. M. S., & Gomes, V. B. M. (2024). A atuação psicológica no atendimento às mulheres em situação de violência psicológica. *Revista Ibero-Americana de Humanidades, Ciências e Educação, 10*(8). https://doi.org/10.51891/rease.v10i8.15024

Santos, M. N., & Prado, N. M. B. L. (2024). Cuidado na atenção primária à saúde às mulheres em situação de violência: estudo bibliométrico na Web of Science. *Revista Eletrônica de Comunicação, 18*(1), 157-169. https://doi.org/10.29397/reciis.v18iAhead-of-Print.3487

Santos, R. I. O. (2022). *Impacto do Vaginismo na Qualidade de Vida, Função Sexual e Reprodutiva: estudo retrospetivo duma amostra de mulheres portugue-*

*sas* [Dissertação de Mestrado, Universidade do Porto]. https://repositorio-aberto.up.pt/handle/10216/141893

Silva, C. J. (2024). *Vulnerabilidades em saúde vivenciadas por mulheres em situação de rua: um olhar na produção científica nacional.* [Monografia de Bacharelado, Centro Universitário Vale do Salgado]. https://sis.univs.edu.br/uploads/12/E_589.pdf

Silva, J. N., Rodrigues, E. C. R., Alcântara, D. S., Oliveira, L. F., Magalhães. C. C. R. G. N., Pinheiro, J. D., Silva, M. P. S., Ribeiro, M. S., Barros, L. C. S., & Abreu, N. P. (2020). Conhecimento das mulheres sobre métodos contraceptivos em um município do sul do Tocantins. *Revista Eletrônica Acervo Saúde, 44*, e3026. https://doi.org/10.25248/reas.e3026.2020

Silva, J. R. N. F. P., Souza, P. H. B. M. P. P., Magalhães, L. Z., Guimarães, M. I. V., Freitas, V. O., Mocbel, Y. M. A., Ramos, T. J. M., Moraes, N. P., Dias, P. C. G. P. S., & Santos, G. F. C. (2022). Cuidados e acolhimento na atenção primária à saúde de mulheres vítimas de violência: uma visão da epidemiologia e da literatura. *Research, Society and Development, 11*(8), e2011830618. https://doi.org/10.33448/rsd-v11i8.30618

Silva, M. M. J., Viana, A. L., Monteiro, J. C. dos S., Gomes-Sponholz, F. A., Freitas, P. S., & Clapis, M. J. (2021). Saúde das mulheres: vulnerabilidade, políticas de saúde e cuidado de enfermagem na pandemia de COVID-19. *Research, Society and Development, 10*(15), 1-8. doi:10.33448/rsd-v10i15.22453

Silva, S. G. (2010). Preconceito e discriminação: as bases da violência contra a mulher. *Psicologia: Ciência e Profissão, 30 (3)*, 556-571. https://doi.org/10.1590/S1414-98932010000300009

Slade, L., Obst, K., Deussen, A., & Dodd, J. (2023). The tools used to assess psychological symptoms in women and their partners after termination of pregnancy for fetal anomaly: a scoping review. *European Journal of Obstetrics & Gynecology and Reproductive Biology, 288*, 44-48. https://doi.org/10.1016/j.ejogrb.2023.07.003

Soares, S., Santos, A. M. P. V., & Martins, M. I. M. (2024). Emotional, sexual, and sleep behavior in climateric women from a city in Southern Brazil. *Revista Psicologia e Saúde, 16*, e16122307. http://dx.doi.org/10.20435/pssa.v15i1.2307

Sousa, S. C. O. (2023). *Acesso à Saúde da Mulher, no período da pandemia de COVID-19, no Brasil.* [Monografia de Bacharelado, Universidade Federal do Tocantins]. https://repositorio.uft.edu.br/handle/11612/6836

Souto, K., & Moreira, M. R. (2021). Política Nacional de Atenção Integral à Saúde da Mulher: protagonismo do movimento de mulheres. *Saúde em Debate, 45*(130), 832-846. https://doi.org/10.1590/0103-1104202113020

Spagiari, N. T. B., Cordeiro, S. N., Tambelini, C. L., Silva, L. C. G., & Reis, M. E. B. T. (2018). Perfil psicológico de mulheres atendidas por equipe multiprofissional de atenção à saúde. *Psicologia. Saúde & Doença, 19*(2), 468-476. http://dx.doi.org/10.15309/18psd190223

Viegas, J. V. O., Santos, I. C., Moura, M. E. P. P. L., Alves, A. M. C., Barbosa, R. G., Ortiz, S. L. C., Martins, M. C. O., Lima, R. E. S., Santos, B. K. S., & Silva, Y. S. (2023). *Avaliação psiquiátrica e ginecológica da paciente após gestação ectópica rota de repetição.* Seven. https://sevenpublicacoes.com.br/editora/article/view/2752

Yoshida, E. M. P. (2013). Escala Diagnóstica Adaptativa Operacionalizada de Autorrelato – EDAO-AR: evidências de validade. *Paidéia (Ribeirão Preto), 23*(54), 83-91. https://doi.org/10.1590/1982-43272354201310

Yu, X., Hu, Y., Li, Y., & Feng, S. (2014). Application of the triage assessment system for psychological assessment for pregnant women with a deadly fetal abnormality. *International Journal of Nursing Practice, 21*(1), 102-106. https://doi.org/10.1111/ijn.12293

Zanini, D. S., Oliveira, K. S., Oliveira, K. L., & Henklain, M. H. O. (2022). Desafios da Avaliação Psicológica no Brasil: nova realidade, velhas questões. *Avaliação Psicológica, 21*(4), 407-417. https://dx.doi.org/10.15689/ap.2022.2104.24162.04

Zanini, D. S., Peixoto, E. M., Andrade, J. M., & Tramonte, L. (2021). Practicing social isolation during a pandemic in Brazil: a description of psychosocial characteristics and traits of personality during COVID-19 Lockout. *Frontiers in Sociology, 6*, 1-10. https://doi.org/10.3389/fsoc.2021.615232

# 13
# Avaliação psicológica na obesidade e cirurgia bariátrica

*Alef Alves Lemos*
*Juliana Bertoletti*
*Clarissa Marceli Trentini*

---

*Highlights*

- A obesidade é uma doença crônica não transmissível (DCNT), sem cura, associada a diversas comorbidades físicas e mentais.
- O tratamento da obesidade não começa e nem termina com a cirurgia bariátrica, sendo necessário um acompanhamento psicológico no pré e no seguimento pós-operatório.
- A avaliação psicológica na bariátrica se diferencia de outros contextos, incluindo aspectos formais da avaliação dos recursos psicológicos do paciente e estratégias de preparo cirúrgico.

---

## Introdução

A bariátrica é a única cirurgia do aparelho digestivo e o único tratamento para a obesidade que prevê a obrigatoriedade de uma avaliação psicológica no pré-operatório. A bariátrica é um campo promissor na área de avaliação psicológica, e a psicologia tem sido cada vez mais requisitada também no pós-operatório dessa cirurgia.

Ao considerarmos a complexidade da obesidade, entendemos a importância do aprofundamento por parte do psicólogo bariátrico de temas transversais às ciências médicas (por exemplo: cirurgia, psiquiatria, gastroenterologia e endocrinologia), como nutrição, educação física e psicologia. Por essa razão, neste capítulo abordaremos conhecimentos que vão desde o diagnóstico e o tratamento clínico e cirúrgico da obesidade, até a avaliação psicológica nesse contexto, destacando propostas sobre como pode ser realizada a avaliação, o preparo cirúrgico e o acompanhamento pós-operatório.

## Obesidade e diagnóstico

A obesidade é uma doença crônica não transmissível (DCNT), caracterizada pelo excesso de gordura corporal e associada a diversas comorbidades físicas e mentais. Esse diagnóstico tem crescido no Brasil e no mundo, relacionando-se à redução na expectativa de vida e na funcionalidade, e a prejuízos psicossociais importantes (Mancini et al., 2021). Por se tratar de uma doença multifatorial, seu tratamento é multimodal, sendo ofertado por uma equipe multidisciplinar. A compreensão da importância de fatores psicológicos que atuam como causa, consequência e manutenção da doença (Baqai & Wilding, 2015) consolidou a presença de profissionais da saúde mental em diversos centros de tratamento da obesidade até mesmo antes de sua obrigatoriedade (Sociedade Brasileira de Cirurgia Bariátrica e Metabólica [SBCBM], 2023).

No entanto, ao contrário do que muitos pensam por estigma e preconceito, a obesidade não é questão de escolha ou preguiça. Embora o sedentarismo e o aumento da ingestão calórica sejam fortes determinantes modificáveis, nem todos os indivíduos ganham a mesma quantidade de peso ao reduzirem atividade física e serem expostos a dietas hipercalóricas. Fatores genéticos, mudanças no metabolismo (por exemplo: puberdade, gravidez e menopausa), alterações no sistema neuroendócrino que regula a fome e saciedade, privação do sono, exposição a estressores, mudanças na vida (por exemplo: divórcio, perda ou aquisição de novo emprego), transformações socioculturais provocadas pelo ambiente urbano moderno, dentre outras situações, também têm papel decisivo no ganho de tecido adiposo (Associação Brasileira para o Estudo da Obesidade e Síndrome Metabólica [ABESO], 2016).

Existem muitas formas de diagnosticar a obesidade, como por meio de Índice de Massa Corporal (IMC), composição corporal pela bioimpedância e medidas de circunferência abdominal. Embora haja diferentes métodos disponíveis, o diagnóstico de obesidade tradicionalmente é realizado a partir do IMC em razão da praticidade. Esse índice é uma medida quantitativa, em que seu valor é encontrado a partir do cálculo da divisão do peso em quilogramas (kg) pela altura em metros (m) elevada ao quadrado ($kg/m^2$), cujo resultado determina a classificação e grau da obesidade em adultos: $30kg/m^2$ considera-se obesidade grau I, $35kg/m^2$ considera-se obesidade grau II, $40kg/m^2$ ou mais considera-se obesidade grau III, $50kg/m^2$ ou mais considera-se superobesidade, $60kg/m^2$ considera-se super-superobesidade. Em crianças e idosos são estabelecidos outros critérios (ABESO, 2016).

A relação entre IMC e morbimortalidade segue uma curva em "U": a incidência de comorbidades e óbitos são maiores em pacientes com baixo peso, passando para um vale de eutrofia em IMC considerado normal e subindo novamente o risco de desfecho negativo na obesidade (Mancini et al., 2021). No entanto, o diagnóstico da obesidade baseado no IMC ainda não considera a heterogeneidade de uma mesma classe em diferentes indivíduos. Para o futuro, espera-se a possibilidade de identificar novas variáveis operacionais (fenotípicas, ômicas, composição corporal, fatores psicológicos etc.) e biomarcadores que permitirão melhor diagnóstico e estratificação da obesidade em subpopulações que considerem a patogênese variável do paciente, o perfil de risco para complicações e as respostas ao tratamento (Tahrani et al., 2023).

Abordamos uma doença progressiva e recidivante que, por essas características, necessita de cuidados contínuos para toda a vida. A obesidade está associada a outras 229 doenças, como Diabetes Mellitus tipo 2 (DM2), hipertensão, apneia do sono, gordura no fígado, doenças osteomusculares, risco aumentado de acidente vascular cerebral (AVC), infarto, câncer e depressão, apenas para citar as mais comuns. Atualmente, o entendimento é que a obesidade não tem cura, mas é possível controlá-la mediante seu tratamento, como tantas outras DCNT (Mancini et al., 2021).

O conceito de obesidade controlada considera a trajetória do peso ao longo da vida, partindo do entendimento de que o corpo insiste em recuperar o peso perdido e é difícil sustentar os resultados por muito tempo, causando o conhecido "efeito sanfona". A partir da ideia de que há uma tendência natural de retorno ao peso máximo alcançado em toda a vida, entende-se que a obesidade não é resolvida "normalizando" o IMC, ou seja, deixando-o abaixo de $25kg/m^2$ (Halpern et al., 2022). Muitos pacientes podem abandonar o tratamento porque a perda de peso foi menor do que suas expectativas ou se sentem frustrados ao reganhar o que perderam. Por isso, o objetivo do tratamento não é satisfazer um desejo social de "ser magra" – muito associado midiaticamente ao ideal de *performance* e produtividade capitalista (Neves & Mendonça, 2014) –, mas alcançar a obesidade controlada com perdas entre 10% a 15% em relação ao IMC máximo (quando em tratamento clínico) e 20% do peso total em seis meses (quando em tratamento cirúrgico), a fim de reduzir uma série de riscos à saúde (Berti et al., 2015; Halpern et al., 2022).

Os dados mais atuais sobre obesidade mostram que 14% das pessoas no mundo, incluindo adultos e crianças, têm obesidade (World Health Organization [WHO], 2022). No Brasil, a obesidade atinge 28,1% da população brasileira adulta (WHO, 2022), sendo que 33,25% apresentou algum nível de sobrepeso (IMC maior ou igual a 25) (Sistema de Vigilância Alimentar e Nutricional [SISVAN], 2023).

A obesidade entre adultos no Brasil e no mundo mais do que dobrou desde 1990 (Figura 1). A projeção é que esses números continuem aumentando, estimando-se que, em 2035, cerca de 24% da população mundial tenha obesidade (World Obesity Federation [WOF], 2024).

**Figura 1** *Prevalência de obesidade padronizada por idade entre adultos (18+ anos) no Brasil e no mundo (1990-2022)*

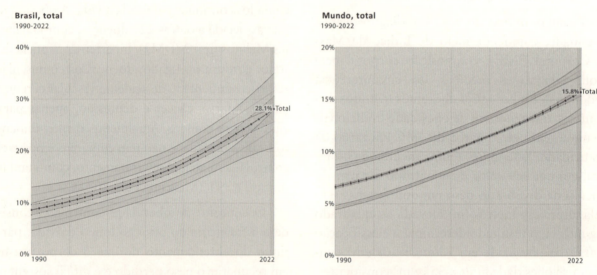

Fonte: Adaptada de WHO (2022).

O impacto econômico global inclui tanto os impactos nos custos de saúde do tratamento de obesidade e comorbidades como o impacto do IMC elevado na produtividade econômica (por exemplo: absenteísmo, presenteísmo, aposentadoria prematura e morte). Estima-se que a obesidade tenha um impacto de 2,4% no produto interno bruto (PIB) global, aumentando para 2,9% até 2035, muito próximo dos 3% que a pandemia de Covid-19 contraiu da economia mundial (WOF, 2024). Se considerarmos os custos com hospitalização, procedimentos ambulatoriais e medicamentos distribuídos pelo Sistema Único de Saúde (SUS), os gastos atribuíveis à obesidade no Brasil chegam a R$ 1,42 bilhão por ano, incluído o fator de risco para hipertensão e Diabetes (Nilson et al., 2020).

Além das comorbidades físicas, a obesidade está relacionada a problemas de ordem psicológica e social. Evidências recentes sugerem que a neuroinflamação derivada da inflamação do tecido adiposo afeta estruturas cerebrais, como o hipotálamo, o hipocampo, o córtex, o tronco cerebral e a amígdala (Guillemot-Legris & Muccioli, 2017). As limitações, os prejuízos e os cuidados advindos do adoecimento, somados aos preconceitos atrelados aos estereótipos de beleza internalizados (Liu et al., 2022), podem potencializar o desenvolvimento de transtornos psiquiátricos nessa população (Perry et al., 2021). A ansiedade, a depressão (Fulton et al., 2022), os transtornos do comportamento alimentar (Stunkard, 2011), os prejuízos cognitivos (Prickett et al., 2015), a estigmatização, a baixa autoestima, a insatisfação corporal (Myers & Rosen, 1999), os problemas ocupacionais (Jans et al., 2007) e o isolamento social (Hajek et al., 2021) podem agravar ainda mais a obesidade, fazendo com que adoecimento psíquico piore o físico e vice-versa.

Em virtude da natureza sensível do assunto na cultura brasileira, até mesmo para profissionais de saúde treinados pode ser difícil propor aos pacientes uma conversa sobre obesidade. Uma abordagem empática e um pedido de permissão são bons pontos de partida, seguidos de uma investigação detalhada sobre o histórico de peso e uma psicoeducação sobre a conexão do excesso de peso com outros problemas de saúde física e mental (Pollak et al., 2007). Se o paciente parecer desconfortável ou pouco à vontade para falar sobre seu peso, o profissional pode concluir que isso não é uma preocupação naquele momento e se disponibilizar para conversar sobre a

doença futuramente; caso contrário, poderá estabelecer metas individuais e discutir opções de tratamento (Vallis et al., 2013).

## Tratamentos para obesidade

Os tratamentos para obesidade são classificados em dois grupos maiores: o tratamento clínico e o tratamento cirúrgico. O tratamento clínico é baseado em mudança no estilo de vida (MEV) e pode incluir o uso de medicações antiobesidade, o acompanhamento nutricional, a psicoterapia e a atividade física assistida por profissional de educação física (ABESO, 2016). O tratamento cirúrgico é composto por cirurgias bariátricas e procedimentos endoscópicos, como o balão intragástrico e a gastroplastia endoscópica, todos tratamentos prescritos pelo Conselho Federal de Medicina (CFM, 2015).

Neste capítulo buscaremos aprofundar aspectos que dizem respeito ao tratamento cirúrgico da obesidade, já que é a modalidade que prevê a obrigatoriedade da avaliação psicológica. No entanto, o tratamento da obesidade não começa e nem termina com a cirurgia; na realidade, para que ela seja indicada é necessário demonstrar que o paciente não obteve sucesso no tratamento clínico para perda de peso, apesar de cuidados com a dieta, a psicoterapia, o tratamento farmacológico e a atividade física há pelo menos dois anos (ABESO, 2016; CFM, 2015).

A avaliação do sucesso do tratamento da obesidade está ligado à quantidade de peso perdido, à diminuição dos fatores de risco presentes no início do tratamento e ao aumento da qualidade de vida. Uma intervenção terapêutica é considerada eficaz para a perda de peso quando há uma redução de pelo menos 1% do peso corporal por mês, totalizando em 5%, no mínimo, em um período de três a seis meses (National

Heart, Lung and Blood Institute [NHLBI] & National Institute of Diabetes and Digestive and Kidney Diseases [NIDDK], 1998). A literatura científica sustenta que uma perda de peso entre 5% e 10% já resulta em uma significativa redução dos fatores de risco para Diabetes e doenças cardiovasculares (Klein, 2001).

Considerada a base do tratamento da obesidade, a MEV consiste em realizar escolhas alimentares e de atividade física (AF) mais saudáveis que levarão a um *deficit* no balanço energético do organismo. A redução calórica é o componente mais importante para atingir a perda de peso, enquanto o aumento e a manutenção da atividade física são particularmente importantes para manter o peso perdido (Kushner, 2014). Um bom modelo de tratamento também levará em conta a importância da saúde do sono (Ding et al., 2018), a educação em saúde e a regulação emocional (Raman et al., 2013). O acompanhamento com psicólogo, nutricionista e profissional de educação física é particularmente útil, devendo ser encorajado como parte do tratamento. Estratégias como automonitoramento, entrevista motivacional, controle de estímulos e programas de perda de peso podem ser utilizados: embora as abordagens farmacológicas e cirúrgicas para a obesidade sejam componentes adicionais ao tratamento da obesidade, apenas a MEV não é suficiente em alguns casos, visto que normalmente pode atingir uma perda de peso modesta que frequentemente é recuperada (Kushner, 2014).

O uso de medicações para o tratamento da obesidade é indicado quando há falha no tratamento não farmacológico. Atualmente, no Brasil, existem alguns medicamentos aprovados para tratamento da obesidade. As medicações diferenciam-se por seu mecanismo de ação, posologia, média de perda de peso e efeitos adversos (Nigro et al., 2021). Apenas para citar a mais popular, a semaglutida é uma medicação antiobesidade da classe dos agonistas dos receptores do GLP-1: é administrada como uma injeção subcutânea e age reduzindo o esvaziamento gástrico e a absorção de glicose pelo trato gastrointestinal, promovendo a saciedade e reduzindo a ingestão de alimentos. Quando utilizada com MEV – ou seja, adjuvante a uma dieta hipocalórica e ao aumento da atividade física para controle de peso – seu uso pode resultar em perda de peso ≥20% do peso inicial, por pelo menos 32,0% dos participantes tratados (Chao et al., 2023). Apesar de atualmente o tratamento farmacológico ter demonstrado bons resultados em termos de eficácia, a descontinuidade da medicação está associada ao reganho de peso (Rubino et al., 2021).

Em comparação à modificação comportamental e farmacoterapia, ainda que o tratamento cirúrgico tenha demonstrado superioridade em relação ao impacto na qualidade de vida, no tamanho e na duração da perda de peso (Klair et al., 2023), a manutenção do peso perdido continua sendo um desafio, mesmo para aqueles que fizeram a cirurgia bariátrica: 17,6% dos pacientes (ou um em cada seis) apresentaram recidiva da obesidade (Athanasiadis et al., 2021). Atualmente, no âmbito da bariátrica, não há um consenso internacional sobre quais seriam os critérios estabelecidos para mensurar se houve recidiva da obesidade. Mesmo reconhecendo que a Sociedade Brasileira de Cirurgia Bariátrica (SBCBM) tem seu posicionamento sobre esse assunto (Berti et al., 2015), em consonância com outros estudos (Athanasiadis et al., 2021), considera-se recidiva a recuperação de ≥10% do peso perdido após o nadir (peso mais baixo alcançado pelo paciente após a perda de peso resultante do procedimento). Por sua vez, a recidiva difere do reganho esperado, ou seja, a recuperação de <10%.

Os fatores de risco relacionados à recidiva da obesidade enquadram-se em cinco categorias: anatômico, psicológico, genético, dietético e tempo de pós-operatório. Os fatores protetores são atividade física, qualidade de vida, suporte social e consumo de frutas e zinco (Athanasiadis et al., 2021). Especificamente em relação ao aspecto psicológico, os transtornos alimentares, a depressão, a ansiedade e o comer emocional são os fatores mais significativos para o reganho de peso (Athanasiadis et al., 2021; Mauro et al., 2019). Por essa razão, os componentes comportamental e farmacológico podem ser incluídos como estratégias de tratamento tanto no preparo quanto no acompanhamento pós-operatório (Barenbaum et al., 2022; Sarwer et al., 2011).

Os indivíduos com indicação para o tratamento cirúrgico da obesidade são os adultos com obesidade grau III, obesidade grau II com outras comorbidades associadas à obesidade e obesidade grau I com Diabetes sem resposta ao tratamento (cirurgia metabólica). Dentre os procedimentos reconhecidos pelo CFM, estão: o balão intragástrico por via endoscópica, a gastrectomia vertical (ou *sleeve*) e o *bypass* gástrico (ou gastroplastia com desvio intestinal em "Y de Roux"), apenas para citar os mais comuns (CFM, 2015).

As cirurgias bariátricas disponíveis são classificadas didaticamente em restritivas, disabsortivas e técnicas mistas, diferenciando-se pelo mecanismo de funcionamento. As cirurgias restritivas diminuem a quantidade de alimentos que o estômago é capaz de receber e induzem a sensação de saciedade enquanto as disabsortivas alteram a absorção dos alimentos no nível do intestino delgado, induzindo o emagrecimento. As técnicas mistas, uma combinação de ambas as técnicas, causam uma restrição na absorção do alimento pelo estômago e um desvio no intestino (SBCBM, 2015).

O balão intragástrico (BIG) é um dispositivo da endoscopia metabólica e bariátrica mais amplamente utilizado por gastroenterologistas. O BIG é um bezoar artificial preenchido com ar ou com 400ml a 700ml de líquido, que ocupa espaço no estômago por um período provisório e com prazo recomendado por seu fabricante (de 6 a 12 meses). O uso dessa técnica diminui a capacidade gástrica e o volume residual disponível para alimentos, e promove a saciedade, resultando em perda de peso. Embora inicialmente tenha sido desenvolvido como uma estratégia temporária de perda de peso a fim de reduzir o risco operatório da bariátrica, atualmente também tem sido utilizado em pacientes com sobrepeso. De acordo com o consenso brasileiro, o BIG é indicado para pessoas que realizaram avaliação e acompanhamento multidisciplinar, com ganho de peso progressivo e falha no tratamento medicamentoso (Galvão et al., 2018; CFM, 2015).

Mesmo que haja outras técnicas emergentes, as bariátricas mais realizadas são a gastrectomia vertical e o *bypass* gástrico. Essas cirurgias acontecem sob anestesia geral e podem ser feitas de diferentes formas: aberta por um corte vertical no abdômen de aproximadamente 30cm, por videolaparoscopia, ou robótica, por meio de incisões de aproximadamente 3cm. Estas duas últimas vias são consideradas cirurgias minimamente invasivas por provocar menor dor e uma recuperação pós-operatória mais rápida (SBCBM, 2017), sendo muitas vezes necessários apenas um ou dois dias de internação hospitalar.

A *sleeve* é considerada uma cirurgia restritiva, pois consiste na ressecção do estômago, provocando alterações hormonais e restringindo mecanicamente seu volume gástrico, que fica de 80ml a 100ml. Por sua vez, o *bypass* é uma técnica mista que consiste no grampeamento de parte do estômago, criando um reservatório de aproximadamente 30ml a 50ml e um desvio do intestino em cerca de 2 m. Essa última técnica tem sido reconhecida por seu poderoso efeito metabólico e pela eficácia no controle das doenças associadas à obesidade. A indicação de qual técnica será realizada, embora baseada em critérios clínicos e cirúrgicos, é uma decisão compartilhada com o paciente para que seu desejo seja considerado (SBCBM, 2017).

Em função das modificações no aparelho digestivo provocadas pela *sleeve* e pelo *bypass*, a adesão ao tratamento torna-se ainda mais importante. A absorção de nutrientes é prejudicada, tornando importante para o paciente a habilidade em aderir ao uso contínuo da suplementação vitamínica. O comportamento alimentar é alterado em termos de quantidade alimentar e tipos de alimentos permitidos (SBCBM, 2020). Durante aproximadamente os primeiros 15 dias o paciente alimenta-se por uma dieta líquida, que pode ser mais desafiadora do ponto de vista psicológico devido à privação de açúcares e mastigação (ainda não está claro se essa mudança aumenta os níveis de ansiedade nesse primeiro período do pós-operatório). A ansiedade pré-operatória é frequente em cirurgias com anestesia geral e está relacionada com a intensidade da dor no pós-operatório (Gravani et al., 2020), sendo necessária uma abordagem de psicoprofilaxia cirúrgica que prepare o paciente para os eventos estressores do ato cirúrgico, a internação hospitalar e o pós-operatório (Moraes, 2013).

Estudos longitudinais que acompanham os pacientes a longo prazo (em um período ≥ 24 meses) indicam que a bariátrica promove benefícios sobre as dimensões da satisfação com a imagem corporal e a qualidade de vida, bem como a diminuição nos sintomas de depressão quando

estão associados à obesidade (Bertoletti et al., 2023; Gill et al., 2019). O rápido emagrecimento provocado pela bariátrica modifica como o sujeito se percebe, podendo tanto apresentar uma percepção mais positiva de si quanto estar passível de diferentes graus de distorção de imagem (Bertoletti et al., 2019; Silva et al., 2023). No entanto, passados alguns meses de cirurgia, é esperado que também ocorram transformações percebidas como negativas, como queda de cabelo e excesso de pele, que podem afetar a autoestima (Makarawung et al., 2023).

A metabolização do álcool também é alterada, promovendo uma sensibilidade à intoxicação maior do que em um aparelho digestivo que não foi modificado. Por essa razão, a população que fez a cirurgia bariátrica (em especial aqueles que fizeram a *bypass*, os tabagistas, aqueles consumidores de álcool regularmente, com diagnóstico prévio de transtorno por uso de substâncias, com uso recreativo de drogas e com menor apoio interpessoal) tem um risco aumentado de desenvolver problemas com álcool (King et al., 2012). Uma explicação etiológica popular é o "deslocamento de compulsões"; no entanto, estudos farmacocinéticos mostraram concentrações máximas de álcool rápidas após a cirurgia, sugerindo uma base neurobiológica para o aumento da recompensa etílica (Steffen et al., 2015). Por essa razão é necessário implementar na avaliação e no preparo cirúrgico estratégias que forneçam consentimento informado e educação sobre o uso de álcool no pós-operatório (Heinberg et al., 2012).

Pacientes candidatos à cirurgia bariátrica tendem a apresentar expectativas irrealistas de perda de peso após o procedimento (Wee et al., 2013): na *sleeve* há uma média de 29,5% (*DP* ± 9,0%), enquanto no *by-pass*, 31,9% (*DP* ± 8,1%) do peso total após um ano (van Rijswijk et al., 2021). Recentemente, foi desenvolvida uma calculadora baseada em *machine learning* cujo objetivo é prever trajetórias individuais de perda de peso em até cinco anos após a cirurgia bariátrica (Saux et al., 2023). Essa ferramenta pode ser particularmente útil quando combinada com o instrumento de imagem corporal "Escala Brasileira de Figuras de Silhuetas para Adultos Ampliada" (Bertoletti, 2018), tornando possível mensurar expectativas realistas em relação ao procedimento e às metas relacionadas à aparência, além de psicoeducar a respeito do "platô", do reganho esperado, da recidiva da obesidade e de mudanças na imagem corporal que levem em conta também as consequências negativas da perda de peso.

Atualmente, a cirurgia bariátrica é o tratamento padrão ouro para obesidade grau III e tem demonstrado também ser um excelente tratamento para a síndrome metabólica (Chang et al., 2014). Embora possamos observar que a cirurgia bariátrica promova melhorias substanciais no bem-estar físico e psicológico do paciente com obesidade, a presença de sintomas psicopatológicos está associada à recidiva da obesidade e a um prognóstico menos favorável em longo prazo (Mauro et al., 2019). Devido à complexidade da doença e da intervenção, além da alta prevalência de transtornos mentais entre os candidatos a essa cirurgia (Duarte-Guerra et al., 2015), os psicólogos desempenham um papel crucial na avaliação e na preparação dos pacientes. Desde os primeiros procedimentos realizados no país, acompanhando o avanço das políticas de assistência à obesidade (Quadro 1), a atuação psicológica tem sido essencial para garantir o sucesso a longo prazo e a segurança cirúrgica.

**Quadro 1** *Histórico das legislações sobre o tratamento da obesidade*

| Legislação | Ementa |
|---|---|
| Resolução CFM 2172 (2017) | Reconhece a cirurgia metabólica para o tratamento de pacientes portadores de Diabetes Mellitus tipo 2, com IMC entre 30 e 34,9kg/m2, sem resposta ao tratamento clínico convencional, como técnica experimental de alto risco e complexidade. |
| Resolução CFM 2131 (2015) | Altera o anexo da Resolução n. 1942/2010, que estabelece normas seguras para o tratamento cirúrgico da obesidade mórbida. |
| Portaria MS 424 (2013) | Redefine as diretrizes para a organização da prevenção e do tratamento do sobrepeso e da obesidade como linha de cuidado prioritária da Rede de Atenção à Saúde das Pessoas com Doenças Crônicas. |
| Portaria MS 425 (2013) | Estabelece regulamento técnico, normas e critérios para a Assistência de Alta Complexidade ao Indivíduo com Obesidade. |
| Resolução CFM 1942 (2010) | Altera a Resolução n. 1766/2005, que estabelece normas seguras para o tratamento cirúrgico da obesidade mórbida, definindo indicações, procedimentos e equipe. |
| Resolução CFM 1766 (2005) | Estabelece normas seguras para o tratamento cirúrgico da obesidade mórbida, definindo indicações, procedimentos aceitos e equipe. |

Fonte: Elaboração própria.

## Avaliação psicológica para cirurgia bariátrica

A avaliação psicológica no contexto da cirurgia bariátrica segue as recomendações estabelecidas pelo CFP para essa especialidade (Quadro 2), que destacam a importância da competência do psicólogo para fundamentar suas práticas e intervenções durante o processo de avaliação psicológica, bem como a prerrogativa de decidir quais os métodos, técnicas e instrumentos serão empregados na avaliação psicológica (CFP, 2018, 2019a, 2019b, 2024).

As legislações atuais exigem uma avaliação clínica rigorosa e uma avaliação psicológica cautelosa, estabelecendo critérios comportamentais para a elegibilidade e as contraindicações dos pacientes candidatos à cirurgia bariátrica (CFM, 2015). Em consonância com tais critérios, a avaliação reforça o sucesso do tratamento em longo prazo e a segurança cirúrgica, por identificar, prever e intervir precocemente em comportamentos que possam comprometer o sucesso na redução e na manutenção do peso (Marek et al., 2017).

Embora não exista contraindicação psicológica absoluta e definitiva para a realização da cirurgia bariátrica, é importante que o psicólogo tenha atenção a certas condições psicológicas e comportamentais no momento da avaliação psicológica, tais como: uso ou abuso de substâncias, transtornos psicóticos, depressão grave com ideação suicida, falta de compreensão quanto a riscos e mudanças de hábitos inerentes ao procedimento cirúrgico, resistência em aderir às recomendações pós-operatórias, deficiência cognitiva severa, múltiplas tentativas de suicídio ou tentativa de suicídio recente, sintomas ativos graves de transtorno obsessivo-compulsivo (TOC) e de transtorno bipolar (TAB), estressores de vida severo e uso de nicotina (CFM, 2015; SBCBM, 2023).

A SBCBM, por meio de suas Comissões de Especialidades Associadas (COESAS), tem feito recomendações aos psicólogos dispostos a trabalhar com essa demanda. O primeiro protocolo para avaliação psicológica em cirurgia bariátrica foi elaborado em 2015 (SBCBM, 2015); entre as recomendações, verifica-se: um número mínimo de três consultas na fase de avaliação pré-operatória, a inscrição do psicólogo por pelo menos dois anos no Conselho Regional de Psicologia (CRP), assim como a importância de ter o título de especialista em Psicologia Clínica e/ou Hospitalar. Cabe ainda ao psicólogo que trabalha nesse contexto buscar, de forma contínua, conhecimentos consistentes em obesidade, transtornos alimentares e cirurgia bariátrica e metabólica (SBCBM, 2023).

A fase de avaliação pré-operatória deve incluir, além dos aspectos formais da avaliação dos recursos psicológicos do paciente, orientações sobre a cirurgia e suas consequências em curto, médio e longo prazos, a fim de esclarecer dúvidas e promover o conhecimento em relação à alimentação e às MEV esperadas (SBCBM & COESAS, 2023). Esse aspecto informativo tem sido relacionado à noção de preparo psicológico ou preparo cirúrgico, o que diferencia essa prática avaliativa de outros contextos. A aplicação de testes, instrumentos e técnicas de psicodiagnóstico fica a critério de cada profissional, sendo importante que testes psicológicos utilizados constem da lista de instrumentos aprovados pelo Sistema de Avaliação de Testes Psicológicos (SATEPSI) do CFP (s.d.).

Atualmente não há uma entrevista clínica semiestruturada padronizada para esse contexto adaptado nacionalmente, ou seja, os aspectos levantados nessas entrevistas variam conforme cada psicólogo. Essas coletas e análises são realizadas, em média, por meio de 3,5 (*DP* ± 1,2) consultas, com duração de 49 minutos (*DP* ± 19,2) cada, de preferência com apenas poucos meses de antecedência ao ato cirúrgico. Revisões de prontuário, entrevista com o familiar e discussões em equipe também são importantes fontes complementares de informação. No estu-

**Quadro 2** *Resoluções do CFP relativas à prática da avaliação psicológica no Brasil*

| Resolução | Ementa | Principais pontos do corpo normativo |
|---|---|---|
| Resolução CFP 009 (2018) | Estabelece diretrizes para a realização de avaliação psicológica no exercício profissional do(a) psicólogo(a) e regulamenta o Sistema de Avaliação de Testes Psicológicos (SATEPSI). | Na avaliação psicológica, o(a) psicólogo(a) deve basear sua decisão em métodos, técnicas e/ou instrumentos psicológicos reconhecidos cientificamente para uso em sua prática profissional (fontes fundamentais de informação), podendo recorrer a procedimentos e recursos auxiliares, como técnicas/instrumentos não psicológicos que tenham respaldo da literatura científica e respeitem o Código de Ética, e documentos técnicos, tais como protocolos ou relatórios de equipes multiprofissionais. |
| Resolução CFP 006 (2019a) | Orientações sobre a elaboração de documentos escritos produzidos pela(o) psicóloga(o) no exercício profissional. | Difere os documentos que são provenientes de avaliação psicológica de outros relativos às diversas formas de atuação da(o) psicóloga(o), por estabelecer o relatório multiprofissional e, também, regulamentar aspectos referentes ao destino e ao envio de documentos e fatores relacionados à entrevista devolutiva. |
| Resolução CFP 018 (2019b) | Reconhece a avaliação psicológica como especialidade da psicologia e institui a consolidação das Resoluções relativas ao Título Profissional de Especialista em Psicologia. | O título concedido à(ao) psicóloga(o) será denominado "Especialista em Avaliação Psicológica". Da(o) profissional requerente dessa especialidade, espera-se formação que contemple competências capazes de fundamentar as práticas profissionais envolvendo processos de avaliação psicológica. Cabe a(o) psicóloga(o) a prerrogativa de decidir quais são os métodos, as técnicas e instrumentos empregados nessa avaliação, desde que devidamente fundamentados na literatura científica psicológica e nas normativas vigentes do CFP. |
| Resolução CFP 009 (2024) | Regulamenta o exercício profissional da psicologia mediado por Tecnologias Digitais da Informação e da Comunicação (TDIC) em território nacional e revoga a Resolução CFP n. 011, de 11 de maio de 2018, e a Resolução CFP n. 004, de 26 de março de 2020. | Considera-se exercício Profissional da Psicologia mediado por TDIC toda atividade profissional exercida pelo(a) psicólogo(a) que envolva emprego eventual ou frequente dessas tecnologias para as comunicações entre as partes envolvidas no serviço, incluindo comunicação e manifestação perante os usuários de seus serviços psicológicos e emprego de métodos e técnicas psicológicas dependentes de servidores remotos, entre outras. É responsabilidade do profissional avaliar a viabilidade e adequação das TDIC às atividades implementadas, em cumprimento aos dispositivos do Código de Ética Profissional do Psicólogo (CEPP) e em atenção às evidências científicas e de prática profissional. |

Fonte: Elaboração própria.

do de Lemos (2023), que entrevistou psicólogos que trabalham no contexto da cirurgia bariátrica, a entrevista clínica mostrou-se uma unanimidade entre a amostra, sendo uma importante aliada na coleta de informações sobre o funcionamento psicológico.

No sentido de apresentar instruções para os psicólogos que atuam nesse contexto, em 2023, foi lançado pela SBCBM, em conjunto com a COESAS, as *Diretrizes brasileiras de assistência psicológica em cirurgia bariátrica e metabólica* (SBCBM, 2023), o primeiro documento nacional que divulga orientações mais amplas e profundas sobre o tratamento psicológico do paciente portador de obesidade grave. As diretrizes têm como objetivo principal nortear a conduta dos psicólogos que atuam no tratamento da obesidade e cirurgia bariátrica em serviços públicos e/ou privados, reduzindo dessa forma a grande variedade de intervenções psicológicas, muitas vezes inadequadas, no tratamento cirúrgico da obesidade (SBCBM, 2023).

No momento atual, observamos um consenso sobre critérios importantes a serem avaliados que envolvem quatro domínios: cognição, emoção, comportamento, apoio social e comorbidades psiquiátricas (Figura 2). Contudo, ainda há uma grande variabilidade de instrumentos utilizados nas avaliações psicológicas pré-operatórias, que podem incluir ou não o uso adicional de testes psicométricos, projetivos, escalas e questionários de autorrelato (Lemos, 2023).

**Figura 2** *Principais aspectos psicológicos avaliados na cirurgia bariátrica e principais fontes de coleta desses dados*

| Principais aspectos psicológicos avaliados |
|---|
| **Cognição**: capacidade de compreensão quanto à operação e a seus riscos; conhecimentos a respeito das mudanças de estilo de vida necessárias e a habilidade em aderir às orientações em saúde. |
| **Emoção e comportamento**: desejabilidade social, autoestima, autoeficácia, motivação, comportamento alimentar e atividade física. |
| **Social**: satisfação relacional, suporte social e vida profissional. |
| **Comorbidade psiquiátrica**: transtornos de ansiedade, transtornos alimentares, transtornos de humor, transtornos psicóticos, transtornos do sono, transtorno por uso de substâncias e histórico de abusos e tentativas de suicídio. |

| Principais fontes de indormação e coleta de dados |
|---|
| Entrevista clínica semiestruturada. |
| Testes psicométricos e projetivos. |
| Escalas de autorrelato. |
| Questionários. |
| Prontuário. |
| Discussão em equipe. |
| Abordagem com o familiar. |

Fonte: Adaptado de Lemos (2023).

As revisões sistemáticas levantaram os instrumentos mais utilizados em pesquisas sobre avaliação psicológica para bariátrica: *Body Shape Questionnaire* (BSQ); Inventário de Depressão de Beck – Segunda Edição [*Beck Depression Inventory-II* [BDI-II]); Inventário de Personalidade NEO Revisado (*Revised NEO Personality Inventory* [NEO-PI-R]); Inventário de Cinco Fatores NEO Revisado (*NEO Five Factor Inventory* [NEO-FFI-R]); Inventário Multifásico Minnesota de Personalidade (*Minnesota Multiphasic Personality Inventory* [MMPI]); Escala de Compulsão Alimentar Periódica (ECAP); Escala Hospitalar de Ansiedade e Depressão (*Hospital Anxiety and Depression Scale* [HADS]); Questionário sobre Padrões de Alimentação e Peso; *Eating Disorder Inventory-3* (EDI-3); *Eating Disorder Examination Questionnaire* (EDE-Q); *MOVE!11 Questionnaire*, dentre muitos outros (Bertoletti, 2018; Castro, 2017; Flores, 2014; Silva et al., 2019). Para além desses, outros instrumentos que avaliam autoimagem ou personalidade podem ser importantes na avaliação e preparo: Escala Brasileira de Figuras de Silhuetas para Adultos Ampliada, Teste das Pirâmides Coloridas de Pfister, *House-Tree-Person*, Teste de Apercepção Temática e o Teste de Rorschach (Silva et al., 2022; Lemos, 2023).

Instrumentos como escalas e questionários de domínio público são amplamente utilizados em pesquisas por serem gratuitos e de fácil aplicação, sem exigir muito treinamento (Alves et al., 2021). No entanto, o avaliador deve ser cauteloso ao usá-los para decisões assistenciais, pois pode haver discrepâncias entre o autorrelato e seu comportamento real (Kohlsdorf & Costa, 2009). Em algumas situações, como na expectativa de aprovação para a cirurgia bariátrica, pacientes podem fornecer respostas que acreditam serem desejadas, mas que não refletem sua realidade (Butt et al., 2021). O uso de testes projetivos e outros instrumentos exclusivos do psicólogo, por outro lado, diminui o controle do candidato sobre os resultados, permitindo uma compreensão mais profunda da realidade subjetiva do avaliando e promovendo *insights* durante a aplicação (Milani et al., 2014).

A avaliação psicológica é essencial para o preparo cirúrgico, pois resulta em um importante laudo ou atestado, além de uma devolutiva para o paciente e equipe feita durante reuniões (ou *rounds*) periódicas. No entanto, a atuação do psicólogo nesse contexto não é apenas avaliativa: as legislações atuais (Ministério da Saúde, 2013) trazem o entendimento de que o acompanhamento multidisciplinar no pós-operatório é tão relevante quanto o preparo pré-operatório, devendo seguir por, no mínimo, 18 meses após a cirurgia. Em suas diretrizes e protocolos, a COESAS levanta até mesmo a possibilidade de uma abordagem psicológica opcional no transoperatório, ou seja, no bloco cirúrgico (normalmente na sala de preparo cirúrgico) e no quarto de internação hospitalar (SBCBM, 2015; SBCBM, 2023). Na Figura 3 elaboramos um fluxograma com sugestões de como pode ser realizada a avaliação, o preparo cirúrgico e o acompanhamento pós-operatório.

## Considerações finais

A cirurgia bariátrica é o único entre os tratamentos para a obesidade que exige a avaliação do psicólogo sobre os recursos comportamentais, cognitivos, sociais e emocionais do paciente, bem como sobre sua capacidade de aderir às recomendações de MEV e seguir com a equipe após o procedimento. Sabe-se que a manutenção do peso após a bariátrica continua sendo um desafio para os pacientes, não havendo um consenso sobre os critérios que avaliam a recidiva da obesidade. Por ser uma doença de grande complexidade, entendemos que a cirurgia bariátrica é apenas o primeiro passo de um tratamento que deve ser seguido continuamente.

A avaliação psicológica no contexto da bariátrica tem algumas particularidades, como a necessidade de que o paciente e sua família recebam informações de caráter psicoeducacional para a cirurgia, o que é chamado de preparo psicológico ou cirúrgico. Assim, espera-se que o psicólogo que trabalha nesse contexto busque conhecimentos atualizados e multidisciplinares sobre obesidade e cirurgia bariátrica. As diretrizes mais recentes têm buscado trazer informações e direcionamentos para os psicólogos que realizam avaliação para bariátrica, o que é de grande valia para orientar condutas e intervenções no período pré, trans e pós-operatório, e oferecer o melhor preparo e um ótimo acompanhamento psicológico no tratamento da obesidade.

**Figura 3** *Fluxograma do processo de avaliação e acompanhamento psicológico da cirurgia bariátrica*

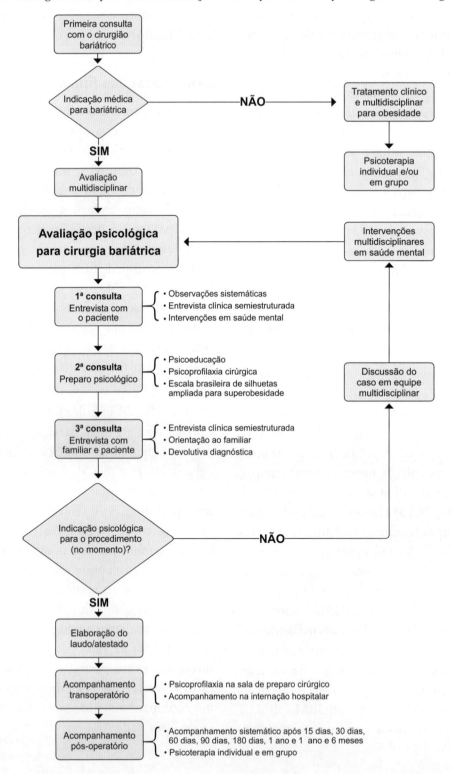

Fonte: Elaboração própria.

## Referências

Alves, M. R. P. F., Negreiros, B. T. C., Azevedo, A. T. L., & Alchiere, J. C. (2021). Práticas avaliativas realizadas por psicólogos hospitalares: um estudo descritivo. *Avaliação Psicológica*, 20(2), 163-170. https://doi.org/10.15689/ap.2021.2002.18576.04

Associação Brasileira para o Estudo da Obesidade e da Síndrome Metabólica. (2016). *Diretrizes brasileiras de obesidade* (4ª ed.). https://abeso.org.br/wp-content/uploads/2019/12/Diretrizes-Download-Diretrizes-Brasileiras-de-Obesidade-2016.pdf

Athanasiadis, D. I., Martin, A., Kapsampelis, P., Monfared, S., & Stefanidis, D. (2021). Factors associated with weight regain post-bariatric surgery: a systematic review. *Surgical endoscopy*, 35, 4069-4084. https://doi.org/10.1007/s00464-021-08329-w

Baqai, N., & Wilding, J. P. (2015). Pathophysiology and aetiology of obesity. *Medicine*, 43(2), 73-76. https://doi.org/10.1016/j.mpmed.2014.11.016

Barenbaum, S. R., Zhao, A. S., Saunders, K. H., Aronne, L. J., & Shukla, A. P. (2022). Management of weight regain following bariatric surgery: behavioral intervention and pharmacotherapy. *Expert Review of Endocrinology & Metabolism*, 17(5), 405-414. https://doi.org/10.1080/17446651.2022.2101993

Berti, L. V., Campos, J., Ramos, A., Rossi, M., Szego, T., & Cohen, R. (2015). Position of the sb-cbm – nomenclature and definition of outcomes of bariatric and metabolic surgery. *Arquivos Brasileiros de Cirurgia Digestiva*, 28. https://doi.org/10.1590/S0102-6720201500S100002

Bertoletti, J. (2018). *Imagem corporal e qualidade de vida em pessoas submetidas à cirurgia bariátrica* [Tese de doutorado, Universidade Federal do Rio Grande do Sul]. http://hdl.handle.net/10183/217162

Bertoletti, J., Aparício, M. J. G., Bordignon, S., & Trentini, C. M. (2019). Body image and bariatric surgery: a systematic review of literature. *Bariatric surgical practice and patient care*, 14(2), 81-92. https://doi.org/10.1089/bari.2018.0036

Bertoletti, J., Aparicio, M. J. G., Bordignon, S., Souza, L. M. B., & Trentini, C. M. (2023). Imagem corporal e qualidade de vida após a cirurgia bariátrica: um es-

tudo longitudinal. *PSI UNISC*, 7(1), 158-170. https://doi.org/10.17058/psiunisc.v7i1.17754

Butt, M., Wagner, A., & Rigby, A. (2021). Associations of social desirability on psychological assessment outcomes for surgical weight loss patients. *Journal of Clinical Psychology in Medical Settings*, 28(2), 384-393. https://doi.org/10.1007/s10880-020-09725-5

Castro, T. G. D., Pinhatti, M. M., & Rodrigues, R. M. (2017). Avaliação de imagem corporal em obesos no contexto cirúrgico de redução de peso: revisão sistemática. *Temas em psicologia*, 25(1), 53-65. https://doi.org/10.9788/TP2017.1-04Pt

Chang, S.-H., Stoll, C. R., Song, J., Varela, J. E., Eagon, C. J., & Colditz, G. A. (2014). The effectiveness and risks of bariatric surgery: an updated systematic review and meta-analysis, 2003-2012. *Journal of the American Medical Association Surgery*, 149(3), 275-287. https://doi.org/10.1001/jamasurg.2013.3654

Chao, A. M., Tronieri, J. S., Amaro, A., & Wadden, T. A. (2023). Semaglutide for the treatment of obesity. *Trends in Cardiovascular Medicine*, 33(3), 159-166. https://doi.org/10.1016/j.tcm.2021.12.008

Conselho Federal de Medicina. (2015). *Resolução n. 2131/2015*. https://sistemas.cfm.org.br/normas/visualizar/resolucoes/BR/2015/2131

Conselho Federal de Psicologia. (2018). *Resolução CFP 009/2018 de 25 de abril de 2018*. https://sistemas.cfm.org.br/normas/visualizar/resolucoes/BR/2015/2131

Conselho Federal de Psicologia. (2019a). *Resolução CFP 006/2019 de 29 de março de 2019*. https://atosoficiais.com.br/cfp/resolucao-do-exercicio-profissional-n-6-2019-institui-regras-para-a-elaboracao-de-documentos-escritos-produzidos-pela-o-psicologa-o-no-exercicio-profissional-e-revoga-a-resolucao-cfp-no-15-1996-a-resolucao-cfp-no-07-2003-e-a-resolucao-cfp-no-04-2019?q=006/2019

Conselho Federal de Psicologia. (2019b). *Resolução CFP 018/2019 de 05 de setembro de 2019*. https://atosoficiais.com.br/cfp/resolucao-do-exercicio-profissional-n-18-2019-reconhece-a-avaliacao-psicologica-como-especialidade-da-psicologia-e-altera-a-resolucao-cfp-n-13-de-14-de-setembro-de-2007-que-institui-a-consolidacao-das-resolucoes-relativas-ao-titulo-profissional-de-especialista-em-psicologia

Conselho Federal de Psicologia. (2024). *Resolução CFP 009/2024 de 18 de julho de 2024*. https://atosoficiais.com.br/cfp/resolucao-do-exercicio-profissional-n-9-2024-regulamenta-o-exercicio-profissional-da-psicologia-mediado-por-tecnologias-digitais-da-informacao-e-da-comunicacao-tdics-em-territorio-nacional-e-revoga-as-resolucao-cfp-n%C2%BA-11-de-11-de-maio-de-2018-e-resolucao-cfp-n%C2%BA-04-de-26-de-marco-de-2020

Conselho Federal de Psicologia. (s.d.). *Sistema de Avaliação de Testes Psicológicos (SATEPSI)*. https://satepsi.cfp.org.br/

Ding, C., Lim, L. L., Xu, L., & Kong, A. P. S. (2018). Sleep and obesity. *Journal of obesity & metabolic syndrome*, 27(1), 4. https://doi.org/10.7570/jomes.2018.27.1.4

Duarte-Guerra, L. S., Coêlho, B. M., Santo, M. A., & Wang, Y.-P. (2015). Psychiatric disorders among obese patients seeking bariatric surgery: results of structured clinical interviews. *Obesity Surgery*, 25, 830-837. https://doi.org/10.1007/s11695-014-1464-y

Flores, C. A. (2014). Avaliação psicológica para cirurgia bariátrica: práticas atuais. *Arquivos Brasileiros de Cirurgia Digestiva*, 27, 59-62. https://doi.org/10.1590/S0102-6720201400S100015

Fulton, S., Décarie-Spain, L., Fioramonti, X., Guiard, B., & Nakajima, S. (2022). The menace of obesity to depression and anxiety prevalence. *Trends in Endocrinology & Metabolism*, 33(1), 18-35. https://doi.org/10.1016/j.tem.2021.10.005

Galvão, M., Neto Silva, L. B., Grecco, E., Quadros, L. G., Teixeira, A., Souza, T., Scarparo, J., Parada, A. A., Dib, R., Moon, R., & Campos, J. (2018). Brazilian Intragastric Balloon Consensus Statement (BIBC): practical guidelines based on experience of over 40,000 cases. *Surgery for Obesity and Related Diseases*, 14(2), 151-159. https://doi.org/10.1016/j.soard.2017.09.528

Gill, H., Kang, S., Lee, Y., Rosenblat, J. D., Brietzke, E., Zuckerman, H., & McIntyre, R. S. (2019). The long-term effect of bariatric surgery on depression and anxiety. *Journal of Affective Disorders*, 246, 886-894. https://doi.org/10.1016/j.jad.2018.12.113

Gravani, S., Matiatou, M., Nikolaidis, P. T., Menenakos, E., Zografos, C. G., Zografos, G., & Albanopoulos, K. (2020). Anxiety and depression affect early postoperative pain dimensions after bariatric surgery. *Journal of Clinical Medicine*, 10(1), 53. https://doi.org/10.3390/jcm10010053

Guillemot-Legris, O., & Muccioli, G. G. (2017). Obesity-induced neuroinflammation: beyond the hypothalamus. *Trends in neurosciences*, 40(4), 237-253. https://doi.org/10.1016/j.tins.2017.02.005

Hajek, A., Kretzler, B., & König, H. H. (2021). The association between obesity and social isolation as well as loneliness in the adult population: a systematic review. *Diabetes, Metabolic Syndrome and Obesity*, 2765-2773. https://doi.org/10.2147/DMSO.S313873

Halpern, B., Mancini, M. C., Melo, M. E., Lamounier, R. N., Moreira, R. O., Carra, M. K., Kyle, T. K., Cercato, C., & Boguszewski, C. L. (2022). Proposal of an obesity classification based on weight history: an official document by the Brazilian Society of Endocrinology and Metabolism (SBEM) and the Brazilian Society for the Study of Obesity and Metabolic Syndrome (ABESO). *Archives of Endocrinology and Metabolism*, 66, 139-151. https://doi.org/10.20945/2359-3997000000465

Heinberg, L. J., Ashton, K., & Coughlin, J. (2012). Alcohol and bariatric surgery: review and suggested recommendations for assessment and management. *Surgery for Obesity and Related Diseases*, 8(3), 357-363. https://doi.org/10.1016/j.soard.2012.01.016

Jans, M. P., van den Heuvel, S. G., Hildebrandt, V. H., & Bongers, P. M. (2007). Overweight and obesity as predictors of absenteeism in the working population of the Netherlands. *Journal of Occupational and Environmental Medicine*, 49(9), 975-980. https://doi.org/10.1097/JOM.0b013e31814b2eb7

King, W. C., Chen, J.-Y., Mitchell, J. E., Kalarchian, M. A., Steffen, K. J., Engel, S. G., Courcoulas, A. P., Pories, W. J., & Yanovski, S. Z. (2012). Prevalence of alcohol use disorders before and after bariatric surgery. *Jama*, 307(23), 2516-2525. https://pubmed.ncbi.nlm.nih.gov/22710289/

Klair, N., Patel, U., Saxena, A., Patel, D., Ayesha, I. E., Monson, N. R., & Ramphall, S. (2023). What is best for weight loss? A comparative review of the safety and efficacy of bariatric surgery versus glucagon-like peptide-1 analogue. *Cureus, 15*(9), e46197. https://doi.org/10.7759/cureus.46197

Klein, S. (2001). Outcome success in obesity. *Obesity research, 9*(S11), 354S-358S. https://doi.org/10.1038/oby.2001.142

Kohlsdorf, M., & Costa Júnior, Á. L. (2009). O autorrelato na pesquisa em psicologia da saúde: desafios metodológicos. *Psicologia Argumento, 27*(57), 131-139. https://periodicos.pucpr.br/psicologiaargumento/article/view/19763

Kushner, R. F. (2014). Weight loss strategies for treatment of obesity. *Obesity and Obesity Paradox in Cardiovascular Diseases, 56*(4), 465-472. https://doi.org/10.1016/j.pcad.2013.09.005

Lemos, A. A. (2023). *Avaliação psicológica pré-operatória de cirurgia bariátrica no SUS: contextualização desta prática no Rio Grande do Sul.* [Trabalho de conclusão de especialização, Universidade Federal do Rio Grande do Sul]. https://lume.ufrgs.br/handle/10183/271302

Liu, X., Zhang, W., Yue, W., Sun, C., & Li, W. (2022). From weight bias internalization to health-related quality of life: self-esteem and psychopathology in pre-bariatric surgery patients. *Obesity Surgery, 32*(11), 3705-3713. https://doi.org/10.1007/s11695-022-06261-z

Makarawung, D. J. S., Dijkhorst, P. J., de Vries, C. E. E., Monpellier, V. M., Wiezer, M. J., van Veen, R. N., Geenen, R., & Mink van der Molen, A. B. (2023). Body image and weight loss outcome after bariatric metabolic surgery: a mixed model analysis. *Obesity Surgery, 33*(8), 2396-2404. https://doi.org/10.1007/s11695-023-06690-4

Mancini, M. C, Geloneze, B., Salles, J. E. N., Lima, J. G., & Carra, M. K. (Orgs). (2021). *Tratado de obesidade* (3ª ed., Vol. 1). Guanabara Koogan.

Marek, R. J., Ben-Porath, Y. S., Dulmen, M. H. M. van, Ashton, K., & Heinberg, L. J. (2017). Using the presurgical psychological evaluation to predict 5-year weight loss outcomes in bariatric surgery patients. *Surgery for Obesity and Related Diseases, 13*(3), 514-521. https://doi.org/10.1016/j.soard.2016.11.008

Mauro, M. F. F., Papelbaum, M., Brasil, M. A. A., Carneiro, J. R. I., Coutinho, E. S. F., Coutinho, W., &

Appolinario, J. C. (2019). Is weight regain after bariatric surgery associated with psychiatric comorbidity? A systematic review and meta-analysis. *Obesity Reviews, 20*(10), 1413-1425. https://doi.org/10.1111/obr.12907

Milani, R. G., Tomael, M. M., & Greinert, B. R. M. (2014). Psicodiagnóstico interventivo psicanalítico. *Estudos interdisciplinares em Psicologia, 5(1),* 80-95. https://doi.org/10.5433/2236-6407.2014v5n1p80

Ministério da Saúde. (2013). *Portaria MS 424/2013 de 19 de março de 2013.* https://bvsms.saude.gov.br/bvs/saudelegis/gm/2013/prt0424_19_03_2013.html

Moraes, A. (2013). Psicoprofilaxia cirúrgica. *Archives of Health Investigation, 2*(4-Supp.2). https://archhealthinvestigation.com.br/ArcHI/article/view/262

Myers, A., & Rosen, J. C. (1999). Obesity stigmatization and coping: relation to mental health symptoms, body image, and self-esteem. *International Journal of Obesity, 23*(3), 221-230. https://doi.org/10.1038/sj.ijo.0800765

National Heart, Lung and Blood Institute, & National Institute of Diabetes and Digestive and Kidney Diseases. (1998). *Clinical guidelines on the identification, evaluation, and treatment of overweight and obesity in adults. The evidence report.* https://www.ncbi.nlm.nih.gov/books/NBK2003/

Neves, A. S., & Mendonça, A. L O. (2014). Alterações na identidade social do obeso: do estigma ao *fat pride. Demetra: Alimentação, Nutrição & Saúde, 9*(3), 619-631. https://doi.org/10.12957/demetra.2014.9461

Nigro, A. H. L., Escalera, J. P. G., Cuch, P. G., Nunes, P. M. D. P., Toyama, V. K. T., Carvalho, R. G., & Rodrigues, F. S. M. (2021). Medicamentos utilizados no tratamento da obesidade: revisão da Literatura. *International Journal of Health Management Review, 7*(3). https://doi.org/10.37497/ijhmreview.v7i3.277

Nilson, E. A. F., Andrade, R. C. S., Brito, D. A., & Oliveira, M. L. (2020). Custos atribuíveis a obesidade, hipertensão e Diabetes no Sistema Único de Saúde, Brasil, 2018. *Revista Panamericana de Salud Pública, 44*, e32. https://doi.org/10.26633/RPSP.2020.32

Perry, C., Guillory, T. S., & Dilks, S. S. (2021). Obesity and psychiatric disorders. *Nursing Clinics, 56*(4), 553-563. https://doi.org/10.1016/j.cnur.2021.07.010

Pollak, K. I., Ostbye, T., Alexander, S. C., Gradison, M., Bastian, L. A., Brouwer, R. J. N., & Lyna, P. (2007). Empathy goes a long way in weight loss discussions: female patients are more likely to step up weight loss efforts when a physician shows empathy and offers support. *Journal of Family Practice*, *56*(12), 1031+. https://link.gale.com/apps/doc/A172635737/AONE?u=anon~c74904e0&sid=googleScholar&xid=bf42a2d3

Prickett, C., Brennan, L., & Stolwyk, R. (2015). Examining the relationship between obesity and cognitive function: a systematic literature review. *Obesity research & Clinical practice*, *9*(2), 93-113. https://doi.org/10.1016/j.orcp.2014.05.001

Raman, J., Smith, E., & Hay, P. (2013). The clinical obesity maintenance model: an integration of psychological constructs including mood, emotional regulation, disordered overeating, habitual cluster behaviours, health literacy and cognitive function. *Journal of Obesity*, *2013*(1), 240128. https://doi.org/10.1155/2013/240128

Rubino, D., Abrahamsson, N., Davies, M., Hesse, D., Greenway, F. L., Jensen, C., Lingvay, I., Mosenzon, O., Rosenstock, J., & Rubio, M. A. (2021). Effect of continued weekly subcutaneous semaglutide vs placebo on weight loss maintenance in adults with overweight or obesity: the STEP 4 randomized clinical trial. *Jama*, *325*(14), 1414-1425. https://doi.org/10.1001/jama.2021.3224

Sarwer, D. B., Dilks, R. J., & West-Smith, L. (2011). Dietary intake and eating behavior after bariatric surgery: threats to weight loss maintenance and strategies for success. *Surgery for Obesity and Related Diseases*, *7*(5), 644-651. https://doi.org/10.1016/j.soard.2011.06.016

Saux, P., Bauvin, P., Raverdy, V., Teigny, J., Verkindt, H., Soumphonphakdy, T., Debert, M., Jacobs, A., Jacobs, D., Monpellier, V., Lee, P. C., Lim, C. H., Andersson-Assarsson, J. C., Carlsson, L., Svensson, P. A., Galtier, F., Dezfoulian, G., Moldovanu, M., Andrieux, S., ... Pattou, F. (2023). Development and validation of an interpretable machine learning-based calculator for predicting 5-year weight trajectories after bariatric surgery: a multinational retrospective cohort SOPHIA study. *The Lancet Digital Health*, *5*(10), e692-e702. https://doi.org/10.1016/S2589-7500(23)00135-8

Silva, C. P., Silva, F. S., Araújo, L. M. B., & Guimarães, A. S. S. (2023). Imagem corporal pós-bariátrica: relação com insatisfação corporal, ansiedade e depressão. *Revista Brasileira de Obesidade, Nutrição e Emagrecimento*, *17*(111), 604-614. https://www.rbone.com.br/index.php/rbone/article/view/2303

Silva, F. G., Silva, T. C. S., Nunes, I. F. R., Costa, L. O. L., & Carneiro, E. B. (2019). Avaliação psicológica no pré-operatório para cirurgia bariátrica: uma revisão sistemática. *Psicologia & Conexões*, *1*(2). https://doi.org/10.29327/psicon.v1.i2.a2

Silva, V. G., Santo, F. H. E., Ribeiro, M. N. S., & Pestana, J. L. F. M. (2022). Instrumentos utilizados na avaliação psicológica no tratamento da obesidade: revisão integrativa. *Research, Society and Development*, *11*(1), e21111125038-e21111125038. https://doi.org/10.33448/rsd-v11i1.25038

Sistema de Vigilância Alimentar e Nutricional. (2023). *Relatórios do Estado nutricional dos indivíduos acompanhados por período, fase do ciclo da vida e índice*. https://sisaps.saude.gov.br/sisvan/relatoriopublico/estadonutricional

Sociedade Brasileira de Cirurgia Bariátrica e Metabólica. (2015). *Especialistas da SBCBM lançam consenso clínico inédito na área de Psicologia*. https://sbcbm.org.br/noticias/especialistas-da-sbcbm-lancam-consenso-clinico-inedito-na-area-de-psicologia/

Sociedade Brasileira de Cirurgia Bariátrica e Metabólica. (2017). *Cirurgia bariátrica – Técnicas cirúrgicas*. https://sbcbm.org.br/cirurgia/tecnicas-cirurgicas-bariatrica/

Sociedade Brasileira de Cirurgia Bariátrica e Metabólica. (2020). *Existe restrição alimentar após a cirurgia?* https://sbcbm.org.br/informacoes-ao-paciente/existe-restricao-alimentar-apos-cirurgia/

Sociedade Brasileira de Cirurgia Bariátrica e Metabólica. (2023). *Diretrizes brasileiras de assistência psicológica em cirurgia bariátrica e metabólica* (Vol. 1). https://d1xe7tfg0uwul9.cloudfront.net/sbcbm.org.br/wp-content/uploads/2023/08/Diretrizes-brasileiras-de-assist%c3%aaancia-psicol%c3%b3gica-em-cirurgia-bari%c3%a1trica-e-metab%c3%b3lica.pdf

Steffen, K. J., Engel, S. G., Wonderlich, J. A., Pollert, G. A., & Sondag, C. (2015). Alcohol and other addictive disorders following bariatric surgery: Prevalence, risk factors and possible etiologies. *European Eating Disorders Review*, *23*(6), 442-450. https://doi.org/10.1002/erv.2399

Stunkard, A. J. (2011). Eating disorders and obesity. *Psychiatric Clinics*, *34*(4), 765-771. https://doi.org/10.1016/j.psc.2011.08.010

Tahrani, A. A., Panova-Noeva, M., Schloot, N. C., Hennige, A. M., Soderberg, J., Nadglowski, J., Tarasenko, L., Ahmad, N. N., Sleypen, B. S., & Bravo, R. (2023). Stratification of obesity phenotypes to optimize future therapy (SOPHIA). *Expert Review of Gastroenterology & Hepatology*, *17*(10), 1031-1039. https://doi.org/10.1080/17474124.2023.2264783

Vallis, M., Piccinini-Vallis, H., Sharma, A. M., & Freedhoff, Y. (2013). Minimal intervention for obesity counseling in primary care. *Canadian Family Physician Medecin de Famille Canadien*, *59*(1), 27-31. https://www.cfp.ca/content/59/1/27.short

van Rijswijk, A.-S., van Olst, N., Schats, W., van der Peet, D. L., & van de Laar, A. W. (2021). What is weight loss after bariatric surgery expressed in percentage total weight loss (%TWL)? A systematic review. *Obesity Surgery*, *31*(8), 3833-3847. https://doi.org/10.1007/s11695-021-05394-x

Wee, C. C., Hamel, M. B., Apovian, C. M., Blackburn, G. L., Bolcic-Jankovic, D., Colten, M. E., Hess, D. T., Huskey, K. W., Marcantonio, E. R., & Schneider, B. E. (2013). Expectations for weight loss and willingness to accept risk among patients seeking weight loss surgery. *Journal of the American Medical Association Surgery*, *148*(3), 264-271. https://doi.org/10.1001/jamasurg.2013.1048

World Health Organization. (2022). *World Health Organization Data-Age-standardized prevalence of obesity among adults (18+ years)*. https://data.who.int/indicators/i/C6262EC/BEFA58B?m 49%3D076&sa=D&source=docs&ust=1723072893226500&usg=AOvVaw3jAiTFRyjLrJDTXGA8J__D

World Obesity Federation. (2024). *World Obesity Atlas 2024*. https://s3-eu-west-1.amazonaws.com/wof-files/WOF_Obesity_Atlas_2024.pdf

# 14
# Avaliação neuropsicológica em doenças neurodegenerativas

*Maria Andréia da Nóbrega Marques*

---

*Highlights*

- A descrição do perfil neuropsicológico é essencial na investigação diagnóstica e no acompanhamento quanto à demência em doenças neurodegenerativas.
- Doença de Alzheimer e doença de Parkinson são as doenças neurodegenerativas de maior prevalência e causas neurodegenerativas de demências.
- Na doença de Alzheimer há variabilidade de manifestação clínica, dos sintomas e da progressão da demência, resultando em perfis neuropsicológicos diversos.
- Para diagnóstico de demência na doença de Parkinson deve-se diferenciar dificuldades na funcionalidade devido a sintomas motores por *deficits* cognitivos.

---

O aumento da expectativa de vida é considerado uma conquista das sociedades contemporâneas e resulta da redução das taxas de mortalidade por doenças infectocontagiosas em todas as idades, como consequência de melhorias das condições de vida, do avanço da tecnologia médica e do maior acesso a serviços de saúde. Como repercussão, o grupo etário que mais cresce é o de pessoas com idade igual ou superior a 60 anos. Segundo a Organização Mundial da Saúde (OMS), 754,6 milhões de pessoas no mundo estavam nessa faixa etária em 2010, e suas projeções apontam para 1,2 bilhão, em 2025, e 2 bilhões, em 2050 (Burlá et al., 2013). Já no Brasil, de acordo com o Censo Demográfico de 2022, a população idosa com 60 anos ou mais de idade chegou a 32.113.490 (15,6%), houve um aumento de 56% em relação a 2010, quando era de 20.590.597 (10,8%) (Instituto Brasileiro de Geografia e Estatística [IBGE], 2023).

O envelhecimento da população tem como consequência o aumento da prevalência e da incidência de doenças crônicas e neurodegenerativas (Schilling et al., 2022). São consideradas doenças neurodegenerativas aquelas que provocam alteração no cérebro das pessoas afetadas, levando a uma perda progressiva de neurônios e podendo chegar à demência. A maioria dessas doenças está associada ao aumento da idade e implica o crescimento do número de pessoas com demência. Dessa forma, considerando o envelhecimento populacional, é esperado que aumente a quantidade de idosos com doenças neurodegenerativas (Romero & Maia, 2023).

A estimativa é que exista, atualmente, 50 milhões de pessoas acometidas por alguma forma de demência no mundo, ocorrendo 10 milhões de novos diagnósticos a cada ano (Schilling et al., 2022); no Brasil, estima-se que existam cerca de 1,7 milhão de idosos com demência (Melo et al., 2020). Cerca de 60% das pessoas com demência têm a doença de Alzheimer (Gauthier et al., 2021), a qual é neurodegenerativa e a causa mais frequente de demência. Existem outras demências causadas por doenças neurodegenerativas, como a demência na doença de Parkinson, a demência com corpos de Lewy e a demência frontotemporal. Além disso, há também quadros demenciais cujas causas não são por doenças neurodegenerativas: destaca-se a demência vascular, demências secundárias a processos infecciosos (neurossífilis, demência associada ao HIV), processos metabólicos (hipotireoidismo, deficiência de vitamina B12) e processos estruturais (tumor, hematoma, hidrocefalia de pressão normal).

Na ausência de cura para as doenças neurodegenerativas, torna-se de extrema importância o foco no diagnóstico, o que possibilita intervenções precoces. Contudo, conforme analisam Romero e Maia (2023), o diagnóstico das demências é um grande desafio. Nesse contexto, a descrição do perfil neuropsicológico a partir de uma avaliação neuropsicológica é etapa essencial na investigação diagnóstica e no acompanhamento de um quadro demencial em doenças neurodegenerativas.

A neuropsicologia é uma das especialidades da psicologia, consolidada pelas resoluções do Conselho Federal de Psicologia (CFP) n. 13, de 14 de setembro de 2007, e n. 23, de 13 de outubro de 2022. Dentre as práticas do profissional de psicologia especialista em neuropsicologia, está a avaliação neuropsicológica, categoria de avaliação psicológica, que deve atender aos preceitos das resoluções do CFP no que tange à avaliação psicológica e às suas respectivas atualizações (CFP, 2022).

Diante do exposto, este capítulo trata da avaliação neuropsicológica em doenças neurodegenerativas. Inicialmente, serão abordados aspectos relacionados à caracterização e aos objetivos da avaliação neuropsicológica de idosos, bem como sua importância na diferenciação entre declínio cognitivo subjetivo, comprometimento cognitivo leve e demência. Em seguida, serão realçadas particularidades da neuropsicologia em duas condições neurodegenerativas que cursam para síndrome demencial: a doença de Alzheimer e a doença de Parkinson, apresentando o perfil neuropsicológico da demência nessas condições neuropatológicas.

## Avaliação neuropsicológica de idosos

A avaliação neuropsicológica considera a relação cérebro-comportamento como fundamento para investigar as diversas funções neuropsicológicas. É um procedimento técnico, baseado em princípios éticos e científicos, que utiliza, geralmente, entrevista clínica, observação, testes, tarefas neuropsicológicas, inventários e escalas, a partir da análise dos instrumentos com melhor qualidade e direcionamento para as funções a serem aferidas, que estejam adequados às características do avaliando. A avaliação neuropsicológica tem os seguintes objetivos:

1) Descrever o funcionamento cognitivo, afetivo e comportamental atual do indivíduo, ressaltando suas áreas de forças e dificuldades;

2) Identificar necessidades terapêuticas, recomendar intervenções e apontar resultados possíveis;

3) Contribuir para o diagnóstico diferencial;

4) Monitorar a evolução do tratamento e identificar novas questões que possam requerer atenção profissional, oferecendo uma devolutiva de maneira competente e empática (CFP, 2022, pp. 9-10).

Com o aumento da população idosa e, ao mesmo tempo, o crescimento do número de casos de doenças neurodegenerativas, as queixas de declínio cognitivo em idosos têm se tornado cada vez mais frequentes, por isso as demandas para uma avaliação neuropsicológica se fazem presentes. Conforme asseveram Porto e Nitrini (2014), existe declínio cognitivo associado ao próprio envelhecimento e à ausência das doenças neurológicas. Contudo, havendo queixas, a avaliação neuropsicológica torna-se importante para que o desempenho do idoso seja verificado, permitindo avaliações sequenciais, já que, muitas vezes, ainda não é possível saber com precisão se essas queixas sinalizam comprometimento patológico inicial.

Nesse contexto, a avaliação neuropsicológica de idosos é indicada, principalmente, com o objetivo de avaliar se as dificuldades cognitivas são esperadas para a idade ou se indicam uma patologia. Os estudos sobre quais e como as funções psíquicas se modificam no decorrer dos anos permite saber que algumas habilidades cognitivas dos idosos se modificam em relação ao tempo, enquanto outras permanecem inalteradas, bem como permite verificar se alguma função cognitiva prejudicada significa doença.

Existem outras situações em que a avaliação neuropsicológica é recomendada para idosos, a saber: (a) avaliar se há um comprometimento cognitivo leve ou um processo demencial; (b) diferenciar os tipos de demência; (c) monitorar a evolução de processos demenciais para ajustar condutas; (d) avaliar a indicação ou o impacto de neurocirurgias; e (e) averiguar se mudanças cognitivas, comportamentais, de personalidade ou de humor têm como causa alguma doença neurodegenerativa.

Na avaliação neuropsicológica de idosos com queixas cognitivas autorrelatadas ou referidas por um acompanhante, uma suspeita comum é quanto à presença de uma síndrome demencial (Smid et al., 2022). Nessas situações é fundamental, além de avaliar os sintomas cognitivos, determinar se há a presença de sintomas comportamentais e sintomas neuropsiquiátricos, bem como, e especialmente, verificar se há impactos na funcionalidade, considerando a possibilidade da presença de demência.

De acordo com Smid et al. (2022), demência é definida como uma síndrome caracterizada por um declínio cognitivo cujos sintomas interferem nas atividades de vida diária, levando a prejuízo funcional em relação a níveis prévios, e não explicáveis, por *delirium* ou transtorno psiquiátrico maior. Os domínios cognitivos específicos comumente avaliados são linguagem, praxias, habilidades visuais-espaciais, memória, atenção e funções executivas. Há necessidade de comprometimento cognitivo em pelo menos dois domínios cognitivos para o diagnóstico de demência. Nesse sentido, a funcionalidade é um aspecto essencial na avaliação, pois o comprometimento funcional determina se há síndrome demencial. De outro modo, a ausência do comprometimento da funcionalidade pode apontar para a presença de comprometimento cognitivo leve ou de declínio cognitivo subjetivo.

Em termos de diferenciação, no comprometimento cognitivo leve, embora haja o declínio cognitivo, há a preservação da autonomia nas atividades de vida diária, mesmo que existam dificuldades na execução de tarefas mais complexas, antes executadas de forma habitual. Já no declínio cognitivo subjetivo, também há preservação da funcionalidade e queixas cognitivas, porém o desempenho está dentro do esperado em testes neuropsicológicos, ou seja, não há evidência de declínio cognitivo.

Conforme Smid et al. (2022), declínio cognitivo subjetivo representa a autopercepção de declínio cognitivo, sem que exista evidência de comprometimento em domínios cognitivos e comprometimento funcional nas atividades de vida diária. O comprometimento cognitivo leve é uma condição clínica intermediária entre o envelhecimento considerado normal e a demência, podendo ser precedido por quadro de declínio cognitivo subjetivo.

No que se refere aos instrumentos avaliativos, de acordo com Schilling et al. (2022), a recomendação é de que sejam utilizados, na avaliação neuropsicológica de idosos, testes de rastreio cognitivo, provas específicas para avaliação dos diferentes domínios cognitivos e instrumentos para avaliação da funcionalidade. Devido à heterogeneidade sociocultural e educacional da população, é aconselhável a utilização de testes com notas de corte ajustáveis por nível de escolaridade, adaptados e/ou construídos e normatizados na própria cultura, com o objetivo de evitar resultados falso-positivos no processo.

Ressalta-se também que, na avaliação neuropsicológica, é de extrema relevância o relato dos acompanhantes, já que as respostas dos idosos estão sujeitas a viés de sua capacidade cognitiva ou intencionalidade. Nessa perspectiva, também não se deve ignorar, no raciocínio clínico, o enfoque idiográfico, considerando os aspectos qualitativos da avaliação neuropsicológica.

## Neuropsicologia na doença de Alzheimer

A doença de Alzheimer é uma doença cerebral degenerativa primária e progressiva que resulta em demência. Estima-se que existam 50 milhões de pessoas acometidas por alguma forma de demência no mundo, conforme indicado; desses casos, cerca de 60% são devido à doença de Alzheimer, de forma que se espera haver cerca de 150 milhões de pessoas com demência em virtude dessa doença em 2050 (Gauthier et al., 2021).

Segundo Schilling et al. (2022)., no que se refere aos fatores de risco para a doença de Alzheimer, há fatores ambientais e genéticos. Os fatores ambientais incluem baixa escolaridade, hipertensão arterial, Diabetes mellitus, obesidade, sedentarismo, traumatismo craniano, depressão, tabagismo, perda auditiva e isolamento social. Já os fatores genéticos são formas autossômicas dominantes relativamente raras, com início precoce,

antes dos 65 anos (doença de Alzheimer pré-senil), e forte associação com mutações nos genes da proteína precursora do amiloide (APP), pré-senilina 1 ou pré-senilina 2, identificadas em 70% dos casos. Esses pesquisadores referem que, em aproximadamente 85% dos casos, a doença de Alzheimer se manifesta inicialmente com a forma típica amnéstica, com apresentação de dificuldade na memória episódica associada a lesões degenerativas das estruturas temporais mediais.

Existem outras formas atípicas da doença de Alzheimer que são menos frequentes e começam com predomínio de alterações da linguagem, funções executivas, habilidades visuoespaciais ou motoras complexas. Dentre as formas atípicas, tem-se a variante disexecutiva da doença de Alzheimer que afeta as funções executivas: "funções complexas necessárias para planejar, organizar, guiar, revisar e monitorar o comportamento necessário para alcançar metas" (Caixeta & Teixeira, 2014a, p. 29).

Na apresentação amnéstica da doença de Alzheimer:

> Os pacientes iniciam com dificuldades para lembrar de recados, notícias recentes, e repetem as mesmas perguntas, comentários e narrativas. Os sintomas, inicialmente leves e intermitentes, vão progredindo, caracterizando primeiro o comprometimento subjetivo de "memória", seguido do comprometimento cognitivo leve (CCL), geralmente do tipo amnéstico de múltiplos domínios (prejudicando também a linguagem e funções executivas), o qual posteriormente evolui para a fase de "demência", quando os sintomas começam a interferir nas atividades habituais da vida diária e na autonomia do paciente (Schilling et al., 2022, p. 27, grifos nossos).

Dessa forma, a doença de Alzheimer apresenta grande variabilidade de manifestação clínica, tanto em relação aos sintomas como em sua progressão. O espectro de manifestações cognitivas da doença de Alzheimer é amplo e, na avaliação neuropsicológica, deve-se considerar essa variabilidade.

## Perfil neuropsicológico da demência na doença de Alzheimer

Na prática da avaliação neuropsicológica, os domínios cognitivos que estão frequentemente comprometidos com a doença de Alzheimer são: memória, atenção e funções executivas. Com o avanço da doença, outros domínios também podem ser comprometidos, como linguagem, percepção e praxia (capacidade de executar movimentos aprendidos). Existem vários tipos de praxias, por exemplo: as praxias gestuais, que se referem à capacidade de executar gestos referentes à manipulação real (usar o aparelho de controle remoto) ou imaginária (mímica) de objetos. O comprometimento nessa praxia é denominada apraxia gestual e pode estar presente na fase mais avançada da doença de Alzheimer (Sousa & Teixeira, 2014).

Schilling et al. (2022) recomendam que, na avaliação neuropsicológica na fase inicial da doença de Alzheimer, sejam avaliadas memória episódica, linguagem, funções executivas e visuoespaciais. Na doença de Alzheimer os *deficits* de memória são comuns, assim como as queixas de esquecimento, que são frequentes, especialmente em memória episódica recente, ou seja, a capacidade de retenção de novas informações sobre as experiências pessoais. Há um gradiente temporal dos *deficits* de memória episódica, em que as memórias mais distantes são as mais intactas; com o avanço da doença, tornam-se evidentes os *deficits* na memória imediata e também na memória remota. No que se refere à memória semântica, é comum a fluência verbal de categorias ser mais afetada que a fluência verbal de letras (Caixeta & Teixeira, 2014b); por exemplo, o paciente pode ter mais dificuldade em lembrar nomes de animais do que lembrar palavras iniciadas com a letra A.

Segundo esses autores, pacientes com doença de Alzheimer, desde a forma precoce da doença, apresentam comprometimento nos mecanismos atencionais, especialmente em atenção seletiva e atenção dividida. Também referem que as funções executivas estão entre os primeiros domínios cognitivos a serem comprometidos nessa doença, com seus pacientes apresentando dificuldades nas tomadas de decisão, na resolução de problemas, no julgamento, no raciocínio abstrato, no planejamento, na organização e na execução de comportamentos complexos.

Montoya et al. (2019) realizaram um estudo descritivo e transversal com 39 pacientes com idades entre 57-85 anos, selecionados segundo os critérios do *Manual Diagnóstico e Estatístico de Transtornos Mentais 5* (*Diagnostic and Statistical Manual of Mental Illnesses 5* [DSM-5]) (American Psychiatric Association [APA], 2013), com transtorno cognitivo leve e maior, classificados do ponto de vista etiológico no possível subtipo Alzheimer. Um dos objetivos desse estudo foi caracterizar os perfis neuropsicológicos que constituem marcadores fenotípicos dos distúrbios neurocognitivos do possível subtipo Alzheimer. Foram avaliados múltiplos domínios cognitivos, a saber: atenção, memória, aprendizagem, funções executivas, linguagem, funções motoras e perceptivas.

Os resultados desse estudo demonstraram que a principal característica do perfil neuropsicológico do comprometimento cognitivo leve do possível subtipo Alzheimer é o comprometimento das funções executivas. Quanto ao perfil neuropsicológico na demência, foi caracterizado por funcionamento deficiente em atenção, memória, aprendizagem, funções executivas, linguagem, com declínio mais acentuado nas funções executivas. Nas funções perceptivas e motoras o nível de funcionamento predominante variou entre normal e diminuído (Montoya et al., 2019).

## Neuropsicologia na doença de Parkinson

A doença de Parkinson é uma alteração do sistema extrapiramidal que provoca a redução dos neurônios dopaminérgicos da substância negra (Vieira & Chacon, 2015). É a segunda enfermidade neurodegenerativa com maior prevalência mundial, ficando atrás apenas da doença de Alzheimer (Lucia et al., 2012). Embora se caracterize pelo curso lento e manifestação, geralmente, por volta dos 60 anos, existem casos de início anterior a essa idade, inclusive com algumas ocorrências antes dos 20 anos (Hurtado et al., 2016).

A doença de Parkinson é considerada uma doença crônica e caracterizada por alterações no controle dos movimentos e pela incapacidade que provoca no cotidiano daqueles que estão em um estágio avançado (Pinto, 2010). São vários os sintomas presentes nessa patologia: alguns explícitos e outros muitas vezes só reconhecidos durante uma avaliação minuciosa. Sintomas motores, como tremor, rigidez, distúrbios da marcha e alterações de postura são frequentes e característicos da doença. Ademais, é fato conhecido que ela é mais do que um transtorno motor, visto que outros sintomas não motores, como ansiedade, depressão, distúrbios sensoriais, fadiga e alterações do sono, têm considerável impacto na qualidade de vida dos portadores (Barbosa, 2010).

Sintomas não motores foram descritos na primeira descrição da doença de Parkinson, feita em 1817, por James Parkinson, quando verificou dificuldades na articulação de palavras e na voz fraca que impactavam o cotidiano dos sujeitos com essa doença. Inicialmente, relacionavam-se essas dificuldades com problemas nos movimentos envolvidos na execução da fala; entretanto, mais recentemente, passou-se a considerar que a linguagem, mais especificamente a fluência verbal, e outras habilidades cognitivas, como memória, coordenação visomotora, habilidades visuoespaciais, raciocínio abstrato e atenção, estariam comprometidas nos sujeitos afetados pela doença de Parkinson (Vieira & Chacon, 2015). Estudos apontam que alterações cognitivas ou psíquicas acompanham o desenvolvimento dessa doença em 40 a 90% dos doentes (Pinto, 2010) e tendem a ser mais intensas em estágios mais adiantados da doença e em pacientes mais idosos (Zgaljardic et al., 2003).

No sistema nervoso, a doença de Parkinson desregula a concentração de neurotransmissores e influencia suas interconexões, cursando com degeneração da via nigroestriatal de transmissão dopaminérgica, ocasionando *deficit* de dopamina na porção dorsal do núcleo estriado, centro do planejamento de movimentos. O núcleo estriado tem conexões encefálicas, como a conexão com o córtex frontal, local de controle comportamental, da atenção e da memória, e a conexão com o sistema límbico. Essas conexões encefálicas explicam a existência de sintomas motores e não motores na doença de Parkinson (Aguiar et al., 2020).

A ocorrência de demência na doença de Parkinson é comum e sua prevalência aumenta com o tempo de doença, variando de 23% nos primeiros anos da doença a 80% com mais de 15 anos de sintomas. Os critérios atuais de demência na doença de Parkinson recomendam que o diagnóstico deve ser feito quando a demência se desenvolve no contexto da doença de Parkinson bem-estabelecida, por meio de anamnese, exames clínicos e testes cognitivos que evidenciem: (a) comprometimento de mais de um domínio cognitivo; (b) declínio funcional em comparação ao estado prévio da doença; e (c) comprometimento funcional de atividades de vida diária, não atribuível a sintomas motores ou autonômicos (Parmera et al., 2022).

Segundo esses autores, as manifestações clínicas associadas à demência na doença de Parkinson podem ser cognitivas ou comportamentais. As cognitivas incluem *deficits* de atenção, funções executivas, funções visuoespaciais, memória e linguagem. Quanto às comportamentais, citam apatia, alterações na personalidade e no humor, incluindo depressão e ansiedade, alucinações, delírios e sonolência diurna excessiva (Parmera et al., 2022).

A doença de Parkinson aumenta o risco do desenvolvimento da depressão; nos pacientes com diagnóstico de depressão, há intensificação do quadro após a doença de Parkinson, em que a concomitância dessas duas patologias é de 75% a 90%. Além da neurodegeneração causada pela doença com deteriorização dos receptores de neurotransmissores, outro fator que contribui com a depressão são os impactos negativos causados pelos sintomas da doença (Aguiar et al., 2020).

Os transtornos de controle de impulsos são condições não motoras na doença de Parkinson, porém nem sempre diagnosticados, pois não é comum pacientes fornecerem informações espontaneamente sobre comportamentos impulsivos devido à vergonha ou ao desconhecimento de que tais sintomas podem estar relacionados à doença ou a seu tratamento. No Brasil, estudo relatou prevalência de 18,4% de transtornos de controle de impulsos entre pacientes com doença de Parkinson, com a hipersexualidade sendo o tipo mais comum (11,8%), seguida pela compra compulsiva (10,5%). Impulsividade relacionada aos jogos de azar e compulsão alimentar também são verificadas entre esses pacientes. Ademais, o *deficit* em flexibilidade cognitiva é uma característica comum das disfunções cognitivas associadas aos transtornos de controle de impulsos entre pacientes com doença de Parkinson (Vargas & Cardoso, 2018).

Em idosos com doença de Parkinson, diante das alterações relacionadas ao envelhecimento e das manifestações sintomatológicas da doença, é de suma importância a avaliação neuropsicológica, com objetivo de conhecer o perfil neuropsicológico e avaliar a presença das sintomatologias.

### Perfil neuropsicológico da demência na doença de Parkinson

Em termos de perfil neuropsicológico, o diagnóstico de demência na doença de Parkinson requer evidências de deterioração cognitiva que seja suficiente para comprometer a capacidade funcional do paciente; nesse sentido, é necessário que haja perda cognitiva em pelo menos dois dos seguintes domínios cognitivos: atenção, funções executivas, função visuoespacial e memória (Tumas, 2014).

Malpu-Wiederhold et al. (2022) realizaram revisão de literatura, a partir de análise de 49 artigos publicados entre os anos de janeiro de 2000 e dezembro de 2020, sobre estudos de coorte e revisões sistemáticas com relatório de avaliação neuropsicológica para cognição e linguagem. O objetivo da revisão foi caracterizar perfis cognitivos e linguísticos em idosos com declínio cognitivo leve, demência vascular, demência por corpos de Lewy e demência na doença de Parkinson. Sobre a demência na doença de Parkinson, concluíram que o perfil cognitivo e linguístico é caracterizado por declínio de memória, atenção, funções executivas, habilidades visuoespaciais e linguagem.

Desse modo, na prática da avaliação neuropsicológica de pacientes com doença de Parkinson, deve-se ter uma atenção especial para diferenciar o que são dificuldades ou incapacidades na funcionalidade produzidas pelos sintomas motores da doença, para que realmente se possa considerar evidências de dificuldades ou incapacidades devido aos *deficits* cognitivos, por ser um dos requisitos para o diagnóstico de demência nessa doença. Outro ponto que merece atenção durante a avaliação neuropsicológica desses pacientes é quanto à presença de outros fatores que poderiam ser responsáveis por declínio cognitivo, como a depressão, bastante comum em pacientes com doença de Parkinson, visto que pode impactar em sua capacidade cognitiva.

## Considerações finais

A avaliação neuropsicológica em doença neurodegenerativa é um processo complexo, especialmente em um idoso, por integrar dois fenômenos multifacetados de mudanças e incertezas: o envelhecimento e uma doença neurológica degenerativa. Para que essa avaliação seja eficiente, deve-se considerar o conjunto dos fatos orgânicos cerebrais, sistêmicos, psíquicos e socioculturais da maneira mais abrangente possível, o que implica reconhecer no idoso sua singularidade no envelhecer e no adoecer. Todos esses dados, avaliados a partir de métodos e evidências da neuropsicologia, implicarão o conhecimento do funcionamento neuropsicológico do idoso e de possíveis comprometimentos, o que pode favorecer intervenções precoces, de trata-

mento e reabilitadoras, colaborando com uma visão integradora por parte dos demais profissionais que o assistem.

Importante ressaltar que, na atualidade, há novas perspectivas em termos de indicação da avaliação neuropsicológica em doenças neurodegenerativas; cita-se o exemplo da avaliação neuropsicológica na cirurgia para estimulação cerebral profunda em pacientes com doença de Parkinson. Nessa demanda, o resultado da avaliação neuropsicológica é um dos pré-requisitos para a decisão quanto à indicação da cirurgia, bem como serve de linha de base para avaliação de seguimento. Após procedimento cirúrgico, têm-se reavaliações neuropsicológicas para verificar possíveis impactos cirúrgicos no funcionamento neuropsicológico do paciente e acompanhamento longitudinal quanto à progressão dos sintomas não motores da doença de Parkinson.

## Relato de um caso

Paciente com 82 anos, sexo masculino, com Ensino Superior incompleto, foi encaminhado para avaliação neuropsicológica por médico neurologista devido à suspeita de declínio cognitivo com predomínio da memória. Na avaliação neuropsicológica foram utilizados testes de rastreio cognitivo e outros testes que avaliam os domínios cognitivos linguagem, atenção, memória, funções executivas, habilidades visuoperceptivas, habilidades visomotoras e praxias. Também houve avaliação da funcionalidade e de sintomas comportamentais e neuropsiquiátricos. Quanto à dimensão cognitiva, a avaliação neuropsicológica evidenciou desempenho indicativo de comprometimento em memória declarativa episódica, memória declarativa semântica (evocação tardia), memória de trabalho visuoespacial, funções executivas, atenção e linguagem expressiva (fluência verbal semântica).

Não foram identificadas alterações significativas nos demais domínios cognitivos avaliados. No que se refere à funcionalidade, a avaliação revelou independência nas atividades básicas da vida diária, porém dependência (em nível de gravidade leve a moderado) nas atividades instrumentais da vida diária. Não foram identificados sintomas comportamentais e neuropsiquiátricos (como humor, apatia, desinibição, agitação, delírios e alucinações). Considerando a existência de queixa cognitiva autorrelatada e referida por familiar, as evidências de comprometimento funcional e de comprometimento em múltiplos domínios cognitivos (memória, funções executivas, atenção e linguagem) que representa declínio em relação ao nível prévio de funcionamento e desempenho, o perfil neuropsicológico conhecido pela avaliação neuropsicológica é característico de processo demencial, sugestivo de doença de Alzheimer (fase inicial à moderada).

## Referências

Aguiar, I. M., Maximiano-Barreto, M. A., Silva, H. C. T. A., Seabra, A. L. R., Fermoseli, A. F. O., & Siqueira, T. C. A. (2020). Associação dos sintomas depressivos com o comprometimento da memória episódica em pacientes com a doença de Parkinson. *Jornal Brasileiro de Psiquiatria*, 69(4), 255-262. https://doi.org/10.1590/0047-2085000000291

American Psychiatric Association. (2013). *Diagnostic and statistical manual of mental disorders: DSM-5™, 5th ed.* https://psycnet.apa.org/record/2013-14907-000

Barbosa, E. R. (2010). Tratamento das manifestações não motoras da doença de Parkinson. In E. C. Miotto, M. C. S. Lucia, & M. Scaff (Orgs.), *Neuropsicologia e as interfaces com as neurociências* (pp. 125-133). Casa do Psicólogo.

Burlá, C., Camarano, A. A., Kanso, S., Fernandes, D., & Nunes, R. (2013). Panorama prospectivo das demências no Brasil: um enfoque demográfico. *Ciência & Saúde Coletiva*, 18(10), 2949-2956. https://doi.org/10.1590/S1413-81232013001000019

Caixeta, L., & Teixeira, A. L. (2014a). Modelo integrativo para avaliação neurocognitiva no idoso. In L. Caixeta, & A. L. Teixeira (Orgs.), *Neuropsicologia geriátrica* (pp. 17-33). Artmed.

Caixeta, L., & Teixeira, A. L. (2014b). Neuropsicologia das doenças degenerativas mais comuns. In L. Caixeta, & A. L. Teixeira (Orgs.), *Neuropsicologia geriátrica* (pp. 153-170). Artmed.

Conselho Federal de Psicologia. (2007). *Resolução CFP n. 006/2007: institui o Código de Processamento Disciplinar.* http://site.cfp.org.br/wp-content/uploads/2012/07/resolucao2007_6.pdf

Conselho Federal de Psicologia. (2022). *Manual neuropsicologia: ciência e profissão.* https://site.cfp.org.br/publicacao/manual-neuropsicologia-ciencia-e-profissao/

Gauthier, S., Rosa-Neto, P., Morais, J. A., & Webster, C. (2021). *World Alzheimer Report 2021: journey through the diagnosis of dementia.* Alzheimer's Disease International.

Hurtado, F., Cárdenas, M. A. N., Cárdenas, F. P., & León, L. A. (2016). La enfermedad de Parkinson: etiología, tratamientos y factores preventivos. *Universitas Psychologica*, 15(5), 11-12. http://dx.doi.org/10.11144/Javeriana.upsy15-5.epet

Instituto Brasileiro de Geografia e Estatística. (2023). *Censo 2022: número de pessoas com 65 anos ou mais de idade cresceu 57,4% em 12 anos.* Agência de Notícias IBGE. https://agenciadenoticias.ibge.gov.br/agencia-noticias/2012-agencia-de-noticias/noticias/38186-censo-2022-numero-de-pessoas-com-65-anos-ou-mais-de-idade-cresceu-57-4-em-12-anos

Lucia, M. C. S., Fráguas Júnior, R., & Campanholo, K. R. (2012). Depressão em neurologia. In E. C. Miotto, M. C. S. Lucia, & M. Scaff (Orgs.), *Neuropsicologia clínica* (pp. 341-354). Roca.

Malpu-Wiederhold, C., Farías-Ulloa, C., Méndez-Orellana, C., Cigarroa, I., Martella, D., Foncea-González, C., Julio-Ramos, T. & Toloza-Ramírez, D. (2022). Perfiles cognitivos-lingüísticos en personas mayores con deterioro cognitivo leve, demencia vascular, demencia con cuerpos de Lewy y enfermedad de Parkinson. *Revista Ecuatoriana de Neurología, 31*(3), 69-85. https://doi.org/10.46997/revecuatneurol31300069

Melo, S. C., Champs, A. P. S., Goulart, R. F., Malta, D. C., & Passos, V. M. A. (2020). Dementias in Brazil: increasing burden in the 2000-2016 period. Estimates from the Global Burden of Disease Study 2016. *Arquivos de Neuropsiquiatria, 78*(12), 762-71. https://doi.org/10.1590/0004-282X20200059

Montoya, C. M. O., Pedrón, A. M., & Díaz, G. A. B. (2019). Perfil clínico neuropsicológico del deterioro cognitivo subtipo posible Alzheimer. *Medisan, 23*(5), 875-891. http://scielo.sld.cu/scielo.php?script=sci_arttext&pid=S1029-30192019000500875&lng=es&tlng=es

Parmera, J. B., Tumas, V., Ferraz, H. B., Spitz, M., Barbosa, M. T., Smid, J., Barbosa, B. J. A. P., Schilling, L. P., Balthazar, M. L. F., Souza, L. C., Vale, F. A. C., Caramelli, P., Bertolucci, P. H. F., Chaves, M. L. F., Brucki, S. M. D., Nitrini, R., Castilhos, R. M., & Frota, N. A. F. (2022). Diagnóstico e manejo da demência da doença de Parkinson e demência com corpos de Lewy: recomendações do Departamento Científico de Neurologia Cognitiva e do Envelhecimento da Academia Brasileira de Neurologia. *Dementia & Neuropsychologia, 16*(3), 73-87. https://doi.org/10.1590/1980-5764-DN-2022-S105PT

Pinto, K. O. (2010). Avaliação Neuropsicológica na Doença de Parkinson. In E. C. Miotto, M. C. S. Lucia, & M. Scaff (Orgs.), *Neuropsicologia e as interfaces com as neurociências* (pp. 195-201). Casa do Psicólogo.

Porto, F. H. G., & Nitrini, R. (2014). Neuropsicologia do envelhecimento normal e do comprometimento cognitivo. In L. Caixeta, & A. L. Teixeira (Orgs.), *Neuropsicologia geriátrica* (pp. 141-152). Artmed.

Romero, D., & Maia, L. (2023). A epidemiologia do envelhecimento. Novos paradigmas? In J. C. Noronha, L. Castro, & P. Gadelha (Orgs.), *Doenças crônicas e longevidade: desafios para o futuro* (pp. 170-222). Edições livres e Fundação Oswaldo Cruz.

Schilling, L. P., Balthazar, M. L. F., Radanovic, M., Forlenza, O. V., Silagi, M. L., Smid, J., Barbosa, B. J. A. P., Frota, N. A. F., Souza, L. C., Vale, F. A. C.,

Caramelli, P., Bertolucci, P. H. F., Chaves, M. L. F., Brucki, S. M. D., Damasceno, B. P., & Nitrini, R. (2022). Diagnóstico da doença de Alzheimer: recomendações do Departamento Científico de Neurologia Cognitiva e do Envelhecimento da Academia Brasileira de Neurologia. *Dementia & Neuropsychologia, 16*(3), 25-39. https://doi.org/10.1590/1980-5764-DN-2022-S102PT

Smid, J., Studart-Neto, A., César-Freitas, K. G., Dourado, M. C. N., Kochhann, R., Barbosa, B. J. A. P., Schilling, L. P., Balthazar, M. L. F., Frota, N. A. F., Souza, L. C., Caramelli, P., Bertolucci, P. H. F., Chaves, M. L. F., Brucki, S. M. D., Nitrini, R., Resende, E. P. F., & Vale, F. A. C. (2022). Declínio cognitivo subjetivo, comprometimento cognitivo leve e demência – Diagnóstico sindrômico: recomendações do Departamento Científico de Neurologia Cognitiva e do Envelhecimento da Academia Brasileira de Neurologia. *Dementia & Neuropsychologia, 16*(3), 1-24. https://doi.org/10.1590/1980-5764-DN-2022-S101PT

Sousa, L. C., & Teixeira, A. L. (2014). Rastreio cognitivo em idosos na prática clínica. In L. Caixeta, & A. L. Teixeira (Orgs.), *Neuropsicologia geriátrica* (pp. 85-94). Artmed.

Tumas, V. (2014). Neuropsicologia da doença de Parkinson e da demência com corpos de Lewy. In L. Caixeta, & A. L. Teixeira (Orgs.), *Neuropsicologia geriátrica* (pp. 185-197). Artmed.

Vargas, A. P., & Cardoso, F. E. C. (2018). Impulse control and related disorders in Parkinson's disease. *Arquivos de Neuropsiquiatria, 76*(6), 399-410. https://doi.org/10.1590/0004-282X20180052

Vieira, R., & Chacon, L. (2015). *A doença de Parkinson. Movimentos da hesitação: deslizamentos do dizer em sujeitos com doença de Parkinson.* UNESP. http://books.scielo.org/id/ncvg5/pdf/vieira-9788579836640-02.pdf

Zgaljardic, D. J., Borod, J. C., Foldi, N. S., & Mattis, P. (2003). A review of the cognitive and behavioral sequelae of Parkinson's disease: relationship to frontostriatal circuitry. *Cognitive and behavioral neurology, 16*(4), 193-210. https://doi.org/10.1097/00146965-200312000-00001

# 15
# Cuidados paliativos: desafios e possibilidades dos processos avaliativos

*Marina Noronha Ferraz de Arruda-Colli*
*Paula Elias Ortolan*
*Elisa Maria Perina*

---

*Highlights*

- Cuidados paliativos buscam prevenir e aliviar o sofrimento dos pacientes e famílias diante de doenças ameaçadoras da vida.
- Avaliação psicológica amplia a compreensão sobre o impacto emocional do adoecimento e as formas de enfrentamento do paciente.
- O uso de instrumentos avaliativos pode contribuir para o planejamento do cuidado durante todas as fases do tratamento.

---

Compreende-se cuidados paliativos como uma abordagem que tem por objetivo prevenir e aliviar o sofrimento dos pacientes em diferentes momentos do ciclo vital e de suas famílias diante de doenças ameaçadoras da vida (World Health Organization [WHO], 2002). Destaca-se, nesse contexto, a importância da identificação precoce, a avaliação e o tratamento adequados da dor e de outros sintomas físicos, psicológicos, sociais e espirituais com vistas ao cuidado integral do paciente. Além disso, promove-se o cuidado com a vida e se considera a morte como processo natural, tendo como finalidade melhorar a qualidade de vida do paciente e influenciar positivamente o curso da doença. Recomenda-se que a abordagem seja oferecida precocemente no processo de adoecimento, desde o diagnóstico e ao longo do tratamento, incluindo o período de final de vida e o acompanhamento do processo de luto (WHO, 2002, 2018).

Nesse sentido, a avaliação psicológica ocupa lugar fundamental na prática do psicólogo em cuidados paliativos, como cuidadoso processo técnico-científico que permite a obtenção de informações relevantes para a tomada de decisão, considerando as especificidades das demandas, as finalidades da avaliação e o próprio contexto de cuidado (Conselho Federal de Psicologia [CFP], 2022). No presente capítulo, pretende-se discorrer sobre a prática dos cuidados paliativos, a atuação do psicólogo e as especificidades da avaliação psicológica nesse contexto de cuidado.

## Cuidados paliativos: princípios e atuação do psicólogo

Na década de 1960, Cicely Saunders estruturou os cuidados paliativos como uma filosofia norteadora do cuidado de pacientes gravemente enfermos. Os cuidados integrais passaram a ser considerados como o melhor padrão de cuidados e humanização na saúde com a premissa que se estende aos dias atuais: sempre é possível cuidar e proporcionar o bem-estar do paciente (Hopf et al., 2022). Além da importância de oferecer um cuidado integral, os cuidados paliativos também possibilitam que haja diminuição dos custos com procedimentos e tratamentos (que não modificam o desfecho e amplificam o sofrimento por meio da obstinação terapêutica), e permitem que os familiares estejam mais próximos ao paciente, muitas vezes no ambiente doméstico, recebendo cuidados para alívio de sintomas e desconfortos (Perina et al., 2022).

Apesar da crescente evidência dos benefícios dos cuidados paliativos para a qualidade de vida dos pacientes e de seus familiares, a Organização Mundial de Saúde (OMS) apontou para disparidades no que se refere ao acesso ao cuidado em saúde em diferentes países (WHO, 2018). Destacam-se como barreiras mitos relativos ao conceito e às possibilidades de atenção em cuidados paliativos (por exemplo: ao fato de não ser restrito a pacientes em processo de morrer e não ser utilizado como uma estratégia substituta de cuidado, mas integrado a ele) a ausência de políticas nacionais de cuidados paliativos ou recomendações de cuidado em muitos países, assim como a falta de treinamento especializado, equipes assistenciais defasadas e o acesso insuficiente a medicações básicas para a oferta de cuidado adequado (WHO, 2018, 2020).

No Brasil, recentemente, foi instituída a Política Nacional de Cuidados Paliativos (PNCP) no contexto do Sistema Único de Saúde (SUS) (Ministério da Saúde, 2024), cuja publicação destaca como objetivos:

> I – integrar os cuidados paliativos à rede de assistência à saúde, com ênfase na atenção primária; II – promover a melhoria da qualidade de vida das pessoas em cuidados paliativos, por meio da atenção segura e humanizada; III – ampliar a disponibilidade de medicamentos que promovam o controle seguro dos sintomas da pessoa em cuidados paliativos; IV – estimular a formação, a educação continuada, valorização, provimento e gestão da força de trabalho em cuidados paliativos no âmbito do SUS; e V – promover a conscientização e a educação sobre cuidados paliativos na sociedade (cap. I, Artigo 4º).

Tal resolução constituiu um marco importante para a prática dos cuidados paliativos no Brasil, reforçando a necessidade da regulamentação da área e da ampliação do acesso ao melhor nível de cuidados integrais para a população brasileira.

Dentre os princípios da filosofia dos cuidados paliativos para o cuidado, a resolução destaca a importância da comunicação empática e do respeito às diretivas antecipadas de vontade do paciente. Além de ampliar a compreensão sobre as possibilidades de cuidado, a comunicação tem papel fundamental na construção de vínculo entre o paciente, a família e a equipe, e permite explorar seus valores, seus desejos e suas preferências de cuidado, favorecendo que a tomada de decisão aconteça norteada por conversas previamente realizadas e, por vezes, documentadas. Recomenda-se que as decisões sejam revisitadas ao longo do tratamento, com foco no alinhamento do plano de cuidado com os desejos e nas metas do paciente nos diferentes momentos de sua trajetória de cuidado em saúde (Rozman et al., 2018; Arruda-Colli, 2020).

Entretanto, oferecer cuidados paliativos e abordar questões da doença ameaçadora da vida, manejo de sintomas e planejamento de cuidado são tarefas desafiadoras. Para isso, faz-se necessário um treinamento de todos os profissionais da saúde envolvidos no cuidado sobre os princípios norteadores do cuidado integral, da escuta ativa, da comunicação de más notícias, da avaliação e do manejo de dor e sintomas, do processo da morte e do morrer, e das reações e atitudes dos pacientes e familiares diante da progressão da doença e de sua terminalidade (Rodrigues, 2022). Além disso, os profissionais devem desenvolver habilidades e ampliar o conforto para abordar questões bioéticas de final de vida e conceitos relacionados ao luto antecipatório, que envolve a percepção da perda da saúde e de prejuízos psicossociais, a compreensão dos processos de ressignificação do viver e morrer e a reflexão sobre a importância de desenvolver atitudes de continência afetiva que facilitem o acolhimento do paciente e da família. Nesse sentido, a educação continuada fornece conhecimentos específicos atualizados, aprimora o padrão de cuidados e auxilia a elaboração de estratégias e planejamento adequado de intervenções em torno das demandas do paciente e dos familiares (Perina, 2012; Perina et al., 2022).

O psicólogo é um dos profissionais definidos como parte da equipe mínima de cuidados paliativos, juntamente com médico, enfermeiro e assistente social (Ministério da Saúde, 2024). Trata-se de uma área de atuação recente do psicólogo (e ainda em construção), podendo ser realizada nos diferentes níveis de atenção em saúde, conforme a necessidade do paciente e sua inserção no sistema de saúde. Em geral, o trabalho do psicólogo tem como foco a unidade de cuidado paciente-família, buscando compreender o impacto emocional do adoecimento, identificar necessidades de cuidado e intervir de forma a favorecer a elaboração e o enfrentamento dos desafios vivenciados ao longo do processo de adoecimento grave. O psicólogo atua, ainda, na avaliação da compreensão do paciente e da família do diagnóstico, do tratamento e do prognóstico, assim como na busca de conhecer seus valores e seus objetivos do cuidado, com atenção aos processos de comunicação entre paciente, família e equipe (Castro & Pequeno, 2022; Ferrell et al., 2018).

Em 2022, o comitê de Psicologia da Academia Nacional de Cuidados Paliativos desenvolveu um guia com recomendações para a prática do psicólogo em cuidados paliativos, pensando na complexidade da atuação neste contexto e no delineamento de saberes, habilidades e atitudes para nortear a prática profissional (Aceti et al., 2022). Os autores destacaram a relevância da busca por conhecimentos específicos sobre a filosofia de cuidado dos cuidados paliativos, sobre o processo saúde-doença e do trabalho multiprofissional e interdisciplinar. Abordaram, também, a importância de conhecimentos e habilidades para a efetiva avaliação psicológica do paciente e de seus familiares, assim como do uso de instrumentos avaliativos nesse contexto, a fim de favorecer os processos diagnósticos e nortear o cuidado (Aceti et al., 2022).

## Processos avaliativos em cuidados paliativos: Desafios e possibilidades

A avaliação psicológica caracteriza-se como um processo importante na prática em psicologia. Por meio dela pode-se obter informações sobre os aspectos psicológicos do indivíduo (ou grupo) avaliado, sua relação com o mundo e, também, modos de lidar diante das situações específicas e dos processos vivenciados (CFP, 2022).

O cuidado em saúde, historicamente, foi marcado pelo predomínio do modelo biomédico, no qual a saúde era compreendida como ausência da doença, tendo o foco apenas na dimensão biológica do paciente e do adoecimento. Nesse sentido, o tratamento transitava na busca pelo diagnóstico e pela definição terapêutica, a fim de combater a causa biológica da doença. A atuação da psicologia também tinha essa característica, sendo a avaliação psicológica muitas vezes direcionada para a busca de diagnóstico e tratamento de transtornos psicológicos identificados (Remor, 2019). Na década de 1970 foi proposta a perspectiva biopsicossocial de saúde e doença, na qual prioriza-se um olhar ampliado para as inter-relações de diferentes dimensões que compõem a vivência do paciente. Além de considerar os aspectos do estado físico, preconiza-se a atenção aos aspectos emocionais e significados atribuídos ao processo de saúde-doença, bem como aos aspectos sociais (para conhecer o suporte familiar e social, e o impacto de aspectos financeiros e culturais, por exemplo), a fim de pensar um cuidado em saúde que integre essas informações e busque uma compreensão global do paciente (Remor, 2019, Castaneda, 2019). Destaca-se a importância dessa avaliação ser estabelecida de acordo com o contexto institucional, com a intenção de favorecer sua prática no cuidado regular ao paciente e, assim, identificar possíveis demandas, além de elaborar estratégias de intervenção (Tumeh & Bergerot, 2024).

A avaliação psicológica é uma ferramenta privativa do psicólogo e consiste em várias etapas para ampliar a compreensão das necessidades e das vivências do paciente e da família, com o objetivo de estabelecer um plano de intervenção, podendo ser realizada em diferentes contextos de atuação. A entrevista é a etapa inicial do processo de avaliação psicológica e fundamental para a construção de um vínculo de confiança, que deve permear a relação terapêutica. Ela tem como finalidade compreender a história de vida e do adoecimento, as repercussões psicossociais, os aspectos da dinâmica familiar, além de identi-

ficar as atitudes e os modos de lidar com a nova realidade. Pode ser direcionada para a demanda principal e complementada com a observação do paciente, das relações familiares, do suporte social e de demais informações trazidas pela equipe multiprofissional. Assim, a avaliação da organização familiar e do contexto sociocultural do paciente poderá fornecer indícios essenciais para melhor compreensão de necessidades e possibilidades de cuidados integrais. Desse modo, trata-se de uma ferramenta importante para esclarecer se a utilização de outros instrumentos pode contribuir para o processo avaliativo e auxiliar durante a tomada de decisão em saúde (Borges & Baptista, 2022).

Cabe destacar que, ao realizar o processo avaliativo, o psicólogo deve inicialmente definir quais os objetivos da avaliação e considerar as características de quem será avaliado, a fim de escolher estratégias adequadas também para o processo de avaliação psicológica. Considerar, por exemplo, o momento do ciclo vital da pessoa a ser avaliada, o nível de escolaridade e aspectos culturais é essencial para selecionar instrumentos adequados que ofereçam informações relevantes para responder às questões iniciais que motivaram a avaliação. No contexto dos cuidados paliativos é importante observar as condições clínicas atuais do paciente, suas possíveis limitações e os aspectos da própria trajetória de adoecimento que possam interferir no processo avaliativo. A condição clínica do paciente, por exemplo, muitas vezes, pode dificultar a aplicação de um questionário mais extenso em decorrência da vulnerabilidade de seu estado de saúde. Nesse sentido, é importante atentar para a relevância do instrumento no âmbito dos cuidados paliativos, assim como para sua viabilidade em termos de aplicação e pertinência do uso para cada contexto de avaliação (Castro & Pequeno, 2022; CFP, 2022; Ferrell et al., 2018; Tumeh & Bergerot, 2024).

Ao longo do processo de coleta de informações, sejam elas advindas de entrevistas, observação, testes psicológicos ou instrumentos, é importante que o psicólogo avalie as informações obtidas e a necessidade de incluir novas avaliações, assim como a capacidade da integração das informações para formular hipóteses e planejar a intervenção. Espera-se que o processo de avaliação psicológica permita esclarecer as questões iniciais que motivaram o processo avaliativo e favorecer a tomada de decisão e planejamento dos cuidados em saúde. Nesse sentido, a formalização da devolutiva e a redação dos documentos psicológicos têm papel importante na comunicação sobre as informações obtidas na avaliação, na ampliação da compreensão das vivências emocionais e nas necessidades identificadas para pensar intervenção, reforçando o potencial para a melhoria da qualidade do cuidado (Castro & Pequeno, 2022; CFP, 2022; Ferrell et al., 2018).

No Brasil, o Sistema de Avaliação dos Testes Psicológicos (SATEPSI) do CFP (s.d.) reúne a avaliação de instrumentos disponíveis para o uso do psicólogo, com descrição das temáticas avaliadas e informação sobre o parecer favorável ou desfavorável para o uso profissional (Reppold & Noronha, 2018). Além da análise contínua desses testes, também são listados alguns instrumentos não privativos do psicólogo disponíveis para uso.

Diante dos desafios singulares da prática avaliativa em cuidados paliativos, percebe-se um movimento em busca de novas possibilidades de avaliação que apreendam a complexidade das vivências diante do adoecimento. Nesse sentido, tem crescido o número de estudos de adaptação transcultural de instrumentos sobre as dimensões avaliadas nesses cuidados, o que reforça o interesse e o lugar dos instrumentos (Arruda-Colli et al., 2021).

No contexto dos cuidados paliativos, estão disponíveis instrumentos para a avaliação da percepção objetiva e subjetiva da saúde, e de aspectos biopsicossociais e espirituais do paciente e de seus cuidadores. Uma revisão recente realizada por Arruda-Colli et al. (2021) identificou estudos sobre a adaptação transcultural de instrumentos que auxiliam os profissionais na tarefa de avaliar o nível de *performance* e sintomas do paciente, tanto para triagem em crianças, adolescentes e adultos, como para avaliação de sintomas específicos, como a dor, o apetite e sintomas no câncer, por exemplo. A avaliação de qualidade de vida em cuidados paliativos também recebeu atenção, a fim de oferecer um olhar global para as dimensões que compõem o construto na vivência do paciente. Ademais, outra temática estudada foi a avaliação do período de final de vida, do processo de morrer e da morte, tanto no que se refere ao cuidado e conforto do paciente como às perspectivas do cuidador familiar e do profissional diante da experiência do cuidar. Ressalta-se a importância de se conhecer os instrumentos disponíveis, implementar diferentes estratégias nos processos avaliativos, considerar a multidimensionalidade do ser e priorizar a qualidade técnica, científica e adequação cultural para a avaliação consistente e o cuidado do paciente (Arruda-Colli et al., 2021).

O Quadro 1 apresenta instrumentos disponíveis na literatura para avaliação de diferentes domínios no contexto de cuidados paliativos, assim como os estudos de validação no Brasil.

## 15 Cuidados paliativos: desafios e possibilidades dos processos avaliativos

**Quadro 1** *Lista de instrumentos de avaliação de sintomas e aspectos biopsicossociais no contexto dos cuidados paliativos disponíveis na literatura, distribuídos por sintoma e domínio de avaliação*

| Sintomas e domínios de avaliação | Instrumentos de avaliação | Referência dos estudos de validação no Brasil |
|---|---|---|
| Aspectos emocionais | A técnica do desenho da Casa-Árvore-Pessoa (*House-Tree-Person* [HTP]): avaliação psicológica no contexto brasileiro (HTP)* | Dias-Viana (2020) |
| | Escala de Ansiedade e Depressão (*Hospital Anxiety and Depression Scale* [HADS]) | Botega et al. (1995) |
| | Escala Baptista de Depressão – versão infantojuvenil (EBADEP IJ), adulto (EBADEP A) e idoso (EBADEP ID)* | Baptista & Gomes (2011), Baptista & Cremasco (2013), Baptista et al. (2019) |
| | Inventário de Ansiedade de Beck (*Beck Anxiety Inventory* [BAI])* | Quintão et al. (2013) |
| | Inventário de Depressão de Beck-II (*Beck Depression Inventory II* [BDI II])* | Gomes-Oliveira et al. (2012) |
| | Miniexame do Estado Mental (MEEM) | Melo et al. (2017) |
| | Questionário de Transtorno de Ansiedade Generalizada (*Generalized Anxiety Disorder Scale – 7 item* [GAD-7]) | Moreno et al. (2016) |
| | Questionário sobre a saúde do/a paciente-9 (*Pacient Health Questionnaire-9* [PHQ-9]) | Santos et al. (2013) |
| | Termômetro de *Distress* (TD) | Decat et al. (2009) |
| Aspectos físicos | *Brazilian Profile of Chronic Pain Screen* (B-PCP-S) | Caumo et al. (2013) |
| | *Cancer appetite and symptom questionnaire* (CASQ) | Spexoto et al. (2018) |
| | Escala de Avaliação de Sintomas de Edmonton | Monteiro et al. (2013) |
| | *Pain Quality Assessment Scale* (PQAS) | Carvalho et al. (2016) |
| | *Symptom Screening in Paediatrics Tool* (SSPedi-BR) | Cadamuro et al. (2019) |
| Qualidade de vida | Questionário de Qualidade de Vida em Cuidados Paliativos da Organização Europeia de Pesquisa e Tratamento do Câncer (*European Organisation For Research and Treatment of Cancer Quality of Life Questionnaire Core PAL* [EORTC QLQ-C15-PAL]) | Nunes (2014) |
| | Questionário de Qualidade de vida SF-36 (*Medical Outcomes Short-Form Health Survey* [SF-36]) | Laguardia et al. (2013) |
| | Questionário de Qualidade de vida da OMS – versão abreviada (*World Health Organization Quality Of Life– short form* [WHOQOL-Bref]) | Fleck et al. (2000) |
| | *Pediatric Quality of Life Inventory* (PedsQL) | Klatchoian et al. (2008) |
| Final de vida e processo de morrer, conforto e comunicação | *Care of the Dying evaluation* (CODE™) | Mayland et al. (2022) |
| | Dando Voz às Minhas Escolhas™: um guia de planejamento para adolescentes e adultos jovens | Arruda-Colli (2020) |
| | End of Life Comfort Questionnaire-Patient | Trotte et al. (2014) |
| | Inventário de Orientação Multidimensional em Relação ao Morrer e à Morte (IMMOR) | Olivas et al. (2012) |
| | *Physician Orders for Life-sustaining treatment form* (POLST) | Mayoral, et al. (2018) |
| | Questionário sobre a Qualidade da Comunicação para pacientes com Doença Pulmonar Obstrutiva Crônica (DPOC) em cuidados paliativos | Castanhel & Grosseman (2017) |
| Suporte familiar e social | Escala de Percepção de Suporte Social – versão adulto e versão adolescente (EPSUS-A e EPSUS- Ad)* | Baptista & Cardoso (2011); Cardoso & Baptista (2014) |
| | Escala Multidimensional de Percepção de Apoio Social (*Multidimensional Scale of Perceived Social Support* [MSPSS]) | Brugnoli et al. (2022) |
| | Inventário de Percepção de Suporte Familiar (IPSF)* | Baptista (2007) |
| Cuidadores | *Brazilian version of the End-of-life Professional Caregiver Survey* (BR- EPCS) | Garcia et al. (2020) |
| | Holistic comfort questionnaire – caregiver | Paiva et al. (2015) |

*Nota.* *Instrumentos de uso exclusivo do psicólogo. Os testes psicológicos descritos estão classificados com parecer favorável no SATEPSI (CFP, s.d.), consultado em setembro de 2024. Recomenda-se a consulta no SATEPSI para informação atualizada e abrangente sobre os instrumentos.

Fonte: Elaboração própria.

## Considerações finais

Neste capítulo buscou-se refletir sobre o lugar do psicólogo na atenção em cuidados paliativos, assim como pensar em desafios e possibilidades dos processos avaliativos nesse contexto. Trata-se de uma área em construção que tem recebido um crescente interesse, sendo necessários novos estudos que ampliem o olhar para a sistematização da prática e dos processos avaliativos em cuidados paliativos. A avaliação psicológica permite identificar as necessidades do paciente, dos familiares e da equipe em um processo contínuo, e planejar as intervenções de forma a auxiliar essa tríade a percorrer o caminho ao longo da trajetória da doença grave e da fase final de vida, pensando em seu cuidado integral, por meio da arte de cuidar no limiar do sofrimento.

## Referências

Aceti, D., Teixeira, H. A., & Braz, M. S. (2022). *Recomendações de competências, habilidades e atitudes do psicólogo paliativista: comitê de psicologia em cuidados paliativos*. Academia Nacional de Cuidados Paliativos.

Arruda-Colli, M. N. F. (2020). *Voicing My CHOiCES™: adaptação transcultural e validação de um instrumento de planejamento antecipado de cuidado para adultos jovens brasileiros com câncer* [Tese de doutorado, Universidade de São Paulo]. https://doi.org/10.11606/T.59.2020.tde-26012021-090854

Arruda-Colli, M. N. F., Mulle, R. L. D., Pasian, S. R., & Santos, M. A. (2021). Adaptação transcultural de instrumentos avaliativos em Cuidados Paliativos: revisão integrativa da literatura. *Avaliação Psicológica, 20*(2), 191-200. doi: http://dx.doi.org/10.15689/ap.2021.2002.19610.07

Baptista, M. N. (2007). Inventário de percepção de suporte familiar (IPSF): estudo componencial em duas configurações. *Psicologia: Ciência e Profissão, 27*(3), 496-509. https://doi.org/10.1590/S1414-98932007000300010

Baptista, M. N., & Cardoso, H. F. (2011). *Escala de Percepção do Suporte Social – Versão Infantojuvenil (EPSUS-Ad)* (manual técnico não publicado). USF.

Baptista, M. N., & Cremasco, G. S. (2013). Propriedades psicométricas da escala Baptista de depressão infantojuvenil (EBADEP-IJ). *Arquivos Brasileiros de Psicologia, 65*(2), 198-213.

Baptista, M. N., & Gomes, J. O. (2011). Escala Baptista de Depressão (Versão Adulto) – EBADEP-A: evidências de validade de construto e de critério. *Psico-USF, 16*(2), 151-161. https://doi.org/10.1590/S1413-82712011000200004

Baptista, M. N., Cunha, F. A., & Marques, M. A. N. (2019). Evidências de estrutura interna da Escala Baptista de Depressão – Versão Idoso (EBADEP-ID). *Psicologia em Revista, 13*(1), 76-85. https://doi.org/10.24879/2018001200300478

Borges, L., & Baptista M. N. (2022). Avaliação Psicológica em Saúde. In M. N. Baptista, R. R. Dias, A. S. D. Baptista (Orgs.), *Psicologia Hospitalar – Teoria, aplicações e casos clínicos* (3ª ed., pp. 15-24). Guanabara Koogan.

Botega, N. J., Bio, M. R., Zomignani, M. A., Garcia Júnior, C., & Pereira, W. A. B. (1995). Transtornos do humor em enfermaria de clínica médica e validação de escala de medida (HAD) de ansiedade e depressão. *Revista de Saúde Pública, 29*(5), 359-363. https://doi.org/10.1590/S0034-89101995000500004

Brugnoli, A. V. M., Gonçalves, T. R., Silva, R. C. D., & Pattussi, M. P. (2022). Evidências de validade da Escala Multidimensional de Suporte Social Percebido (EMSSP) em universitários. *Ciência & Saúde Coletiva, 27*(11), 4223-4232. https://doi.org/10.1590/1413-812320222711.08592022

Cadamuro, S. A., Franco, J. O., Paiva, C. E., Oliveira, C. Z., & Paiva, B. S. R. (2019). Symptom screening in paediatrics tool for screening multiple symptoms in Brazilian patients with cancer: a cross-sectional validation study. *BMJ Open, 9*(8), e028149. htps://pubmed.ncbi.nlm.nih.gov/31377698/

Cardoso, H. F., & Baptista, M. N. (2014). Escala de Percepção do Suporte Social (versão adulta) – EPSUS-A: estudo das qualidades psicométricas. *Psico-USF, 19*(3), 499-510. https://doi.org/10.1590/1413-82712014019003012

Carvalho, A. B., Garcia, J. B. S., Silva, T. K. M., & Ribeiro, J. V. F. (2016). Translation and transcultural adaptation of Pain Quality Assessment Scale (PQAS) to Brazilian version. *Revista Brasileira de Anestesiologia, 66* (1), 94-104. https://doi.org/10.1016/j.bjane.2013.10.018

Castaneda, L. (2019) O Cuidado em Saúde e o Modelo Biopsicossocial: apreender para agir. *CoDAS, 31*(5), https://doi.org/10.1590/2317-1782/20192018312

Castanhel, F. D., & Grosseman, S. (2017). Quality of Communication Questionnaire for COPD patients receiving palliative care: translation and cross-cultural adaptation for use in Brazil. *Jornal Brasileiro de Pneumologia, 43*(5), 357-362. https://doi.org/10.1590/S1806-37562016000000199

Castro, A. B. R. & Pequeno, M. L. F. (2022). Avaliação do Psicólogo. In Instituto Nacional do Câncer, *Avaliação do paciente em cuidados paliativos / Cuidados Paliativos na prática clínica* (Vol. 1, pp. 137-147).

Caumo, W., Ruehlman, L. S., Karoly, P., Sehn, F., Vidor, L. P., Dall-Ágnol, L., Chassot, M., & Torres, I. L. (2013). Cross-cultural adaptation and validation of the profile of chronic pain: screen for a Brazilian population. *Pain medicine (Malden, Mass.), 14*(1), 52-61. https://doi.org/10.1111/j.1526-4637.2012.01528.x

Conselho Federal de Psicologia. (s.d.). *Sistema de Avaliação de Testes Psicológicos (SATEPSI).* https://satepsi.cfp.org.br/

Conselho Federal de Psicologia (2022). *Cartilha Avaliação Psicológica* (3ª ed.). https://site.cfp.org.br/wp-content/uploads/2022/08/cartilha_avaliacao_psicologica-2309.pdf

Decat, C. S., Laros, J. A., & Araujo, T. C. C. F. (2009). Termômetro de Distress: validação de um instrumento breve para avaliação diagnóstica de pacientes oncológicos. *Psico-USF, 14*(3), 253–260. https://doi.org/10.1590/S1413-82712009000300002

Dias-Viana, J. L. (2020). Propriedades psicométricas do Teste House-Tree-Person (HTP): análi-

se da produção científica brasileira. *Psicología para América Latina, 34,* 159-170. http://pepsic.bvsalud.org/scielo.php?script=sci_arttext&pid=S1870-350X2020000200007&lng=pt&tlng=pt.

Ferrell, B. R., Twaddle, M. L., Melnick, A., & Meier, D. E. (2018). National consensus project clinical practice guidelines for Quality Palliative Care Guidelines (4th ed.). *Journal of Palliative Medicine, 21*(12), 1684-1689. doi: https://doi.org/10.1089/jpm.2018.04

Fleck, M. P., Louzada, S., Xavier, M., Chachamovich, E., Vieira, G., Santos, L., & Pinzon, V. (2000). Aplicação da versão em português do instrumento abreviado de avaliação da qualidade de vida "WHOQOL-bref". *Revista de Saúde Pública, 34*(2), 178-183. https://doi.org/10.1590/S0034-89102000000200012.

Garcia, A. C. M., Damasceno Spineli, V. M. C., Eduardo, A. H. A., Meireles, E., Moreira de Barros, G. A., & Lazenby, M. (2020). Translation, cultural adaptation, and validation of the Brazilian Portuguese version of the End-of-Life Professional Caregiver Survey. *Palliative & supportive care, 18*(5), 569-574. https://doi.org/10.1017/S1478951519000993

Gomes-Oliveira, M. H., Gorenstein, C., Lotufo Neto, F., Andrade, L. H., & Wang, Y. P. (2012). Validation of the Brazilian Portuguese version of the Beck Depression Inventory-II in a community sample. *Brazilian Journal of Psychiatry, 34*(4), 389-394. https://doi.org/10.1016/j.rbp.2012.03.005.

Hopf, J. L. S., Dutra, P. L., & Tezza, M. (2022). Cuidados paliativos: teoria e prática. In E. M. P. Campos, & A. P. O. Vilaça (Orgs.), *Cuidados paliativos e psico-oncologia* (pp. 1-11). Manole.

Klatchoian, D. A., Len, C. A., Terreri, M. T. R. A., Silva, M., Itamoto, C., Ciconelli, R. M., Varni, J. W., & Hilário, M. O. E. (2008). Qualidade de vida de crianças e adolescentes de São Paulo: confiabilidade e validade da versão brasileira do questionário genérico Pediatric Quality of Life Inventory™ versão 4.0. *Jornal de Pediatria, 84*(4), 308-315. https://doi.org/10.1590/S0021-75572008000400005

Laguardia, J., Campos, M. R., Travassos, C., Najar, A. L., Anjos, L. A., & Vasconcellos, M. M. (2013). Brazilian normative data for the Short Form 36 questionnaire, version 2. *Revista Brasileira de Epidemiologia, 16*(4), 889-897. https://doi.org/10.1590/S1415-790X2013000400009

Mayland, C. R., Keetharuth, A. D., Mukuria, C., & Haugen, D. F. (2022). Validation of "Care Of the Dying Evaluation" (CODE™) within an international study exploring bereaved relatives' perceptions about quality of care in the last days of life. *Journal of Pain and Symptom Management, 64*(1), e23-e33. https://doi.org/10.1016/j.jpainsymman.2022.02.340

Mayoral, V. F. S., Fukushima, F. B., Rodrigues, A. M., Carvalho, R. P., Carvalho, L. P., Pinheiro, L. A. F. V., Polegato, B. F., Minicucci, M. F., Basset, R., Moss, A. H., Steiberg, K. E., & Vidal, E. I. O. (2018). Cross-cultural adaptation of the Physician Orders for Life-Sustaining Treatment Form to Brazil. *Journal of Palliative Medicine, 21*(6), 815-819. https://doi.org/10.1089/jpm.2017.0590

Melo, D. M., Barbosa, A. J. G., & Neri, A. L. (2017). Miniexame do Estado Mental: evidências de validade baseadas na estrutura interna. *Revista Avaliação Psicológica, 16*(2), 161-168. https://doi.org/10.15689/AP.2017.1602.06

Ministério da Saúde. (2024). *Portaria GM/MS n. 3.681, de 7 de maio de 2024, Institui a Política Nacional de Cuidados Paliativos – PNCP no âmbito do Sistema Único de Saúde – SUS.* https://bvsms.saude.gov.br/bvs/saudelegis/gm/2024/prt3681_22_05_2024.html

Monteiro, D. R., Almeida, M. de A., & Kruse, M. H. L. (2013). Tradução e adaptação transcultural do instrumento Edmonton Symptom Assessment System para uso em cuidados paliativos. *Revista Gaúcha de Enfermagem, 34*(2), 163-171. https://doi.org/10.1590/S1983-14472013000200021

Moreno, A. L., DeSousa, D. A., Souza, A. M., L. P., Manfro, G. G., Salum, G. A., Koller, S. H., Osório, F. L., & Crippa, J. A. S. (2016). factor structure, reliability, and item parameters of the Brazilian-Portuguese Version of the GAD-7 Questionnaire. *Trends in Psychology / Temas em Psicologia, 24*(1), 367-376. https://doi.org/10.9788/TP2016.1-25

Nunes, N. A. H. (2014). The quality of life of Brazilian patients in palliative care: validation of the Eu-

ropean Organization for Research and Treatment of Cancer Quality of Life Questionnaire Core 15 PAL (EORTC QLQ-C15-PAL). *Supportive Care in Cancer, 22*(6), 1595-1600. https://doi.org/10.1007/s00520-014-2119-1

Olivas, M. A., Silva, J. V., & Santos, F. S. (2012). Adaptação transcultural: Multidimensional Orientation Toward Dying and Death Inventory (MODDI-F) à realidade brasileira. *Saúde e Sociedade, 21*(3), 710-718. https://doi.org/10.1590/S0104-12902012000300016

Paiva B. S., Carvalho A. L., Kolcaba K., Paiva C. E. (2015). Validation of the Holistic Comfort Questionnaire-caregiver in Portuguese-Brazil in a cohort of informal caregivers of palliative care cancer patients. *Support Care Cancer, 23*(2), 343-51. doi: 10.1007/s00520-014-2370-5

Perina, E. M. (2012). Papel do pediatra nos cuidados paliativos e na terminalidade. In S. R. Loggetto, M. V. F. Park, & J. A. P. Braga (Orgs.). *Oncologia para o pediatra* (pp. 35-47). Atheneu.

Perina, E. M., Ortolan, P. E., Laia, T. F., & Boldrini, E. (2022). Cuidados paliativos em psico-oncologia pediátrica: desafios na integralidade do cuidado multiprofissional. In E. M. P. Campos, & A. P. O. Vilaça (Orgs.), *Cuidados paliativos e psico-oncologia* (p. 43-54). Manole.

Quintão, S., Delgado, A. R., & Prieto, G. (2013). Validity study of the Beck Anxiety Inventory (Portuguese version) by the Rasch Rating Scale model. *Psicologia: Reflexão e Crítica, 26*(2), 305–310. https://doi.org/10.1590/S0102-79722013000200010

Remor, E. (2019). Avaliação psicológica em contextos de saúde e hospitalar. In C. S. Hutz, D. R. Bandeira, C. M. Trentini (Orgs.), *Avaliação psicológica nos contextos de saúde e hospitalar* (pp. 13-26). Artmed.

Reppold, C. T., & Noronha, A. P. P. (2018). Impacto dos 15 anos do SATEPSI. Psicologia: *Ciência e Profissão, 38*(núm. esp.), 6-15. https://doi.org/10.1590/1982-3703000208638

Rodrigues, A. L. (2022). Prefácio. In E. M. P., Campos, & A. P. O., Vilaça (Orgs.). *Cuidados paliativos e psico-oncologia* (p. xxi-xxv). Manole.

Rozman, L. M., Campolina, A. G., López, R. V. M., Kobayashi, S. T., Chiba, T., & Soárez P. C. (2018). Early palliative care and its impact on end-of-life care for cancer patients in Brazil. *Journal of Palliative Medicine, 21*(5), 659-664. https://doi.org/10.1089/jpm.2017.0418

Santos, I. S., Tavares, B. F., Munhoz, T. N., Almeida, L. S. P., Silva, N. T. B., Tams, B. D., Patella, A. M., & Matijasevich, A. (2013). Sensibilidade e especificidade do Patient Health Questionnaire-9 (PHQ-9) entre adultos da população geral. *Cadernos de Saúde Pública, 29*(8), 1533-1543. https://doi.org/10.1590/0102-311X00144612

Spexoto, M. C. B., Serrano, S. V., Halliday, V., Maroco, J., Wilcock, A., & Campos, J. A. D. B. (2018). Cross-cultural psychometric assessment of an appetite questionnaire for patients with cancer. *Trends in Psychiatry and Psychotherapy, 40*(2), 152-159. https://doi.org/10.1590/2237-6089-2017-0093

Trotte, L. A. C., Lima, C. F. M., Pena, T. L. N., Ferreira, A. M. O., & Caldas, C. P. (2014). Adaptação transcultural para o português do End of Life Comfort Questionnaire-Patient. *Revista Enfermagem UERJ, 22*(4), 461-465. https://www.e-publicacoes.uerj.br/index.php/enfermagemuerj/article/view/13783/10525

Tumeh, I. B. R. G., & Bergerot, C. D. (2024). Instrumentos de rastreio e avaliação biopsicossocial em psico-oncologia. In F. M. M. Caron, A. P. O. Vilaça, & G. Z. Oliveira (Orgs.), *Psico-oncologia: teoria e prática* (pp. 83-93). Manole.

World Health Organization. (2002). *National Cancer Control Programmes. Policies and managerial guidelines* (2ª ed.). http://www.who.int/cancer/palliative/definition/en/

World Health Organization. (2018). *Integrating palliative care and symptom relief into primary health care: a WHO guide for planners, implementers and managers.* https://www.who.int/publications/i/item/integrating-palliative-care-and-symptom-relief-into-primary-health-careQ

World Health Organization. (2020). *Palliative care.* https://www.who.int/news-room/fact-sheets/detail/palliative-care#

# 16
# Abordagem psicossocial de avaliação do estresse em situações de desastres e catástrofes

*Tonantzin Ribeiro Gonçalves*
*Caroline Tozzi Reppold*
*Sheila Gonçalves Câmara*

---

*Highlights*

- Processos de estresse estão envolvidos na resposta comum a crises agudas e podem se cronificar com consequências negativas para saúde.
- A abordagem psicossocial de avaliação de saúde mental em desastres deve incluir aspectos individuais, sociais e político-programáticos.
- É importante avaliar os níveis de estresse como parte do cuidado psicossocial durante desastres e catástrofes, visando prevenir efeitos psicológicos graves.
- Medidas curtas de avaliação do estresse e de sofrimento psicológico podem ser utilizadas no período tardio de resposta ao desastre.
- Desenvolver competências profissionais relacionadas à avaliação de estresse em contextos de desastres é uma necessidade atual na formação de psicólogos.

---

## Introdução

Neste capítulo abordaremos a avaliação do estresse em contexto de desastres e catástrofes a partir de uma perspectiva psicossocial. O objetivo é reunir aportes teóricos e técnicos a fim de instrumentalizar os profissionais psicólogos e demais trabalhadores da saúde para identificar e avaliar os sinais e os sintomas de estresse relativos a um pior ajustamento emocional e psicossocial de indivíduos e coletivos em situações de desastres e catástrofes. Importa situar que este capítulo foi construído em meio à catástrofe provocada pelas enchentes que assolaram quase todo o Estado do Rio Grande do Sul em maio de 2024, devastando cidades e desabrigando milhares de pessoas. Dessa forma, entendemos que o cenário contemporâneo exige especial atenção a esse tema. Muitos países estão mais preparados para lidar com situações recorrentes de desastres, como é o caso de áreas atingidas por terremotos e erup-

ções vulcânicas. Contudo, globalmente, vivemos um processo de aceleradas mudanças climáticas, que implica um aumento de frequência e intensidade de tempestades, furacões, desmoronamentos, inundações, ondas de calor, secas, queimadas, emergências e/ou reaparecimento de epidemias virais etc. Também se observam a permanência e a exacerbação de eventos nos quais a agência humana é mais identificável, como guerras e conflitos armados, acidentes com material tóxico ou poluente do solo e das águas, além de acidentes aéreos e rodoviários de grandes proporções, entre tantos outros eventos que causam rupturas nas vidas das pessoas e se caracterizam por diferentes formas de manifestação do estresse.

Os dados mostram que, seja no Brasil ou em outros países, a ação humana tem contribuído para o aumento da frequência e da intensidade de desastres e catástrofes nos últimos anos (Freitas et al., 2023; Harmer et al., 2020). O desmatamento, a urbanização desordenada, a exploração excessiva de recursos naturais e as mudanças climáticas têm intensificado eventos climáticos extremos e aumentado a vulnerabilidade das populações. Tais mudanças elevam a preocupação em termos de saúde pública, pois desastres afetam a infraestrutura sanitária, geram surtos de doenças e impactam negativamente a saúde mental das pessoas afetadas.

Na primeira seção vamos definir os diferentes tipos de situações críticas, de acordo com seu nível de abrangência (Montano & Savitt, 2023), e discutir como a avaliação psicossocial do estresse em nível individual, social e programático é importante para direcionar os cuidados em saúde mental. Partiremos das contribuições recentes do modelo teórico do trauma e das adversidades dos impactos das mudanças climáticas na saúde mental, colocando-o em diálogo com o conceito de vulnerabilidade que, no Brasil, tem sido importante para pensar as práticas de saúde em perspectiva dialógica e socialmente situada.

Depois, descreveremos aspectos centrais para planejar e implementar avaliações das vítimas em situações de estresse agudo para prestação de Primeiros Cuidados Psicológicos, a partir de aportes das intervenções psicológicas em crise. Em seguida, serão apresentadas recomendações para a avaliação psicossocial após o período crítico de resposta ao desastre, contemplando tanto vítimas quanto trabalhadores e outras pessoas indiretamente afetadas, com base no entendimento do estresse crônico, do estresse vicário e do estresse secundário. Concluiremos com reflexões sobre como a avaliação do estresse em contexto de desastres pode auxiliar no desenvolvimento e na implementação de intervenções, programas e ações de prevenção e recuperação da saúde mental, e como fragilidades e possibilidades no campo da avaliação devem ser endereçadas por futuros estudos.

## Tipos de situações críticas e seus efeitos psicológicos

De acordo com a definição de órgãos internacionais, as situações críticas são denominadas desastres, eventos catastróficos que causam grandes danos à vida, à saúde, ao meio ambiente e à infraestrutura de uma região, muitas vezes resultando em perdas significativas de vidas e de recursos. De acordo com o Escritório das Nações Unidas para a Redução do Risco de Desastres (United Nations International Strategy for Disaster Reduction [UNISDR], 2009), desastres são eventos que causam uma interrupção significativa no funcionamento habitual de uma comunidade ou sistema, cujos impactos sobre as pessoas, bem como as perdas e os danos materiais ou ambientais, ultrapassam a capacidade de essa comunidade responder e se recuperar. Essa conceituação alinha-se à adotada pela Organização Mundial de Saúde (OMS) (World Health Organization [WHO], 2020), que define desastres como eventos que remetem à exposição a uma ameaça de causa natural ou provocada por ocasião de acidentes tecnológicos.

No Brasil, a classificação dos desastres é diferente dos critérios internacionais. A política nacional de proteção e defesa civil que embasa a atuação dos órgãos públicos relacionados ao tema classifica os desastres a partir de três categorias: (a) sua origem; (b) sua evolução; e (c) sua intensidade (Ministério da Saúde, 2024). A classificação que considera a origem do desastre (natural, antropogênico ou misto) é a mais adotada pelo setor de saúde no país para avaliação dos desastres durante sua ocorrência (Ministério da Saúde, 2024).

O nível de gravidade das situações críticas é dado, basicamente, pelo volume de população afetada e por sua possível delimitação na comunidade de convivência, pela duração do evento no tempo, pela previsibilidade do fenômeno e pelo impacto aos mecanismos institucionais de ajuda. Nesse sentido, as situações críticas podem ser classificadas da seguinte forma: (a) emergência: quando ocorre um evento imprevisível no tempo, porém com causas conhecidas – pode estar relacionado a danos a bens ou pessoas e supõe uma ruptura da normalidade de um determinado contexto, mas não excede a capacidade de resposta da comunidade – e desencadeia mecanismos de prevenção, proteção e controle; (b) crise: estado delicado e conflitivo no qual se rompe o equilíbrio e a normalidade em um determinado sistema (bairro, cidade, família etc.), o que provoca sua desorganização; (c) acidente: os afetados são um segmento delimitado de indivíduos (ocupantes de um automóvel, público de um cinema etc.), enquanto o restante da população não é afetado, assim como a vida da coletividade e os sistemas de ajuda e resposta; (d) desastre: toda a população é afetada, e a vida cotidiana se altera como em inundações e vazamentos de substâncias tóxicas; porém, os mecanismos de resposta estão operativos; (e) catástrofe: o sinistro é global, de maneira que afeta toda a coletividade, incluídos os mecanismos de resposta institucionais (Caldera & Wirasinghe, 2022; Edwards, 2016).

É fundamental considerar o impacto dessas situações para as pessoas afetadas em termos de crise pessoal. No decorrer do ciclo vital os indivíduos vivenciam diversas mudanças, as quais implicam processos de crise. No contexto deste capítulo, no entanto, abordamos o conceito de crise pessoal como uma importante ruptura da vida da pessoa. Assim, esse conceito a uma resposta a eventos perigosos ou ameaçadores é vivido como um estado doloroso e de intenso sofrimento. Não obstante o tipo de crise, o evento mobilizador é emocionalmente significativo e implica uma mudança radical em sua vida (Fritze et al., 2008).

No contexto de análise da situação crítica e do impacto individual configura-se a atenção do psicólogo; por isso, algumas definições podem ser úteis. A situação crítica pode ser definida como um acontecimento estressante, interno ou externo ao mundo pessoal do indivíduo, o qual dá início a uma série de reações (Sareen, 2014), ao passo que o estado vulnerável se refere a reação subjetiva frente ao evento de desastre, podendo refletir experiências traumáticas anteriores, como situação de desamparo configurada, isolamento social, pobreza etc. (Sareen, 2014). É necessário considerarmos também os fatores precipitantes que se referem a condições pessoais ou sociais específicas que, potencialmente, agravam as situações individuais para lidar com a situação e aumentam o risco de crise (Sareen, 2014).

O termo estresse é usado para designar um mecanismo fisiológico de adaptação do organismo ativado frente a ameaças com o objetivo de manter a homeostase e proteger o indivíduo das agressões, tanto internas quanto externas, preparando-o para luta ou fuga (Lazarus & Folkman, 1984). Embora o estresse seja importante no enfrentamento de uma diversidade de situações da vida cotidiana, é também a principal reação diante de um evento disruptivo, como a vivência de um desastre. A avaliação subjetiva da situação será a base para a resposta comportamental diante de uma situação estressante, que pode variar em termos de intensidade e qualidade conforme aspectos contextuais e individuais, sendo que um mesmo evento estressor pode ser interpretado de distintas maneiras por diferentes pessoas (Lazarus & Folkman, 1984).

Em termos do estresse, como principal reação psicológica em desastres e catástrofes, há de se considerar que a capacidade de elaboração das pessoas é maior quando os eventos são percebidos como oriundos de causas naturais (Beaglehole et al., 2018; Kozu & Gibson, 2021). No caso de desastres identificáveis de modo evidente, como decorrentes da agência humana, o processo de elaboração é mais difícil, tendo em vista que parecem, retrospectivamente, evitáveis (Shapouri et al., 2023; West et al., 2023). Dessa forma, a avaliação subjetiva e os comportamentos decorrentes desempenham papel significativo no impacto dos desastres, tanto em termos de preparação quanto de resposta (Ding et al., 2015).

Independentemente do nexo causal, podem ser previstas algumas fases da reação ao estresse a serem consideradas pelos profissionais em situações de crise: (a) fase de choque: também chamada de choque emocional, surge quando o impacto foi forte, a ponto de liberar as emoções de forma explosiva, incapacitando os mecanismos de enfrentamento; (b) estado de crise ativo: a pessoa desorganiza-se devido à tensão excitante, que pode durar de uma a quatro horas, no momento em que podem ocorrer e/ou experimentar reações como "visão em túnel", excesso de atividade sem objetivo ou imobilização, alterações cognitivas, preocupações ou ideias distorcidas pelos eventos; e (c) esgotamento: a pessoa pode ter manejado efetivamente a crise durante um tempo prolongado, mas chega ao ponto de "não ter mais força" para enfrentar a situação e seus mecanismos adaptativos se exaurem (Cunanan et al., 2018).

As repercussões emocionais aos desastres, multifacetadas e complexas, incluem desde as reações agudas de choque e alarme até as respostas de resistência e exaustão, que podem culminar em processos de cronificação traumática tanto para as vítimas diretas como para as pessoas trabalhando em resposta ao desastre ou indiretamente envolvidas. Vale lembrar que as caraterísticas do desastre também conferem algumas particularidades à vivência psicológica das pessoas (Beaglehole et al., 2018) e a suas repercussões emocionais e comportamentais, considerando a temporalidade do acontecimento (repentino, recorrente), a intensidade e a amplitude dos impactos para a população e as infraestruturas sociais. Tais processos se desdobram em articulação direta com o contexto social, cultural, geográfico e político preexistente ao desastre, assim como com cenários de vulnerabilidade e proteção que se acumulam e se sobrepõem a partir de eventos traumáticos anteriores. Nesse sentido, é necessário adotar uma perspectiva crítica, pois muitos desastres considerados "naturais" são produtos de políticas públicas inexistentes, tardias ou permissivas que admitem a exploração irracional de recursos, fragilizam os territórios e expõem de modo desigual populações socialmente vulnerabilizadas (Conselho Federal de Psicologia [CFP], 2021). Assim, devemos considerar que as dimensões sociopolítica e econômica estão diretamente relacionadas às causas e aos efeitos de inúmeros desastres.

Nesse sentido há diversas etapas de estresse que precisam ser avaliadas. No entanto, desastres climáticos costumam se caracterizar por sua imprevisibilidade na vida diária das pessoas, por afetarem os sistemas de apoio e repercutirem de modo amplo, inclusive se estendendo no tempo e também na relação com a vulnerabilidade social preexistente dos afetados. Evidências têm se acumulado ao mostrar as repercussões dos desastres para a saúde mental das populações atingidas (Beaglehole et al., 2018; Charlson et al., 2019; Keya et al., 2023; Liang et al., 2019; White et al., 2023). Indivíduos que vivem em ocupações ou terras com risco geográfico, pessoas indígenas, idosas, crianças e migrantes climáticos têm sido os mais afetados em sua saúde mental (Sharpe & Davison, 2021; White et al., 2023). O estudo de metanálise realizado por Keya et al. (2023) analisou 22 estudos sobre o impacto de catástrofes, como enchentes, tempestades, superciclones, tufões, furacões etc., sobre desfechos negativos em saúde mental, por exemplo ansiedade, depressão, transtorno de estresse pós-traumático (TEPT) e sofrimento psicológico entre mais de 48 mil pessoas de vários países. As prevalências de morbidade psicológica variaram entre 5,8 e 87,6%, com maiores frequências encontradas entre populações que sofreram realocações e interrupção de serviços essenciais (Keya et al., 2023). A revisão conduzida pela OMS (Charlson et al., 2019) contemplou 129 estudos publicados até 2017, que avaliaram depressão, transtorno de ansiedade, transtorno bipolar, TEPT e esquizofrenia em populações expostas a conflitos e crises humanitárias. A prevalência geral dos transtornos avaliados foi de 22,1% em qualquer momento do desastre (Charlson et al., 2019).

Desse modo, entende-se que a avaliação psicossocial do estresse é uma ferramenta vital na abordagem da saúde mental em contextos de desastres. Compreender como os indivíduos e comunidades processam o estresse decorrente de tais eventos é fundamental para direcionar intervenções de cuidado em saúde mental. A partir dessa avaliação é possível identificar necessidades específicas, desenvolver estratégias de apoio psicológico e promover resiliência das comunidades. Essa abordagem não apenas oferece suporte aos afetados, mas também fortalece a capacidade de recuperação coletiva, contribuindo para uma resposta mais eficaz e humanizada frente às adversidades impostas pelos desastres.

## Modelo teórico para avaliação psicossocial em desastres e catástrofes

Ao descreverem o modelo de trauma e adversidade do impacto das mudanças climáticas na saúde mental, O'Donnell e Palinkas (2024) destacam três fatores que devem ser considerados para além das vulnerabilidades individuais: (a) a carga traumática cumulativa relacionada a vivência contínua dos impactos; (b) as consequências

dos estressores diretos e indiretos; e (c) os aspectos protetivos individuais e comunitários. Ao revisar pesquisas recentes sobre o tema, a autora e o autor enfatizam a complexidade dos efeitos das mudanças climáticas sobre a saúde mental, o impacto da exposição a estressores relativos aos eventos climáticos múltiplos e simultâneos, a necessidade de considerar fatores moderadores e mediadores desses efeitos, bem como fatores protetivos e de resiliência comunitária e individual. Tais elementos auxiliam a pensar a avaliação do estresse em diferentes situações de desastres e não apenas aqueles relativos às mudanças climáticas. Ademais, é plausível que as alterações relacionadas ao clima estejam presentes de modo concomitante a outros tipos de desastres.

Os estressores primários relativos ao desastre são aqueles que derivam diretamente do evento, tais como ferimentos, exposição a agentes tóxicos, perda de familiares, animais de estimação, inundação de residências ou destruição de bens de uso cotidiano, como o carro. Os estressores secundários, por sua vez, são uma consequência indireta do desastre e podem envolver perdas financeiras e pessoais (perda de atividades rotineiras, distância do local e das pessoas de convívio diário), desemprego, dificuldades de acessar serviços de saúde, educação e assistência social, problemas com o acesso a seguros públicos ou privados, testemunho de destruição da comunidade, dentre outros. Os estressores secundários também têm sido associados a efeitos adversos para a saúde mental (Williams et al., 2021).

Compreende-se que processos de estresse crônico podem se instalar não apenas como efeito dos estressores primários, mas também em razão de sua interação com os estressores secundários, os quais tornam as pessoas e comunidades mais vulneráveis para enfrentar as consequências do desastre. Assim, é importante mencionar a possibilidade de revitimização das pessoas afetadas durante os períodos de resposta e recuperação ao desastre (Viana, 2021). A revitimização pode ocorrer devido à recorrência de novos incidentes de desastre e também à exposição a outros eventos traumáticos (por exemplo: violência física, sexual ou psicológica), em função da vulnerabilidade aumentada após o desastre, em especial entre pessoas e comunidades anteriormente expostas a desigualdades. A revitimização após desastres é um campo emergente de pesquisa e prática, havendo raros estudos sobre medidas, avaliações e intervenções.

Nessa direção, no Brasil, o conceito de vulnerabilidade tomado na perspectiva dos Direitos Humanos (Ayres et al., 2012) tem orientado reflexões que se somam à compreensão da avaliação psicossocial do estresse em desastres. O referencial da vulnerabilidade sublinha como as condições concretas de vida são profundamente determinadas por marcadores sociais de gênero, raça, geração, classe social, orientação sexual, deficiência e outros, os quais contribuem para maior susceptibilidade ao sofrimento, às doenças e às violências, além de se articular com os recursos disponíveis para a proteção e o enfrentamento das consequências dos agravos (Ayres et al., 2012, 2006). Portanto, as vulnerabilidades são produzidas de modo intercruzado por dimensões individuais, sociais e programáticas (Ayres et al., 2006).

No contexto do estresse durante um desastre, o âmbito individual/subjetivo refere-se, por exemplo, ao período desenvolvimental, à presença de condições crônicas no âmbito físico ou mental, ao grau e à qualidade da informação de que cada indivíduo dispõe, a suas capacidades cognitivas, seus recursos materiais e emocionais disponíveis para lidar com os desafios, à presença e à qualidade das relações familiares e afetivas, incluindo valores, crenças e interesses que orientam os comportamentos. A dimensão social da vulnerabilidade estaria vinculada a normas sociais (por exemplo: religiosas, relativas ao gênero, raça, classe social, orientação sexual) que determinam desigualdades no acesso às informações e aos recursos necessários para a proteção e o viver digno, como serviços de saúde, condições de moradia, educação e trabalho, além de bens culturais e formas de participação política. Tais desigualdades sociais também implicam diferentes graus de exposição a diversas formas de violência. Por fim, a vulnerabilidade programática diz respeito à existência, à forma de implementação e à sustentação de políticas e ações organizadas, tanto públicas, privadas ou da sociedade civil organizada, que estejam compromissadas com a prevenção e a proteção da saúde mental em contextos de desastres.

A Figura 1 resume o modelo psicossocial do trauma e a adversidade dos impactos dos desastres na saúde mental, adaptado e expandido a partir da proposta de O'Donnell e Palinkas (2024). Nesse modelo, os processos de estresse estão envolvidos nos efeitos psicológicos de curto, médio e longo prazos relacionados à vivência do desastre e são influenciados pela interação entre as características, a duração e a acumulação dos eventos de desastre, e as vulnerabilidades e os recursos prévios de indivíduos, comunidades e sistemas públicos. Tais eventos potencializam os processos de estresse a partir de efeitos indiretos provocados pelos impactos econômicos e sociais (estressores secundários), considerando os recursos comunitários e programáticos que podem moderar esses efeitos. Destaca-se que enquanto alguns efeitos graves, como o desenvolvimento de transtornos psiquiátricos, podem atingir uma parcela menor dos indivíduos afetados pelo desastre (Charlson et al., 2019), outras consequências mais diversas podem ser amplamente prevalentes nas populações atingidas, como aumento no uso de substâncias e nos níveis de sofrimento psíquico.

**Figura 1** *Modelo psicossocial do trauma e adversidade dos impactos dos desastres na saúde mental*

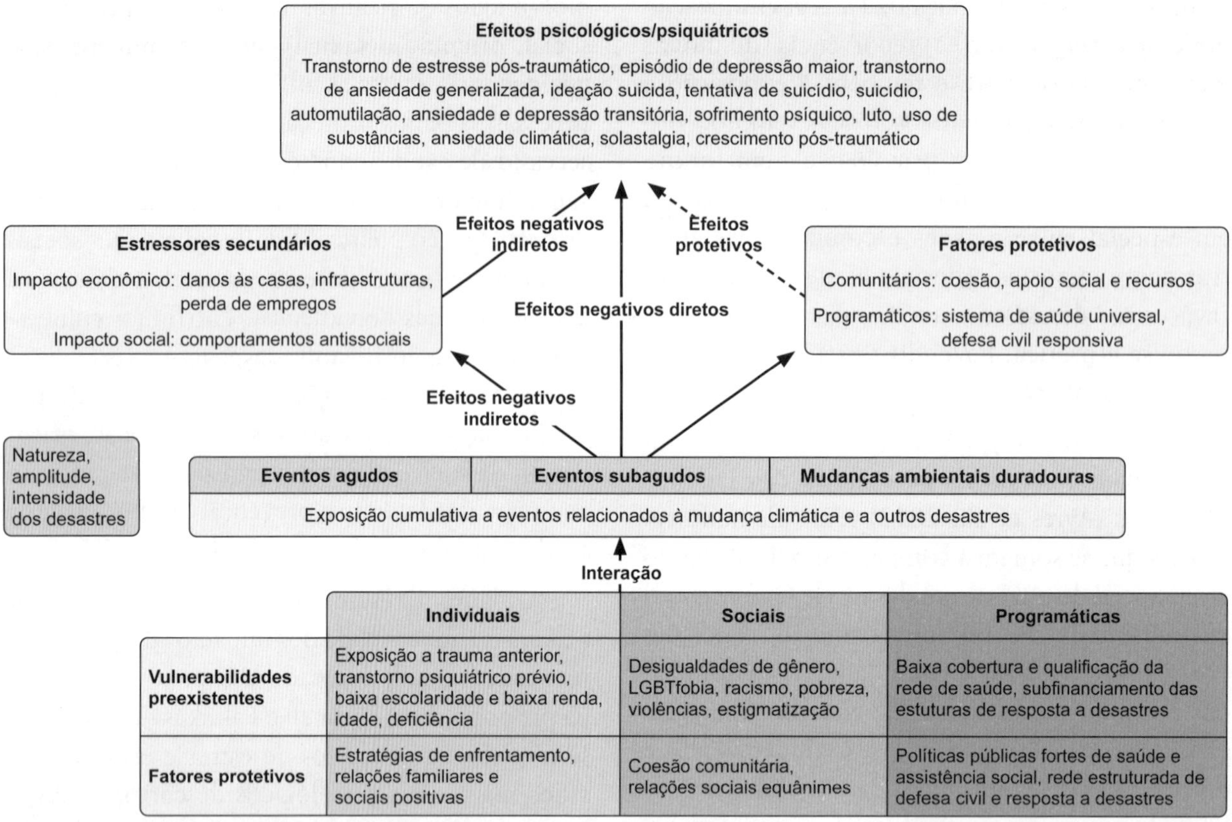

**Efeitos psicológicos/psiquiátricos**

Transtorno de estresse pós-traumático, episódio de depressão maior, transtorno de ansiedade generalizada, ideação suicida, tentativa de suicídio, suicídio, automutilação, ansiedade e depressão transitória, sofrimento psíquico, luto, uso de substâncias, ansiedade climática, solastalgia, crescimento pós-traumático

**Estressores secundários**

Impacto econômico: danos às casas, infraestruturas, perda de empregos

Impacto social: comportamentos antissociais

Efeitos negativos indiretos

Efeitos protetivos

Efeitos negativos diretos

**Fatores protetivos**

Comunitários: coesão, apoio social e recursos

Programáticos: sistema de saúde universal, defesa civil responsiva

Efeitos negativos indiretos

Natureza, amplitude, intensidade dos desastres

| Eventos agudos | Eventos subagudos | Mudanças ambientais duradouras |
|---|---|---|
| Exposição cumulativa a eventos relacionados à mudança climática e a outros desastres | | |

Interação

| | Individuais | Sociais | Programáticas |
|---|---|---|---|
| **Vulnerabilidades preexistentes** | Exposição a trauma anterior, transtorno psiquiátrico prévio, baixa escolaridade e baixa renda, idade, deficiência | Desigualdades de gênero, LGBTfobia, racismo, pobreza, violências, estigmatização | Baixa cobertura e qualificação da rede de saúde, subfinanciamento das estuturas de resposta a desastres |
| **Fatores protetivos** | Estratégias de enfrentamento, relações familiares e sociais positivas | Coesão comunitária, relações sociais equânimes | Políticas públicas fortes de saúde e assistência social, rede estruturada de defesa civil e resposta a desastres |

Fonte. Adaptado de O'Donnell e Palinkas (2024).

## Avaliação de estresse agudo durante desastres e catástrofes

A partir da perspectiva psicossocial para pensar o estresse em desastres, a avaliação em saúde mental é um processo-chave para direcionar adequadamente os recursos em cenários de desastre e precisa abarcar diversos níveis de análise, de modo articulado e otimizado com os demais setores. Desse modo, a avaliação em saúde mental durante desastres e catástrofes envolve desde o levantamento de dados secundários até a observação direta nos locais de abrigamento e abordagens com gestores, trabalhadores e vítimas. Recentemente, a plataforma Mental Health & Psychosocial Support Network (MHPSS. net) construiu um compilado de diversas dire-

trizes, recursos e ferramentas para apoiar profissionais, políticas e gestores públicos a desenvolverem e fortalecerem suas respostas para o cuidado em saúde mental e apoio psicossocial em emergências (MHPSS.net, 2019). Dentre as diretrizes técnicas listadas pela plataforma, destaca-se as diretrizes da Inter-Agency Standing Committee (IASC, 2007), disponível em português, as quais têm sido amplamente endossadas pela comunidade internacional na construção de respostas coordenadas, participativas, baseadas em evidências e culturalmente adaptáveis para proteger e promover a saúde mental e o bem-estar psicossocial durante cenários de emergências humanitárias. Para o cuidado direto às vítimas afetadas em situação de estresse agudo recomenda-se a abordagem de avaliação e atenção chamada de Primeiros Cuidados Psicológicos (PCP), detalhada a seguir. A plataforma MHPSS.net ainda contém vários pacotes de recursos para a implementação de intervenções, contemplando aspectos psicossociais em emergências (MHPSS.net, 2019).

Na seção sobre avaliação em desastres dessa plataforma destacamos o Kit de Ferramentas da OMS e do Alto Comissariado das Nações Unidas para Refugiados (ACNUR) (WHO & United Nations High Commissioner for Refugees [UNCHR], 2012), disponível em espanhol e inglês. O material detalha 12 ferramentas que ajudam profissionais, gestores e voluntários a projetar e conduzir avaliações efetivas e otimizadas de necessidades e recursos psicossociais e de saúde mental em crises humanitárias. No Quadro 1 resumimos as fases que podem ser identificadas durante uma grave crise repentina (IASC & Needs Assessment Task Force [NAFT], 2011) e as ferramentas de avaliação indicadas disponíveis *online*.

**Quadro 1** *Fases da crise humanitária, avaliações e ferramentas em saúde mental e apoio psicossocial*

| Fases | Avaliações recomendadas | Ferramentas |
|---|---|---|
| Fase zero (antes do início da crise) | Sala de situação. | Ferramenta 9: modelo para revisão documental de informações preexistentes relevantes sobre apoio psicossocial e saúde mental na região/país – revisão de literatura. |
| | Identificar serviços e atores. | Ferramenta 1: manual e atividades "Quem está Onde, Quando, fazendo O quê" (*Who is Where, When, doing What [4Ws]*) – entrevistas com gestores e coordenadores. |
| | Realizar avaliação aprofundada centrada na saúde mental e no bem-estar psicossocial e direcionada ao setor saúde, se houver recursos disponíveis. | Qualquer uma das ferramentas de 1 a 12, conforme necessidade. |
| Fase 1 (±primeiras 72 horas) | Instalar e atualizar a Sala de Situação. | Ferramenta 9. |
| | Revisar projeções sobre a saúde mental baseada em dados de crises anteriores. | Revisão de dados epidemiológicos, sistemas de informação e pesquisas científicas. |
| | Construir avaliação de itens básicos de sobrevivência, proteção e cuidado de pessoas em abrigos/instituições. | Ferramenta 4: *checklist* para visitação de abrigos e instituições em contextos humanitários – visitas e entrevistas com equipes e vítimas. |
| Fase 2 (±primeiras 2 semanas) | Incluir algumas poucas questões sobre problemas mentais em uma amostra de conveniência (por exemplo: pessoas abrigadas) como parte de levantamentos rápidos multissetoriais . | Avaliação rápida inicial *multicluster*/setorial (*Multicluster/Sector Initial Rapid Assessment –* [MIRA]) (IASC, 2015) – avaliação de dados secundários, visitas às áreas afetadas, entrevistas com informantes-chave e grupos de discussão com as comunidades. |
| | | Ferramenta 3: Escala de Percepção de Necessidades em Emergências Humanitárias (*Humanitarian Emergency Setting Perceived Needs Scale* [HESPER]) – entrevista de 15 a 30 minutos com vítimas, incluída em levantamentos com amostra representativa ou em emergências graves e agudas com amostra de conveniência. |
| | Desenvolver avaliações participativas voltadas para o apoio psicossocial e a saúde mental. | Ferramenta 10: avaliações participativas sobre percepções de membros da comunidade geral. |
| | | Ferramenta 12: avaliações participativas sobre percepções de pessoas severamente afetadas. |
| Fase 3 (±semanas 3 e 4) | Incluir subseção de saúde mental e aspectos sociais em avaliações de saúde geral. | Ferramenta 2: cronograma de Avaliação de Sintomas Graves em Contextos Humanitários da OMS-ACNUR (WHO-UNHCR Assessment Schedule of Severe Symptoms in Humanitarian Settings [WASSS]). |
| | | Ferramenta 4. |
| | | Ferramenta 5: *checklist* para a integração da saúde mental nos cuidados primários em saúde em contextos humanitários – visitas e entrevistas com gestores de saúde primária. |
| | | Ferramenta 6: componente neuropsiquiátrico do Sistema de Informação em Saúde – aprimorar monitoramento de dados, adicionando questões de saúde mental. |
| | Preparar avaliações aprofundadas sobre saúde mental e bem-estar psicossocial. | Qualquer uma das ferramentas de 1 a 12, conforme necessidade. |
| Fase 4 (tempo restante) | Avaliar recursos no sistema de saúde para informar atividades de recuperação da saúde mental. | Ferramenta 7: modelo para avaliar os recursos formais do sistema de saúde mental em ambientes humanitários – revisão de documentos e entrevistas com gestores. |
| | | Ferramenta 8: *checklist* para obter informações gerais de saúde (não específicas de saúde mental) dos gestores. |
| | Conduzir avaliações aprofundadas sobre saúde mental e bem-estar psicossocial. | Qualquer uma das ferramentas de 1 a 12, conforme necessidade. |

Fonte: Adaptado de WHO & UNCHR (2012).

Interessa observar que as fases de crise (Quadro 1) podem variar muito conforme a escala e a severidade do desastre, constituindo-se apenas em uma forma útil de comunicação e planejamento colaborativo. Pontua-se que a maior parte das ações de assistência humanitária e as avaliações de saúde mental acontecem na Fase 4, sendo que as avaliações das Fases 1 a 3 precisam ser desenvolvidas de modo bastante contingente para possibilitar respostas efetivas em cenários com alta volatilidade. Por isso, recomenda-se evitar avaliações isoladas de saúde mental nas Fases 1 a 3, preferindo integrá-las a avaliações multisetoriais (WHO & UNCHR, 2012). Aplicações de diretrizes e ferramentas da IASC, WHO e UNCHR na avaliação e estruturação de cuidados psicossociais no Brasil são relatadas por Deborah Noal et al. por ocasião dos desastres do rompimento da barragem da Vale, em Mariana (MG) (2019) e do incêndio da Boate Kiss, em Santa Maria (RS) (2016).

Como abordado na seção anterior, o cuidado em saúde em desastres ou catástrofes deve ser informado pela perspectiva do trauma, incluindo intervenções preventivas, ações imediatas (como os Primeiros Cuidados Psicológicos [PCP]) e de longo prazo (Cunanan et al., 2018; White et al., 2023). Neste capítulo focaremos os PCP, que se definem como uma intervenção psicossocial precoce que busca promover a estabilização emocional de pessoas e comunidades vivendo uma situação crítica e de ruptura vital (OMS, 2015). Outros pilares fundamentais dos PCP são a garantia de segurança, o auxílio para unir-se a família ou amigos próximos, a prestação de informações pertinentes e o direcionamento para os serviços de apoio. Os PCP não são um método diagnóstico ou uma intervenção terapêutica e podem ser realizados por profissionais com formação variada treinados para atuação em situação de crise. Sua abordagem PCP pressupõe que todas as pessoas têm competência para enfrentar adversidades e que, ao ter atendidas suas necessidades básicas e serem acolhidas em suas especificidades, poderão lidar melhor com a situação de desastre (ONU, 2015). Assim, busca-se estimular o senso de autoeficácia, incluindo a pessoa na tomada de decisão e na definição de prioridades para resolução de problemas imediatos. Evidências têm apontado os benefícios dos PCP como resposta psicossocial a catástrofes, diminuindo suas repercussões psicológicas negativas.

Para a prestação dos PCP é importante atentar para a infraestrutura do local, buscando um espaço minimamente seguro e confortável, preferencialmente afastado do local afetado, considerando as possibilidades oportunizadas pelo cenário (ONU, 2015). Quanto às diretrizes práticas, os PCP contemplam em torno de cinco fases: (a) o estabelecimento do vínculo; (b) a avaliação; (c) a priorização; (d) a intervenção; e (e) o acompanhamento (Everly et al., 2014). O prestador de PCP deve proceder à coleta de informação básica voltada para atender rapidamente: às necessidades e às preocupações imediatas das vítimas; à identificação precoce de indícios de reações mais graves a fim de prevenir a cronificação de transtornos mentais; e ao provimento de auxílio e apoio psicossocial consentido e não invasivo. Inicialmente, o trabalhador dos PCP deve identificar as pessoas em estresse agudo e propor o acolhimento de modo não invasivo, identificando-se e descrevendo sua função. É essencial garantir segurança e conforto físico (por exemplo: trocar roupas molhadas ou sujas, tomar água ou alimentar-se), além de ser dada especial segurança àquelas pessoas com reações comportamentais e psicológicas severas (Everly et al., 2014), como os indivíduos que demonstram um olhar vazio (como se o corpo estivesse desprovido de alma), não conseguem falar ou parecem estar, no momento, desconectados consigo ou com a realidade, além daqueles que manifestam grande desespero. Desse modo, é importante avaliar o olhar, o nível de orientação, a agitação e uma possível agressividade, os relatos de dor e sintomas físicos, incluindo a expressão emocional geral.

Quanto à estabilização emocional, importa demonstrar-se disponível para ouvir a história de cada pessoa sem forçar a partilha, mas validando as reações emocionais da vítima e transmitindo uma perspectiva realista e esperançosa, dentro do possível (OMS, 2015). Sugere-se fazer questões exploratórias de modo a compreender o acontecido e o estado emocional da pessoa, parafraseando o que é verbalizado e normalizando suas reações e seus sentimentos (Everly et al., 2014). Para auxiliar na diminuição dos níveis de estresse agudo podem ser utilizadas técnicas de relaxamento, respiração e controle da raiva ou de outras emoções negativas; é necessário, principalmente, promover estratégias de enfrentamento adaptativas por meio de condutas como: aconselhar, distrair, orientar, fornecer e buscar mais informações sobre serviços e suporte social. O incentivo e o auxílio para a busca de suporte de sua rede social e de esclarecimento e antecipação de emoções e sentimentos que poderão ser vividos nos dias após o desastre são outras intervenções necessárias nos PCP. Por fim, é desejável realizar o monitoramento da pessoa nos dias seguintes para avaliar seu ajustamento à situação e, caso necessário, disponibilizar outros tipos de cuidado à saúde mental (Everly et al., 2014).

## Medidas e instrumentos de avaliação psicossocial em desastres e suas repercussões

Ao considerarmos avaliações que podem ser feitas no período de recuperação dos desastres e preparação para novos eventos, descreveremos nesta seção algumas fontes e instrumentos que podem ser aplicados como parte de levantamentos no campo da saúde mental e do apoio psicossocial, assim como da avaliação psicológica nos âmbitos clínicos. No Brasil, ressalta-se que, para fins de avaliação psicológica, o CFP determina a utilização de fontes fundamentais de informação (CFP, 2022), que incluem os testes psicológicos aprovados para uso do psicólogo (CFP, 2025), as entrevistas psicológicas e os protocolos ou os registros de observação. Dentre os testes aprovados, destacamos escalas de ansiedade, humor, depressão, raiva, desesperança e ideação suicida. Adicionalmente, fontes complementares podem ser utilizadas para a avaliação psicológica, incluindo técnicas e instrumentos não psicológicos que tenham indícios de validade científica, além de documentos técnicos, como protocolos ou relatórios de equipes multiprofissionais (CFP, 2022).

Além da avaliação psicológica, que tende a circunscrever contextos especializados de atuação do psicólogo, levantamentos das repercussões emocionais aos desastres são importantes não só para o planejamento de ações e intervenções ampliadas de proteção, prevenção e promoção da saúde mental de médio e longo prazos, bem como para monitoração dos efeitos e aprimoramento de intervenções em nível individual e coletivo, possibilitando ações de preparação para novas situações de crise. Por isso, é fundamental que essas avaliações sejam projetadas como parte de respostas intersetoriais e integradas aos sistemas públicos da região afetada. Esses levantamentos podem ser úteis para avaliar sintomas de estresse, TEPT e sofrimento psicológico, problemas prevalentes nos indivíduos em períodos mais tardios da resposta ao desastre, por exemplo, a partir da quarta semana e, principalmente, na fase de recuperação.

White et al. (2023) sugerem, quando possível e adequado, o uso de medidas validadas para avaliação de sintomas psicológicos no contexto de eventos relacionados a mudanças climáticas. Dentre as medidas indicadas, figuram ferramentas de triagem para risco de suicídio, escalas curtas de sofrimento psicológico, depressão, ansiedade, TEPT e uso de substâncias (White et al., 2023). Vale ressaltar que medidas específicas para avaliação de transtornos mentais, apoio social, qualidade de vida e comportamentos relacionados à saúde (por exemplo: sono, atividade física, alimentação e uso de substâncias) podem ser importantes e complementar o monitoramento da saúde mental das populações afetadas pelo desastre. Assim, os instrumentos listados a seguir podem ser administrados por profissionais de saúde mental para o rastreio em populações mais amplas de pessoas afetadas ou como parte de pesquisas de monitoramento e avaliação em saúde pública.

Dentre os instrumentos adaptados e com evidências de validade para o contexto brasileiro para avaliar estresse em desastres, destacamos inicialmente a Escala do Impacto do Evento (*Impact of Event Scale* [IES]), composta por 15 (Silva et al., 2010) ou 22 itens (Caiuby et al., 2012) para rastreio de TEPT. A IES também tem uma versão adaptada para aplicação em crianças, composta de 8 itens (Magalhães et al., 2018).

Outro instrumento bastante utilizado em pesquisas e avaliações em contexto de desastre é o PCL-5 (*Posttraumatic Stress Disorder Checklist – 5*), que avalia sintomas de TEPT conforme critérios do *Manual Diagnóstico e Estatístico de Transtornos Mentais 5* (*Diagnostic and Statistical Manual of Mental Disorders – 5* [DSM-5]) (American Psychiatric Association [APA], 2013), com estudos de adaptação (Lima et al., 2016; Osório et al., 2017) e evidências de validade no Brasil

(Oliveira-Watanabe et al., 2021). O PCL-5 pode ser aplicado em conjunto ou não com a escala *Life Events Checklist – 5* (LEC-5) para investigar a exposição a eventos potencialmente traumáticos que ocorreram durante a vida e que atendem ao primeiro critério para TEPT (Lima et al., 2016).

Embora a IES, a PCL-5 e a LEC-5 também possam ser utilizadas com trabalhadores envolvidos no cuidado psicossocial durante um desastre, o estresse secundário ou trauma vicário pode ser avaliado por meio de medidas específicas, como o Questionário de Estresse Traumático Secundário (*Cuestionario de Estrés Traumático Secundario – 63 itens*) (Dalagasperina et al., 2021) e a Escala de Trauma e Crenças de Apego (*Trauma and Attachment Belief Scale* – 84 itens) (Barros et al., 2018), ambas com estudos de adaptação e validade para o Brasil. Contudo, a extensão desses instrumentos pode tornar a aplicação pouco útil em contexto de crise, por isso é importante desenvolver medidas que possibilitem maior agilidade na obtenção dos resultados.

No âmbito da avaliação de sofrimento psicológico decorrente de crises agudas, pontuamos alguns instrumentos que podem ser úteis para levantamentos mais amplos em desastres, por serem curtas e pela facilidade de aplicação e levantamento. De qualquer modo, os resultados devem ser interpretados por profissionais especializados em saúde mental a partir dos objetivos delimitados para o rastreio de saúde populacional. A Escala Kessler de Sofrimento Psicológico (*Kessler Psychological Distress Scale*) avalia sintomas não específicos de sofrimento psicológico no último mês, com versões de dez e seis itens, tendo estudos de adaptação e validade para adultos brasileiros (Silva et al., 2021; Peixoto et al., 2021). O *Patient Health Questionnaire* (PHQ) tem versões com 9 e 2 itens e serve para rastreio de episódios de depressão maior na população em geral, com período recordatório de duas semanas (Nunes & Faro, 2022; Santos et al., 2013), ao passo que a escala GAD-7 (*Generalized Anxiety Disorder – 7*) mede a frequência de sintomas ansiosos nas últimas duas semanas, com evidências de validade da estrutura interna na população em geral (Moreno et al. 2016; Silva et al., 2023) e com adolescentes (Leite & Faro, 2022). Por fim, a Escala de Depressão, Ansiedade e Estresse DASS-21 (*Depression, Anxiety and Stress Scale – 21*) avalia sintomas de depressão, ansiedade e estresse, por meio de 21 itens respondidos (Machado, 2013; Vignola & Tucci, 2014; Zanon et al., 2021).

Vale destacar alguns construtos emergentes para os quais não há instrumentos construídos para a realidade brasileira, porém podem ser úteis para projetar ações de proteção e prevenção em saúde mental e apoio psicossocial no contexto dos desastres, bem como em pesquisas na área. Por exemplo, o recente conceito de solastalgia, que se refere ao sofrimento gerado pela percepção de drásticas transformações, degradação e destruição dos ecossistemas e da biodiversidade no ambiente significativo de vida das pessoas (Galway et al., 2019). Esse conceito, embora represente uma tendência ainda pouco explorada na avaliação dos efeitos e da convivência dos indivíduos e populações com as mudanças climáticas globalmente, endereça sentimentos atuais relacionados às repercussões de desastres ou mudanças climáticas (Albrecht, 2005). Um dos primeiros instrumentos de medida para a solastalgia foi a *Environmental Distress Scale* (Higginbotham et al., 2006): por meio de quase 100 itens avaliava dimensões como a percepção de perigo, avaliação de ameaça, sentimento de impacto das mudanças climáticas, solastalgia

e ação no meio ambiente. Recentemente, uma versão curta dessa escala, com apenas nove itens (*The Brief Solastalgia Scale*) demonstrou evidências de validade num estudo com mais de 4 mil australianos adultos que tinham vivenciado as grandes queimadas de 2019-2020 no país (Christensen et al., 2024).

De outro lado, o estresse relativo à expectativa futura da ocorrência de desastres climáticos pode ser medido por construtos como ansiedade climática ou ecoansiedade. A ansiedade climática refere-se ao sofrimento relativo à percepção de que as mudanças climáticas impactam significativamente a existência humana, podendo se manifestar por pensamentos intrusivos e sentimentos negativos sobre a possibilidade de futuros desastres e mudanças de grande escala no mundo, as quais podem afetar a si mesmo ou à sua descendência (Clayton & Karazsia, 2020). A resposta emocional negativa envolve sintomas físicos (por exemplo: pânico, irritabilidade, fadiga, inquietude, distúrbios do sono) e apreensão orientada para o futuro, o que pode, em maior ou menor grau, influenciar comportamentos adaptativos de precaução e preparação para lidar com as ameaças (Dodds, 2021). Em formas extremas, a ansiedade climática pode gerar um estado crônico de preocupação e desregulação emocional. Embora a experiência de eventos extremos associados às mudanças climáticas possa aumentar o risco da vivência de ansiedade e trauma, tais sentimentos podem atingir inclusive pessoas que não foram diretamente afetadas (Dodds, 2021). Para esse conceito existem algumas escalas construídas recentemente em inglês, como a *Climate Anxiety Scale* (CAS) (Clayton & Karazsia, 2020), a *Climate Change Worry Scale* (CCWS) (Stewart, 2021) e a *Climate Change Distress and Impairment Scale* (CCDIS) (Hepp et al., 2023).

## Considerações finais

Este capítulo dedicou-se à avaliação do estresse em contextos de desastres, apresentando uma abordagem psicossocial para compreensão e intervenção em situações de calamidade. A proposta central foi proporcionar uma base teórica e prática que instrumentalize profissionais de saúde, especialmente psicólogos, na identificação e na avaliação dos efeitos psicológicos exercidos pelos desastres e pelas catástrofes sobre indivíduos e comunidades. A emergência das mudanças climáticas e a crescente incidência de desastres e catástrofes, assim como a relevância dos fatores sociopolíticos na produção de vulnerabilidade das populações, tornam essencial a adoção de estratégias de avaliação e intervenção embasadas e sensíveis às especificidades das experiências humanas em situações de crise.

Os principais pontos abordados incluíram a definição e a classificação dos tipos de desastres, os efeitos psicossociais do estresse, a importância da avaliação psicossocial em diversos níveis e a necessidade de integrar diferentes dimensões de vulnerabilidade na atuação prática interdisciplinar do psicólogo em cenários de catástrofes, em que os próprios mecanismos de resposta podem ter sido afetados. Para tanto, foi discutido uma proposta de modelo teórico que pode auxiliar na compreensão do estresse, destacando a intersecção entre aspectos individuais, coletivos e programáticos na resposta à crise. A avaliação do estresse agudo e as diretrizes para a implementação de PCP foram apresentadas como ferramentas para a intervenção imediata pós-desastre.

Nesta linha, o texto destaca também a importância de que o trabalho a ser realizado na prática do psicólogo considere as normas que regulam o exercício profissional e a cientificidade dos métodos a serem empregados, de modo que as técnicas e os instrumentos escolhidos pelos profissionais para operacionalização de suas práticas sejam válidos e adaptados ao contexto brasileiro.

Em vista dos desafios identificados, destacamos a urgente necessidade de os pesquisadores desenvolverem instrumentos qualificados que avaliem a ansiedade climática e outras formas de sofrimento emergentes, como a solastalgia, em diversas populações. Tais recursos são o primeiro passo para se organizar a avaliação da eficácia das intervenções relacionadas a esse tema, o que é uma demanda premente frente aos dados atuais e aos prognósticos relativos aos eventos climáticos no contexto brasileiro e mundial. Ainda, destacamos que novos instrumentos de avaliação psicossocial de estresse durante catástrofes e desastres no Brasil devem ser sensíveis a aspectos da diversidade humana, a fim de contribuírem para mitigar as desigualdades sociais que estruturam nossa sociedade e perpetuam diversas desvantagens.

Finalmente, é importante enfatizar que a avaliação do estresse em contexto de desastres e catástrofes é um campo emergente que requer contínua pesquisa e inovação. A troca de experiências entre profissionais e instituições e o treinamento e atualização constante de diretrizes e protocolos são fundamentais para aprimorar a resposta em saúde mental durante esses momentos. Nessa linha, fomentamos a provocação de diálogos e práticas interdisciplinares que unam os conhecimentos da psicologia, da saúde coletiva e das políticas públicas, visando à construção de comunidades mais resilientes e preparadas para enfrentar não apenas os desastres cotidianos, mas também os desafios futuros impostos pelas mudanças climáticas.

Com isso, este capítulo reafirma a relevância de uma abordagem psicossocial na avaliação e na intervenção em saúde mental em situações de desastre, estabelecendo um compromisso com a prevenção e promoção do bem-estar das populações afetadas. As perspectivas futuras giram em torno da pesquisa aplicada e da implementação de estratégias integradas que considerem as especificidades do contexto brasileiro, com o objetivo de construir um conjunto de evidências e reflexões que ajudem a orientar a população quanto à proteção e à recuperação de sua saúde mental em momentos críticos.

## Referências

Albrecht, G. (2005). Solastalgia: a new concept in human health and identity. *Philosophy Activism Nature, 3*, 41-55. https://doi.org/10.4225/03/584f410704696

American Psychiatric Association. (2013). *Diagnostic and statistical manual of mental disorders: DSM-5™, 5th ed.* https://psycnet.apa.org/record/2013-14907-000

Ayres, J. R. C. M., Franca Júnior, I., Calazans, G. J., & Saletti Filho, H. C. (2006). O conceito de vulnerabilidade e as práticas de saúde: novas perspectivas e desafios. In D. Czeresnia, & C. M. Freitas (Eds.), *Promoção da saúde: conceitos, reflexões, tendências* (pp. 121-146). Fiocruz.

Ayres, J. R. C. M., Paiva, V., & Buchalla, C. M. (2012). Direitos humanos e vulnerabilidade na prevenção e promoção da saúde: uma introdução. In V. Paiva, J. R. C. Ayres, & C. M. Buchalla (Eds.), *Vulnerabilidade e Direitos Humanos: prevenção e promoção da Saúde – Livro I: da doença à cidadania* (pp. 9-22). Juruá.

Barros, A. J. S., Teche, S. P., Rodrigues, A., Severo, C., Saldanha, R., Bassols, A. M., Padoan, C., Costa, C., Laskoski, P., Rebouças, D., Pessi, C., Bezerra, G., Hauck, S., & Eizirik, C. (2018). Brazilian Portuguese translation, cross-cultural adaptation, and apparent validation of the Trauma and Attachment Belief Scale. *Trends in Psychiatry and Psychotherapy, 40*(1), 1-7. https://doi.org/10.1590/2237-6089-2017-0013

Beaglehole, B., Mulder, R. T., Frampton, C. M., Boden, J. M., Newton-Howes, G., & Bell, C. J. (2018). Psychological distress and psychiatric disorder after natural disasters: systematic review and meta-analysis. *The British Journal of Psychiatry: the journal of mental science, 213*(6), 716-722. https://doi.org/10.1192/bjp.2018.210

Caiuby, A. V. S., Lacerda, S. S., Quintana, M. I., Torii, T. S., & Andreoli, S. B. (2012). Adaptação transcultural da versão brasileira da Escala do Impacto do Evento – Revisada (IES-R). *Cadernos de Saúde Pública, 28*(3), 597-603. https://doi.org/10.1590/S0102-311X2012000300019

Caldera, H. J., & Wirasinghe, S. C. (2022). A universal severity classification for natural disasters. *Natural hazards, 111*(2), 1533-1573. https://doi.org/10.1007/s11069-021-05106-9

Charlson, F., van Ommeren, M., Flaxman, A., Cornett, J., Whiteford, H., & Saxena, S. (2019). New WHO prevalence estimates of mental disorders in conflict settings: a systematic review and meta-analysis. *Lancet, 394*(10194), 240-248. https://doi.org/10.1016/S0140-6736(19)30934-1

Christensen, B. K., Monaghan, C., Stanley, S. K., Walker, I., Leviston, Z., Macleod, E., Rodney, R. M., Greenwood, L. M., Heffernan, T., Evans, O., Sutherland, S., Reynolds, J., Calear, A. L., Kurz, T., & Lane, J. (2024). The Brief Solastalgia Scale: a psychometric evaluation and revision. *EcoHealth, 21*(1), 83-93. https://doi.org/10.1007/s10393-024-01673-y

Clayton, S., & Karazsia, B. T. (2020). Development and validation of a measure of climate change anxiety. *Journal of Environmental Psychology, 69*, 101434. https://doi.org/10.1016/j.jenvp.2020.101434

Conselho Federal de Psicologia. (2021). *Referências técnicas para atuação de psicólogas(os) na gestão integral de riscos, emergências e desastres.* https://site.cfp.org.br/publicacao/referencias-tecnicas-para-atuacao-de-psicologas-os-na-gestao-integral-de-riscos-emergencias-e-desastres/

Conselho Federal de Psicologia. (2022). *Resolução n. 031, de 15 de dezembro de 2022: Estabelece diretrizes para a realização de Avaliação Psicológica no exercício profissional da psicóloga e do psicólogo, regulamenta o Sistema de Avaliação de Testes Psicológicos (SATEPSI) e revoga a Resolução CFP n. 009/2018.* https://atosoficiais.com.br/cfp/resolucao-do-exercicio-profissional-n-31-2022-estabelece-diretrizes-para-a-realizacao-de-avaliacao-psicologica-no-exercicio-profissional-da-psicologa-e-do-psicologo-regulamenta-o-sistema-de-avaliacao-de-testes-psicologicos-satepsi-e-revoga-a-resolucao-cfp-no-09-2018?origin=instituicao&q=31/2022

Conselho Federal de Psicologia. (2025). *Website SATEPSI – Testes favoráveis.* https://satepsi.cfp.org.br/testesFavoraveis.cfm

Cunanan, A. J., DeWeese, B. H., Wagle, J. P., Carroll, K. M., Sausaman, R., Hornsby III, W. G., Haff, G. G., Triplett, N. T., Pierce, K. C., & Stone, M. H. (2018). The General Adaptation Syndrome: a foundation for the concept of periodization. *Sports Medicine, 48*(4), 787-797. https://doi.org/10.1007/s40279-017-0855-3

Dalagasperina, P., Castro, E. K., Cruz, R. M., Pereira, A., & Jiménez, B. M. (2021). Estrutura interna da versão brasileira do Questionário de Estresse Traumático Secundário. *Psico-USF, 26*(2), 319-332. https://doi.org/10.1590/1413-82712021260210

Ding, D., Rogers, K., van der Ploeg, H., Stamatakis, E., & Bauman, A. E. (2015). Traditional and emerging lifestyle risk behaviors and all-cause mortality in middle-aged and older adults: evidence from a large population-based australian cohort. *PLoS medicine, 12*(12), e1001917. https://doi.org/10.1371/journal.pmed.1001917

Dodds, J. (2021). The psychology of climate anxiety. *BJPsych Bulletin, 45*(4), 222-226. https://doi.org/10.1192/bjb.2021.18

Edwards, F. L. (2016). Crisis, emergency, disaster, and catastrophe defined. In A. Farazmand. (Ed.), *Global Encyclopedia of Public Administration, Public Policy, and Governance* (pp. 2793-2797). Springer. https://doi.org/10.1007/978-3-319-31816-5_2878-1

Everly, G. S., McCabe, O. L., Semon, N. L., Thompson, C. B., & Links, J. M. (2014). The development of a model of psychological first aid for non–mental health trained public health personnel: the Johns Hopkins RAPID-PFA. *Journal of Public Health Management and Practice, 20*, 24-29. https://doi.org/10.1097/phh.0000000000000065

Freitas, A. W. Q., Witt, R. R., & Veiga, A. B. G. (2023). The health burden of natural and technological disasters in Brazil from 2013 to 2021. *Cadernos de Saúde Pública, 39*(4), e00154922. https://doi.org/10.1590/0102-311XEN154922

Fritze, J. G., Blashki, G. A., Burke, S., & Wiseman, J. (2008). Hope, despair and transformation: climate change and the promotion of mental health and well-being. *International Journal of Mental Health Systems, 2*, Article 13. https://doi.org/10.1186/1752-4458-2-13

Galway, L. P., Beery, T., Jones-Casey, K., & Tasala, K. (2019). Mapping the solastalgia literature: a scoping review study. *International Journal of Environment Research and Public Health, 16*. https://doi.org/10.3390/ijerph16152662

Harmer, A., Eder, B., Gepp, S., Leetz, A., & van de Pas, R. (2020). WHO should declare climate change a public health emergency. *BMJ Clinical research, 368*, m797. https://doi.org/10.1136/bmj.m797

Hepp, J., Klein, S. A., Horsten, L. K., Urbild, J., & Lane, S. P. (2023). Introduction and behavioral validation of the climate change distress and impairment scale. *Scientific Reports, 13*, 11272. https://doi.org/10.1038/s41598-023-37573-4

Higginbotham, N., Connor, L., Albrecht, G., Freeman, S., & Agho, K. E. (2006). Validation of an Environmental Distress Scale. *EcoHealth, 3*, 245-254. https://doi.org/10.1007/s10393-006-0069-x

Inter-Agency Standing Committee. (2007). *Diretrizes do IASC sobre saúde mental e apoio psicossocial em emergências humanitárias* (M. Gagliato, Trad.). https://interagencystandingcommittee.org/sites/default/files/migrated/2019-03/iasc_mhpss_guidelines_portuguese.pdf

Inter-Agency Standing Committee. (2015). *Tool Multi-Sector Inicial Rapid Assessment (MIRA)*. IASC Needs Assessment Task Force. https://interagencystandingcommittee.org/sites/default/files/migrated/2019-02/mira_manual_2015.pdf

Inter-Agency Standing Committee, & Needs Assessment Task Force. (2011). *Operational guidance for coordinated assessments in humanitarian crises*. https://reliefweb.int/report/world/operational-guidance-coordinated-assessments-humanitarian-crises

Keya, T. A., Leela, A., Habib, N., Rashid, M., & Bakthavatchalam, P. (2023). Mental health disorders due to disaster exposure: a systematic review and meta-analysis. *Cureus, 15*(4), e37031. https://doi.org/10.7759/cureus.37031

Kozu, S., & Gibson, A. (2021). Psychological effects of natural disaster: traumatic events and losses at different disaster stages. In K. E. Cherry, & A. Gibson (Eds.), *The intersection of trauma and disaster behavioral health* (pp. 85-101). Springer. https://doi.org/10.1007/978-3-030-51525-6_6

Lazarus, R. S., & Folkman, S. (1984). *Stress, appraisal, and coping.* Springer Publishing Company.

Leite, M. F., & Faro, A. (2022). Evidências de validade da GAD-7 em adolescentes brasileiros. *Psico-USF, 27*(2), 345-356. https://doi.org/10.1590/1413-82712022270211

Liang, Y., Cheng, J., Ruzek, J. I., & Liu, Z. (2019). Posttraumatic stress disorder following the 2008 Wenchuan earthquake: a 10-year systematic review among highly exposed populations in China. *Journal of affective disorders, 243*, 327-339. https://doi.org/10.1016/j.jad.2018.09.047

Lima, E. P., Vasconcelos, A. G., Berger, W., Kristensen, C. H., Nascimento, E., Figueira, I., & Mendlowicz, M. V. (2016). Cross-cultural adaptation of the Posttraumatic Stress Disorder Checklist 5 (PCL-5) and Life Events Checklist 5 (LEC-5) for the Brazilian context. *Trends in Psychiatry and Psychotherapy, 38*(4), 207-215. https://doi.org/10.1590/2237-6089-2015-0074

Machado, W. L. (2013). *A saúde mental como um estado completo: instrumentos de avaliação e sua relação com qualidade de vida, personalidade e variáveis biossociodemográficas* [Tese de Doutorado, Universidade Federal do Rio Grande do Sul]. https://lume.ufrgs.br/bitstream/handle/10183/258769/000909278.pdf;jsessionid=2A01213647C375AF653D0D512442200B?sequence=1

Magalhães, S. S., Miranda, D. K., Paula, J. J., Miranda, D. M., Romano-Silva, M. A., & Malloy-Diniz, L. F. (2018). Psychometric properties of a Brazilian Portuguese version of the Children's Revised Impact of Event Scale (CRIES-8). *Archives of Clinical Psychiatry, 45*(2), 27-32. https://doi.org/10.1590/0101-60830000000151

Mental Health & Psychosocial Support Network. (2019). *Emergency Toolkit.* https://www.mhpss.net/toolkit/emergency

Ministério da Saúde. (2024). *Vigidesastres: vigilância em saúde dos riscos associados aos desastres.* Secretaria de Vigilância em Saúde. https://www.gov.br/saude/pt-br/composicao/svsa/resposta-a-emergencias/vigidesastres

Montano, S., & Savitt, A. (2023). Revisiting emergencies, disasters, & catastrophes: adding duration to the hazard event classification. *International Journal of Mass Emergencies & Disasters, 41*(2-3), 259-278. https://doi.org/10.1177/02807270231211831

Moreno, A. L., Sousa, D. A., Souza, A. M. F., Manfro, G. G., Salum, G. A., Koller, S. H., Osório, F. L., & Crippa, J. A. S. (2016). Factor structure, reliability, and item parameters of the Brazilian-portuguese version of the GAD-7 questionnaire. *Temas em Psicologia, 24*(1), 367-376. https://doi.org/10.9788/TP2016.1-25

Noal, D. S., Rabelo, I. V. M., & Chachamovich, E. (2019). O impacto na saúde mental dos afetados após o rompimento da barragem da Vale. *Cadernos de Saúde Pública, 35*(5), e00048419. https://doi.org/10.1590/0102-311X00048419

Noal, D. S., Vicente, L. N., Weintraub, A. C. A. M., Fagundes, S. M. S., Cabral, K. V., Simoni, A. C. R., Pacheco, M. L. L., Pedroza, R. L. S., & Pulino, L. H. C. Z. (2016). Estratégia de saúde mental e atenção psicossocial para afetados da Boate Kiss. *Psicologia: Ciência e Profissão, 36*(4), 932-945. https://doi.org/10.1590/1982-3703002062016

Nunes, D., & Faro, A. (2022). Estrutura fatorial, análise de invariância e distribuição social do Patient Health Questionnaire-9 (PHQ-9). *Revista Iberoamericana de Diagnóstico y Evaluación Psicologica, 62*(1), 37-49. https://doi.org/10.21865/RIDEP62.1.04

O'Donnell, M., & Palinkas, L. (2024). Taking a trauma and adversity perspective to climate change mental health. *European Journal of Psychotraumatology, 15*(1), 2343509. https://doi.org/10.1080/20008066.2024.2343509

Oliveira-Watanabe, T. T., Ramos-Lima, L. F., Zylberstajn, C., Calsavara, V., Coimbra, B. M., Maciel, M. R., Freitas, L. H. M., Mello, M. F., & Mello, A. F. (2021). Validation of the Brazilian-Portuguese version of the Clinician Administered Post Traumatic Stress Disorder Scale-5. *Frontiers in Psychiatry, 12*, 614735. https://doi.org/10.3389/fpsyt.2021.614735

Organização Mundial da Saúde. (2015). *Primeiros Cuidados Psicológicos: guia para trabalhadores de campo.* Organização Pan-Americana da Saúde. https://iris.paho.org/bitstream/handle/10665.2/7676/9788579670947_por.pdf?sequence=1&isAllowed=y

Osório, F. L., Silva, T. D., Santos, R. G. D., Chagas, M. H., Chagas, N. M. S., Sanches, R., & Crippa, J. A. D. (2017). Posttraumatic Stress Disorder Checklist for DSM-5 (PCL-5): transcultural adaptation of the Brazilian version. *Archives of Clinical Psychiatry, 44*(1), 10-19. https://doi.org/10.1590/0101-60830000000107

Peixoto, E. M., Zanini, D. S., & Andrade, J. M. (2021). Cross-cultural adaptation and psychometric properties of the Kessler Distress Scale (K10): an application of the rating scale model. *Psicologia: Reflexão Crítica, 34*(1), 21. https://doi.org/10.1186/s41155-021-00186-9

Santos, I. S., Tavares, B. F., Munhoz, T. N., Almeida, L. S. P., Silva, N. T. B., Tams, B. D., Patella, A. M., & Matijasevich, A. (2013). Sensibilidade e especificidade do Patient Health Questionnaire-9 (PHQ-9) entre adultos da população geral. *Cadernos de Saúde Pública, 29*(8), 1533-1543. https://doi.org/10.1590/0102-311X00144612

Sareen J. (2014). Posttraumatic stress disorder in adults: impact, comorbidity, risk factors, and treatment. *Canadian journal of psychiatry, 59*(9), 460-467. https://doi.org/10.1177/070674371405900902

Shapouri, S., Martin, L. L., & Arhami, O. (2023). Affective responses to natural and technological disasters: an evolutionary perspective. *Adaptive Human Behavior and Physiology, 9*(3), 308-322. https://doi.org/10.1007/s40750-023-00224-z

Sharpe, I., & Davison, C. M. (2021). Climate change, climate-related disasters and mental disorder in low- and middle-income countries: a scoping review. *BMJ open, 11*(10), e051908. https://doi.org/10.1136/bmjopen-2021-051908

Silva, A. C., Nardi, A. E., & Horowitz, M. (2010). Versão brasileira da Impact of Event Scale (IES): tradução e adaptação transcultural. *Revista de Psiquiatria do Rio Grande do Sul, 32*(3), 86-93. https://doi.org/10.1590/S0101-81082010000300005

Silva, B. F. P., Santos-Vitti, L., & Faro, A. (2021). Kessler Psychological Distress Scale: internal structure and relation to other variables. *Psico-USF, 26.* https://doi.org/10.1590/1413-82712021260108

Silva, L. S., Leite, M. F., Feitosa, A. L. B., & Faro, A. (2023). Propriedades psicométricas da GAD-7 no Brasil. *Psico, 54*(1), e39902. https://doi.org/10.15448/1980-8623.2023.1.39902

Stewart, A. E. (2021). Psychometric properties of the climate change worry scale. *International Journal of Environmental Research and Public Health, 18*(2), 494. https://doi.org/10.3390/ijerph18020494

Unites Nations International Strategy for Disaster Reduction. (2009). *Terminology on disaster risk reduction.* https://www.undrr.org/publication/2009-unisdr-terminology-disaster-risk-reduction

Viana, A. S. (2021). Desastres e o ciclo histórico de repetição de tragédias: implicações ao processo de saúde e envelhecimento. *Ciência & Saú-*

de Coletiva, 26(10), 4471-4482. https://doi.org/10.1590/1413-812320212610.11122021

Vignola, R. C., & Tucci, A. M. (2014). Adaptation and validation of the depression, anxiety and stress scale (DASS) to Brazilian Portuguese. *Journal of Affective Disorders, 155*, 104-109. https://doi.org/10.1016/j.jad.2013.10.031

West, J. C., Morganstein, J. C., Benedek, D. M., & Ursano, R. J. (2023). Managing psychological consequences in disaster populations. In Tasman, A., Riba, M. B., Alarcón, D. M., Alfonson, C. A., Kanba, S. Lecic-Tsevski, D., Ndetei, D. M., Ng, C. H., & Schulze, T. (Eds.). *Tasman's Psychiatry* (p. 1-23). Springer, Cham. https://doi.org/10.1007/978-3-030-42825-9_126-1

White, B. P., Breakey, S., Brown, M. J., Smith, J. R., Tarbet, A., Nicholas, P. K., & Ros, A. M. V. (2023). Mental health impacts of climate change among vulnerable populations globally: an integrative review. *Annals of global health, 89*(1), 66. https://doi.org/10.5334/aogh.4105

Williams, R., Ntontis, E., Alfadhli, K., Drury J., & Amlôt, R. (2021). A social model of secondary stressors in relation to disasters, major incidents, and conflict: implications for practice. *International Journal of Disaster Risk Reduction, 63*, 102436. https://doi.org/10.1016/j.ijdrr.2021.102436

World Health Organization. (2020). *WHO glossary of health emergency and disaster risk management terminology.* https://www.who.int/publications/i/item/9789240003699

World Health Organization, & United Nations High Commissioner for Refugees. (2012). *Assessing mental health and psychosocial needs and resources: toolkit for humanitarian settings.* https://www.who.int/publications/i/item/assessing-mental-health-and-psychosocial-needs-and-resources

Zanon, C., Brenner, R. E., Baptista, M. N., Vogel, D. L., Rubin, M., Al-Darmaki, F. R., Gonçalves, M., Heath, P. J., Liao, H. Y., Mackenzie, C. S., Topkaya, N., Wade, N. G., & Zlati, A. (2021). Examining the dimensionality, reliability, and invariance of the Depression, Anxiety, and Stress Scale-21 (DASS-21) Across Eight Countries. *Assessment, 28*(6), 1531-1544. https://doi.org/10.1177/1073191119887449

# 17
# Avaliação psicológica de pessoas com deficiência no contexto da saúde

*Carolina Rosa Campos*
*Cassiana Saraiva Quintão Aquino*

---

*Highlights*

- A avaliação psicológica inclusiva no contexto da saúde exige atenção a suas necessidades e suas especificidades.
- A avaliação psicológica para populações minorizadas caracteriza-se pelo processo avaliativo de grupos sociais que, apesar de sua presença significativa em termos numéricos, enfrentam exclusão, marginalização ou desvantagens em diversas esferas da vida social.
- A avaliação psicológica de pessoas com deficiência é semelhante ao processo avaliativo adotado para pessoas sem deficiências; no entanto, é essencial a atenção às especificidades dessa população, bem como à interação com ambiente e às barreiras físicas e sociais enfrentadas por esse público.
- A avaliação biopsicossocial no contexto da saúde integra dimensões biológicas, psicológicas e sociais para a avaliação da deficiência.
- A avaliação biopsicossocial de pessoas com deficiência abrange as especificidades de cada pessoa, as estruturas do corpo, os fatores ambientais, os domínios da vida ativa, as funções, a participação e a restrição de participação social.

---

A saúde da pessoa com deficiência é um importante tema a ser discutido, principalmente quando se percebe a deficiência como resultado de uma interação entre impedimento e barreiras. O histórico da deficiência contempla a trajetória evolutiva da compreensão do conceito de forma multidimensional, passando pela desconstrução recente entre a compreensão unicamente médica até a compreensão biopsicossocial. Sob essa perspectiva biopsicossocial, este capítulo versa sobre a compreensão da deficiência e suas barreiras, principalmente arquitetônicas: de comunicações, informação, atitudinais e tecnológicas, apresentando sua interlocução com a área de avaliação psicológica (AP) e a saúde. Para isso, serão apresentadas discussões sobre a área voltada para a compreensão da AP inclusiva, a fim de abordar as características dessa população minorizada do ponto de vista social e político, bem

como elucidar propostas e reflexões sobre a área. O capítulo está estruturado em tópicos, abordando AP para populações minorizadas, o conceito de deficiência ao longo dos anos, a AP de pessoas com deficiência no contexto da saúde, finalizando com as perspectivas futuras da área.

## AP para populações minorizadas

A AP é uma área de grande relevância na psicologia como ciência e profissão, sendo um processo técnico-científico que visa estimar construtos psicológicos de pessoas e grupos em diferentes contextos, por meio de técnicas e métodos diversos. Por muitos anos, a AP e a testagem psicológica foram confundidas e identificadas como produtoras de exclusão social. No entanto, com o desenvolvimento de ações políticas e o amadurecimento dos processos avaliativos, a área ganhou robustez e qualidade científica (Bueno & Peixoto, 2018).

Os estudos nessa área denotam a importância do comprometimento ético e da responsabilidade diante do processo na díade avaliador e avaliando. Isso implica a necessidade de que as avaliações sejam conduzidas de maneira justa, precisa e respeitosa, tanto com os indivíduos avaliados quanto com a sociedade em geral (Barros & Correa, 2018).

Neste ínterim, cabe destacar a reflexão sobre as populações minorizadas, definindo e explorando-a no contexto de AP. As populações minorizadas podem ser caracterizadas por grupos sociais que, apesar de sua presença significativa em termos numéricos, enfrentam exclusão, marginalização ou desvantagens estruturais em diversas esferas da vida social, política, econômica e cultural (Carmo, 2016; Wingrove-Hougland & McLeod, 2021). No contexto brasileiro, esse termo aplica-se a diversos segmentos da população, como pessoas pretas, indígenas, LGBTQIA+, mulheres, pessoas com deficiência, e outras comunidades que sofrem discriminação sistemática e barreiras de acesso a direitos e oportunidades, diferentemente da maioria (Ramacciontti & Calgaro, 2021).

O grupo-padrão ou de maioria é considerado por um desequilíbrio no acesso ao poder, fazendo com que grupos sem acesso nem recursos estejam em situação de vulnerabilidade social. Rogers e Ballantyne (2008) citam fontes de vulnerabilidade extrínseca e intrínseca nessa lógica. Circunstâncias como pobreza, falta de acesso à educação e saúde estão associadas à vulnerabilidade extrínseca enquanto as características que localizam os membros de um grupo como diferentes (pessoas com deficiência, identidades de gênero e orientação sexual contranormativa, raça, etnia, idade, entre outros marcadores sociais) identificam a vulnerabilidade intrínseca.

A AP para populações minorizadas tem sido alvo de estudos na atualidade, principalmente pautando-se no foco de minimizar a escassez de materiais para esse fim, bem como para qualificar a área, considerando as especificidades das populações abarcadas como minorizadas (Barros, 2019; Campos & Chueuri, 2022; Do Bú et al., 2024). Cabe destacar ainda que, ao realizar avaliações psicológicas nessas populações, é fundamental que o profissional considere o contexto social, histórico e cultural do indivíduo, em razão de ser importante compreender as possíveis experiências de opressão e marginalização vividas por essas pessoas, bem como o impacto de fatores como racismo, homofobia, xenofobia e capacitismo em sua saúde mental. Além disso, outro importante ponto a se considerar durante o processo de AP com grupos minorizados está em evitar o uso de instrumentos e técnicas desenvolvidos em contextos dominantes e que podem não ser adequados para avaliar corretamente as realidades e experiências dessas pessoas, levando a diagnósticos imprecisos ou perpetuando estereótipos e preconceitos (Freires et al., 2022).

Esse é um grande desafio da área, porque a AP de populações minorizadas exige uma abordagem crítica e informada, que reconheça e valorize a diversidade humana. Estar atento à linguagem e ter uma escuta ativa e empática, respeitando as especificidades culturais, sociais e históricas dessas populações, pode contribuir para a promoção de um atendimento mais justo, equitativo e eficaz, que verdadeiramente atenda às necessidades dessas comunidades (Freires et al., 2022).

Atentando-se ao foco deste capítulo, abordar-se-á a deficiência como população-alvo, considerando o contexto de saúde e a área de AP. Nesse sentido, é importante conceituar o que é deficiência e contextualizá-la no contexto da saúde para que reflexões possam ser realizadas.

## O conceito de deficiência ao longo dos anos

A deficiência é um conceito multidimensional e em evolução. A Lei Brasileira de Inclusão define uma pessoa com deficiência como aquela que apresenta um "impedimento de longo prazo de natureza física, intelectual ou sensorial, o qual, em interação com uma ou mais barreiras, pode obstruir sua participação plena e efetiva na sociedade em igualdade de condições com as demais pessoas" (Lei n. 13.146/2015, Art. 2º, p. 13). A partir dessa definição, entende-se que a deficiência não reside no indivíduo em si, mas na interação entre a pessoa com limitações em certas áreas e o ambiente que apresenta barreiras, as quais podem ser físicas, sociais e atitudinais: de natureza urbanística, arquitetônica, de comunicação, de informação, atitudinal, ou tecnológicas, ou seja, quaisquer aspectos que restrinjam ou impeçam a plena participação da pessoa com deficiência na sociedade em igualdade de oportunidades com as demais pessoas.

As barreiras urbanísticas, arquitetônicas e de comunicação são aquelas relacionadas à falta de acessibilidade em edifícios e espaços públicos, transportes e meios de comunicação, e tecnológicas, que limite a participação de pessoas com deficiência na sociedade (Wong & D'Angelo, 2020; Baker & Williams, 2022). Já as barreiras sociais são aquelas que envolvem atitudes e normas sociais que podem resultar em exclusão e discriminação de pessoas com deficiência, tais como a discriminação, os estigmas e a exclusão social devido a normas culturais e sociais que não reconheçam plenamente a diversidade das habilidades humanas (Shakespeare & Watson, 2018). Por sua vez, as barreiras atitudinais são aquelas que se relacionam a preconceitos e atitudes negativas relacionadas ao capacitismo, que podem impactar a inclusão e a igualdade de oportunidades para pessoas com deficiência, podendo ser um capacitismo médico (referência a pessoas com deficiência como doentes), capacitismo recreativo (brincadeiras de mau gosto envolvendo deficiências) e capacitismo institucional (contratações por meio de sistema de cotas que não contemplam a equidade de forma efetiva) (Finkelstein, 2001; Hughes, 2007). No entanto, cabe destacar que essa compreensão de deficiência considerando as barreiras sociais e a abrangência do ponto de vista social demorou a se concretizar, porque as primeiras (e ainda) usuais compreensões de deficiência levavam em consideração apenas o corpo em sua condição física, o que contribuía para a criação de um estereótipo capacitista, mas que tem sido desconstruído pela sociedade e por profissionais e pesquisadores das diferentes áreas.

A história da deficiência foi marcada por diferentes modelos conceituais que refletem as mudanças nas percepções e nas abordagens em relação às pessoas com deficiência ao longo do tempo. O Modelo Médico da deficiência considera a deficiência como um problema individual, que resulta de uma condição biológica ou psicológica e requer intervenção médica para ser corrigido ou mitigado. Esse modelo é tradicionalmente focado em diagnósticos, tratamentos e intervenções clínicas, considerando a deficiência como uma condição patológica que deve ser tratada, curada ou gerida de maneira a minimizar seus impactos na vida do indivíduo (Shakespeare, 2006).

Por sua vez, o Modelo Social da deficiência surgiu na década de 1970 como uma resposta ao Modelo Médico, especialmente entre os movimentos de direitos das pessoas com deficiência. Esse modelo buscou contemplar abordagens que reconhecem a importância dos fatores sociais e ambientais na experiência da deficiência, argumentando que a deficiência não é uma característica intrínseca do indivíduo, mas sim uma construção social resultante das barreiras impostas pela sociedade, como as barreiras físicas, atitudinais e/ou institucionais. Assim, são necessárias mudanças nessas estruturas e atitudes sociais, para que a pessoa com deficiência possa ser incluída de maneira equitativa na sociedade (Oliver, 1983).

No entanto, embora esses dois modelos trouxessem concepções distintas, pouco estavam agregados. Nesse sentido, o modelo biopsicossocial de deficiência buscou integrar elementos tanto do modelo médico quanto do modelo social. Desenvolvido pela Organização Mundial da Saúde (OMS), o modelo foi formalizado em 2001 com a publicação da Classificação Internacional de Funcionalidade, Incapacidade e Saúde (CIF), a qual incorporou aspectos sociais e ambientais em sua estrutura. O modelo proposto fundamenta-se na combinação dos modelos médico e social, adotando uma abordagem biopsicossocial para promover a integração das diversas dimensões da saúde e abrangendo as esferas biológica, individual e social.

De acordo com o modelo integrador da CIF, a deficiência resulta da interação entre condições de saúde e fatores contextuais, que incluem tanto aspectos individuais (biológicos e psicológicos) quanto fatores sociais e ambientais. Nesse sentido, a avaliação deve englobar a questão social e a integração dos indivíduos na sociedade, entendendo que a incapacidade transcende o atributo de um indivíduo, à medida que também compreende um conjunto complexo de condições, muitas delas criadas pelo ambiente social ou pelas características pessoais, para além das alterações anatômicas e fisiológicas (*World Health Organization* [WHO], 2001).

Cabe destacar que, atualmente, o modelo biopsicossocial é adotado nas políticas públicas e nas legislações que abrangem o contexto da saúde e da educação no Brasil, sendo relevante também no processo avaliativo de pessoas com deficiência, considerando três dimensões: biológica, psicológica e social. A dimensão biológica está atrelada à condição de saúde dos indivíduos, considerando seu diagnóstico médico, sua avaliação funcional e a compreensão de suas limitações físicas e cognitivas. Para isso, são utilizadas ferramentas, como escalas de funcionalidade e testes de capacidade física, as quais são capazes de mapear as habilidades e restrições da pessoa, como a Escala de Katz (Índice de Atividades da Vida Diária [AVD]) e a Escala de Barthel (Katz et al., 1963; Mahoney & Barthel, 1965).

Já a dimensão psicológica está voltada para a avaliação do estado emocional e mental do indivíduo, focando em presenças de transtornos, funções cognitivas e fenômenos psicológicos. Nessa dimensão, espera-se compreender como a pessoa com deficiência percebe sua condição e como isso afeta seu bem-estar emocional e mental. Técnicas de AP, como entrevistas estruturadas e questionários padronizados, são utilizadas para obter essas informações.

Por fim, a dimensão social contempla a avaliação do contexto social e ambiental em que a pessoa vive, incluindo o suporte social disponível, suas condições econômicas, suas oportunidades de participação social e as barreiras ambientais enfrentadas. Por meio dessa avaliação, busca-se identificar como esses fatores contribuem para a inclusão ou exclusão social desse indivíduo e como eles podem ser modificados para promover uma melhor qualidade de vida.

Considerando a contextualização realizada neste tópico, a seguir será abordada a temática da AP e saúde de pessoas com deficiência, visando integrar a concepção do modelo biopsicossocial utilizado na atualidade.

## AP de pessoas com deficiência no contexto da saúde

A psicologia da saúde tem grande importância em espaços interdisciplinares e multidisciplinares, cujo objetivo é a compreensão dos fenômenos relacionados à saúde e ao adoecimento, assim como a busca de intervenções para a melhoria e a manutenção do bem-estar humano (Capitão et al., 2005). Por sua vez, a área de AP relacionada à saúde abrange os processos e os métodos usados para compreender aspectos psicológicos que influenciam a saúde física e mental dos indivíduos. Isso inclui a aplicação de testes psicológicos, entrevistas, técnicas de observação e outras ferramentas de avaliação para diagnosticar transtornos, planejar intervenções terapêuticas e monitorar o progresso dos pacientes. Essa área é crucial em ambientes como hospitais e centros de saúde mental, em que a compreensão da saúde psicológica pode influenciar diretamente o tratamento médico e a recuperação dos pacientes.

Cabe destacar que o processo de AP para pessoas com deficiência no contexto da saúde é semelhante ao processo avaliativo adotado para pessoas sem deficiências; no entanto, quando se trata da avaliação de pessoas com deficiências, é essencial que o profissional de psicologia atente-se às características e às especificidades dessa população, bem como à interação com ambiente e às barreiras físicas e sociais enfrentadas por esse público (Campos & Oliveira, 2019; Oliveira & Nunes, 2019; Barros, 2019; Quintão et al., 2021). Para isso, a escolha das técnicas e das ferramentas deve ser apropriada às demandas individuais e às especificidades de cada pessoa avaliada.

Nesta direção, o psicólogo que trabalha nesse contexto, ao adotar uma perspectiva de AP inclusiva, deve ter conhecimento sobre a psicologia e sua interação com a saúde, identifican-do e mensurando o impacto de determinados comportamentos na saúde e vice-versa (Remor, 2019). Também é necessário compreender quais serão as demandas relacionadas a partir da especificidade e do local que vai trabalhar (por exemplo: unidade médica especializada, centros de saúde, entre outros). Diante disso, considerando a proposta do modelo biopsicossocial e sua interface com a saúde e os modelos avaliativos, a seguir serão apresentadas possibilidades que podem nortear o psicólogo na condução de suas atividades ao considerar pessoas com deficiência (Remor & Castro, 2018).

Partindo da dimensão biológica e do quadro ilustrativo proposto por Remor (2019), as informações sociodemográficas podem ser um indicador relevante para identificação das características da pessoa. Para além de informações básicas como sexo, idade, escolaridade, o histórico das questões médicas pode fomentar caminhos importantes para a investigação e a condução de intervenções, por exemplo: informações sobre o tipo e grau de deficiência, suas especificidades, uso de medicamentos, necessidades físicas, fatores de risco, histórico familiar e rede de apoio (familiar ou social), o próprio contexto de saúde e os locais de atendimento frequentados pelo indivíduo.

Por sua vez, na dimensão psicológica, considerando o quadro ilustrativo e contemplando os aspectos cognitivos, comportamentais e afetivo-emocionais, pode-se coletar informações voltadas aos: (a) aspectos cognitivos – informações sobre inteligência, crenças, espiritualidade, conhecimento, cognições e atitudes sobre a deficiência, bem como sua relação com a família e as especialidades do contexto de saúde no qual está inserido; (b) aspectos comportamentais – informações sobre hábitos e atitudes relacionados à vida cotidiana e em relação à deficiência, como práticas esportivas, uso dos serviços de saúde, adesão aos tratamentos indicados, relação e interação da família nesse processo, e contexto de saúde (por exemplo: interações entre profissionais e demais usuários do serviço); e (c) aspectos afetivos-emocionais – informações sobre afetos, emoções relacionadas à vida cotidiana e também à deficiência, refletindo sobre sua relação com a família (sentimentos e emoções da família e suas interações) e espaços do contexto de saúde (sentimentos e emoções em relação a profissionais e suas interações).

Por fim, na dimensão social, a coleta de informações deve estar relacionada à rede de apoio e contato do avaliado, a fim de refletir sobre seu impacto e sua relação com o meio. No caso da pessoa com deficiência, essa dimensão ganha notoriedade ainda maior se forem incluídas as barreiras impostas, por isso é importante considerá-las. Isso reflete a importância de se adentrar a aspectos que são específicos a cada demanda individual e a cada deficiência; desse modo, a compreensão dessa dimensão em um processo avaliativo de pessoas com deficiência torna-se relevante, visto que é possível identificar questões sociais que podem afetar/impactar e se relacionar com as demais dimensões analisadas (Remor, 2019).

Cabe destacar que, embora tenha-se apontado possibilidades de avaliação atribuída em diferentes dimensões e aspectos, a integração dessas informações de forma holística é necessária. O processo avaliativo precisa ser global e considerar as diferentes facetas do indivíduo; assim, é preciso considerar como cada dimensão se relaciona com as demais e como os dados coletados refletem as condições e especificidades daquela pessoa que está sendo avaliada. Nesse sentido, a avaliação realizada deve ter como pressuposto

a tomada de decisão para possíveis intervenções relacionadas à demanda da pessoa.

Além disso, deve-se ter ainda em vista que a deficiência pode ser ou não um motivo e um centralizador das demandas da pessoa que está sendo avaliada, informação que também deve ser considerada nesse processo. Assim como o processo de avaliação é dinâmico, a deficiência também é, sendo multifacetada; isso significa que as relações entre as dimensões e os aspectos podem ser modificados e devem ser interpretados com cautela, sendo sempre atualizadas em relação às questões médicas, sociais e culturais.

## Atualidades e perspectivas futuras

Atualmente, além de diversas discussões sobre a saúde mental e a qualidade de vida das pessoas com deficiência, há um investimento também nas fontes de informação que podem auxiliar nos processos avaliativos de acessibilidade e justiça social. Instrumentos de avaliação, roteiros, questionários e demais técnicas, os quais abrangem a deficiência e a funcionalidade, além de serem baseados no modelo biopsicossocial, têm sido construídos no Brasil (Morais et al., 2024). Esses instrumentos são compostos por itens que discorrem sobre estruturas do corpo, fatores ambientais, domínios da vida ativa, funções, participação e restrição de participação social, abarcando todas as dimensões do modelo biopsicossocial. Um dos instrumentos com evidências de validade citado por Nunes et al. (2022) e Morais et al. (2024) é o Índice de Funcionalidade Brasileiro Modificado (IFBrM).

O Índice de Funcionalidade Brasileiro Modificado (IFBrM) tem como objetivo avaliar a funcionalidade da pessoa com deficiência, visando promover maior igualdade a partir das condições que enfrentam em seu cotidiano de saúde, educacional, laboral, dentre outros. Seu uso tem sido mencionado em estudos como um importante recurso para garantias de direitos prescritos nas políticas públicas e em maior participação social. A versão original do Índice de Funcionalidade Brasileiro (IFBr) foi validada duas vezes, sendo a primeira pelo Instituto de Estudos do Trabalho e Sociedade (IETS) e a segunda por uma pesquisadora da Universidade de São Paulo (USP) (Coelho, 2020). Já a segunda versão do Índice de Funcionalidade Brasileiro Adaptado (IFBrA) foi validada pela Universidade de Brasília (UnB) e está sendo utilizada, atualmente, para avaliar a redução do tempo de contribuição das pessoas com deficiência que solicitam aposentadoria (Bernardes et al., 2024). A terceira versão, denominada IFBrM, foi validada por pesquisadores da UnB a partir de investimento em recursos financeiros federais (Barros, 2016; Morais et al., 2024).

Esse instrumento foi criado com base no capítulo de atividades e participação da CIF, cujas pontuações são feitas tendo como fundamento a Medida de Independência Funcional (MIF). O IFBrM passou pelo processo de validação entre 2017 e 2019, com uma amostra de 8.795 pessoas, incluindo indivíduos dos povos originários e quilombolas, em todas as regiões geográficas do país. O objetivo era aferir a acurácia do instrumento para classificar se o indivíduo era uma pessoa com deficiência; caso fosse, avaliar qual o grau de deficiência (leve, moderado ou grave). Ao final, o instrumento foi considerado válido nos aspectos científicos e técnicos, passando pelas três fases da validação (conteúdo, face e acurácia), podendo ser aplicado para qualquer tipo de deficiência, qualquer faixa etária e em qualquer local do país (Barros, 2016; Nunes et al., 2022; Morais et al., 2024).

A inovação trazida por esse instrumento é a forma biopsicossocial de se avaliar, considerando que a deficiência é a soma dos impedimentos corporais com as barreiras ambientais, ao contrário do modelo anterior de avaliação, em que o primordial era a existência de alguma CID. O objetivo geral desses instrumentos é avaliar a eficiência e a funcionalidade de projetos de infraestrutura e outras iniciativas no Brasil, fornecendo um critério de avaliação que ajude a garantir que projetos sejam executados de forma eficaz e com o máximo benefício para a sociedade (Nunes et al., 2022).

No que tange aos processos de AP, é possível notar alguns avanços, especialmente em relação ao contexto da saúde. Exemplos de instrumentos podem ser citados como possibilidades de uso para essa população, embora, em um processo avaliativo, seja importante que o avaliador e o avaliado construam, conjuntamente, seu planejamento atrelado às demandas e às necessidades do avaliado. O estudo de revisão sistemática de Pupo et al. (2021) mostra, de forma detalhada, alguns instrumentos que podem ser utilizados para avaliação da qualidade de vida de pessoas com deficiência no contexto da saúde.

Com maior frequência de uso, o *World Health Organization Quality of Life* (WHOQOL-100) é um instrumento composto de 100 questões que avalia saúde física, saúde psicológica, relacionamentos sociais, ambiente, independência e aspectos espirituais e religiosos do avaliado; o *World Health Organization Quality Of Life – short form* (WHOQOL-Bref) é sua versão reduzida, composta por 26 itens, e ambos avaliam a qualidade de vida nas mesmas dimensões (Fleck et al., 1999, 2006). Os autores ainda citam a *World Health Organization Quality of Life – old* (WHOQOL-OLD), um módulo complementar para avaliação de pessoas idosas; a versão da *Stroke-Specific Quality of Life Scale* (SSQOL), específica para pessoas com acidente vascular cerebral; a *World Health Organization Quality of Life – dis* (WHOQOL-DIS), específica para pessoas com deficiência motora e intelectual (abarcando a WHOQOL-DIS-ID, voltada à deficiência intelectual, e à WHOQOL-DIS-PD, para deficiência física); e a Escala de Avaliação de Incapacidades (*World Health Organization Disability Assessment Schedule* [WHODAS 2.0]), que mede funcionalidade (Fleck et al., 1999, 2006).

Estes instrumentos permitem comparações da qualidade de vida da pessoa com deficiência com outras populações, embora não permitam a observação mais aprofundada de suas especificidades. Destaca-se ainda a existência de instrumentos como a WHOQOL-DIS-ID-Proxy, voltada a responsáveis/cuidadores de pessoas com deficiência intelectual, a qual proporciona uma visão sobre a qualidade de vida do indivíduo com base na observação e experiência do informante, além da versão em Libras dos instrumentos WHOQOL-Bref.

Cabe reforçar que esses instrumentos têm o foco na saúde e em um processo de avaliação biopsicossocial. No entanto, outros instrumentos e avanços na área merecem destaque, como o de Santos e Do Bú (2024). Os autores fazem importantes reflexões sobre a área de AP e suas possibilidades e desafios, indicando que, embora a área de AP para pessoas com deficiências ainda seja incipiente, tem apresentado esforços, focando, mais precisamente, nas populações de pessoas com deficiências sensoriais. Os pesquisadores citam estudos acerca da AP e as diferentes deficiências sensoriais; considerando a população de pessoas com deficiência visual, apresentam o estudo de Barros e Ambiel (2018), que propõe um instrumento de avaliação de interesses profis-

sionais, e o estudo de Campos e Nakano (2014), com uma proposta de instrumento para avaliação da inteligência infantil. Um outro estudo com o foco na avaliação de pessoas com deficiência visual foi realizado por Quintão et al. (2023), no qual descreve o procedimento de adaptação do Inventário Portage Operacionalizado para crianças com baixa visão (IPO-BV), um instrumento que avalia o desenvolvimento global de crianças com baixa visão, baseando-se em um modelo de funcionalidade da visão. Por sua vez, Ambiel et al. (2012) apresentam estudo com propostas de instrumentos para pessoas com deficiência auditiva, a fim de verificar o estresse e a satisfação no trabalho por meio da Escala de Vulnerabilidade ao Estresse no Trabalho (EVENT) e da Escala de Satisfação no Trabalho (EST).

Todavia, a área de AP ainda carece de instrumentos que possam fornecer dados acerca dos construtos psicológicos das pessoas com deficiência. Embora esforços possam ser notados, vale destacar a importância de investimentos futuros em pesquisas voltadas para a elaboração de materiais, recursos e instrumentos avaliativos que sejam baseados no modelo biopsicossocial, e da criação de políticas públicas que garantam às populações minorizadas o acesso a processos avaliativos inclusivos conforme as necessidades desse público.

## Considerações finais

Este capítulo teve como objetivo apresentar contribuições sobre a compreensão da deficiência e suas barreiras, principalmente arquitetônicas, de comunicações, informação, atitudinais e tecnológicas, apresentando sua interlocução com a área de AP e a saúde. Buscou-se apresentar discussões e reflexões sobre a área voltada para a compreensão da AP inclusiva, abordando a temática da AP para populações minorizadas, o conceito de deficiência ao longo dos anos, a AP de pessoas com deficiência no contexto da saúde, finalizando com as perspectivas futuras da área.

A AP inclusiva ainda é um campo que carece de pesquisas, sendo cercado por desafios relacionados à acessibilidade de instrumentos psicológicos, à compreensão de populações minorizadas e ao conhecimento das diferentes estratégias para inclusão dessas populações em diversos contextos. Todavia, em diálogo com o contexto da saúde, nota-se que avanços e possibilidades podem ser observados, principalmente quando se foca nos processos de avaliação biopsicossocial.

Nesse sentido, cabe enfatizar que os processos de AP vão além do uso de instrumentos de medida e devem contemplar a integralização de diferentes métodos e técnicas, bem como de múltiplos informantes e construtos em seus diferentes contextos. Isso significa que, mesmo com a carência de instrumentos acessíveis para AP de pessoas com deficiência, o avaliador deve utilizar outras estratégias, como entrevistas com familiares, registro de comportamentos por meio de técnicas de observação, entre outras ferramentas científicas que permitam identificar e mensurar as capacidades e as funcionalidades da pessoa avaliada, considerando, sobretudo, suas estruturas corporais, os fatores ambientais enfrentados, sua autonomia na vida diária, sua participação e possível restrição de participação social.

Estima-se, por fim, que novas produções e pesquisas com o foco na equidade e na justiça social possam minimizar as lacunas existentes na área da AP inclusiva, assim como linhas de financiamento específicas beneficiar o desenvolvimento de instrumentos próprios para essas pessoas. Tais ações, atreladas a boas práticas, podem, futuramente, inclusive, otimizar a execução de políticas públicas, a garantia e o acesso a direitos, a qualidade de vida, a acessibilidade e a equidade.

Para finalizar este capítulo, apresentamos um exemplo de caso ilustrativo.

## Caso ilustrativo: avaliação biopsicossocial em psicologia no contexto de saúde de uma pessoa com deficiência

### Apresentação do caso

Joana, uma mulher de 35 anos, foi diagnosticada com esclerose múltipla há cinco anos, condição que gradualmente afetou sua mobilidade e levou-a à dependência de uma cadeira de rodas. Além das limitações físicas, Joana relatava sintomas de ansiedade e depressão, agravados pela dificuldade de conciliar sua condição com as demandas do trabalho e da vida familiar. Ela procurou atendimento psicológico após um encaminhamento de seu médico neurologista, que identificou sinais de sofrimento emocional.

### Contexto da avaliação biopsicossocial

A avaliação biopsicossocial de Joana foi conduzida em um centro de reabilitação que integra profissionais de diferentes áreas da saúde (psicologia, fisioterapia, terapia ocupacional e assistência social). O objetivo da avaliação foi compreender não apenas seus aspectos psicológicos, mas também os fatores biológicos, sociais e ambientais que impactam sua qualidade de vida e sua saúde mental.

### Técnicas e estratégias utilizadas

Entrevista semiestruturada: a entrevista inicial teve como foco entender a percepção de Joana sobre sua condição, seus recursos pessoais (resiliência, estratégias de enfrentamento) e os fatores que influenciavam seu bem-estar, como o suporte familiar, as demandas do trabalho e o acesso a adaptações em seu ambiente.

Instrumentos de AP: para este caso, foram utilizadas a Escala de Depressão, Ansiedade e Estresse (Depression, Anxiety and Stress Scale – 21 [DASS-21]), a WHOQOL-Bref e a Escala de Autoeficácia.

Mapeamento biopsicossocial: foi utilizado o Modelo da CIF para identificar fatores biológicos, como mobilidade reduzida e sintomas da esclerose múltipla; fatores psicológicos, como ansiedade, depressão e autonomia; fatores sociais relacionados à acessibilidade no trabalho, suporte familiar e rede de apoio; fatores ambientais relacionados a barreiras arquitetônicas; e adaptações em casa, como barreiras atitudinais.

## Estratégias interventivas

As intervenções realizadas no caso de Joana incluíram abordagens integradas. A Terapia Cognitivo-Comportamental (TCC) foi utilizada para reestruturar pensamentos automáticos negativos, como "Eu não sou mais capaz" ou "Sou um peso para minha família", que estavam afetando sua autoestima de forma significativa. Paralelamente, o Treinamento de Habilidades Sociais e das Emoções teve como objetivo desenvolver sua assertividade, permitindo que Joana pudesse expressar de maneira clara e eficaz suas necessidades tanto no ambiente de trabalho quanto no familiar. Além disso, a psicoeducação desempenhou um papel essencial por fornecer informações sobre a esclerose múltipla, destacando a importância de adaptar sua rotina diária e adotar hábitos de autocuidado. Por fim, foram aplicadas Técnicas de Relaxamento e Atenção Plena (*mindfulness*), o que ajudou Joana a manejar seus níveis de ansiedade e a desenvolver um maior controle emocional, contribuindo para a melhoria de seu bem-estar.

## Ações multidisciplinares e resultados observados

As intervenções realizadas com Joana incluíram uma abordagem multidisciplinar. A Terapia Ocupacional (TO) introduziu adaptações no ambiente doméstico e técnicas para que Joana pudesse manter sua autonomia em tarefas cotidianas, enquanto a fisioterapia propôs um plano de exercícios para melhorar sua mobilidade e reduzir as dores musculares, e a Assistência Social ofereceu orientações sobre os benefícios e direitos das pessoas com deficiência, como acesso a transporte público adaptado e auxílio financeiro.

Após três meses de acompanhamento, foram observadas melhorias significativas em diferentes aspectos da vida de Joana. No âmbito psicológico, houve redução dos níveis de ansiedade e depressão, aumento da autoestima e uma maior percepção de controle sobre sua vida. No aspecto social, Joana ampliou o suporte familiar e passou a participar de um grupo de apoio para pessoas com condições semelhantes. Fisicamente, houve redução das dores musculares e maior independência nas atividades básicas. Quanto à qualidade de vida, ela começou a se engajar em atividades que valorizava, como pintura e artesanato, o que contribuiu para seu bem-estar.

Neste caso, a avaliação biopsicossocial foi essencial para compreender a complexidade do caso de Joana e implementar intervenções integradas que atendessem suas necessidades de forma holística. A combinação de estratégias psicológicas, intervenções práticas e suporte social foi crucial para promover sua qualidade de vida, sua autonomia e sua inclusão, demonstrando a importância de práticas inclusivas e personalizadas na AP de pessoas com deficiência.

## Referências

Ambiel, R. A. M., Santos, A. A. A., & Sousa, A. C. (2012). Trabalhadores com deficiência auditiva: relações entre vulnerabilidade ao estresse e satisfação no trabalho. *Estudos Interdisciplinares em Psicologia, 3*(1), 2-23. https://doi.org/10.5433/2236-6407.2012v3n1p2

Baker, A., & Williams, R. (2022). Accessibility in public transportation: a review of current issues. *Transportation research part A: policy and practice, 148*, 160-178. https://doi.org/10.1016/j.tra.2021.12.012

Barros, A. P. N. (2016). Dependência e deficiência: um estudo sobre o índice de funcionalidade brasileiro aplicado à aposentadoria (IFBr-A). [Dissertação de Mestrado, Universidade de Brasília]. https://repositorio.unb. br/handle/10482/20965

Barros, L. O. (2019). Avaliação psicológica de pessoas com deficiência: Reflexões para práticas inclusivas. In Conselho Federal de Psicologia, *Prêmio profissional: avaliação psicológica direcionada a pessoas com deficiência* (pp. 34-48). https://satepsi.cfp.org.br/docs/LivroDigital-VersaoFinal.pdf

Barros, L. O., & Ambiel, R. A. M. (2018). Quando pintar quadros não é (só) atividade artística: construção de escala de interesses profissionais para pessoas com deficiência visual. *Avaliação Psicológica, 17*(1), 59-68. https://doi.org/10.15689/ap.2017.1701.07.13243.

Barros, L. O., & Correa, H. S. (2018). Ética em avaliação psicológica: Reflexões e práticas. Vetor.

Bernardes, L. C. G., Marcelino, M. A., & Vilela, L. V. O. (2024). Avaliação da deficiência para acesso a políticas públicas: contribuições para um instrumento unificado de avaliação da deficiência. *Revista Brasileira de Saúde Pública, 1*(2979), p. 118 https://doi.org/10.38116/td2979-port

Bueno, J. M. H., & Peixoto, E. M. (2018). Avaliação Psicológica no Brasil e no mundo. *Psicologia: Ciência e Profissão, 38*(spe), 108-121. https://doi.org/10.1590/1982-3703000208878

Campos, C. R., & Chueiri, M. S. (2022). *Avaliação Psicológica Inclusiva: contexto clínico*. Artesã.

Campos, C. R., & Nakano, T. C. (2014). Avaliação da inteligência de crianças deficientes visuais: Proposta de instrumento. *Revista Psicologia: Ciência e Profissão, 34*(2), 406-419. https://dx.doi.org/10.1590/1982-3703000272013

Campos, C. R., & Oliveira, C. M. (2019). Desenvolvimento de instrumentos psicológicos para população com deficiência. In C. R. Campos & T. C. Nakano (Orgs.), *Avaliação psicológica direcionada a populações específicas: técnicas, métodos e estratégias* (2ª ed., pp. 9-29). Vetor.

Capitão, C. G., Scortegagna, S. A., Baptista, M. N. (2005). A importância da avaliação psicológica na saúde. *Aval. Psicol., 4*(1), pp. 75-82. https://pepsic.bvsalud.org/scielo.php?script=sci_abstract&pid=S1677-04712005000100009

Coelho, J. N. (2020). *Validação do Índice de Funcionalidade Brasileiro e descrição do perfil funcional de indivíduos com doença neurovascular, amputações, lesão medular e lombalgia* [Tese de doutorado, Universidade de São Paulo]. https://doi.org/10.11606/T.17.2020.TDE-20082020-115732

Do Bú, E., Lima, K., & Brito, T. (2024). *Avaliação psicológica direcionada para pessoas em situação de vulnerabilidade e grupos minorizados*. CRV.

Finkelstein, V. (2001). The social model of disability repossessed. In C. Barnes, L. Barton, & M. Oliver. (Eds.). *Disability Studies Today* (pp. 55-65). Polity Press.

Fleck, M. P. A., Leal, O. F., Louzada, S., Xavier, M., Chachamovich, E., Vieira, G., Santos, L., & Pinzon, V. (1999). Desenvolvimento da versão em português do instrumento de avaliação de qualidade de vida da OMS (WHOQOL-100). *Brazilian Journal of Psychiatry, 21*(1), 19-28. https://doi.org/10.1590/S1516-44461999000100006

Fleck, M. P., Chachamovich, E., & Trentini, C. (2006). Development and validation of the Portuguese version of the WHOQOL-OLD module. *Revista de Saúde Pública, 40*(5), 785-791. https://doi.org/10.1590/S0034-89102006000500011

Freires, L. A., Guerra, V. M., & Nascimento, A. S. (2022). Desafios e proposições para a avaliação psicológica com grupos minorizados: (des)alinhamentos sociopolíticos. *Avaliação Psicológica, 21*(4), 383-396 http://dx.doi.org/10.15689/ap.2022.2104.24166.02

Hughes, B. (2007). The social model of disability. *Disability Studies Quarterly, 27*(2). https://doi.org/10.18061/dsq.v27i2.156

Katz, S., Ford, A. B., Moskowitz, R. W., Jackson, B. A., & Jaffe, M. W. (1963). Studies of illness in the aged. The index of ADL: a standardized measure of biological and psychosocial function. *Journal of the Ameri-*

*can Medical Association, 185*(12), 914-919. https://doi.org/10.1001/jama.1963.03060120024016

*Lei n. 13.146, de 06 de julho de 2015. Institui a Lei Brasileira de Inclusão da Pessoa com Deficiência (Estatuto da Pessoa com Deficiência).* https://www.planalto.gov.br/ccivil_03/_ato2015-2018/2015/lei/l13146.htm

Lins, M. R. C., Tróccoli, B. T., & Pasquali, L. (2017). Avaliação cognitiva de pessoas com deficiência visual. In M. R. C. Lins & J. C. Borsa (Orgs.), *Avaliação psicológica: aspectos teóricos e práticos.* Vozes.

Mahoney, F. I., & Barthel, D. W. (1965). Functional evaluation: the Barthel Index. *Maryland State Medical Journal, 14*(2), 61-65. https://www.kcl.ac.uk/nmpc/assets/rehab/tools-bi-functional-evaluation-the-barthel-index.pdf

Morais, I. A., Merchan-Hamann, E., Resende, M. C., & Pereira, E. L. (2024). Modelo biopsicossocial na avaliação da deficiência: deficiência não é um código da CID. *Ciência & Saúde Coletiva.* http://cienciaesaudecoletiva.com.br/artigos/modelo-biopsicosocial-na-avaliacao-da-deficiencia-deficiencia-nao-e-um-codigo-da-cid/19366?id=19366

Nunes, L. C. A., Leite, L. P., & Amaral, G. F. D. (2022). Análise do Índice de Funcionalidade Brasileiro Modificado (IFBr-M) e suas implicações sociais. *Revista Brasileira de Educação Especial, 28*, e0161. https://doi.org/10.1590/1980-54702022v28e0161

Oliveira, C. M., & Nunes, C. H. S. S. (2019). Testagem universal: avaliação psicológica a pessoas com deficiência. In M. N. Baptista, M. Muniz, C. T. Reppold, C. H. S. S. Nunes, L. F. Carvalho, R. Primi, A. P. P. Noronha, A. G. Seabra, S. M. Wechsler, C. S. Hutz, & L. Pasquali (Orgs.), *Compêndio de avaliação psicológica* (pp. 75-88). Vozes.

Oliver, M. (1983). *Social work with disabled people.* Macmillan Education.

Pupo, A. C., Almeida, K. V., & Trenche, M. C. B. (2021). Avaliação da qualidade de vida da pessoa com deficiência: revisão sistemática da literatura. *Distúrbios da Comunicação, 33*(1), 124-140. https://doi.org/10.23925/2176-2724.2021v33i1p124-140

Quintão, C. S., Aiello, A. L. R., & Gil, M. S. C. A. (2023). Inventário Portage operacionalizado para crianças com baixa visão: uma análise de especialistas. *Avaliação Psicológica, 22*(2), 134-142. http://dx.doi.org/10.15689/ap.2023.2202.20915.03

Quintão, C. S., Aiello, A. L., & Gil, M. S. C. A. (2021). Avaliação do desenvolvimento de crianças com baixa visão: adaptação preliminar do Inventário Portage Operacionalizado. *Revista Benjamin Constant, 27*, 1-15. http://revista.ibc.gov.br/index.php/BC/issue/view/122

Ramacciotti, B. L., & Calgaro, G. A. (2021). Construção do conceito de minorias e o debate teórico no campo do Direito. *Sequência, 42*(89), e72871. https://doi.org/10.5007/2177-7055.2021.e72871

Remor, E. (2019). Avaliação psicológica nos contextos de saúde e hospitalar. In C. S. Hutz, D. R. Bandeira, C. M. Trentini, & E. Remor. (Orgs.), *Avaliação Psicológica nos Contextos de Saúde e Hospitalar* (pp. 14-25). Artmed.

Remor, E., & Castro, E. K. (2018). Integrando as bases teóricas na aplicação da Psicologia da Saúde. In E. K. Castro, & E. Remor (Orgs.), *Bases Teóricas da Psicologia da Saúde* (pp. 231-245). Appris.

Rogers, W., & Ballantyne, A. (2008). Populações especiais: vulnerabilidade e proteção. *Revista Eletrônica de Comunicação, Informação & Inovação em Saúde, 2.* https://doi.org/10.3395/reciis.v2i0.865

Santos, F. A., & Do Bú, E. (2024). Avaliação psicológica no contexto das deficiências sensoriais: possibilidade e desafios. In E. Do Bú, K. Lima, & T. Brito (Orgs.). (2024). *Avaliação psicológica direcionada para pessoas em situação de vulnerabilidade e grupos minorizados* (pp.105-120). CRV.

Shakespeare, T. (2006). *Disability rights and wrongs.* Routledge.

Shakespeare, T., & Watson, N. (2018). The social model of disability: an outdated ideology? *Research in Social Science and Disability, 10*, 9-23. https://doi.org/10.1108/9781786356063-003

Wingrove-Haugland, E. & McLeod, J. (2021). Not "Minority" but "Minoritized". *Teaching Ethics 21* (1): 1-11. https://doi.org/10.5840/tej20221799

Wong, C. K., & D'Angelo, R. J. (2020). Accessibility of public spaces for people with disabilities: A review of the literature. *Journal of Urban Design, 25*(3), 277-295. https://doi.org/10.1080/13574809.2020.1746678

World Health Organization. (2001). *The world health report 2001 – mental health: new understanding, new hope.* https://iris.who.int/handle/10665/42390

# 18
# Resiliência no contexto hospitalar

*Karina da Silva Oliveira*
*Giovanna Viana Francisco Moreira*
*Evandro Morais Peixoto*
*Gabriela da Silva Cremasco*

---

*Highlights*

- A resiliência é definida como a capacidade de adaptação positiva em resposta a adversidades, sendo crucial para os profissionais de saúde.
- O contexto hospitalar exige a integração de múltiplos sistemas, onde mudanças e adversidades impactam diretamente a saúde mental dos profissionais.
- Estratégias como *mindfulness* e *debriefing* são fundamentais para promover a resiliência e a recuperação emocional em equipes hospitalares.
- A resiliência envolve tanto habilidades individuais quanto a criação de uma cultura organizacional que suporte a adaptação positiva contínua.
- A prática esportiva regular contribui para a prevenção da Síndrome de *Burnout*, promovendo saúde mental e bem-estar entre os profissionais de saúde.

---

Os profissionais que atuam na área da saúde, notadamente em instituições hospitalares, prestam serviços de nível secundário e terciário de atenção, por isso estão expostos a riscos diversos, como os biológicos, os químicos, os físicos e os psicossociais (Kernkraut & Silva, 2017; Oliveira et al., 2021). Em função das exigências profissionais que, comumente, se caracterizam pela dinâmica intensa de atendimentos, alto envolvimento profissional e prontidão para a assistência imediata e rápida diante de risco iminente de morte, a equipe de saúde dos hospitais tende a apresentar maior adoecimento mental e agravamento de quadros de *Burnout* e de adoecimento (Cunha et al., 2012; D'Avilla et al., 2017; Melo et al., 2013; Sousa et al., 2023). Diante desse contexto e dessas experiências, o presente capítulo propõe a reflexão, de forma teórica, sobre as possibilidades da aplicação da resiliência psicológica para profissio-

nais da área da saúde no trabalho hospitalar. Para isso, inicialmente, caracterizaremos o trabalho no hospital e seus impactos na saúde mental. Em seguida, apresentaremos o conceito de resiliência e suas diferentes aplicações no cotidiano do trabalho. Por fim, refletiremos sobre o papel do esporte para o fortalecimento das habilidades resilientes e da regulação emocional.

## O trabalho no contexto hospitalar e a saúde mental

O trabalho é uma atividade essencial para a humanidade, com grande importância na vida das pessoas, pois o modo de vida, a valorização e a satisfação pessoal dependem dele. O trabalho permite que o indivíduo manifeste sua humanidade como ser biológico, histórico e sociocultural (Amorim et al., 2024). Nesse sentido, as constantes mudanças impostas no ambiente de trabalho podem gerar inseguranças, insatisfação, desinteresse e irritação, causando um estresse ocupacional, decorrente de fatores relacionados à atividade laboral (Melo et al., 2013).

Quando tomamos o contexto hospitalar, é preciso refletir que o trabalho é realizado em uma organização complexa, composta por diferentes categorias profissionais que reúnem distintos saberes. Adicionalmente, o trabalho no hospital também é classificado como um fator de riscos à saúde do trabalhador (Rocha, 2018) porque os profissionais que atuam no contexto hospitalar estão expostos a riscos biológicos, químicos, físicos e psicossociais devido ao trabalho e à assistência prestada por eles.

Outro aspecto que deve ser considerado refere-se às exigências da atividade laboral, notadamente, quando os profissionais atuam em setores de urgência e emergência. O atendimento dessas necessidades envolve tanto o cuidado com a sobrevivência dos pacientes quanto a decisão de priorização de demandas. Assim, esses profissionais lidam com problemas de alta complexidade em que o risco de morte é eminente, exigindo uma equipe capacitada para esse tipo de situação (Queiroz et al., 2021). Em decorrência dessa dinâmica de trabalho, os profissionais dessa área têm mais riscos de adoecimento mental (Oliveira et al., 2021).

Nos últimos anos, com a evolução dos impactos da pandemia de Covid-19 e o desenvolvimento tecnológico, pode-se afirmar que houve um aumento na responsabilidade dos profissionais de saúde, muitas vezes com cargas de trabalho excessivas, acarretando doenças relacionadas ao desgaste profissional e emocional, tal como a Síndrome de *Burnout* (D'Avilla et al., 2017). Sabe-se que fatores como pressão de trabalho, sono desregulado, sexo e estado civil estão associados

ao desenvolvimento da ansiedade, ao passo que o setor de trabalho, o tipo de vínculo, o cargo, a idade e a cor estão intimamente associados à manifestação desses quadros psicopatológicos (Pedroso et al., 2021).

Os transtornos de ansiedade são caracterizados pela presença de medos e ansiedades excessivas e podem estar relacionados aos distúrbios comportamentais. O medo é um sentimento que emerge diante de uma ameaça real, enquanto a ansiedade se refere a uma antecipação de uma ameaça (American Psychiatric Association [APA], 2013, 2022). Em algumas condições, os comportamentos emitidos em decorrência da ameaça também podem ser considerados desproporcionais; nesses casos, essa reação é considerada patológica, sendo classificada como um Transtorno de Ansiedade (TA) (Castillo et al., 2000). Os sintomas do TA podem ser caracterizados como sintomas físicos, sociais e/ou cognitivos. Os mais recorrentes, dentre todos os sintomas físicos, são a náusea e o vômito, seguidos por sudorese e falta de ar (Costa et al., 2020). Quanto aos sintomas sociais e cognitivos, os mais frequentes são os comportamentos e os pensamentos associados ao negativismo, à catastrofização, à preocupação e ao sofrimento excessivos (APA, 2013, 2022).

Em um estudo para avaliar os distúrbios de ansiedade, estresse e depressão, realizado com profissionais de enfermagem e de medicina que atuam em ambiente de Terapia Intensiva, verificou-se que 66% desses profissionais apresentam índices acima do normal em relação à ansiedade, com 25% indicando ansiedade grave ou muito grave, predominando em técnicos de enfermagem, médicos e enfermeiros (Bombarda et al., 2024). A Organização Mundial da Saúde (OMS) relata que, em 2019, 10% da população brasileira, isto é, cerca de 18,6 milhões de pessoas, apresentava TA, sendo o Brasil líder global nessa condição (Costa et al., 2019). Por essas razões, nota-se a necessidade e a urgência no cuidado com esses trabalhadores.

Ainda no que diz respeito às experiências de adoecimento mental mais comuns nessa população, cabe refletir sobre a depressão. Esse quadro é considerado um transtorno que interfere substancialmente no funcionamento diário das pessoas atingidas, ocasionando em redução de funções em diversas áreas, tais como pessoal, social e laboral (Oliveira, 2024). Diversos são os sintomas que caracterizam um quadro depressivo, por exemplo: o humor deprimido, a perda do prazer por atividades que antes eram prazerosas (anedonia), a perda ou o ganho significativo de peso, a insônia ou a hipersonia, a agitação ou o retardo psicomotor, a fadiga ou a perda de energia, o sentimento de inutilidade ou culpa excessiva, a capacidade diminuída para pensar ou se concentrar, sendo possível ainda a presença de pensamentos recorrentes de morte, ideação suicida e tentativa de suicídio, conforme o *Manual Diagnóstico e Estatístico de Transtornos Mentais* (*Diagnostic and Statistical Manual of Mental Disorders 5* [DSM-5]) (APA, 2013).

Buscando verificar a relação entre depressão, resiliência e autoeficácia durante a pandemia de Covid-19, Sousa et al. (2023) realizaram um estudo que contou com a participação de 8.792 profissionais da enfermagem no Brasil. Os participantes responderam a um questionário sociodemográfico, juntamente com a Escala Breve de *Coping* Resiliente e o Questionário de Saúde Geral (QSG-12). Dentre os principais resultados obtidos, os autores indicaram que a amostra, no geral, apresentou pontuações baixas no que se refere à resiliência e à autoeficácia, e pontuações médias em relação à depressão, demonstrando

que os profissionais estavam expostos a altos níveis de estresse e adoecimento mental. Apesar do significativo número de óbitos e estresse dos trabalhadores, observou-se um grande desenvolvimento dos profissionais de enfermagem no combate à pandemia. Desse modo, os autores reforçaram a necessidade de intervenções de promoção de saúde mental em profissionais que atuam nesses contextos.

Conforme Julio et al. (2022), muitos profissionais da área da saúde mostram-se insatisfeitos com o trabalho e pensam em desistir da profissão, devido, muitas vezes, ao estresse gerado, ao trabalho, à sobrecarga de trabalho e à falta de suporte social e apoio interpessoal. O desgaste emocional dos médicos com o ambiente de trabalho tem colaborado para o aumento dos transtornos de ansiedade e depressão, desencadeando sensações e alterações de comportamentos no ambiente de trabalho e na vida pessoal. Como consequência, os profissionais de saúde perdem o interesse pelas atividades profissionais e o prazer nas relações interpessoais, demonstrando baixa autoestima, desesperança, sensação de falta de energia, dificuldade de concentração, além de manifestações físicas, como cefaleias, distúrbios de sono e apetite, náuseas, dores musculares e perda da libido. Além do comprometimento no trabalho, há também uma falta de envolvimento durante o processo de formação e treinamento em serviço, uma vez que esses profissionais apresentam uma dificuldade em harmonizar sua vida profissional com a pessoal e a familiar. Um dos motivos é a carga horário de trabalho (Lourenção et al., 2017).

Diante desse cenário, buscar estratégias de enfrentamento e fortalecimento é necessário, a fim de que o suporte e as ações de cuidado com esses profissionais sejam oferecidas e garantidas. Como resposta, o desenvolvimento da resiliência surge como uma possibilidade de favorecer desfechos de saúde diante de condições adversas e sofrimentos. Entretanto, os autores deste capítulo têm profundo zelo em refletir sobre o tema: não desejamos que a resiliência seja compreendida como uma panaceia, ou mesmo uma solução infalível para o desafio do cuidado com os profissionais da saúde no contexto hospitalar. Assim, a seção a seguir apresentará o conceito de resiliência como um conhecimento da ciência psicológica e articulará estratégias para promoção dessa competência nesse contexto ocupacional.

## Resiliência: conceituação e aplicação

Nos últimos anos, em função dos diferentes desafios experimentados pela sociedade moderna (Oliveira et al., 2024), houve um maior interesse da população e da comunidade científica sobre a resiliência (Oliveira, 2022). Esse construto é relativamente novo, dado que o início de seus estudos ocorreu na década de 1970 (Luthar et al., 2000); portanto, ainda existem divergências relacionadas às propostas de conceituação do fenômeno (Brandão et al., 2011; Masten et al., 2021).

Ainda que existam diferenças nas definições, os pesquisadores tendem a concordar que a resiliência é um fenômeno compartilhado por variadas áreas da vida humana, da ciência e da natureza (Anderson, 2015; Libório et al., 2011; Masten, 2018), sendo a psicologia a área do conhecimento que se volta para a compreensão dos processos resilientes presentes nos comportamentos dos seres humanos (Oliveira, 2021). Assim, nessa área do conhecimento, a resiliência pode ser entendida como uma classe de fenômenos psicológicos que se envolvem na expressão de bons resultados, ou seja, de boa adaptação, mesmo em contextos em que influências adversas estejam presentes (Masten, 2001).

De modo a favorecer o diálogo e a colaborar para o desenvolvimento dos estudos relacionados ao tema, os pesquisadores têm adotado a definição desse conceito tal como proposta na *Primeira Conferência Internacional de Resiliência*, ocorrida em 2008, em que se entende a resiliência como a capacidade de um sistema em apresentar adaptação bem-sucedida diante de condições que ameacem seu funcionamento, seu desenvolvimento e/ou sua sobrevivência (Masten, 2021a; Masten & Obradovi'c, 2008). Portanto, ao compreendê-la como uma capacidade, assumimos que pode ser desenvolvida, fortalecida e aprimorada ao longo da vida (Oliveira & Nakano, 2021). Dessa forma, a resiliência não deve ser entendida como sinônimo de invulnerabilidade, mas sim como o resultado de processos intrincados entre diferentes sistemas que exercem influência uns sobre os outros, de forma dialética e contextual, e colaboram para a apresentação de processos adaptativos e de superação (Masten, 2021b).

Essa caracterização é importante, pois é possível identificar, no discurso leigo, a ideia de que ser resiliente envolve apresentar resistência às adversidades ou, ainda, superação irrestrita a qualquer e toda circunstância experimentada (Oliveira & Nakano, 2018). Contudo, como apresentado, a resiliência envolve o enfrentamento da experiência adversa e de suas especificidades, o acesso aos recursos pessoais e sociais, e o processo de adaptação saudável para o indivíduo (Castillo et al., 2016; Masten, 2021a; Oliveira et al., 2024). Dessa forma, desejamos explicitar que apresentar um comportamento resiliente envolve reconhecer os riscos presentes e decorrentes da situação adversa, buscar os suportes possíveis e desenvolver o repertório para apresentar o comportamento mais adaptado. Portanto, a aplicação da resiliência não é sinônimo do desenvolvimento de comportamentos invulneráveis; logo, a partir de uma perspectiva realista e baseada em evidências, trataremos desse tema.

Considerando a definição de resiliência, devemos ponderar, também, sobre as especificidades decorrentes da apresentação do comportamento resiliente. Conforme apontado por Masten (2021b), o comportamento é chamado resiliente quando a adaptação positiva apresentada por um indivíduo atender critérios de saúde e bem-estar. Dessa forma, a referida autora sugere que o comportamento resiliente é dinâmico e fluido, assim como são variadas as experiências de adversidade. Dito de outra forma, ainda que todos os indivíduos sejam capazes de apresentar comportamentos resilientes, a expressão desse comportamento poderá variar de um para outro indivíduo. Portanto, não é possível apresentar roteiros ou estratégias que garantam a adaptação positiva de forma definitiva para todos os indivíduos (Oliveira, 2022). Isso não significa não existirem estratégias de promoção dessa capacidade, mas apenas se explicita a idiossincrasia dessa característica humana.

Para aprofundarmos a ideia das características específicas da resiliência em cada indivíduo é importante que façamos uma reflexão acerca das características de experiências adversas. A partir da vivência da experiência adversa surgirá a necessidade de apresentação de um comportamento adaptativo. Conforme relatado por Oliveira et al. (2024), existem quatro aspectos que devem ser observados para que a ameaça ao desenvolvimento, ao funcionamento e à sobrevivência seja compreendida. Primeiramente, deve-se verificar a dosagem do evento adverso: segundo Masten (2021b), a dosagem refere-se à intensidade e à cronicidade da exposição à situação de risco. Em seguida, é necessário observar as características do contexto em que o indivíduo está inserido, visto que, conforme afirma Masten (2021a), é fundamental compreender quais condições do ambiente antes, durante e depois do evento ameaçador tendem a potencializar e favorecer a adaptação ou, ainda, atenuar e diminuir os efeitos negativos da condição de risco. Após essas observações, é necessário verificar o momento do desenvolvimento do indivíduo que enfrenta a experiência adversa; segundo Oliveira (2022) e Oliveira et al. (2024), a compreensão do momento do desenvolvimento pode contribuir para a identificação de recursos individuais e pessoais que podem ou não estar disponíveis. Por fim, devem-se analisar as características individuais da pessoa que realiza o enfrentamento da situação adversa: Oliveira (2022) afirma que as características individuais referem-se às habilidades cognitivas, às características de personalidade, às competências socioemocionais, às habilidades sociais e outras. Diante de um evento adverso, o sistema dinâmico que apresentará a adaptação bem-sucedida poderá ser micro ou macro, isto é, um "sistema dinâmico" pode ser entendido como o indivíduo em seu processo de desenvolvimento, mas também a família em suas interações ou, ainda, a comunidade em que essa família está inserida. Tomando o contexto hospitalar, esse sistema pode ser o profissional, sua equipe, o hospital e outras instâncias que estejam envolvidas na atuação e no atendimento à saúde.

Ainda no que diz respeito à integração das compreensões sobre o contexto da manifestação da resiliência, é importante considerar o que a definição do termo diz ser a "ameaça ao sistema". Para compreender o evento adverso experimentado pelo sistema é importante levar em conta fatores como: intensidade, duração, momento do desenvolvimento, qualidade do ambiente e características individuais, pois podem amplificar os efeitos de um evento adverso sobre ele (Oliveira, 2022). Dessa forma, contextualizando essa compreensão ao trabalho dos grupos hospitalares, será útil compreender a intensidade da experiência adversa, o tempo em que essa condição se mantém, em que momento do desenvolvimento (pessoal, profissional e institucional) o evento adverso é recebido e quais as características de enfrentamento disponíveis, tanto pelo profissional quanto pela equipe, ou mesmo pelas estratégias institucionais do hospital.

Vale ressaltar que essa análise da situação adversa possibilita uma compreensão mais detalhada dos fatores de risco, evitando uma visão dicotômica entre risco e proteção, por favorecer uma abordagem mais profunda dos impactos de diferentes eventos adversos. Ademais, a definição propõe a ideia de "adaptação bem-sucedida"; de acordo com Masten (2001, 2021a), essa adaptação deve ser avaliada com base em critérios dinâmicos, flexíveis e contextuais, a fim de refletir a capacidade resiliente do sistema. Ainda, é importante observar que a compreensão atual sobre resiliência sustenta que essa competência está presente em todos os indivíduos, sem distinção (Masten, 2001, 2021a).

Dessa forma, entendendo as características da resiliência e do processo resiliente, é possível aplicá-los ao contexto hospitalar. Como apresentado na seção anterior deste capítulo, o trabalho da equipe hospitalar envolve o enfrentamento contínuo de experiências adversas, seja individual ou coletivamente (Cunha et al., 2012). Dessa forma, cada profissional e a organização como um todo funcionam e atuam como sistemas dinâmicos integrados, em que as mudanças e as adversidades afetam diretamen-

te cada unidade dos diferentes grupos (Masten & Obradovic, 2008). Portanto, ao aplicarmos o conceito de resiliência ao contexto hospitalar, refletimos sobre a capacidade de adaptação bem-sucedida dos diferentes sistemas aos contextos de alta pressão. Um exemplo que pode colaborar para a ilustração dessa questão é o das diferentes estratégias empregadas pelas equipes hospitalares durante a pandemia de Covid-19, quando esses profissionais tiveram que lidar com desafios extremos de forma coordenada e eficaz para manter o funcionamento adequado hospitalar e o cuidado com a saúde individual e coletiva (Pedroso et al., 2021).

A partir dessa ideia, podemos afirmar que a compreensão das ameaças aos sistemas que atuam no contexto hospitalar envolverá a identificação dos fatores que afetam efetivamente cada um deles. Iniciemos, por exemplo, com o grupo de enfermagem. Conforme apontado por Vieira et al. (2022), os profissionais da enfermagem tradicionalmente desenvolvem ações relacionadas aos cuidados médicos e intensivos; portanto, estão expostos continuamente a riscos às doenças, atuam com elevadas cargas de trabalho, podem experimentar condições desfavoráveis de trabalho e trato frequente com pacientes e familiares, assim como o luto e o sofrimento, havendo, assim, sobrecarga física e emocional, que fragiliza os profissionais para a presença de quadros de *Burnout*. O acesso a esse conhecimento não deve determinar que o trabalho da equipe de enfermagem resultará em quadros de *Burnout* individuais, mas deve apontar para ações de enfrentamento e adaptação positiva em diferentes instâncias e sistemas da organização hospitalar.

Por esse prisma, o processo de adaptação bem-sucedida no contexto hospitalar exigirá a coordenação de diferentes ações que sejam representativas e possíveis para os indivíduos, as equipes e a organização (Masten, 2021a; Masten et al., 2021). Cabe retomar que a capacidade de adaptação positiva poderá variar de acordo com o ambiente, o momento e a natureza dos eventos vivenciados, o que demanda flexibilidade e ajustes constantes. Como exemplo, as práticas de meditação baseadas em *mindfulness*, que consistem em atividades de atenção plena, de autocompaixão e de desenvolvimento de habilidades de regulação emocional, têm sido eficazes no enfrentamento de quadros de *Burnout* em diferentes profissionais (López et al., 2023). Essas ações podem ser entendidas como intervenções realizadas no sistema mais micro, isto é, no profissional. Por outro lado, em situações críticas, como emergências médicas ou grandes incidentes de saúde pública, um dos meios de promover essa adaptação positiva é a implementação de protocolos de *debriefing* (Klippel et al., 2020). Essas sessões permitem que os profissionais reflitam sobre o evento, processem o impacto emocional e identifiquem aprendizados importantes para melhorar a função da equipe. O *debriefing*, após emergências críticas, tem mostrado ser uma prática eficaz para promover a recuperação emocional dos profissionais e fortalecer a coesão da equipe, facilitando o retorno ao funcionamento normal do sistema hospitalar (Bortolato-Major et al., 2019; Flores-Funes et al., 2020). De modo complementar, as duas estratégias, isto é, as práticas de *mindfulness* e *debriefing* podem ser empregadas concomitantemente, visando a adaptação micro e macro dos sistemas que compõem o hospital.

Explicita-se, portanto, que a promoção da resiliência para profissionais que atuem na saúde hospitalar envolve os profissionais e depende tanto do desenvolvimento de habilidades individuais quanto de uma cultura organizacional que busque atuar ativa e proativamente diante das adversidades inerentes ao contexto e ao trabalho hospitalar. Do ponto de vista das ações que podem colaborar para o desenvolvimento do repertório de enfrentamento bem-sucedido, podemos citar o fomento de práticas de autocuidado, como o incentivo a pausas regulares, a valorização do descanso, o apoio psicológico (seja em forma de acolhimento, aconselhamento, ou mesmo oportunizando a psicoterapia), dentre outras ações (Barbosa et al., 2023; Diogenes et al., 2022; Martins & Brito, 2021). Entretanto, a efetividade dessas ações, como apontado, envolverá as características individuais e da equipe. Há profissionais que, por preferências pessoais, podem aderir, ou não, a essas ações. Assim, é fundamental conhecer os indivíduos dos diferentes grupos, suas necessidades de modo que a proposição das ações seja adequada.

No que diz respeito às ações coletivas, há propostas de desenvolvimento de grupos de treinamento com vistas à ampliação de repertórios de enfrentamento, sejam grupos de apoio emocional, coletivos de treinamento de práticas baseadas em *mindfulness* ou oficinas de gestão de regulação emocional, por exemplo. Dantas (2021) ainda destaca as ações de primeiros socorros psicológicos que podem e devem ser oferecidas aos profissionais da saúde, notadamente, no contexto hospitalar, sobretudo em momentos de emergências sanitárias e de saúde. Conforme apontado por Masten (2021a) e Masten et al. (2021), quando os sistemas, como as organizações e os governos, têm uma perspectiva resiliente, suas ações dão suporte aos processos de adaptação positiva necessários para que seus indivíduos desenvolvam, pois são amparados nos desafios diários e se sentem acolhidos para a gestão e a manutenção da saúde mental, de modo que a qualidade do suporte em saúde e do serviço prestado pelo profissional torna-se mais acolhedora e de excelência.

Nesse contexto, o processo de adaptação positiva não é estanque ou fotográfico, mas fluido e requer a atenção e a intencionalidade tanto da gestão quanto por parte de seus integrantes. Assim, ações de monitoramento e de avaliação contínua dos processos adaptativos, ainda que sejam disfuncionais, isto é, não apontem para a adaptação bem-sucedida, são essenciais (Queiroz et al., 2021). Em uma revisão da literatura, Prado et al. (2020) apontaram que o monitoramento da saúde mental dos profissionais da saúde favoreceu a compreensão do adoecimento psicológico destes profissionais. Segundo os autores, o monitoramento é indicado por diferentes estratégias na literatura, como disponibilidade e garantia de acesso a serviços de atenção psicológica e psiquiátrica, serviços de apoio em momentos de crise, por exemplo. Nessa revisão, Prado et al. (2020) identificaram que os profissionais do contexto hospitalar se referem, como áreas de maior prejuízo, às alterações de sono e de apetite, e aos índices elevados de ansiedade, estresse e depressão. Porém, talvez o achado mais relevante dessa pesquisa seja que o monitoramento apontou para o baixo repertório de suporte e de autocuidado; nessa direção, é fundamental que sistemas de gestão suportem as ações coletivas e individuais de promoção da resiliência.

Como sugestão de monitoramento pode-se citar a aplicação de testes e questionários que visem à compreensão dos estados de estresse, *Burnout*, bem-estar e satisfação com o trabalho, por exemplo (López et al., 2023). O *feedback* sobre essas variáveis pode favorecer a identificação de padrões de enfrentamento, adaptação e desajustes que podem orientar ações de intervenção individual e coletiva. Ainda, Queiroz et al. (2021) apresentam, em sua pesquisa, a importância da escuta, do acolhimento e de ações de suporte à equipe hospitalar, sugerindo que, embora o foco do trabalho em um ambiente hospitalar volte-se para a emergência e a saúde, o cuidado humano com os profissionais e os pacientes é fundamental para o desenvolvimento de um ambiente que ofereça bons serviços à população.

Diante do exposto, nota-se que, em contextos de alta vulnerabilidade, como é o contexto hospitalar, a promoção da resiliência envolve a coordenação eficaz de diferentes sistemas (indivíduos, equipes, gestão, políticas organizacionais e de promoção de saúde) a fim de promover a adaptação bem-sucedida. Portanto, deve haver a integração de cada unidade hospitalar, com a finalidade de atuar coletivamente e em cooperação contínua para que os objetivos comuns sejam alcançados. Ao mesmo tempo, a promoção da resiliência não deve ser entendida como um processo utópico, porque, havendo a flexibilidade de todos os sistemas em lidar com resultados inesperados, o repertório de enfrentamento e busca de diferentes estratégias para novos desafios será fortalecido e amparado pela aprendizagem e com bons potenciais de generalização (Masten, 2021a).

Com a intenção de ampliar as possibilidades de fortalecimento do potencial resiliente nos indivíduos, a seguir refletiremos sobre o potencial das práticas esportivas como uma estratégia de enfrentamento das adversidades e manutenção de bons níveis de saúde mental e bem-estar.

## O papel do esporte para o fortalecimento da resiliência e da regulação emocional

Conforme apresentamos, a resiliência é compreendida como a capacidade de um indivíduo ou um sistema apresentar adaptação positiva diante de adversidades, mantendo ou recuperando o equilíbrio funcional, emocional e psicológico (Masten, 2021a; Oliveira, 2022). Também ponderamos que o contexto hospitalar se caracteriza pela frequente exposição dos profissionais a situações de alta pressão e estresse intenso (Melo et al., 2013). Assim, o desenvolvimento e o fortalecimento do potencial resiliente são essenciais para a manutenção da saúde mental e do bem-estar (Oliveira et al., 2021). O esporte, nesse cenário, emerge como uma ferramenta importante para o fortalecimento da resiliência, promovendo tanto o condicionamento físico quanto o aprimoramento das habilidades socioemocionais necessárias para enfrentar os desafios diários (Peixoto et al., 2024). Nesse sentido, a prática esportiva regular, por envolver a disciplina, a superação de limites e o trabalho em equipe contribuem significativamente para a construção de repertório resiliente, capacitando os profissionais de saúde a lidarem melhor com as adversidades inerentes a seu ambiente de trabalho (Oliveira & Nakano, 2020).

Por sua vez, a regulação emocional pode ser entendida como um comportamento de enfrentamento que favorece a adaptação positiva, notadamente, para aqueles que atuam na linha de frente do atendimento hospitalar (Wobeto, 2021). A capacidade de gerenciar emoções, como o estresse, a ansiedade e o esgotamento emocional, é relevante para a manutenção da autoeficácia e a empatia no cuidado aos pacientes (Vieira et al., 2022). Logo, o esporte desempenha um papel importante na promoção da regulação emocional, pois, além de liberar endorfinas que melhoram o humor, proporciona um espaço seguro para a expressão e a canalização de emoções negativas (Trevelin & Alves, 2018). Esses mesmos autores afirmam que as atividades

físicas podem favorecer uma recuperação emocional mais rápida e eficaz. Assim, a incorporação do esporte na rotina dos profissionais de saúde não só contribui para o fortalecimento da resiliência, mas também para a manutenção de um estado emocional equilibrado e saudável.

Além dos benefícios supracitados, a prática esportiva também incorpora um aspecto lúdico que pode ser benéfico para a saúde mental dos profissionais da saúde. O envolvimento em atividades físicas que ofereçam prazer e descontração, como esportes coletivos ou individuais e com componentes recreativos, pode funcionar como um alívio do estresse diário acumulado no ambiente hospitalar. O divertimento, a competição saudável e o sentimento de realização após as experiências esportivas reforçam o equilíbrio emocional, criando um espaço em que as tensões podem ser liberadas de maneira saudável (Weinberg & Gould, 2018). Desse modo, o lúdico no esporte oferece uma via de escape das pressões, permitindo aos profissionais reconectarem-se consigo e com seus colegas, a fim de promover um bem-estar integral.

Outro elemento essencial para a manutenção da prática esportiva e, consequentemente, dos benefícios resilientes é o fortalecimento dos relacionamentos sociais no ambiente esportivo. Participar de esportes coletivos ou de grupos que praticam atividades físicas promove interações sociais, contribuindo para a criação de redes de apoio que se estendem além das quadras ou dos campos (Almeida & Rose Júnior, 2010). Esses relacionamentos não apenas incentivam a continuidade da prática, mas também oferecem suporte emocional que pode ser fundamental para enfrentar os desafios no ambiente hospitalar. Portanto, a colaboração, o apoio mútuo e o sentimento de pertencimento gerados nessas atividades podem ser transferidos para o cotidiano de trabalho, promovendo a coesão da equipe e fortalecendo os laços entre colegas.

No contexto da iniciação esportiva tardia (Silva et al., 2010), mesmo os profissionais que nunca tiveram envolvimento com práticas esportivas podem se beneficiar ao iniciarem a prática de uma modalidade, bem como aqueles profissionais que já tiveram experiências anteriores mas que estejam iniciando uma modalidade nova. Um exemplo disso é a modalidade *beach tennis*, que recentemente ganhou popularidade no Brasil, a qual tem atraído pessoas de diferentes faixas etárias que anteriormente praticavam outros esportes ou que nunca tinham se engajado em atividades físicas de forma sistemática. Além disso, a iniciação tardia em novas modalidades mostra ser possível desenvolver resiliência, aprender novas habilidades e incorporar hábitos saudáveis em qualquer fase da vida. O esporte, por oferecer essa nova oportunidade, permite que profissionais da saúde, muitas vezes já sobrecarregados, redescubram o prazer da atividade física, contribuindo para seu bem-estar físico e mental.

Ainda nesse escopo, o conceito de transferência de habilidades entre modalidades esportivas pode ser explorado. Profissionais que praticaram esportes na infância ou adolescência e, por algum motivo, interromperam a prática podem se beneficiar ao retomar esses esportes, ou mesmo ao adotar novas modalidades que utilizem habilidades já desenvolvidas (Leonardo et al., 2009). Por exemplo, alguém que praticava basquete na infância pode se adaptar rapidamente a esportes como o handebol ou o futsal. Essa transferência de habilidades físicas e psicológicas entre diferentes esportes promove não só o aprimoramento da resiliência, mas também

o fortalecimento da capacidade de adaptação, essencial para os desafios que surgem no ambiente hospitalar.

A escolha de uma atividade que seja prazerosa para o indivíduo é essencial para garantir a adesão e a continuidade da prática esportiva. Nesse sentido, quando profissionais de saúde se envolvem em atividades esportivas que lhes proporcionam satisfação e bem-estar, eles tendem a se engajar de forma mais consistente, o que facilita a satisfação de suas necessidades básicas, como a sensação de competência, autonomia e relacionamento interpessoal (Ryan & Deci, 2017). Isso cria um ciclo positivo, em que o envolvimento em uma atividade prazerosa reforça a motivação intrínseca, promovendo a permanência na prática e, consequentemente, amplificando os benefícios para a saúde física e mental. Assim, a adoção de modalidades que despertam interesse pessoal pode ser uma estratégia eficaz para o fortalecimento da resiliência e regulação emocional no contexto hospitalar.

Também é crucial refletir sobre a falta de espaços públicos adequados para a prática de modalidades esportivas, especialmente para mulheres, as quais, muitas vezes, não se sentem seguras nesses ambientes. A falta de locais acessíveis e seguros limita a adesão à prática esportiva, privando muitos profissionais de saúde de um recurso importante para o fortalecimento de suas habilidades resilientes (Korsakas et al., 2024). Nesse sentido, é necessário que políticas públicas incentivem a criação de espaços que não apenas ofereçam infraestrutura adequada, mas também garantam um ambiente seguro e acolhedor para todos, com atenção especial às necessidades e à segurança das mulheres. Dessa forma, seria possível ampliar o acesso à prática esportiva e seus benefícios, a saúde global.

A partir de uma perspectiva institucional, é essencial que hospitais e instituições de saúde criem programas de exercício físico voltados especificamente para seus profissionais, os quais incluam uma variedade de atividades, a fim de que possam ser realizadas tanto dentro quanto fora do ambiente hospitalar. A flexibilidade de horários e a personalização dos programas para atender às diferentes necessidades e preferências dos profissionais são importantes para garantir a adesão e a eficácia dessas iniciativas (Dantas, 2021). Além disso, Antunes et al. (2006) ressaltam que a prática de atividade física protege as funções cerebrais, assim como previne a apresentação de doenças, funcionando como um mecanismo de proteção da reserva cognitiva dos indivíduos. Este é um importante benefício associado à prática de atividades, notadamente, em profissionais da área da saúde, uma vez que são, a todo momento, solicitados a tomarem decisões, manejarem emoções e acolherem a população atendida. Assim, ao fomentar uma cultura de saúde e atividade física, os hospitais não apenas promovem o bem-estar de seus profissionais, mas também contribuem para a criação de um ambiente de trabalho mais saudável e produtivo (Pedroso et al., 2021).

## Considerações finais

O presente capítulo teve como objetivo refletir teoricamente sobre a aplicação da resiliência no contexto do trabalho na área da saúde, notadamente no hospital. Para isso, realizou-se a caracterização desse espaço de trabalho e os consequentes impactos para a saúde mental de seus trabalhadores. Em seguida, refletiu-se sobre as definições de resiliência e a aplicação do conhecimento desse campo no contexto hospitalar, res-

saltando o caráter fluido, transitório e intencional do desenvolvimento de ações que visem o fortalecimento de repertórios de comportamentos resilientes. Por fim, ponderou-se sobre o papel das práticas esportivas para o fortalecimento de comportamentos de enfrentamento e adaptação positiva, tanto no que tange aos aspectos da resiliência quanto da regulação emocional e do bem-estar.

É importante dizer que não foi pretensão deste capítulo esgotar a temática ou apresentar uma revisão sistematizada desses conhecimentos, mas sim refletir e articular o conhecimento presente sobre o tema. Assim, reforça-se que estudos de natureza empírica que busquem compreender a expressão da resiliência em profissionais da área da saúde devem ser fomentados. De forma similar, reforça-se a necessidade de que sejam conduzidos estudos que tenham como foco explícito os impactos das práticas esportivas sobre o comportamento adaptativo de profissionais da saúde. Hipotetiza-se, nesse sentido, que integrar o esporte de maneira contínua na cultura organizacional dos hospitais seja não somente uma solução temporária, mas também uma estratégia de longo prazo que promove a saúde e o bem-estar dos profissionais de saúde.

Além disso, sugere-se que futuras pesquisas e intervenções foquem na personalização de programas de exercício físico para atender às necessidades específicas de diferentes categorias profissionais, bem como na investigação de barreiras à prática esportiva. Com uma abordagem holística e inclusiva, os hospitais podem criar um ambiente de trabalho mais resiliente, saudável e produtivo, com o objetivo de beneficiar tanto os profissionais quanto os pacientes atendidos por eles.

## Referências

Almeida, M. A. B., & Rose Júnior, D. (2010). Fenômeno esporte: relações com qualidade de vida. In R. Vilarta, G. L. Gutierrez, & M. I. Monteiro (Orgs.), *Qualidade de vida: evolução de conceitos e práticas do século XXI* (pp. 11-18). UNICAMP.

American Psychiatric Association. (2013). *Diagnostic and statistical manual of mental disorders: DSM-5™, 5th ed.* https://psycnet.apa.org/record/2013-14907-000

American Psychiatric Association. (2022). *Diagnostic and Statistical Manual of Mental Disorders* (5th ed., text revision). Artmed.

Amorim, S. M., Campos, C. O., Dolabella, C. V., & Oliveira, K. S. (2024). Autopercepção de competências em psicologia organizacional: construção de um instrumento psicométrico. *Revista Psicologia: Organizações e Trabalho*, 24(contínuo), e24840-e24840. https://doi.org/10.5935/rpot/2024.24840

Anderson, B. (2015). What kind of thing is resilience? *Politics*, 35(1), 60-66. https://doi.org/10.1111/1467-9256.12079

Antunes, H. K. M., Santos, R. F., Cassilhas, R., Santos, R. V. T., Bueno, O. F. A., & Mello, M. T. (2006). Exercício físico e função cognitiva: uma revisão. *Revista Brasileira De Medicina do Esporte*, 12(2), 108-114. https://doi.org/10.1590/S1517-86922006000200011

Barbosa, N. S., Costa, A. P. C., Alencar Ribeiro, A. A., Rocha, E. P., Ribeiro, P. V. S., & Fernandes, M. A. (2023). Práticas de autocuidado em saúde mental de enfermeiros na pandemia da COVID-19. *Revista Enfermagem Atual In Derme*, 97(2), e023116-e023116. https://doi.org/10.31011/reaid-2023-v.97-n.2-art.1717

Bombarda, F., Lima, L. C. A., & Siqueira Júnior, A. C. (2024). Avaliação de ansiedade, estresse e depressão em profissionais de saúde que atuam em ambientes de unidades de terapia intensiva. *Revista Caderno Pedagógico*, 21(5), 01-25. https://doi.org/10.54033/cadpedv21n5-033

Bortolato-Major, C., Mantovani, M. D. F., Felix, J. V. C., Boostel, R., Silva, Â. T. M. D., & Caravaca-Morera, J. A. (2019). Debriefing evaluation in nursing clinical simulation: a cross-sectional study. *Revista Brasileira de Enfermagem*, 72, 788-794. https://doi.org/10.1590/0034-7167-2018-0103

Brandão, J. M., Mahfoud, M., & Gianordoli-Nascimento, I. F. (2011). A construção do conceito de resiliência em psicologia: discutindo as origens. *Paidéia*, 21(49), 263-271. https://doi.org/10.1590/S0103-863X2011000200014

Castillo, A. R. G. L., Recondo, R., Asbahr, F. R., & Manfro, G. G. (2000). Transtornos de ansiedade. *Brazilian Journal of Psychiatry*, 22(Suppl. 2), 20-23. https://doi.org/10.1590/S1516-44462000000600006

Castillo, J. A. G., Castillo-López, A. G., López-Sánchez, C., & Dias, P. C. (2016). Conceptualización teórica de la resiliencia psicosocial y su relación con la salud. *Health and Addictions*, 16(1), 59-68. https://doi.org/10.21134/haaj.v16i1.263

Costa, C. O., Branco, J. C., Vieira, I. S., Souza, L. D. M., & Silva, R. A. (2019). Prevalência de ansiedade e fatores associados em adultos. *Jornal Brasileiro de Psiquiatria*, 68(2), 92-100. https://doi.org/10.1590/0047-2085000000232

Costa, D. S., Medeiros, N. S. B., Cordeiro, R. A., Frutuoso, E. S., Lopes, J. M., & Moreira, S. N. T. (2020). Sintomas de depressão, ansiedade e estresse em estudantes de medicina e estratégias institucionais de enfrentamento. *Revista Brasileira de Educação Médica*, 44(1), e040. https://doi.org/10.1590/1981-5271v44.1-20190069

Cunha, A. P., Souza, E. M., & Mello, R. (2012). Os fatores intrínsecos ao ambiente de trabalho como contribuintes da Síndrome de *Burnout* em profissionais de enfermagem. *Revista de Pesquisa Cuidado é Fundamental Online*, 29-32. https://doi.org/10.9789/2175-5361.2012.v0i0.29-32

D'Avila, M. T., Santos, C. P., & Silva, A. S. (2017). Síndrome de *Burnout* em profissionais da saúde que atuam em urgência e emergência. *Anais Congrega Mic*, 1(1), 688-689. http://revista.urcamp.tche.br/index.php/congregaanaismic/article/view/1125

Dantas, E. S. O. (2021). Saúde mental dos profissionais de saúde no Brasil no contexto da pandemia por Covid-19. *Interface – Comunicação, Saúde, Educação*, 25, e200203. https://doi.org/10.1590/Interface.200203

Diogenes, C. N., Paula, M. L., & Jorge, M. S. B. (2022). *Chatbot* como instrumento de promoção do autocuidado em saúde mental para profissionais da saúde que atuam na linha de frente durante a pandemia de covid-19: Protocolo de revisão de escopo. *RECIMA21-Revista Científica Multidisciplinar*, 3(11), e3112119-e3112119. https://doi.org/10.47820/recima21.v3i11.2119

Flores-Funes, D., Aguilar-Jiménez, J., Lirón-Ruiz, R. J., & Aguayo-Albasini, J. L. (2020). ¿Comunicamos correctamente las malas noticias en medicina? Resultados de un taller de formación basado en videos y debriefing. *Educación médica*, *21*(2), 118-122. https://doi.org/10.1016/j.edumed.2018.07.005

Julio, S. R., Lourenção, L. G., Oliveira, S. M., Farias, D. H. R., & Gazetta, C. E. (2022). Prevalência de ansiedade e depressão em trabalhadores da Atenção Primária à Saúde. *Cadernos Brasileiros de Terapia Ocupacional*. https://doi.org/10.1590/2526-8910. ctoAO22712997

Kernkraut, A. M., & Silva, A. L. M. (2017). Formas de atuação, organização e gestão de serviços de psicologia. In A. M. Kernkraut, A. L. M. Silva, & J. Gibello (Orgs.), *O psicólogo no hospital: da prática à gestão de serviços* (pp. 51-75). Blucher.

Klippel, C., Bastos Nieto, E. C., Santos, H. A. S. D., Emmerick, L. G., Costa, L. C. R. D., & Silva, R. C. L. D. (2020). Contribuição do *debriefing* no ensino baseado em simulação. *Revista de Enfermagem UFPE*, *1*(1), 1-5. https://pesquisa.bvsalud.org/portal/resource/pt/biblio-1096020

Korsakas, P., Barreira, J., Tsukamoto, M. H. C., Palma, B., Collet, C., & Galatti, L. R. (2024). Sport pedagogy and feminism: what is known and what is missing? Findings from a scoping review. *Physical Education and Sport Pedagogy*, 1-17. https://doi.org/10.1080/17408989.2024.2383190

Leonardo, L., Scaglia, A. J., & Reverdito, R. S. (2009). O ensino dos esportes coletivos: metodologia pautada na família dos jogos. *Motriz Revista de Educação Física*, 236-246. https://doi.org/10.5216/rpp.v13i1.7629

Libório, R. M. C., Castro, B. M, & Coêlho, A. E. L. (2011). Desafios metodológicos para a pesquisa em resiliência: Conceitos e reflexões críticas. In D. D. Dell'Aglio, S. H. Koller, & M. A. M. Yunes (Orgs.), *Resiliência e psicologia positiva: interfaces do risco a proteção* (pp. 89-116). Casa do Psicólogo.

López, F. J. V., Escaffi-Schwarz, M., & Mundt, A. (2023). Validación de la escala Five Facet Mindfulness Questionnaire en estudiantes de medicina y médicos en Chile. *Revista médica de Chile*, *151*(4), 435-445. http://dx.doi.org/10.4067/s0034-98872023000400435

Lourenção, L. G., Teixeira, P. R., Gazetta, C. E., Pinto, M. H., Gonsalez, E. G., & Rotta, D. S. (2017). Níveis de ansiedade e depressão entre residentes de pediatria. *Revis-

ta Brasileira de Educação Médica*, *41*(4), 557-563. http://dx.doi.org/10.1590/1981-52712015v41n4rb20160092

Luthar, S., Cicchetti, D., & Becker, B. (2000). The construct of resilience: a critical evaluation and guidelines for future work. *Child Development*, *71*(3), 543-558. https://www.ncbi.nlm.nih.gov/pmc/articles/PMC1885202/

Martins, T., & Brito, A. (2021). Autocuidado: uma abordagem com futuro nos contextos de saúde. *Autocuidado: um foco central da enfermagem*, *1*(1), 5-13. https://comum.rcaap.pt/bitstream/10400.26/39313/1/e-book-1.pdf

Masten, A. S. (2001). Ordinary magic: resilience processes in development. *American Psychologist*, *56*(3), 227-238. https://doi.org/10.1037/0003-066X.56.3.227

Masten, A. S. (2018). Resiliency theory and research on children and families: past, present, and promise. *Journal of Family Theory & Review*, 10(1), 12-31. https://doi.org/10.1111/jftr.12255.

Masten, A. S. (2021a). Resilience in developmental systems: principles, pathways, and protective processes in research and practices. In M. Ungar (Eds), *Multisystemic resilience: adaptation and transformation in contexts of change* (pp. 113-134). Oxford University Press.

Masten, A. S. (2021b). Resilience of children in disasters: a multisystem perspective. *International Journal of Psychology*, *56*(1), 1-11. https://doi.org/10.1002/ijop.12737

Masten, A. S., & Obradovic, J. (2008). Disaster preparation and recovery: lessons from research on resilience in human development. *Ecology and Society*, *13*(1), Article 9. https://doi.org/10.5751/ES-02282-130109

Masten, A. S., Lucke, C. M., Nelson, K. M., & Stallworthy, I. C. (2021). Resilience in development and psychopathology: multisystem perspectives. *Annual review of clinical psychology*, *17*(1), 521-549. https://doi.org/10.1146/annurev-clinpsy-081219-120307

Melo, M. V., Silva, T. P., Novaes, Z. G., & Mendes, M. L. M. (2013). Estresse dos profissionais de saúde nas unidades hospitalares de atendimento em urgência e emergência. *Caderno de Graduação: Ciências Biológicas e da Saúde*, *1*(2), 35-42. https://periodicosgrupotiradentes.emnuvens.com.br/facipesaude/article/view/1200

Oliveira, J. S. (2024). Fatores de risco para depressão relacionados ao trabalho dos profissionais de enfermagem: revisão integrativa. *Revista Contemporânea, 4*(1), 1626-1650. https://doi.org/10.56083/RCV4N1-088

Oliveira, K. S. (2022). Resiliência na infância: promoção e avaliação clínica. In R. Gorayeb, M. C. Miyazaki, & M. Teodoro (Orgs.), *PROPSICO – Programa de Atualização em Psicologia Clínica e da Saúde: ciclo 6* (pp. 147-182). Artmed Panamericana.

Oliveira, K. S., Costa, F. B., & Peixoto, E. M. (2024). Indicadores de saúde mental e de enfrentamento diante da COVID-19. *Psicologia em Pesquisa (UFJF), 18*(2), e37476. https://doi.org/10.34019/1982-1247.2024.v18.37476

Oliveira, K. S., & Nakano, T. C. (2018). Avaliação da resiliência em Psicologia: revisão do cenário científico brasileiro. *Psicologia em Pesquisa (UFJF), 12*, 73-83. https://doi.org/10.24879/2018001200100283

Oliveira, K. S., & Nakano, T. C. (2020). Resiliência e esporte: aspectos conceituais, históricos e práticos dessa relação. In T. C. Nakano, & E. M. Peixoto (Orgs.), *Psicologia Positiva aplicada ao esporte e ao exercício físico* (pp. 161-174). Vetor.

Oliveira, K. S., & Nakano, T. C. (2021). Investigação das qualidades psicométricas de um instrumento de avaliação da resiliência infantil. *Revista de Psicologia: Teoria e Prática, 23*, 1-23. https://doi.org/10.5935/1980-6906/ePTPPA13111

Oliveira, N. F., Camargo, J. M. F., & Magalhães, A. B. (2021). Saúde mental de profissionais da saúde no contexto hospitalar em tempos de pandemia. *Revista Científica BSSP, 2*(1), 1-30. https://doi.org/10.1590/Interface.200203

Pedroso, M. C., Pires, J. T., Malik, A. M., & Pereira, A. J. R. (2021). HCFMUSP: resiliência como resposta à pandemia de COVID-19. *Revista de Administração Contemporânea, 25*, e200245. https://doi.org/10.1590/1982-7849rac2021200245.por

Peixoto, E. M., Campos, C. R., Oliveira, K. S., Palma, B. P., Bonfá-Araujo, B., & Anacleto, G. M. C. (2024). The impact of passion for exercising on the perception of well-being during periods of social isolation. *Estudos de Psicologia, 41*, e210022. https://doi.org/10.1590/1982-0275202441e210022

Prado, A. D., Peixoto, B. C., Silva, A. M. B., & Scalia, L. A. M. (2020). A saúde mental dos profissionais de saúde frente à pandemia do COVID-19: uma revisão integrativa. *Revista Eletrônica Acervo Saúde, 46*(n. esp.), e4128. https://doi.org/10.25248/reas.e4128.2020

Queiroz, A. M., Sousa, A. R., Moreira, W. C., Nóbrega, M. P. S. S., Santos, M. B., Barbossa, L. J. H., Rezio, L. A., Zerbetto, S. R., Marcheti, P. M., Nasi, C., & Oliveira, E. (2021). O 'NOVO' da COVID-19: impactos na saúde mental de profissionais de enfermagem? *Acta Paulista de Enfermagem, 34*, eAPE02523. https://doi.org/10.37689/acta-ape/2021AO02523

Rocha, M. R. A. (2018). *Saúde do trabalhador no contexto hospitalar* [Tese de Doutorado, Universidade Estadual Paulista "Júlio de Mesquita Filho"]. https://repositorio.unesp.br/server/api/core/bitstreams/f3596a32-4996-428a-90a0-455a901732e3/content

Ryan, R. M., & Deci, E. L. (2017). *Self-Determination theory: basic psychological needs in motivation, development, and wellness.* Guilford Publications.

Silva, R. M. P., Galatti, L. R., & Paes, R. R. (2010). Pedagogia do esporte e iniciação esportiva tardia: perspectivas a partir da modalidade basquetebol. *Pensar a Prática, 13*(1). https://doi.org/10.5216/rpp.v13i1.7629

Sousa, L. R. M., Leoni, P. H. T., Carvalho, R. A. G., Ventura, C. A. A., Silva, A. C. O. E., Reis, R. K., & Gir, E. (2023). Resilience, depression and self-efficacy among Brazilian nursing professionals during the COVID-19 pandemic. *Ciência & Saúde Coletiva, 28*(10), 2941-2950. https://doi.org/10.1590/1413-812320232810.09852023.

Trevelin, F., & Alves, C. F. (2018). Psicologia do esporte: revisão de literatura sobre as relações entre emoções e o desempenho do atleta. *Psicologia Revista, 27*, 545-562. https://doi.org/10.23925/2594-3871.2018v27i3p545-562

Vieira, L. S., Machado, W. L., Dal Pai, D., Magnago, T. S. B. S., Azzolin, K. O., & Tavares, J. P. (2022). *Burnout* e resiliência em profissionais de enfermagem de terapia intensiva frente à COVID-19: estudo multicêntrico. *Revista Latino-americana de Enfermagem, 30*, e3589. https://doi.org/10.1590/1518-8345.5778.3589

Weinberg, R. S., & Gould, D. (2018). *Foundations of sport and exercise psychology* (7ª ed.). Human Kinetics.

Wobeto, M. I. (2021). *Saúde mental em profissionais de saúde de instituições de longa permanência para idosos: o papel da regulação emocional e do engagement* [Master's thesis, Universidade Autónoma de Lisboa]. https://www.proquest.com/openview/f72ca26cff62a48976dc525a2d60b079/1?pq-origsite=gscholar&cbl=2026366&diss=y

# 19
## *Burnout* em profissionais da saúde

*Makilim Nunes Baptista*
*Hugo Ferrari Cardoso*
*Rodolfo A. M. Ambiel*
*João Carlos Caselli Messias*

---

*Highlights*

- A busca por condições de Trabalho Decente e a luta contra a desigualdade social são cruciais para proteger a saúde mental dos trabalhadores no século XXI.
- O *Burnout*, caracterizado pelo desgaste emocional e pela desmotivação, é um problema histórico que persiste entre os profissionais da saúde desde a década de 1970.
- As taxas de *Burnout* entre profissionais da saúde no Brasil são alarmantes, chegando a 51% em algumas áreas.
- Fatores como a sobrecarga de trabalho e a falta de controle aumentam o risco de *Burnout*, enquanto o suporte social atua como um fator de proteção.
- A avaliação do *Burnout* requer uma abordagem multimétodo, como a Escala Brasileira de *Burnout* (EBBurn), uma ferramenta valiosa nesse processo.

---

Ao longo do tempo, o mundo do trabalho tem se modificado à medida que o desenvolvimento social, tecnológico e científico ocorre. Não só a questão técnica se modifica e aperfeiçoa, mas também as relações interpessoais e trabalhistas tendem a se adaptar a novas realidades, o que pode impactar (positiva ou negativamente) a qualidade de vida da pessoa trabalhadora de diferentes formas. Além disso, condições anômalas, tais como a pandemia de Covid-19, têm potencial para alterar tendências, costumes e vivências sociais de forma ampla e, em específico, afetar condições de trabalho de pessoas em diversas funções, mas, sobretudo, quando alocadas em ocupações relacionadas à área da saúde.

Nesse sentido, é importante compreender que, no tocante às condições de trabalho, há muitas variáveis que atuam simultaneamente – incluindo aspectos relacionados à execução da função, à disponibilidade e à adequação de equipamentos laborais e de segurança, situações que afetam a saúde física e mental do trabalhador, entre outros. Assim, embora os aspectos ambientais não sejam os únicos envolvidos na compreensão da saúde da pessoa trabalhadora, faz-se necessário considerar o trabalho em suas várias facetas, a fim de identificar potenciais estressores que podem conduzir ao esgotamento profissional. Portanto, o objetivo deste capítulo é discutir a síndrome de *Burnout* em profissionais da saúde bem como estratégias para sua avaliação.

## O mundo do trabalho no século XXI

No mundo globalizado e hiperconectado como o que se vivencia atualmente, o trabalho assume formas bastante diversas do que já assumiu em outros momentos históricos, embora, aparentemente, seu significado não tenha perdido certa ambiguidade. Por exemplo, na Idade Média, o trabalho era associado, simultaneamente, à produção e à tortura, já que a origem etimológica do termo vem da palavra *tripalium*, que designava, ao mesmo tempo, um equipamento para arar a terra para a plantação de trigo e um instrumento de tortura (Viana & Teodoro, 2017).

Apesar disso, sobretudo após a Revolução Industrial (início do século XX), movimentos por direitos dos trabalhadores começaram a exercer maior relevância social, ao mesmo tempo em que surgiram as primeiras legislações trabalhistas. As primeiras cartas constitucionais a reconhecerem os direitos sociais trabalhistas e os equipararem a Direitos Humanos fundamentais ocorreram no México, em 1917, e na Alemanha, em 1919, cujo objetivo era proteger a classe operária contra a exploração patronal e a desigualdade social, as quais surgiam como consequência do capitalismo (Alvarenga, 2017). No Brasil, o mesmo movimento ocorreu apenas na década de 1930 (Peçanha & Artur, 2013).

Contudo, por mais bem intencionados que possam ser, os conjuntos de leis trabalhistas não conseguiam garantir condições de trabalho e segurança social adequadas para todos os trabalhadores, o que pode ser observado pela grande desigualdade social na maioria dos países do mundo (Pires et al., 2020). Além da concentração de renda, a desigualdade acentuada pelas relações trabalhistas também promoveu, ao longo do século XX, o surgimento de perspectivas teóricas para se compreender as vivências pessoais no mundo do trabalho que privilegiam as experiências de pessoas de classes sociais mais abastadas e com mais acesso a direitos, renda, consumo e possibilidades de tomar decisões sobre sua própria carreira (Ribeiro, 2020).

A noção de acesso a um trabalho que seja dignamente recompensado e em que as pessoas sejam protegidas de discriminações e outros perigos físicos e psicológicos aparecia na Declaração Universal dos Direitos Humanos, da ONU, no fim da década de 1940 (United Nations International Children's Emergency Fund [Unicef], 1948). Nesse sentido, na contramão, desde o início do século XXI, surgiu na literatura sobre desenvolvimento de carreira e mundo do trabalho a preocupação de se apoderar de um conceito que vinha sendo trabalhado na perspectiva jurídica a política: o Trabalho Decente (Blustein et al., 2016). Mais recentemente, de acordo com Blustein et al. (2016), a Organização Internacional do Trabalho (OIT) instaurou uma agenda que tem como foco a promoção do Trabalho Decente.

Do ponto de vista da psicologia, Duffy et al. (2016) propuseram a Teoria da Psicologia do Trabalhar (Psychology of Working Theory [PWT]), que tem como objetivo central estudar aspectos relacionados a carreiras e às experiências de trabalho de todos os trabalhadores, com ênfase especial naqueles que, por qualquer motivo (cor, gênero, escolaridade etc.), sejam marginalizados no mundo do trabalho atual. O principal conceito dessa teoria é, justamente, o Trabalho Decente; nessa perspectiva, os autores (Duffy et al., 2016) afirmam que o

> (...) Trabalho Decente consiste de (a) condições de trabalho física e interpessoalmente seguras, (b) horas que permitam tempo livre e descanso adequado, (c) valores organizacionais que complementam valores sociais e familiares, (d) compensação adequada e (e) acesso a cuidados de saúde adequados (p. 130).

No contexto do trabalho em saúde, a questão das condições de trabalho parece ser essencial não só para o desempenho do trabalho, mas também para a saúde física e mental dos trabalhadores. Revisões de literatura (Barreto et al.,

2021) apontam, por exemplo, que os profissionais da enfermagem são fortemente expostos a estressores laborais, acidentes de trabalho, carga horária excessiva, incluindo vínculos de trabalho múltiplos com vistas ao aumento de renda. Além disso, a gestão do tempo fica prejudicada uma vez que a demanda por profissionais por parte dos pacientes é grande e nem sempre equipamentos básicos estão disponíveis (Barreto et al., 2021). No contexto da pandemia de Covid-19, a situação da saúde mental foi ainda mais prejudicada em profissionais da linha de frente: a revisão de Paiano et al. (2020) identificou que profissionais de saúde chineses apontaram, além da insuficiência de equipamentos de proteção individual, o medo da doença em si, do estigma social e da possibilidade de desenvolvimento de transtornos mentais, que foram frequentes, demandando apoio psicológico e psiquiátrico.

Importante notar que a percepção de Trabalho Decente aparece na literatura como preditor positivo de melhores condições de saúde física e mental, tanto no público de trabalhadores em geral (Duffy et al., 2021) quanto especificamente entre trabalhadores da saúde (Sönmez et al., 2023). No tocante ao *Burnout*, em uma amostra de médicos portugueses e brasileiros, identificou-se que menores percepções de Trabalho Decente quanto a tempo de descanso e proteção social estiveram associadas a maiores níveis de *Burnout* (Ferraro et al., 2020).

Dessa forma, pode-se entender que as condições de saúde mental em geral e, mais precisamente, o *Burnout* em profissionais da saúde parecem ter relação direta com os estressores ambientais e relativos às relações de trabalho exercidas por profissionais da saúde. Garantir condições de Trabalho Decente a esses profissionais pode também garantir melhores condições de saúde, o que, em escala, pode favorecer melhores formas de atendimento à saúde da população. Assim, conhecer e monitorar os níveis de *Burnout* de profissionais da saúde é ação essencial para programas e serviços de saúde mental que tem como finalidade atender a essa categoria profissional.

## *Burnout* em profissionais da saúde

Historicamente, o *Burnout* tem sido considerado um fenômeno psicossocial caracterizado pelo estado de exaustão emocional associado ao trabalho. O pioneiro dos estudos sobre ele foi Freudenberger (1974), o qual passou a constatar em suas pesquisas com profissionais da área da saúde um estado de desgaste emocional e desmotivação à medida que eram expostos a estressores ocupacionais. Ainda na década de 1970 e início de 1980, muito impulsionada pela psicóloga estadunidense Christina Maslach e colaboradores, a produção científica sobre esse fenômeno entre profissionais da saúde aumentou consideravelmente. Pesquisas iniciais concentraram-se em identificar os possíveis fatores de risco associados ao *Burnout*, como carga de trabalho excessiva, falta de controle e suporte inadequado nas instituições de saúde (Maslach & Jackson, 1981).

Nos anos de 1990, a literatura científica sobre *Burnout* começou a se expandir, incorporando perspectivas multidisciplinares e levando em consideração tanto as consequências desse fenômeno para o profissional da área da saúde quanto a qualidade do atendimento prestado aos pacientes e familiares (Jarruche & Mucci, 2021). Em paralelo, os estudos sobre *Burnout* gradativamente passaram a ser ampliados, englobando outros profissionais, como os da educação, de segurança pública etc. (Juarez-Garcia et al., 2014; Abraham et al., 2020).

Ao final da década de 1990 e início dos anos de 2000, vários estudos analisaram as influências do ambiente organizacional, como cultura e políticas de gestão, na prevalência do *Burnout*. A Organização Mundial de Saúde (OMS), por meio da Classificação Internacional de Doenças em sua décima edição (CID-10) (WHO, 1993), categorizava o *Burnout* como pertencente ao grupo Z73 (Problemas relacionados com a organização de seu modo de vida); entretanto, com a publicação da CID-11, por meio do código QD85 (WHO, 2022), houve o reconhecimento de ser uma síndrome que leva o indivíduo à exaustão, resultante do estresse crônico no local de trabalho que não foi administrado adequadamente.

No que tange a elementos históricos em relação ao *Burnout* em profissionais da saúde, há de se destacar também o período da pandemia de Covid-19, momento no qual o tema em profissionais de saúde voltou a ser bastante destacado em escala mundial. O estresse exacerbado e a carga emocional enfrentada por esses trabalhadores no período levaram a um aumento significativo nas taxas de *Burnout* relatadas (Soares et al., 2022; Souza et al., 2023).

Como observado, o *Burnout* é considerado uma síndrome associada à exaustão emocional que pode acarretar diversos prejuízos físicos e psicológicos. Alguns modelos para se analisar o *Burnout* estão documentados na literatura científica, sendo o de Christina Maslach e colaboradores muito provavelmente um dos mais conhecidos e utilizados mundialmente (Leiter & Maslach, 1988; Maslach, 1982; Maslach & Leiter, 1997). Este modelo pressupõe a avaliação do *Burnout* com base em três dimensões: exaustão emocional, despersonalização e a baixa realização profissional.

A exaustão emocional deriva da presença e da intensidade dos estressores ocupacionais no cotidiano do trabalhador. Nesse contexto, a ineficácia no enfretamento de tais estressores tende a levar a uma sensação de esgotamento emocional. A despersonalização seria uma das consequências da exaustão emocional, em que o indivíduo se relaciona com colegas de trabalho e pessoas que precisa atender no cotidiano de forma fria e distante. Já a terceira dimensão, baixa realização profissional, é um produto das duas dimensões anteriores, em que o trabalhador tende a se perceber como frustrado e incompetente para a realização de atividades desempenhadas até então (Leiter & Maslach, 1988; Maslach, 1982; Maslach & Leiter, 1997).

Estudos recentes indicam que a prevalência do *Burnout* tem aumentado significativamente, especialmente em profissões que lidam diretamente com o público, como saúde, educação e atendimento ao cliente. No Brasil, estudos com profissionais da área da saúde têm apresentado prevalências com níveis alarmantes em relação ao *Burnout*. Zanata e Lucca (2015), em pesquisa com 188 profissionais da área da saúde (médicos, enfermeiros e técnicos de enfermagem) que trabalhavam em um hospital onco-hematológico infantil no Estado de São Paulo, relataram que a prevalência em relação aos indicadores de *Burnout* associados à exaustão emocional, à despersonalização e à baixa realização profissional variou entre 25,5% e 29,8% nessa amostra. Lima et al. (2018), em estudo com amostra composta de 153 profissionais da atenção primária de um município do interior de Minas Gerais, constatou que a prevalência do *Burnout* foi de 51%. No estudo de Tomaz et al. (2020), 94 profissionais atuantes da Estratégia Saúde da Família foram avaliados no que tange à prevalência do

*Burnout*, sendo que a prevalência foi de 38,3%. Pereira et al. (2022), por intermédio de uma revisão sistemática da literatura sobre *Burnout* em profissionais da área da saúde no período pandêmico, a partir de 89 estudos publicados nas bases de dados PubMed e SciELO entre 2021 e 2022, identificaram que a prevalência do *Burnout* foi entre 12% e 86,1%.

Diversos são os estressores que podem levar o trabalhador à exaustão emocional e, consequentemente, ao *Burnout*; por essa razão, torna-se importante compreender acerca das variáveis consideradas de risco e proteção para essa síndrome. Dall'Ora et al. (2020) destacaram que a sobrecarga, as precárias condições de trabalho e os conflitos nos relacionamentos interpessoais no contexto laboral são variáveis de risco, independentemente da atividade profissional. Especificamente em relação à área da saúde, os principais fatores de risco documentados seriam a sobrecarga de trabalho, a falta de controle e de reconhecimento sobre as atividades executadas, assim como os conflitos nas relações interpessoais. Essas condições não apenas afetam o bem-estar emocional dos profissionais, mas também podem comprometer a qualidade do atendimento prestado aos pacientes. Muitos profissionais na área da saúde atuam em mais de uma instituição hospitalar como forma de ter melhor remuneração, o que leva à privação de sono, ao aumento do cansaço, dentre outros estressores. Logo, o suporte social no contexto de trabalho tende a ter função amortecedora quanto aos estressores ocupacionais (Alvares et al., 2020; Perniciotti et al., 2020; Soares et al., 2022).

A presença de indicadores de *Burnout* geralmente está relacionada a diversas consequências negativas para o trabalhador e a organização, dentre as quais a dificuldade de manter as relações interpessoais adequadas, haver maior intenção de desligamento do trabalho, aumentar os indicadores de absenteísmo e de afastamentos, assim como ocorrer ao menos uma nítida diminuição motivacional e de engajamento no trabalho (Madigan & Kim, 2021; Wen et al., 2020). Dessa forma, é importante compreender os indicadores que caracterizam o *Burnout*, bem como ter acesso a procedimentos adequados para se avaliar o construto. Embora exista um histórico de estudos consistente, sua avaliação tem se mostrado desafiadora para pesquisadores e profissionais. Assim, no próximo tópico deste capítulo, serão apresentadas as formas de avaliação da síndrome de *Burnout*.

## Avaliação de *Burnout*

O processo de avaliação do *Burnout* é muito mais complexo do que a testagem de escalas que avaliam o fenômeno, geralmente necessitando da utilização de multimétodos para uma compreensão integral, incluindo, por exemplo, entrevistas, dados clínicos, organizacionais, observações, além da possibilidade do uso de escalas com propriedades psicométricas adequadas. A avaliação pode ser apenas um primeiro passo para a melhor compreensão do ambiente laboral, assim como das variáveis pessoais envolvidas no desenvolvimento do processo de adoecimento. Logo, estratégias adequadas de intervenção dependem de um processo composto de avaliação; nesse sentido, a avaliação de saúde mental em ambientes de trabalho é uma tarefa complexa, já que o próprio fato de realizar uma avaliação pode resultar em modificações importantes nas pessoas (Song & Ward, 2015; Tsantila et al., 2023).

As medidas de *Burnout* têm sido pensadas e desenvolvidas desde a década de 1970 (Lall et al., 2019; McFarland et al., 2019). Nesse sentido, escalas de avaliação de *Burnout* são importantes não só do ponto de vista psicométrico ou de pesquisas empíricas, mas também por terem uma função de avaliarem os principais sintomas e sua relação com o ambiente de trabalho. Por exemplo, não necessariamente, as três principais dimensões teóricas clássicas do *Burnout*, ou seja, exaustão emocional, despersonalização (ou cinismo) e diminuição do senso de realização pessoal, podem ter a mesma importância em uma avaliação, nem mesmo como fatores equitativos no desenvolvimento do processo de adoecimento.

Além disso, diferentes medidas podem variar imensamente em termos de base teórica de construção, nomenclatura e número de fatores, número de itens, formato de resposta e propriedades psicométricas. Uma das mais conhecidas escalas de avaliação do *Burnout* é a *Maslach Burnout Inventory* (MBI), em suas diversas versões. Ademais, outras medidas também são frequentemente utilizadas na literatura internacional e nacional, tais como *Pines' Burnout Measure* (BM), *Psychologist Burnout Inventory* (PBI), *Oldenburg Burnout Inventory* (OLBI), *Copenhagen Burnout Inventory* (CBI), Escala de Caracterização do *Burnout* (ECB), Inventário de Síndrome de *Burnout* (ISB), Questionário de Avaliação da Síndrome de *Burnout* (Cuestionario para la evaluación del síndrome de Quemarse por el Trabajo [CESQT]), dentre outros (Cardoso et al., 2022; Lubbadeh, 2020; Shoman et al., 2021).

Importante também lembrar que existem medidas gerais de *Burnout*, bem como algumas específicas, como o próprio Maslach Burnout Inventory – Human Services Survey (MBI-HSS) para avaliação em serviços de saúde, além de ou-tras medidas para profissionais médicos, atletas ou que podem ser utilizadas em ambientes escolares, dentre outros (Edú-Valsania et al., 2022; Cardoso et al., 2017).

Interessante notar que, no Brasil, houve iniciativas para desenvolver e/ou adaptar escalas de avaliação de *Burnout*. No entanto, ao se consultar o Sistema de Avaliação de Testes Psicológicos (SATEPSI) (Conselho Federal de Psicologia [CFP], s.d.), apenas uma escala foi aprovada para o uso em nosso país até o momento, ou seja, a Escala Brasileira de *Burnout* (EBBurn) (Campos & Maroco, 2012; Cardoso & Baptista, 2023; Carlotto & Câmara, 2020; Pereira, 2015). A EBBurn foi desenvolvida por Cardoso e Baptista (2023), a partir do modelo de Maslach, sendo uma escala breve, composta por 26 itens com formato de resposta *Likert* de quatro pontos (nunca, poucas vezes, muitas vezes e sempre) para um público adulto (18 a 68 anos).

Um primeiro estudo foi publicado em 2022 (Cardoso et al., 2022), com mais de 800 trabalhadores, sendo a maioria da área da saúde, como médicos, psicólogos, terapeutas ocupacionais, enfermeiros, auxiliares e técnicos. A versão utilizada tinha inicialmente 38 itens. Foram realizadas análises modernas e robustas de estrutura interna da escala, com controle de aquiescência, resultando em uma versão preliminar de 28 itens, depois reduzida para os atuais 26 itens, com outros estudos de evidências de estrutura interna, cujos índices de ajustes e cujas cargas fatoriais e confiabilidade foram excelentes.

Os estudos posteriores mostraram evidências também bastante convincentes, separando a escala em dois grandes fatores. O primeiro fator, intitulado Exaustão/Frustração Profissional, incluiu itens com conteúdo de esgotamento, falta de energia, fadiga e desgaste. Já o segundo fator, denominado de Distanciamento/Despersonalização abarcou conteúdos sobre os relacionamentos interpessoais com colegas e cliente no trabalho, bem como a indiferença e o desinteresse laboral. Outras evidências de validade baseada na relação com outras variáveis também foram encontradas na correlação com outras escalas, tais como o CESQT, Escala de Satisfação no Trabalho, Escala de Suporte Laboral (ESUL) e Escala de Vulnerabilidade ao Estresse no Trabalho (EVENT). As duas últimas foram também aprovadas para o uso e podem complementar uma avaliação mais completa e relacionada ao *Burnout*, a fim de gerar dados mais amplos de uma avaliação.

As normas da EBBurn foram realizadas com mais de 2.200 trabalhadores de diferentes ramos (indústria, comércio e prestação de serviços) a partir de clusterização, podendo gerar categorias tais como: baixa, média-baixa, média-alta e alta. Atualmente há uma proposta de desenvolvimento da EBBurn em formato de adjetivos, que poderá ser utilizada tanto para trabalhadores como também estudantes.

## Considerações finais

Em suma, o *Burnout* em profissionais da saúde é um problema complexo e multifacetado, com raízes profundas nas condições de trabalho e nas demandas emocionais inerentes a essas profissões. A pandemia de Covid-19 intensificou ainda mais essa questão, evidenciando a necessidade urgente de ações para proteger a saúde mental desses trabalhadores.

Compreender o *Burnout*, suas causas e consequências é fundamental para desenvolver estratégias eficazes de prevenção e intervenção. O modelo de Maslach (1982), com suas três dimensões, oferece um quadro teórico sólido para essa compreensão, pois permite identificar os principais sintomas e seus impactos na vida profissional e pessoal.

As pesquisas apontam para uma prevalência alarmante de *Burnout* entre profissionais da saúde no Brasil, o que exige atenção e ações concretas por parte das instituições e dos gestores. Nesse sentido, a sobrecarga de trabalho, a falta de controle sobre as atividades e o suporte social inadequado são fatores de risco importantes que precisam ser abordados.

A avaliação do *Burnout*, por sua vez, desempenha um papel crucial na identificação precoce dos sintomas e no desenvolvimento de intervenções personalizadas. A EBBurn destaca-se como uma ferramenta promissora para a avaliação desse fenômeno no contexto brasileiro, oferecendo evidências de validade e confiabilidade.

Investir na saúde mental dos profissionais da saúde, portanto, é essencial não apenas para o bem-estar individual desses trabalhadores, mas também para a qualidade do atendimento prestado à população. Promover condições de Trabalho Decente, oferecer suporte emocional e desenvolver programas de prevenção ao *Burnout* são medidas fundamentais para garantir um ambiente de trabalho saudável e sustentável.

Nesse sentido, é imperativo que a sociedade reconheça a importância dos profissionais da saúde e valorize seu trabalho, proporcionando o apoio necessário para que eles possam cuidar dos outros sem comprometer sua própria saúde mental. O combate ao *Burnout* é um desafio coletivo que exige o engajamento de todos os atores envolvidos, desde as instituições de saúde até os próprios profissionais, para que seja construído um futuro mais saudável e promissor para todos.

## Referências

Abraham, C. M., Zheng, K., & Poghosyan, L. (2020). Predictors and outcomes of Burnout among primary care providers in the United States: a systematic review. *Medical Care Research and Review, 77*(5), 387-401. https://doi.org/10.1177/107755871988842.

Alvarenga, R. Z. (2017). A constitucionalização dos direitos sociais trabalhistas no âmbito internacional. *Revista do Tribunal Regional do Trabalho da 10ª Região, 21*(1), 141-148. https://revista.trt10.jus.br/index.php/revista10/article/view/136

Alvares, M. E. M., Thomaz, E. B. A. F., Lamy, Z. C., Nina, R. V. A. H., Pereira, M. U. L., & Garcia, J. B. S. (2020). Síndrome de *Burnout* entre profissionais de saúde nas unidades de terapia intensiva: um estudo transversal com base populacional. *Revista Brasileira de Terapia Intensiva, 32*(2), 251-260. https://doi.org/10.5935/0103-507X.20200036.

Barreto, G. A. A., Oliveira, J. M. L., Carneiro, B. A., Bastos, M. A. C., Cardoso, G. M. P., & Figueredo, W. N. (2021). Condições de trabalho da enfermagem: uma revisão integrativa. *Revista de Divulgação Científica Sena Aires, 10*(1), 13-21.

Blustein, D. L., Olle C., Connors-Kellgren, A., & Diamonti, A. J. (2016). Decent work: a psychological perspective. *Frontiers in Psychology, 7*(407). doi: 10.3389/fpsyg.2016.00407https://doi.org/10.36239/revisa.v10.n1.p13a21

Campos, J. A. D. B., & Maroco, J. (2012) Maslach Burnout Inventory – student survey: Portugal-Brazil cross-cultural adaptation. *Revista de Saúde Pública, 46*, 816-824. https://doi.org/10.1590/S0034-89102012000500008

Cardoso, H. F., & Baptista, M. N. (2023). *Escala Brasileira de Burnout (EBBurn). Livro de Instruções.* Vetor.

Cardoso, H. F., Baptista, M. N., Sousa, D. F. A., & Goulart-Júnior, E. (2017). Síndrome de *Burnout*: análise da literatura nacional entre 2006 e 2015. *Revista Psicologia Organizações e Trabalho, 17*(2), 121-128. https://doi.org/10.17652/rpot/2017.2.12796

Cardoso, H. F. Valentini, F. Hauck-Filho, N., & Baptista. M. N. (2022). Escala Brasileira de *Burnout* (EBB): estrutura interna e controle de aquiescência. *Psicologia: Teoria e Pesquisa, 38*, e38517. https://doi.org/10.1590/0102.3772e38517.pt

Carlotto, M. S., & Câmara, S. G. (2020). Burnout syndrome assessment scale in university students: construction and validity evidence. *Research, Society and Development, 9* (7), e171974013. doi: 10.33448/rsd-v9i7.4013

Conselho Federal de Psicologia. (s.d.). *Sistema de Avaliação de Testes Psicológicos (SATEPSI).* https://satepsi.cfp.org.br/

Dall'Ora, C., Ball, J., Reinius, M., & Griffiths, P. (2020). Burnout in nursing: a theoretical review. *Health Human Resources, 18*(41), 1-17. https://doi.org/10.1186/s12960-020-00469-9

Duffy, R. D., Blustein, D. L., Diemer, M. A., & Autin, K. L. (2016). The psychology of working theory. *Journal of Counseling Psychology, 63*(2), 127-148. doi:10.1037/cou0000140

Duffy, R. D., Prieto, C. G., Kim, H. J., Raque-Bogdan, T. L., & Duffy, N. O. (2021). Decent work and physical health: a multi-wave investigation. *Journal of Vocational Behavior, 127*, 103544. doi:10.1016/j.jvb.2021.103544

Edú-Valsania, S., Laguía, A., & Moriano, J. A. (2022). Burnout: a review of theory and measurement. *International Journal of Environmental Research and Public Health, 19*(3):1780. https://doi.org/10.3390/ijerph19031780

Ferraro, T., Santos, N. R., Moreira, J. M., & Pais, L. (2020). Decent work, work motivation, work engagement and Burnout in physicians. *International Journal of Applied Positive Psychology, 5*(1-2), 13-35. doi:10.1007/s41042-019-00024-5

Freudenberger, H. (1974). Staff Burnout. *Journal of Social Issues, 30*, 159-165. http://pepsic.bvsalud.org/scielo.php?script=sci_arttext&pid=S1415-711X2022000100010&lng=pt&tlng=pt

Jarruche, L. T., & Mucci, S. (2021). Síndrome de Burnout em profissionais da saúde: revisão integrativa. *Revista Bioética, 29*(1), 162-173. https://doi.org/10.1590/1983-80422021291456

Juarez-García, A., Idrovo, A. J., Camacho-Ávila, A., & Placencia-Reyes, O. (2014). Síndrome de Burnout en población mexicana: una revisión sistemática. *Salud Mental, 37*, 159-176. https://www.redalyc.org/pdf/582/58231307010.pdf

Lall, M., Gaeta, T., Chung, A., Dehon, E., Malcolm, W., Ross, A., Way, D. P., Weichenthal, L., & Himelfarb, N. (2019). Assessment of physician well-being, part one: Burnout and other negative states. *Western Journal of Emergency Medicine, 20*(2), 278-290. doi:10.5811/westjem.2019.1.39665

Leiter, P. M., & Maslach, C. (1988). The impact of interpersonal environment on Burnout and organizational commitment. *Journal of Organizational Behavior, 9*(4), 297-308. https://doi.org/10.1002/job.4030090402.

Lima, A. S., Farah, B. F., & Bustamante-Teixeira, M. T. (2018). Análise da prevalência da síndrome de *Burnout* em profissionais da atenção primária em saúde. *Trabalho, Educação e Saúde, 16*(1), 283-304. https://doi.org/10.1590/1981-7746-sol00099

Lubbadeh, T. (2020). Job Burnout: A general literature review. *International Review of Management and Marketing, 10*(3), 7. http://orcid.org/0000-0002-8118-8775

Madigan, D. J., & Kim, L. E. (2021). Towards an understanding of teacher attrition: a meta-analysis of Burnout, job satisfaction, and teacher´s intentions to quit. *Teaching and Teacher Education, 105*(103425), 1-14. https://doi.org/10.1016/j.tate.2021.103425

Maslach, C. (1982). *Burnout: the cost of caring*. Prentice-Hall.

Maslach, C., & Jackson, S. E. (1981). The measurement of experienced Burnout. *Journal of Ocuppational Behavior, 2*, 99-113. https://doi.org/10.1002/job.4030020205

Maslach, C., & Leiter, M. (1997). *The truth about Burnout: how organizations cause personal stress and what to do about it*. Jossey-Bass.

McFarland, D. C., Hlubocky, F., & Riba, M. (2019). Update on addressing mental health and burnout in physicians: what is the role for psychiatry? *Current Psychiatry Reports, 21*, 108. https://doi.org/10.1007/s11920-019-1100-6

Paiano, M., Jaques, A. E., Nacamura, P. A. B., Salci, M. A., Radovanovic, C. A. T., & Carreira, L. (2020). Mental health of healthcare professionals in China during the new coronavirus pandemic: an integrative review. *Revista Brasileira de Enfermagem, 73*, e20200338. https://doi.org/10.1590/0034-7167-2020-0338

Pereira, A. M. T. B. (2015). Elaboração e validação do ISB: inventário para avaliação da síndrome de *Burnout*. *Boletim de Psicologia, 65*(142), 59-71. http://pepsic.bvsalud.org/scielo.php?script=sci_arttext&pid=S0006-59432015000100006&lng=pt&tlng=pt

Pereira, S. S., Fornés-Vives, J., Preto, V. A., Pereira Júnior, G. A. P., Juruena, M. F., & Cardoso, L. (2022). Intervening variables of Burnout in health professionals of emergency services. *Texto & Contexto – Enfermagem, 30*, e20190245. https://doi.org/10.1590/1980-265X-TCE-2019-0245

Perniciotti, P., Serrano Júnior, C. V., Guarita, R. V., Morales, R. J., & Romano, B. W. (2020). Síndrome de *Burnout* nos profissionais de saúde: atualização sobre definições, fatores de risco e estratégias de prevenção *Revista da Sociedade Brasileira de Psicologia Hospitalar, 23*(1), 32-52. http://pepsic.bvsalud.org/scielo.php?script=sci_arttext&pid=S1516-08582020000100005&lng=pt&tlng=pt

Pires, F. M., Ribeiro, M. A., & Andrade, A. L. (2020). Teoria da psicologia do trabalhar: uma perspectiva inclusiva para orientação de carreira. *Revista Brasileira de Orientação Profissional, 21*(2), 203-214. https://doi.org/10.26707/1984-7270/2020v21n207

Ribeiro, M. A. (2020). Trabalho e orientação profissional e de carreira em tempos de pandemia: reflexões para o futuro. *Revista Brasileira de Orientação Profissional, 21*(1), 1-5. https://doi.org/10.26707/1984-7270/2020v21n101

Shoman, Y., Marca, S. C., Bianchi, R., Godderis, L., van der Molen, H. F., & Guseva Canu, I. (2021). Psychometric properties of Burnout measures: a systematic review. *Epidemiology and Psychiatric Sciences, 30*, e8. doi:10.1017/S2045796020001134

Soares, J. P., Oliveira, N. H. S., Mendes, T. M. C., Ribeiro, S. S., & Castro, J. L. (2022). Fatores associados ao *Burnout* em profissionais de saúde durante a pandemia de Covid-19: revisão integrativa. *Saúde em Debate, 46*(spe1), 385-398. https://doi.org/10.1590/0103-11042022E126

Song, M.-K., & Ward, S. E. (2015). assessment effects in educational and psychosocial intervention trials: an important but often-overlooked problem. *Research in Nursing & Health, 38*(3), 241-247. doi:10.1002/nur.21651

Sönmez B., Yıldız Keskin, A., İspir Demir, Ö., Emiralioğlu, R., & Güngör, S. (2023) Decent work in nursing: relationship between nursing work environment, job satisfaction, and physical and mental health. *International Nursing Review, 70,* 78-88. https://doi.org/10.1111/inr.12771

Souza, A. K., Tavares, A. L. B, & Sombra Neto, L. L. (2023). *Burnout* em profissionais de saúde brasileiros na pandemia da COVID-19. *Cadernos ESP, 17*(1), e1654. https://doi.org/10.54620/cadesp.v17i1.1654

Tomaz, H. C., Tajra, F. S., Lima, A. C. G., & Santos, M. M. (2020). Síndrome de *Burnout* e fatores associados em profissionais da Estratégia Saúde da Família. *Interface – Comunicação, Saúde, Educação, 24*(suppl 1), e190634. https://doi.org/10.1590/Interface.190634.

Tsantila. F., Coppens, E., De Witte, H., Arensman, E., Amann, B., Cerga-Pashoja, A., Corcoran, P., Creswell-Smith, J., Cull, Y. G., Toth, M. D., Greiner, B., Griffin, E., Hegerl, U., Holland, C., Leduc, C., Leduc, M., Ni Dhalaigh, D., O'Brien, C., Paterson, C., ... & MENTUPP consortium members. (2023). Outcome assessment of a complex mental health intervention in the workplace. Results from the MENTUPP pilot study. *International Archives of Occupational Environmrnt Health, 96*(8):1149-1165. https://link.springer.com/article/10.1007/s00420-023-01996-3

United Nations International Children's Emergency Fund. (1948). *Universal Declaration of Human Rights.* https://www.ohchr.org/en/human-rights/universal-declaration/translations/english

Viana, M. T., & Teodoro, M. C. M. (2017). Misturas e fraturas do trabalho: do poder diretivo à concepção do trabalho como necessidade. *Revista Brasileira de Estudos Políticos, 114,* 299-343. https://doi.org/10.9732/P.0034-7191.2017V114P299

Wen, B., Zhou, X., Hu, Y., & Zhang, X. (2020). Role stress and turnover intention of front-line hotel employees: the roles of Burnout and service climate. *Frontiers in Psychology, 11*(36), 1-13. https://doi.org/10.3389/fpsyg.2020.00036

World Health Organization. (1993). *Classificação de transtornos mentais e de comportamento da CID-10. Descrições clínicas e diretrizes diagnósticas.* Artes Médicas.

World Health Organization. (2022). *Classificação Internacional de Doenças* (11ª revisão). https://www.who.int/classifications/classification-of-diseases

Zanatta, A. B., & Lucca, S. R. (2015). Prevalence of Burnout syndrome in health professionals of an onco-hematological pediatric hospital. *Revista da Escola de Enfermagem da USP, 49*(2), 253-260. https://doi.org/10.1590/S0080-623420150000200010

# 20
# Psicologia Positiva e Psicologia da Saúde: intervenções de bem-estar subjetivo nas doenças crônicas não transmissíveis

*Caroline Tozzi Reppold*
*Bruno Luis Schaab*
*Ana Paula Porto Noronha*

---

*Highlights*

- A saúde mental positiva é preditora do autocuidado.
- Intervenções baseadas em Psicologia Positiva auxiliam a prevenção, a manutenção e a reabilitação da saúde física.
- Intervenções baseadas em Psicologia Positiva mostram-se efetivas para a promoção da atividade física regular, a adoção de bons hábitos alimentares e a cessação do tabagismo.
- Intervenções baseadas em Psicologia Positiva mostram-se eficazes no tratamento de doenças crônicas não transmissíveis específicas, como Diabetes, hipertensão e dor lombar.
- Alguns dos principais construtos das intervenções baseadas em Psicologia Positiva são autocompaixão, *mindfulness*, resiliência, esperança e bem-estar.

---

## Psicologia Positiva

Embora a psicologia já estivesse no caminho de valorizar atributos positivos nos estudos clínicos que investigavam o desenvolvimento humano e a realização pessoal desde a década de 1950, a fundação da Psicologia Positiva (PP) como campo científico data do início dos anos de 2000, quando os psicólogos norte-americanos Martin Seligman e Mihaly Csikszentmihalyi (2000) publicaram o artigo intitulado *Psicologia Positiva: uma introdução*, em que apresentam as bases científicas e teóricas da PP. Desde então, uma série de evidências científicas foram acumuladas, indicando consistentemente a relação entre dimensões humanas positivas e saúde e bem-estar em diferentes contextos, como a psicologia clínica, a educação, os contextos organizacionais e de trabalho, e a psicologia da saúde (Ryff, 2022; Wissing, 2022).

A PP trata-se de um movimento científico da ciência psicológica que visa o estudo das emoções e das características humanas virtuosas e positivas (Seligman & Csikszentmihalyi, 2000; Reppold et al., 2019). Ela busca romper com o enfoque histórico da psicologia concedido à doença e à desadaptação, em especial aos sintomas psicopatológicos, como depressão e ansiedade (Seligman & Csikszentmihalyi, 2000; Reppold et al., 2019). Assim, a PP enfatiza o estudo de aspectos como o bem-estar subjetivo – frequentemente compreendido como a felicidade –, o otimismo, a gratidão, a esperança, a compaixão, a resiliência, a sabedoria, a autocompaixão, o perdão, a coragem, a autoeficácia e a criatividade, entre outros (Rashid & Seligman, 2018; Noronha et al., 2023; Reppold & Calvetti, 2023). Em especial, a PP visa estudar como esses mecanismos contribuem para a saúde mental, a saúde física e a adaptação em diferentes contextos, desenvolvendo e avaliando os resultados de intervenções para fomentar essas dimensões e contribuir para o bem-estar humano (Seligman, 2019).

Sua evolução está organizada em três ondas científicas (Reppold et al., 2019, 2022): a primeira onda destina-se à compreensão, ao desenvolvimento e à validação de instrumentos psicométricos para a avaliação de construtos; a segunda onda abarca, sobretudo, o desenvolvimento de estudos de caráter transversal e correlacional para compreender a relação entre as dimensões positivas e os construtos de saúde mental, física e a adaptação. Por fim, a terceira onda contempla o desenvolvimento e a avaliação dos benefícios de intervenções de PP, como a psicoterapia positiva. Especialmente no caso da terceira onda, a maioria dos estudos que avaliam os benefícios das intervenções de PP concentra-se nas áreas de saúde mental e de educação. Revisões sistemáticas, por exemplo, sugerem de maneira consistente a eficácia de intervenções de PP na diminuição da depressão e da ansiedade entre adultos (Lim & Tierney, 2023, Reppold et al., 2018). Ademais, intervenções de PP também se mostram consistentes na promoção do bem-estar dos estudantes e na adaptação à vida escolar (Reppold & Hutz, 2021; Schiavon et al., 2020b).

Nos últimos anos, todavia, tem ganhado notoriedade a aplicação da PP no contexto da Psicologia da Saúde; assim, seus preceitos e técnicas têm servido também à promoção da saúde física de diferentes populações. A seguir, este capítulo contextualiza a área e apresenta algumas das respectivas intervenções.

## Psicologia da Saúde

A Psicologia da Saúde trata-se do campo científico que estuda a relação entre os aspectos psicológicos, comportamentais e a saúde física

(Marks et al., 2024), com o objetivo de compreender a influência de fatores, como: os traços de personalidade, as crenças em saúde e os comportamentos nos processos de saúde-doença (Straub, 2023). Além disso, ela propõe intervenções comportamentais para auxiliar diferentes populações na prevenção, na promoção, na manutenção, na reabilitação e na recuperação da saúde física (Castro & Remor, 2018; Heleno et al., 2022).

Para tanto, a Psicologia da Saúde fundamenta-se no modelo biopsicossocial das doenças (Straub, 2023). Esse modelo representa um rompimento com o paradigma biomédico, cujo foco do processo saúde-doença concentrava-se essencialmente na dimensão biológica. Em contraste, o modelo biopsicossocial explica que o adoecimento e a manutenção da saúde também decorrem de fatores de risco psicológicos e sociais, os quais interagem com os aspectos biológicos. Desse modo, intervenções que incidam sobre a dimensão psicossocial podem contribuir para o bem-estar físico de diferentes populações, sobretudo quando são promotoras de fatores de proteção, isto é, das dimensões que protegem contra o adoecimento (Straub, 2023). Intervenções em PP foram conceituadas como atividades logicamente organizadas com vistas a proporcionar a melhor participação, e objetivando refletir em comportamentos, emoções e/ou pensamentos adaptativos e que tragam bem-estar (Lyubomirsky & Layous, 2013).

Um dos exemplos mais notórios da relação entre dimensões psicológicas e a saúde física trata-se do estresse. As evidências científicas sugerem de maneira consistente que o alto estresse está relacionado à diminuição da resposta imunológica do organismo, o que pode oportunizar o surgimento de doenças infecciosas (Morey et al., 2015). Nesse sentido, intervenções comportamentais para a prevenção do estresse e seu gerenciamento têm contribuído de maneira significativa com a saúde física de diferentes populações (Morey et al., 2015).

Outra dimensão psicológica amplamente associada a prejuízos na saúde física trata-se da depressão; por exemplo: adultos com depressão tendem a buscar menos os serviços de saúde em comparação a adultos não deprimidos (Oh et al., 2022). Além disso, maiores índices de depressão são associados à não adesão ao tratamento de doenças crônicas não transmissíveis, como a Diabetes e a hipertensão (Burnier, 2024). Alguns adultos depressivos costumam omitir doses de medicamentos, não seguir dieta nutricional adequada e não serem observantes às demais orientações de autocuidado. Portanto, a remissão dos sintomas depressivos pode complicar seu bem-estar físico (Goldstein et al., 2017).

Assim, a PP tem proposto uma série de intervenções que incidem sobre dimensões cognitivas e comportamentais associadas ao processo saúde-doença (Hutz & Reppold, 2018). É esperado, por exemplo, que pessoas vivendo com o Vírus da Imunodeficiência Humana (*Human Immunodeficiency Virus* [HIV]) apresentem pensamentos de autocrítica em relação ao diagnóstico e de desesperança em relação à tomada da terapia antirretroviral, fundamental para a supressão da carga viral. Nesse caso, intervenções voltadas aos afetos positivos mostram-se promissoras para a aceitação da infecção e a adesão a regimes terapêuticos e comportamentos saudáveis (Wilson et al., 2020).

No caso do estresse, intervenções baseadas em *mindfulness* podem auxiliar a diminuição dos sintomas e a melhora da qualidade de vida em pessoas com diferentes patologias, como entre pacientes oncológicos (Mehta et al., 2019;

Reppold et al., 2023). A meditação da gentileza amorosa, uma abordagem de meditação das intervenções de autocompaixão, é associada à diminuição do estresse (Telke et al., 2022). Uma vez que essa variável tem sido associada à adesão ao tratamento e ao funcionamento adequado do sistema imunológico, pacientes oncológicos podem se beneficiar dessa meditação.

Os exemplos apresentados sugerem a importância de intervenções baseadas em preceitos de PP como ferramenta complementar aos tratamentos de saúde-padrão. Assim, a adoção dessas práticas tem sido sugerida em diferentes níveis de atenção à saúde, como o primário, o secundário e o terciário. Em especial, um problema de saúde pública que tem demandado à assistência de intervenções psicológicas são as doenças crônicas não transmissíveis (DCNT), dado o alto índice de mortalidade, morbidade e sobrecarga dos sistemas de saúde que elas implicam.

## DCNT

As DCNT são enfermidades caracterizadas pela cronicidade e pela longa duração, as quais trazem prejuízos à capacidade funcional do indivíduo e costumam não apresentar cura (World Health Organization [WHO], 2023a). São exemplos de DCNT a hipertensão, o Diabetes, o câncer, a dor crônica e as doenças pulmonares crônicas, que costumam apresentar fatores de risco em comum, em especial os hábitos em saúde, como a dieta alimentar pobre e insuficiente, o tabagismo, o alcoolismo, a poluição do ar e a não adesão às atividades físicas. Atualmente, as DCNT representam cerca de 74% das mortes ao longo do mundo, levando 41 milhões de pessoas ao óbito por ano (WHO, 2023a). Dezessete milhões dessas mortes são de pessoas com menos de 70 anos de idade, o que demonstra o impacto das DCNT em pessoas de outras faixas etárias. Ademais, a maioria dessas mortes costuma ocorrer em países de renda baixa ou média, como o é caso do Brasil.

Além dos prejuízos na própria saúde, as DCNT costumam impactar os sistemas de saúde no nível secundário e terciário devido à demanda de leitos hospitalares, procedimentos cirúrgicos, medicamentos e trabalhadores especializados (WHO, 2023a). Assim, é primordial que sejam promovidas intervenções de PP que possam incidir sobre comportamentos de risco, de modo a inibir o adoecimento das populações, bem como intervenções que recuperem e mantenham a saúde das populações quando a patologia já estiver instaurada.

O presente capítulo tem por objetivo apresentar e discutir o papel de intervenções de PP no contexto das DCNT. Para tanto, são considerados dois cenários: antes do desenvolvimento de uma DCNT (o que envolve a prevenção) e após o desenvolvimento de uma DCNT (o que envolve a recuperação e a manutenção da saúde).

A primeira parte deste capítulo apresenta intervenções para a promoção da atividade física regular, a adoção de bons hábitos alimentares e a cessação do tabagismo, enfatizando os construtos e as técnicas de PP para a prevenção da saúde. Por sua vez, a segunda parte discute intervenções de PP para a manutenção e a recuperação da saúde em três diferentes DCNT: a Diabetes, a hipertensão e a dor lombar crônica. Para cada uma das doenças, são apresentadas intervenções para manter e recuperar a saúde, enfatizando também os construtos e as técnicas de PP. Por fim, nas considerações finais, são discutidos os desafios e a aplicabilidade prática das referidas intervenções nos sistemas de saúde.

## Intervenções de PP para a prevenção da saúde

Como apresentado, o modelo biopsicossocial compreende também a existência de fatores psicossociais no processo de saúde-doença, os quais podem ser: (a) de risco, quando aumentam as chances de um agravo em saúde; ou (b) de proteção, quando diminuem as chances desse agravo (Straub, 2023). O papel das intervenções de PP, nesse sentido, deve ser direcionado para diminuir os fatores de risco e promover os fatores de proteção, como a alimentação saudável, a prática de exercícios físicos regulares e a cessão do tabagismo, que podem ser promotores da saúde física e proteger contra o desenvolvimento de DCNT (WHO, 2023a).

A seguir são apresentadas algumas intervenções de PP voltadas às prevenções da saúde física.

### *Alimentação saudável*

A adoção da dieta saudável é essencial para a manutenção da saúde física. O consumo de alimentos calóricos, industrializados, gordurosos e ricos em açúcar é associado ao ganho de peso e ao desenvolvimento de DCNT, como Diabetes, doenças cardiovasculares e obesidade. Além disso, no caso de indivíduos com sobrepeso ou obesos, atingir o peso adequado implica diminuição da pressão arterial e do colesterol, e, por conseguinte, diminuição de risco da Síndrome Metabólica (SM), uma doença cujos sintomas têm como elo comum a resistência insulínica. Assim, uma alimentação saudável deve preconizar a ingestão de alimentos naturais, ricos em fibras e nutrientes, e com gorduras saudáveis.

Ao considerar que a prevalência da (SM) tem crescido globalmente e que a intervenção nutricional é crucial em seu tratamento, Schiavon et al. (2020a) investigaram a relação entre atributos psicológicos positivos (como otimismo, esperança, autoestima, afeto positivo/negativo e satisfação com a vida), mudanças na dieta e parâmetros antropométricos em 63 pacientes brasileiros com SM que receberam aconselhamento nutricional, cujos dados foram coletados em duas visitas ambulatoriais (com intervalo de cinco meses). Os pesquisadores avaliaram a qualidade da dieta por meio do *Índice Brasileiro de Alimentação Saudável – Revisado-BHEI-R* e as características psicológicas de cada indivíduo por meio de escalas psicométricas validadas. Os resultados foram ajustados em relação aos escores de depressão dos pacientes: os achados mostraram que os escores de afeto positivo e de esperança correlacionaram-se com melhorias na qualidade da dieta, enquanto o otimismo esteve associado à redução da circunferência abdominal, associações que permaneceram significativas após ajustes para a depressão. Os autores sugerem que certos atributos psicológicos podem influenciar o tratamento nutricional da SM, por isso recomendam pesquisas futuras para aprimorar intervenções multidisciplinares nessa área. As evidências indicam, por exemplo, que promover a esperança entre os pacientes pode ser uma medida promissora para melhoria da dieta; portanto, intervenções positivas voltadas para capacitação de profissionais da área da nutrição nesse contexto podem ser prósperas (Schiavon et al., 2020a).

Ao lado dos construtos citados, a autocompaixão é um dos principais construtos de PP associado à boa nutrição (Fresnics et al., 2019; Shaw & Cassidy, 2022). Ela consiste em uma postura de compaixão diante do próprio sofrimento e de falhas, em vista de saná-los, assim como é possível fazer com um amigo ou amiga em sofrimento (Neff, 2023). Ela envolve, entre outros com-

ponentes, habilidades de autobondade, o que permite suavizar os efeitos da autocrítica (Neff, 2023). No caso das dietas alimentares, é comum pessoas que tentem adotar práticas de alimentação saudável se culparem e martirizarem diante de insucessos na alimentação, como comer um alimento fora da dieta ou ingerir mais calorias do que o recomendado, o que pode aumentar os sintomas de distresse psicológico (Collins et al., 2021). A adoção de práticas de autocompaixão, por outro lado, permite tolerar as próprias falhas, de modo que o indivíduo não abandone por completo a dieta saudável e, além disso, se engaje em comportamentos de autocuidado, como se alimentar adequadamente (Brenton-Peters et al., 2021). Logo, a autocompaixão pode implicar a diminuição da depressão e a ansiedade associadas às dificuldades alimentares (Fresnics et al., 2019).

Embora os estudos sejam ainda preliminares, algumas intervenções de autocompaixão têm se mostrado úteis nesse cenário. Uma intervenção de quatro semanas buscou disponibilizar técnicas de autocompaixão juntamente com uma intervenção nutricional *online* para adultos entre 18 e 55 anos (Rahimi-Ardabili et al., 2020). Além das prescrições de alimentação mais saudável, os participantes foram psicoeducados e incentivados a adotarem práticas de autocompaixão ao longo das quatro semanas, como a realização de meditações e a escrita de cartas de autocompaixão. Ao fim da intervenção, além do aumento dos escores de autocompaixão, verificou-se a diminuição na quantidade de calorias ingeridas; assim, o *feedback* qualitativo dos participantes apontou para a importância da autocompaixão durante a intervenção.

Na mesma linha, um estudo conduzido entre adultos norte-americanos com sobrepeso buscou avaliar os benefícios de uma intervenção nutricional administrada simultaneamente a técnicas de atenção plena e autocompaixão (Braun et al., 2012). Esse programa teve a duração de cinco dias, ocasião em que foram administradas as atividades. Logo após o fim do programa, verificou-se entre os 31 participantes do estudo uma melhora dos comportamentos nutricionais – como a ingestão de alimentos mais saudáveis e com mais nutrientes –, da atenção plena e da própria autocompaixão. O seguimento de um ano também identificou perda de peso consistente entre 18 participantes contatados.

## Exercícios físicos

Assim como a dieta saudável, os exercícios físicos também desempenham papel essencial na manutenção da saúde física, pois permitem o aumento do gasto energético, o qual, associado ao controle nutricional, é essencial para a manutenção do peso corporal adequado. Além disso, a prática de exercícios físicos regulares também está ligada ao controle da pressão arterial, ao fortalecimento do sistema imunológico e à diminuição de sintomas de ansiedade e depressão.

Uma pesquisa conduzida entre estudantes universitários irlandeses buscou avaliar o impacto de um programa no formato de *workshop* na saúde mental positiva e na atividade física (O'Brien et al., 2020). Essa intervenção teve a duração de dois dias, com cada sessão durando 90 minutos. Em cada dia foram abordados diferentes conteúdos entre os universitários, como o estresse, a resiliência, a atenção plena e os exercícios para o bem-estar subjetivo. A aplicação do seguimento, sete meses após o fim da intervenção, revelou que o programa aumentou os níveis de bem-estar subjetivo e a prática regular de atividades físicas.

Por sua vez, uma pesquisa na China buscou avaliar uma intervenção de educação positiva para exercícios de caminhada entre idosos (Lee et al., 2019). O estudo foi formado por um grupo experimental que recebeu o treinamento de caminhada juntamente com a educação positiva. Um dos grupos-controle recebeu apenas o treino de caminhada, ao passo que o segundo grupo-controle não recebeu nem o treinamento de caminhada nem a educação positiva. Cada treino de caminhada era realizado três vezes por semana durante 45 minutos, enquanto cada sessão de educação positiva era realizada a cada 15 dias, durando também 45 minutos. Nos meses seguintes à intervenção, verificou-se que o grupo que recebeu a intervenção de educação positiva realizou mais atividades de caminhada, além de apresentar maiores índices de felicidade quando em comparação aos pares.

## Tabagismo

O tabagismo se trata de um dos principais fatores de risco para o desenvolvimento de DCNT, em especial as neoplasias, como o câncer de pulmão e o câncer bucal, além das doenças cardiovasculares. Estima-se que cerca de 1,8 bilhão de pessoas em todo mundo faz uso de tabaco, o que gera cerca de oito milhões de óbitos a cada ano (WHO, 2023b). Além das medidas farmacológicas, como o uso de psicofármacos, a resposta ao tabagismo também envolve a adoção de medidas comportamentais; assim, intervenções psicológicas têm sido desenvolvidas com a finalidade de cessar o consumo de tabaco e promover a qualidade de vida dessa população.

O tabagismo está associado a inúmeras dimensões psicológicas. É comum que tabagistas utilizem o cigarro como uma estratégia para gerenciar sintomas de ansiedade e estresse (Sidhu et al., 2022), um comportamento que funciona como uma espécie de reforço negativo, em que o indivíduo percebe uma diminuição das emoções negativas ao utilizar o tabaco. Também é comum observar pessoas que aumentam o consumo de tabaco durante estados eufóricos. Além disso, o tabagismo e as estratégias de cessação envolvem uma série de crenças psicológicas sobre o papel desempenhado pelo cigarro na regulação emocional do tabagista (Sidhu et al., 2022).

Além das tradicionais intervenções cognitivo-comportamentais que se mostram úteis e eficazes na cessação do tabagismo, a PP tem proposto recentemente alguns programas voltados aos indivíduos tabagistas com foco na diminuição e na cessação do uso do cigarro. Por exemplo, o estudo de Hoeppner et al. (2019) testou os benefícios de uma intervenção de PP *online* em desfechos de consumo de cigarro e de saúde mental positiva: foi administrada uma intervenção chamada "Sorrir ao Invés de Fumar" (*Smiling Instead of Smoking* [SiS]) para 30 norte-americanos adultos que faziam uso esporádico do cigarro. A intervenção consistia em técnicas diárias para o cultivo da felicidade, além de fornecer ferramentas e informações para a cessação de tabagismo. Foram utilizadas algumas técnicas, como relatar experiências de saborear/apreciação (*savoring*) (como atividades do dia que trouxeram prazer), experiências de bondade com os outros e descrição de eventos positivos do dia. Ao fim de 24 semanas após o estudo, verificou-se que 30% dos participantes estavam abstinentes há mais de duas semanas.

Por fim, um ensaio clínico randomizado com tabagistas verificou a eficácia de uma intervenção de terapia de substituição de nicotina paralelamente à PP (grupo-experimento) em comparação a apenas terapia de substituição da nicotina (grupo-controle) (Kahler et al., 2015).

A intervenção experimental foi realizada durante seis sessões, dispostas em sete semanas. Os exercícios de psicoterapia positiva envolviam algumas atividades, como a escrita de uma carta de gratidão, o desenvolvimento de um texto sobre os eventos positivos do dia, experiências de saborear/apreciação (*savoring*) e atos de bondade. O grupo que realizou PP apresentou quase três vezes mais chances de ficar em abstinência em comparação ao grupo que recebeu apenas a terapia de substituição de nicotina. Além disso, evidências químicas apontaram para maior nível de abstinência no grupo-experimento.

## Intervenções de PP para a reabilitação e a manutenção da saúde

Intervenções de PP também têm se mostrado úteis para a promoção da qualidade de vida de populações que desenvolveram DCNT (Feig et al., 2022). Em especial, visam recuperar e manter a saúde física, seja pela adoção de hábitos saudáveis e pelo autocuidado, pela observância aos regimes terapêuticos medicamentosos ou mesmo pelo controle da sintomatologia física associada às DCNT, como no caso da dor crônica (Ballejos et al., 2023). A presente seção visa a apresentar algumas intervenções, enfatizando os construtos de PP envolvidos no processo de saúde-doença e as técnicas de PP propostas nesse contexto. São abordadas as seguintes DCNT nas seções subsequentes: Diabetes, hipertensão e dor lombar crônica.

### *Intervenções de PP na Diabetes*

A Diabetes se trata de uma condição metabólica caracterizada pela elevação dos níveis de glicose no sangue, o que pode gerar a hiperglicemia. Assim, o organismo pode produzir a insulina em níveis insuficientes ou mesmo se tornar resistente a ela, o que traz prejuízos significativos ao sistema metabólico humano. É comum que diabéticos experimentem sintomas, como formigamento nos pés, visão embaçada e feridas na pele. Além disso, diabéticos podem apresentar dificuldades na cicatrização de ferimentos e na recuperação de doenças infecciosas, como a Covid-19. Em casos mais graves, algumas pessoas podem perder a visão em decorrência da doença, apresentar sérios prejuízos nefrológicos e mesmo necessitar de amputação de membros do corpo.

Atualmente, cerca de 422 milhões de pessoas ao longo do mundo têm Diabetes, o que gera cerca de 1,5 milhão de óbitos associados à doença a cada ano (WHO, 2023c). Nas últimas décadas tem-se observado uma escalada nos casos de Diabetes do Tipo 2, o que pode ser explicado pelas mudanças no estilo de vida em diversos países, envolvendo a ingestão de alimentos gordurosos e industrializados e o aumento do sedentarismo. Dados coletados no Brasil mostram, em diferentes faixas etárias, ser bastante comum o alto consumo de alimentos ultraprocessados (Louzada et al., 2023; Mattos et al., 2018; Schiavon et al., 2020a).

Nesse sentido, o tratamento da Diabetes envolve diversas práticas, em especial o monitoramento dos níveis de glicose no sangue, a adoção de dieta nutricional saudável, a ingestão de insulina e fármacos, e a consulta regular com profissionais de saúde especializados (Fang et al., 2021).

Evidências sugerem que a saúde mental positiva tem se associado a melhor autocuidado na Diabetes; além disso, menores índices de distresse psicológico são preditores do controle glicêmico. Assim, a PP tem proposto intervenções para diferentes práticas no tratamento da doença. Um ensaio clínico randomizado conduzido na Nova Zelândia entre adultos com Diabetes Tipo 1 e 2 avaliou os efeitos de uma intervenção *Mindfull Self-Compassion* na depressão, no distresse associado a Diabetes e na hemoglobina glicada (Friis et al., 2016). A intervenção de autocompaixão foi administrada por um psicólogo treinado entre o grupo-experimento, enquanto o grupo-controle foi formado por uma lista de espera. As sessões de intervenção aconteciam uma vez por semana, com duração de 2h30. Ao fim da intervenção, bem como no seguimento de três meses, os autores verificaram uma melhora na depressão e no distresse associado a Diabetes e uma diminuição da hemoglobina glicada.

Na mesma linha, uma intervenção administrada via telefone e manual buscou testar os benefícios de um programa de PP na saúde mental e no autocuidado de adultos com Diabetes Tipo 2 (DuBois et al., 2016), cuja intervenção teve a duração de 12 semanas. Foram abordadas técnicas de gratidão (como escrever a carta de gratidão ou relatar gratidão por eventos do cotidiano) e de saborear/apreciação (*savoring*), assim como práticas de bondade no dia a dia, entre outras. Ao término das 12 semanas, os participantes apresentaram melhora em indicadores de saúde mental positiva, como aumento da felicidade, da gratidão e do otimismo, bem como diminuição dos sintomas psicopatológicos, especialmente de depressão e ansiedade. Por fim, verificou-se melhora nos comportamentos específicos relacionados à doença, como nos índices de autocuidado relatado em relação à Diabetes e de adesão a comportamentos saudáveis.

## Intervenções de PP na hipertensão

A hipertensão é uma doença crônica caracterizada por níveis elevados de pressão nos vasos sanguíneos. Geralmente, são hipertensas todas aquelas pessoas que apresentam valores de pressão arterial iguais ou superiores a 140/90 mmHg (WHO, 2023d). Embora algumas pessoas hipertensas possam não apresentar sintomas físicos, é comum que indivíduos com esse quadro manifestem sintomas como dor de cabeça, aperto no peito, tontura, náusea, sangramento no nariz, alterações no ritmo cardíaco, alterações visuais e formigamento nos membros inferiores. Entre os principais fatores de risco para a hipertensão, estão hábitos como o tabagismo, o consumo de álcool, o sobrepeso, o sedentarismo e as dietas ricas em sódio, além do estresse crônico.

Atualmente, cerca de 1,8 bilhão de adultos com a idade entre 30 e 79 anos apresentam hipertensão, principal causa de morte prematura em todo o mundo, embora 46% das pessoas não estejam cientes de seu quadro clínico (WHO, 2023d). Em virtude de sua prevalência e sua gravidade, essa doença tem gerado preocupação entre os profissionais de saúde, em especial no campo da saúde pública, pois sua ocorrência pode desencadear eventos clínicos, como paradas cardíacas e acidentes vasculares cerebrais. O tratamento da hipertensão envolve uma abordagem interdisciplinar com diferentes medidas, como a ingestão de medicamentos anti-hipertensivos, o monitoramento da pressão arterial e a adoção de hábitos saudáveis, em especial a realização de atividades físicas regulares e a diminuição do consumo de sódio, bebidas alcóolicas e alimentos gordurosos.

Nos últimos anos a PP tem desenvolvido e avaliado os benefícios de intervenções voltadas às pessoas hipertensas. Elas podem incidir sob os fatores de risco diretos, como o caso do estresse; o gerenciamento de estados emocionais preditores de baixo autocuidado, como os sintomas de ansiedade e estresse; e o manejo dos comportamentos de risco. Por exemplo, uma pesquisa conduzida com adultos chineses buscou avaliar a eficácia de uma intervenção psicológica com ele-

mentos de PP e psicologia cognitivo-comportamental na pressão arterial de chineses hipertensos (Liu et al., 2017). Para tanto, foram formados dois grupos: um deles recebeu a intervenção psicológica junto com o tratamento medicamentoso (grupo-experimento), enquanto o segundo grupo se deteve à utilização dos medicamentos (grupo-controle). A intervenção incluiu práticas com o aconselhamento presencial, seminários, orientações por meio de telefone e disponibilização de materiais impressos. Os principais objetivos da intervenção foram fornecer informações sobre a relação dos sintomas psicopatológicos e a hipertensão, além de buscar aumentar a motivação em relação ao tratamento. Foram realizadas atividades para adoção de estratégias de *coping* positivas, além de outras estratégias para a regulação emocional. Os resultados evidenciaram uma diminuição da pressão sistólica, diastólica e uma melhoria da qualidade de vida logo após a intervenção, o que se manteve durante um e dois anos de seguimento.

## Intervenções de PP na dor lombar crônica

A dor lombar crônica refere-se à dor de longa duração, geralmente superior a 12 semanas, que compreende a região entre a segunda costela até o sulco do interglúteo. Ela pode ser considerada específica, quando é explicada por outras condições de saúde, como o câncer; e não específica, quando não explicada por outra condição de saúde. Entre os principais fatores de risco para essa doença, podem ser destacados: a obesidade, o tabagismo, o estresse físico (como o causado pelo trabalho ou por outra atividade física), a postura corporal inadequada e o sedentarismo (WHO, 2023e). Além da própria experiência sensorial de dor, a dor lombar crônica tem sido associada ao desenvolvimento de transtornos mentais comuns.

Ademais, é relativamente comum que indivíduos com dor lombar crônica experienciem prejuízos no âmbito psicossocial, como não conseguir desempenhar atividades laborais de maneira adequada (Ballejos et al., 2023).

Cerca de 619 milhões de pessoas em todo o mundo vivem com a dor lombar crônica, sendo a principal causa de incapacidade em todo o mundo, o que representa um desafio para os órgãos de pesquisa e assistência à saúde (WHO, 2023e). O tratamento da dor lombar crônica envolve administração de medicamentos para o alívio e o manejo da dor, sessões de fisioterapia, adesão a atividades físicas regulares e a uma dieta nutricional saudável, reorganização de ambientes de trabalho e lazer, além de sessões de psicoterapia.

Em particular, a dor lombar crônica se trata de uma doença com especial influência de fatores psicológicos (Ballejos et al., 2023). Por exemplo, emoções negativas influenciam a percepção da dor e mesmo a adesão às tarefas de autocuidado; assim, intervenções de PP para a promoção do bem-estar subjetivo pode induzir emoções positivas que alteram a percepção de dor e melhoram o engajamento no autocuidado. Um construto que tem se mostrado benéfico no caso da dor lombar crônica é a autocompaixão (Ballejos et al., 2023).

Chapin et al. (2014) buscaram avaliar os efeitos de uma intervenção baseada em meditação de compaixão na percepção de dor entre 12 adultos com dor lombar crônica por meio de um ensaio clínico randomizado. O grupo experimental recebeu a intervenção de compaixão, enquanto o grupo-controle foi instruído a manter a rotina normal de antes do estudo. A intervenção teve a duração de nove semanas, sendo que cada sessão de intervenção durava cerca de duas horas. A intervenção foi administrada por um psicólogo formado em treinamento de meditação da compaixão: além do treinamento em autocompaixão, as atividades envolveram psicoeducação sobre a autocompaixão e exercícios práticos, como a escrita da carta compassiva e técnicas de compaixão com os outros. Em acréscimo, os participantes receberam uma mídia digital com exercícios de meditação para praticarem em casa. Ao fim do estudo verificou-se a diminuição na intensidade da dor e a melhora na aceitação da dor no grupo intervenção, cujo efeito também foi verificado no seguimento de nove semanas.

Ainda sobre a autocompaixão, um ensaio clínico conduzido por Carson et al. (2005) avaliou os efeitos da meditação da gentileza amorosa sobre alguns desfechos de dor em adultos com dor lombar crônica. Essa intervenção teve a duração de oito semanas e aconteceu no contexto presencial. Enquanto o grupo experimental recebeu o cuidado padrão e a meditação da gentileza amorosa, o grupo-controle recebeu apenas o cuidado-padrão. Cada sessão durava cerca de 90 minutos e acontecia uma vez por semana. No seguimento de três meses, verificou-se que o grupo-experimento apresentou maior redução na intensidade da dor, além de ter diminuído o distresse psicológico, a ansiedade e a raiva.

## Considerações finais

O presente capítulo buscou discutir a relação entre dimensões de bem-estar subjetivo e a saúde física, além de apresentar intervenções de PP que têm a finalidade de prevenir e promover a saúde física no contexto das DCNT. De modo geral, verifica-se que os programas baseados em preceitos da PP têm o potencial de contribuir tanto com o fortalecimento dos fatores de proteção que auxiliam contra o adoecimento quanto com a manutenção e a recuperação da saúde física quando as doenças já estão instaladas. Assim, essas intervenções podem complementar as intervenções-padrão estabelecidas nos contextos de saúde, de modo que não se trata de substituição de outras práticas, mas de apresentar recursos adicionais, empiricamente testados, que contribuam e impactem na promoção do bem-estar.

Em relação aos mecanismos que explicam a melhora em padrões de autocuidado, parece ter especial destaque a indução de afetos positivos em detrimento da vivência de emoções negativas, principalmente por meio de exercícios de gratidão, bondade, *mindfulness*, saborear/apreciação (*savoring*) e autocompaixão. Além disso, no caso da autocompaixão, é possível ela promover uma relação mais harmônica entre os indivíduos, em que aprendem a se perdoar e serem autobondosos diante de questões de saúde física.

Apesar dos benefícios relatados, é importante destacar que ainda existe uma escassez de ensaios clínicos randomizados que evidenciam a relação entre intervenções de PP e a melhora dos desfechos de saúde física no contexto das DCNT,

conforme apontado por Reppold et al. (2018). Ademais, há uma série de variáveis de confusão que podem não ter sido controladas nos estudos, como a utilização de medicamentos e a participação em intervenções não farmacológicas com o potencial de incidir sobre o bem-estar. Assim, é importante que os estudos de terceira geração de PP continuem desenvolvendo e investigando a eficácia de intervenções baseadas em premissas de bem-estar subjetivo na prevenção, na promoção, na recuperação, na reabilitação e na manutenção da saúde física, dado que os ensaios clínicos randomizados são as melhores fontes de evidência de causalidade.

Por fim, sugere-se que profissionais de psicologia adotem práticas de PP na prevenção e na promoção da saúde, em especial na atenção primária, como em Unidades Básicas de Saúde (UBS). Programas de PP podem, portanto, contribuir de modo complementar às práticas médicas tradicionais, inibindo o desenvolvimento e o agravo das DCNT, o que pode restringir a demanda por atendimento especializado nos níveis secundários e terciários de atenção da saúde.

## Referências

Ballejos, K., Calvetti, P. Ü., Schaab, B. L., & Reppold, C. T. (2023). What are the benefits of cultivating self-compassion in adults with low back pain? A systematic review. *Frontiers in Psychology, 14*, 1270287. https://doi.org/10.3389/fpsyg.2023.1270287

Braun, T., Park, C., & Conboy, L. A. (2012). Psychological well-being, health behaviors, and weight loss among participants in a residential, Kripalu yoga-based weight loss program. *International Journal of Yoga Therapy, 22*(1), 9-22. https://europepmc.org/article/med/23070668

Brenton-Peters, J., Consedine, N. S., Boggiss, A., Wallace-Boyd, K., Roy, R., & Serlachius, A. (2021). Self-compassion in weight management: a systematic review. *Journal of Psychosomatic Research, 150*, 1106 17. https://doi.org/10.1016/j.jpsychores.2021.110617

Burnier, M. (2024). The role of adherence in patients with chronic diseases. *European Journal of Internal Medicine*, 119, 1-5. https://doi.org/10.1016/j.ejim.2023.07.008

Carson, J. W., Keefe, F. J., Lynch, T. R., Carson, K. M., Goli, V., Fras, A. M., & Thorp, S. R. (2005). Loving-kindness meditation for chronic low back pain: results from a pilot trial. *Journal of Holistic Nursing, 23*(3), 287-304. https://doi.org/10.1177/0898010105277651

Castro, E., & Remor, E. (2018). *Bases teóricas da Psicologia da Saúde*. Appris.

Chapin, H. L., Darnall, B. D., Seppala, E. M., Doty, J. R., Hah, J. M., & Mackey, S. C. (2014). Pilot study of a compassion meditation intervention in chronic pain. *Journal of Compassionate Health Care, 1*, 1-4. https://doi.org/10.1186/s40639-014-0004-x

Collins, S., Lotfalian, M., Marx, W., Lane, M., Allender, S., Jacka, F., & Hoare, E. (2021). Associations between indicators of diet quality and psychological distress, depression and anxiety in emerging adults: results from a nationally representative observational sample. *Mental Health & Prevention*, 24, 200220. https://doi.org/10.1016/j.mhp.2021.200220

DuBois, C. M., Millstein, R. A., Celano, C. M., Wexler, D. J., & Huffman, J. C. (2016). Feasibility and acceptability of a positive psychological intervention for patients with Type 2 Diabetes. *The Primary Care Companion for CNS Disorders*, 18(3), https://doi.org/10.4088/PCC.15m01902

Fang, M., Wang, D., Coresh, J., & Selvin, E. (2021). Trends in Diabetes treatment and control in US adults, 1999-2018. *New England Journal of Medicine, 384*(23), 2219-2228. https://doi.org/10.1056/NEJMsa203227

Feig, E. H., Madva, E. N., Millstein, R. A., Zambrano, J., Amonoo, H. L., Longley, R. M., Okoro, F., Huffman, J. C., Celano, C. M., & Hoeppner, B. (2022). Can positive psychological interventions improve health behaviors? A systematic review of the literature. *Preventive Medicine, 163*, 107214. https://doi.org/10.1016/j.jpsychores.2023.111328

Fresnics, A. A., Wang, S. B., & Borders, A. (2019). The unique associations between self-compassion and eating disorder psychopathology and the mediating role of rumination. *Psychiatry Research*, 274, 91-97. https://doi.org/10.1016/j.psychres.2019.02.019

Friis, A. M., Johnson, M. H., Cutfield, R. G., & Consedine, N. S. (2016). Kindness matters: a randomized controlled trial of a mindful self-compassion intervention improves depression, distress, and HbA1c among patients with Diabetes. *Diabetes Care, 39*(11), 1963-1971. https://doi.org/10.2337/dc16-0416

Goldstein, C. M., Gathright, E. C., & Garcia, S. (2017). Relationship between depression and medication adherence in cardiovascular disease: the perfect challenge for the integrated care team. *Patient Preference and Adherence*, 547-559. https://doi.org/10.2147/PPA.S127277#d1e143

Heleno, M. G., Durães, R. S. S., Rezende, M. M., & Benincasa, M. (2022). Psicologia da Saúde: história e desafios. In Fórum de Entidades Nacionais da Psicologia Brasileira (Org.), *Entidades Nacionais da Psicologia Brasileira: o FENPB e suas histórias* (pp. 264-280). CFP.

Hoeppner, B. B., Hoeppner, S. S., Carlon, H. A., Perez, G. K., Helmuth, E., Kahler, C. W., & Kelly, J. F. (2019). Leveraging positive psychology to support smoking cessation in nondaily smokers using a smartphone app: feasibility and acceptability study. *JMIR mHealth and uHealth, 7*(7), e13436. https://doi.org/10.2196/13436

Hutz, C. S., & Reppold, C. T. (2018). *Intervenções em Psicologia Positiva na área da saúde.* Leader.

Kahler, C. W., Spillane, N. S., Day, A. M., Cioe, P. A., Parks, A., Leventhal, A. M., & Brown, R. A. (2015). Positive psychotherapy for smoking cessation: a pilot randomized controlled trial. *Nicotine & Tobacco Research, 17*(11), 1385-1392. https://doi.org/10.1093/ntr/ntv011

Lee, T. S. H., Hung, C. C., Lin, C. K., & Chiang, H. H. (2019). Controlled randomized trial of walking exercise with positive education on cardiovascular fitness and happiness in retired older adults. *Geriatrics & Gerontology International, 19*(9), 879-884. https://doi.org/10.1111/ggi.13733

Lim, W. L., & Tierney, S. (2023). The effectiveness of positive psychology interventions for promoting well-being of adults experiencing depression compared to other active psychological treatments: a systematic review and meta-analysis. *Journal of Happiness Studies, 24*(1), 249-273. https://doi.org/10.1007/s10902-022-00598-z

Louzada, M. L. C., Cruz, G. L., Silva, K. A. A. N., Grassi, A. G. F., Andrade, G. C., Rauber, F., Levy, R. B., & Monteiro, C. A. (2023). Consumption of ultra-processed foods in Brazil: distribution and temporal evolution 2008-2018. *Revista de Saúde Pública, 57*, 12. https://doi.org/10.11606/s1518-8787.2023057004744

Lyubomirsky, S., & Layous, K. (2013). How do simple positive activities increase well-being? *Current Directions in Psychological Science, 22*(1), 57-62. https://doi.org/10.1177/0963721412469809

Marks, D. F., Murray, M., Evans, B., Willig, C., Sykes, C. M., & Woodall, C. (2024). *Health Psychology: theory, research and practice.* Sage.

Mattos, L. B., Mattos, M. B., Barbosa, A. P. O., Bauer, M. S., Strack, M. H., Rosário, P., Reppold, C. T., &

Magalhães, C. R. (2018) Promoting self-regulation in health among vulnerable Brazilian children: protocol study. *Frontiers in Psychology, 9*, 651. https://doi.org/10.3389/fpsyg.2018.00651

Mehta, R., Sharma, K., Potters, L., Wernicke, A. G., & Parashar, B. (2019). Evidence for the role of mindfulness in cancer: benefits and techniques. *Cureus, 11*(5): e4629. https://doi.org/10.7759/cureus.4629

Morey, J. N., Boggero, I. A., Scott, A. B., & Segerstrom, S. C. (2015). Current directions in stress and human immune function. *Current Opinion in Psychology, 5*, 13-17. https://doi.org/10.1016/j.copsyc.2015.03.007

Neff, K. D. (2023). Self-compassion: theory, method, research, and intervention. *Annual Review of Psychology, 74*(1), 193-218. https://doi.org/10.1146/annurev-psych-032420-031047

Noronha, A. P. P., Reppold, C. T., Cavallaro, A. P. O., & Itimura, G. B. D. (2023). Construtos emergentes na área de Psicologia Positiva: o que os pesquisadores têm publicado no campo da avaliação em psicologia positiva nos últimos anos? In K. S. Oliveira, C. T. Reppold, E. M. Peixoto, & D. S. Zanini (Eds.), *Avaliação em Psicologia Positiva* (pp. 37-47). Vozes.

O'Brien, N., Lawlor, M., Chambers, F., & O'Brien, W. (2020). State of mind Ireland-higher education: a mixed-methods longitudinal evaluation of a positive mental health intervention. *International Journal of Environmental Research and Public Health, 17*(15), https://doi.org/5530. 10.3390/ijerph17155530

Oh, J., Hong, H., Oh, J., & Kim, T. S. (2022). Decreased health-seeking behaviors in people with depressive symptoms: the Korea National Health and Nutrition Examination Survey 2014, 2016, and 2018. *Psychiatry Investigation, 19*(2), 117-124. https://doi.org/ 10.30773/pi.2021.0192

Rahimi-Ardabili, H., Vartanian, L. R., Zwar, N., Sharpe, A., & Reynolds, R. C. (2020). Efficacy and acceptability of a pilot dietary intervention focusing on self-compassion, goal-setting and self-monitoring. *Public Health Nutrition, 23*(15), 2746-2758. https://doi.org/10.1017/S1368980020000658

Rashid, T., & Seligman, M. P. (2018). *Positive psychotherapy: clinical manual.* Oxford University Press.

Reppold, C. T., & Calvetti, P. U. (2023). Instrumentos psicométricos da avaliação em psicologia positiva. In K. Oliveira, C. Reppold, E. Peixoto, & D. Zanini. (Orgs.), *Avaliação em Psicologia Positiva* (pp. 66-75). Vozes.

Reppold, C. T., Calvetti, P. U., Kaiser, V., & Cesa, M. (2023). Avaliação em *mindfulness* e aplicações do construto: práticas, intervenções e pesquisas. In K. Oliveira, C. Reppold, E. Peixoto, & D. S. Zanini. (Orgs.), *Avaliação em Psicologia Positiva* (pp. 151-160). Vozes.

Reppold, C. T., & Hutz, C. S. (2021). *Intervenções em Psicologia Positiva no contexto escolar e educacional.* Vetor.

Reppold, C. T., Kaiser, V., D'Azevedo, L., & Almeida, L. (2018). Intervenções em Psicologia Positiva na área da saúde: o que os ensaios clínicos informam sobre a efetividade dessas intervenções? In C. Hutz, & C. T. Reppold. (Orgs.), *Intervenções em Psicologia Positiva aplicadas à saúde* (pp. 11-42). Leader.

Reppold, C. T., Oliveira, C. M., & Giacomoni, C. (2022). Psicologia Positiva brasileira: movimento científico em prol da saúde psicológica e do bem-estar. In Fórum de Entidades Nacionais da Psicologia Brasileira (Org.), *Entidades Nacionais da Psicologia Brasileira: o FENPB e suas histórias* (pp. 295-304). CFP.

Reppold, C. T., Zanini, D. S., Campos, D. C., de Gomes Faria, M. R. V., & Tocchetto, B. S. (2019). Felicidade como produto: um olhar crítico sobre a ciência da psicologia positiva. *Avaliação Psicológica: Interamerican Journal of Psychological Assessment, 18*(4), 333-342. https://doi.org/10.15689/ap.2019.1804.18777.01

Ryff, C. D. (2022). Positive psychology: looking back and looking forward. *Frontiers in Psychology*, 13, 840062. https://doi.org/10.3389/fpsyg.2022.840062

Schiavon, C. C., Marchetti, E., Ayala, F. O., Loewe, G., Bauer, J., Busnello, F. M., & Reppold, C. T. (2020a). Positive psychological characteristics in patients with metabolic syndrome associated with prospective changes in diet and anthropometric factors. *Plos One, 15*(9), e0236693. https://doi.org/10.1371/journal.pone.0236693

Schiavon, C. C., Teixeira, L. P., Gurgel, L. G., Magalhães, C. R., & Reppold, C. T. (2020b). Educação Positiva: inovação em intervenções educacionais baseadas na psicologia positiva. *Psicologia: Teoria e Pesquisa, 36*. https://doi.org/10.1590/0102.3772e3632

Seligman, M. E. P. (2019). Positive Psychology: a personal history. *Annual Review of Clinical Psychology, 15*, 1-23. https://doi.org/10.1146/annurev-clinpsy-050718-095653

Seligman, M. E. P., & Csikszentmihalyi, M. (2000). Positive psychology: an introduction. *American Psychologist, 55*(1), 5-14. https://doi.org/10.1037/0003-066X.55.1.5

Shaw, R., & Cassidy, T. (2022). Self-compassion, mindful eating, eating attitudes and wellbeing among emerging adults. *The Journal of Psychology, 156*(1), 33-47. https://doi.org/10.1080/00223980.2021.1992334

Sidhu, A. K., Pednekar, M. S., Fong, G. T., Gupta, P. C., Quah, A. C. K., Unger, J., Sussman, S., Sood, N., Wipfli, H., & Valente, T. (2022). Smoking-related psychosocial beliefs and justifications among smokers in India: findings from Tobacco Control Policy (TCP) India Surveys. *BMC Public Health, 22*(1). https://doi.org/10.1186/s12889-022-14112-w

Straub, R. O. (2023). *Health psychology: a byopsichosocial approach*. Macmillan Learning.

Telke, S., Leininger, B., Hanson, L., & Kreitzer, M. J. (2022). A randomized trial of 21 days of loving kindness meditation for stress reduction and emotional well-being within an online health community for patients, family, and friends experiencing a cancer health journey. *Journal of Integrative and Complementary Medicine, 28*(2), 158-167. https://doi.org/10.1089/jicm.2020.0512

Wilson, T. E., Massiah, C., Radigan, R., DeHovitz, J., Govindarajulu, U. S., Holman, S., Melendez, M., Yusuff, J., & Taylor, T. (2020). The positive Affect, Promoting Positive Engagement, and Adherence for Life (APPEAL) feasibility trial: design and rationale. *Health Psychology, 39*(9), 767-775. https://doi.org/10.1037/hea0000880

Wissing, M. P. (2022). Beyond the "third wave of positive psychology": challenges and opportunities for future research. *Frontiers in Psychology, 12*, 795067. https://doi.org/10.3389/fpsyg.2021.795067

World Health Organization. (2023a). *Noncommunicable Diseases*. https://www.who.int/news-room/fact-sheets/detail/noncommunicable-diseases

World Health Organization. (2023b). *Tobacco*. https://www.who.int/news-room/fact-sheets/detail/tobacco

World Health Organization. (2023c). *Diabetes*. https://www.who.int/health-topics/diabetes#tab=tab_1

World Health Organization. (2023d). *Hypertension*. https://www.who.int/news-room/fact-sheets/detail/hypertension

World Health Organization. (2023e). *Low back pain*. https://www.who.int/news-room/fact-sheets/detail/low-back-pain

# Índice

## A

Acidente vascular cerebral (AVC) 175
Adaptação(ões) 17, 20, 56, 70, 76, 77, 82, 107, 116, 130, 131, 132, 139, 163, 206, 208, 210, 214, 222, 228, 236, 237, 238, 240, 241, 244, 245, 246, 247, 248, 249, 250, 251, 265, 266
Adesão ao tratamento 12, 13, 32, 38, 40, 106, 115, 116, 117, 122, 124, 125, 129, 130, 131, 152, 180, 267
Ajustamento psicológico 20, 129, 130, 131, 132, 135, 136, 137, 138, 139
Alimentação saudável 268, 269
Alostase 78
Ameaça(s)/ameaçador(es)(as) 77, 78, 80, 81, 82, 83, 114, 131, 138, 202, 213, 214, 223, 242, 245
    ou dano(s) 83
Ansiedade 11, 15, 16, 17, 30, 31, 67, 69, 80, 81, 84, 85, 96, 97, 98, 99, 106, 107, 108, 109, 115, 129, 130, 131, 132, 133, 135, 137, 138, 139, 143, 146, 151, 152, 153, 177, 179, 180, 184, 197, 198, 208, 216, 221, 222, 237, 238, 242, 243, 248, 249, 252, 253, 265, 266, 269, 270, 272, 273, 274
    climática 218, 223, 224
Atenção à saúde 26, 163, 164, 165, 267
Atividade(s) física(s) 43, 64, 68, 78, 149, 175, 177, 178, 179, 184, 222, 249, 250, 251, 265, 267, 268, 270, 273, 274
Autocompaixão 153, 168, 247, 265, 267, 269, 270, 272, 274, 275
Autorregulação emocional 107, 108, 109
Avaliação
    da dor 145, 149, 153, 154
    da receptividade 92, 93
    momentânea ecológica 40, 42, 43
    neuropsicológica 193, 194, 195, 196, 198, 199, 200
    psicológica 11, 12, 13, 14, 15, 18, 20, 21, 25, 29, 31, 32, 33, 34, 37, 38, 39, 40, 41, 42, 43, 44, 45, 46, 47, 59, 71, 83, 92, 93, 95, 100, 101, 103, 104, 107, 108, 109, 115, 117, 118, 119, 120, 121, 123, 124, 125, 129, 139, 143, 144, 149, 152, 153, 158, 159, 160, 161, 162, 163, 165, 167, 168, 169, 174, 177, 181, 182, 183, 184, 185, 193, 202, 204, 205, 206, 207, 208, 221, 239, 240
        clínica 105
        do estresse 76, 77, 80, 82, 84, 86
        inclusiva 229

## B

Bariátrica 39, 174, 178, 179, 180, 181, 182, 183, 184, 185, 186. *Cf. tb.* Cirurgia bariátrica
Bem-estar 11, 13, 17, 18, 26, 27, 49, 50, 51, 52, 54, 55, 56, 57, 58, 59, 64, 67, 69, 72, 76, 78, 81, 83, 99, 108, 109, 115, 116, 124, 129, 131, 137, 138, 154, 158, 159, 161, 166, 169, 170, 181, 202, 218, 219, 224, 232, 233, 237, 238, 241, 245, 248, 249, 250, 251, 259, 261, 265, 266, 267, 269, 270, 271, 273, 274, 275, 277
Biopsicossocial 13, 16, 19, 28, 31, 38, 40, 44, 46, 49, 50, 51, 52, 55, 92, 95, 101, 103, 121, 122, 149, 153, 205, 211, 229, 232, 233, 234, 235, 236, 237, 238, 240, 266, 268
*Burnout* 84, 86, 241, 242, 246, 247, 248, 252, 254, 255, 257, 258, 259, 260, 261, 262, 263, 264

## C

Carga alostática 78, 79
Catástrofe(s) 212, 214
Cirurgia bariátrica 174, 178. *Cf. tb.* Bariátrica
Colesterol 149, 268
Compaixão 265, 269, 274
Comportamento 12, 14, 19, 25, 27, 28, 30, 31, 32, 34, 35, 38, 39, 40, 41, 42, 43, 44, 52, 53, 58, 62, 64, 67, 68, 72, 82, 83, 106, 107, 132, 149, 153, 154, 158, 177, 180, 184, 185, 193, 195, 244, 245, 249, 251, 264, 271
    suicida 62, 67, 72
Construtos positivos 49, 52, 55, 56, 57, 58, 59, 99
Coragem 29, 265
Crise(s) 64, 83, 168, 213, 214, 215, 219, 220, 221, 222, 224, 248
Cuidado(s) 18, 19, 20, 38, 47, 58, 94, 101, 105, 107, 139, 150, 158, 159, 160, 161, 163, 166, 167, 169, 181, 203, 208, 212, 219, 221, 222, 242, 243, 244, 248, 249, 274
    em/com a saúde 162, 164, 165, 168, 203, 204, 205, 206, 213, 216, 218, 220, 246
    paliativos 202, 209, 210

## D

Decisão
    tomada de 21, 35, 115, 117, 118, 119, 120, 125, 168, 202, 203, 205, 206, 220, 234
Declínio cognitivo 62, 72, 193, 194, 198, 199

Demência 69, 192, 193, 194, 195, 196, 197, 198, 199
Depressão 15, 16, 30, 67, 68, 69, 80, 81, 84, 85, 86, 96, 97, 99, 106, 107, 108, 115, 116, 117, 118, 120, 121, 123, 129, 130, 131, 132, 133, 135, 137, 138, 139, 147, 151, 168, 175, 177, 179, 180, 182, 195, 197, 198, 199, 208, 216, 218, 221, 222, 223, 237, 238, 242, 243, 248, 252, 253, 265, 266, 267, 269, 270, 272
Dermatose(s) 110
Desastre(s) 212, 213, 214, 215, 216, 217, 218, 220, 221, 222, 224
Desigualdade(s) social(ais) 150, 165, 217, 224, 255, 256
Diabetes 14, 52, 53, 68, 71, 148, 160, 175, 177, 178, 179, 181, 195, 265, 267, 268, 271, 272, 276, 278
Dieta(s) 13, 26, 50, 120, 177, 178, 180, 267, 268, 269, 270, 272, 274
Diferenças
    individuais 57, 62, 71, 81, 82
Dimensão reprodutiva 159
Doença(s)
    crônica não transmissível (DCNT) 52, 53, 113, 147, 174, 175, 267, 268, 270, 271, 274, 275
    crônica transmissível (DCT) 113, 114, 115, 121, 122, 123, 124, 125, 280
    de Alzheimer 52, 53, 192, 193, 195, 196, 197, 200
    de Parkinson 192, 193, 197, 198, 199
    neurodegenerativa(s) 192, 193, 194, 199
    Renal Crônica (DRC) 129, 130, 139
Dor(es)
    crônica(s) 81, 97, 108, 143, 144, 145, 146, 147, 148, 149, 150, 151, 152, 153, 154, 267, 271
    de cabeça 119
    lombar 265, 268, 271, 273, 274

## E

Entrevista(s) 14, 41, 84, 95, 104, 108, 121, 122, 123, 124, 150, 178, 182, 183, 193, 205, 219, 237
Estresse percebido 104, 110, 120
Estressores 65, 67, 76, 77, 78, 80, 81, 83, 86, 116, 120, 121, 122, 123, 153, 175, 180, 182, 216, 217, 255, 257, 258, 259. *Cf. tb.* Eventos estressores
Eventos estressores 67, 76, 77, 78, 86, 180. *Cf. tb.* Estressores
Exaustão emocional 257, 258, 259, 260

## F

Fatores
    de risco 14, 27, 52, 65, 67, 80, 83, 86, 105, 113, 114, 115, 120, 121, 144, 147, 162, 177, 178, 179, 195, 233, 246, 257, 259, 261, 263, 266, 267, 268, 270, 273
    psicológicos 11, 12, 13, 16, 18, 103, 143, 152, 167, 174, 175, 238, 274
Final de vida 122, 202, 204, 206, 208

## G

Gestação 18, 103, 160
Grupo(s) 18, 42, 45, 46, 69, 99, 113, 116, 119, 148, 159, 168, 186, 192, 204, 246, 258, 270, 271, 272, 273, 274
    de apoio 162, 238, 247
    de mulheres 163
    de risco 62, 70, 71
    sociais 14, 229, 230

## H

Hemodiálise (HD) 129, 130, 131, 134, 135, 138, 139
Hepatite 114, 118, 119
    B 114, 118, 119, 124
    C 114, 119, 120, 121
Hipertensão 43, 149, 175, 177, 195, 265, 267, 268, 271, 272, 273
HIV 114, 115, 116, 117, 119, 124, 193, 267.
    *Cf. tb.* Vírus da Imunodeficiência Humana (HIV)
Homeostase 78, 130, 214

## I

Idoso(s) 194, 199, 207
Índice de Massa Corporal (IMC) 175, 176, 181
Insônia 120, 146, 243
Instrumentos avaliativos 123, 124, 194, 202, 204, 208, 236
Interdisciplinaridade 25, 28, 29, 30, 31
Intervenção(ões) 11, 12, 13, 14, 17, 18, 21, 25, 29, 31, 32, 33, 34, 35, 37, 43, 49, 50, 51, 52, 55, 56, 57, 58, 59, 62, 66, 71, 73, 76, 83, 93, 94, 95, 97, 103, 105, 106, 108, 109, 110, 117, 118, 119, 120, 123, 129, 139, 145, 146, 150, 152, 153, 154, 158, 159, 161, 162, 163, 165, 166, 167, 168, 169, 177, 181, 183, 185, 193, 199, 204, 205, 206, 208, 213, 216, 217, 219, 220, 221, 224, 231, 233, 234, 238, 243, 247, 248, 251, 261, 265, 266, 267, 268, 269, 270, 271, 272, 273, 274, 275, 277

## M

Memória 18, 42, 43, 143, 146, 153, 194, 195, 196, 197, 198, 199, 200
Menopausa 159, 160, 175
*Mindfulness* 108, 109, 238, 241, 247, 265, 267, 275, 277
Modelo biomédico 26, 51, 52, 204
Modificação comportamental 178
Morbidade 14, 53, 54, 76, 80, 130, 216, 267
Mortalidade 14, 52, 53, 54, 55, 56, 66, 68, 70, 71, 76, 77, 81, 97, 113, 114, 130, 164, 192, 267
Mudança(s)
    na personalidade 65
    no estilo de vida (MEV) 177, 178, 182, 185

# N

Neuroticismo  14, 62, 63, 64, 65, 67, 68, 69, 70, 71

# O

Obesidade  66, 72, 144, 149, 174, 175, 176, 177, 178, 179, 180, 181, 182, 183, 185, 186, 195, 268, 273

Otimismo  50, 55, 56, 59, 99, 265, 269, 272

# P

Paralisia cerebral (PC)  12, 15, 18, 19, 20

Perdão  265

Perspectiva
  baseada na resposta  77
  baseada no estímulo  77
  cognitiva  77, 81, 82, 84
  sobre eventos estressores  77. *Cf. tb.* Eventos estressores e estressores

Pessoas com deficiência  229, 230, 231, 232, 233, 234, 235, 236, 237, 238, 239, 240

Políticas públicas  13, 28, 37, 110, 144, 159, 160, 161, 164, 165, 215, 224, 232, 235, 236, 237, 239, 250

Populações minorizadas  229, 230, 236, 237

Pré-natal  68, 159, 164

Preparo
  cirúrgico  174, 180, 182, 185, 186
  psicológico  182, 185

Prevenção  12, 13, 25, 28, 29, 31, 33, 34, 37, 52, 55, 66, 71, 80, 82, 92, 99, 103, 108, 109, 114, 143, 144, 145, 152, 159, 160, 162, 164, 166, 167, 169, 181, 213, 214, 217, 221, 223, 224, 225, 241, 261, 263, 265, 266, 267, 268, 275
  de doenças  12, 28, 52, 55, 80, 82, 103
  em/da saúde  160, 167, 169, 223, 268

Primeiros Cuidados Psicológicos (PCP)  151, 207, 213, 219, 220, 221, 224, 227

Processo(s)
  avaliativo(s)  13, 18, 20, 37, 38, 40, 41, 46, 47, 82, 84, 92, 100, 101, 115, 160, 161, 162, 163, 202, 205, 206, 208, 229, 232, 233, 234, 235, 236
    qualitativos  37, 40

Promoção de saúde  55, 80, 103, 158, 161, 167, 169, 243, 248

Protocolo(s)  29, 33, 42, 56, 100, 121, 149, 150, 182

Psicodermatologia  103

Psicologia
  da saúde  11, 12, 13, 14, 15, 18, 21, 28, 31, 50, 82, 167, 169, 233, 265
  positiva (PP)  40, 49, 51, 52, 55, 56, 57, 58, 59, 253, 265, 266, 267, 268, 269, 271, 272, 273, 274, 275, 277

Psicossocial  46, 82, 106, 107, 117, 118, 119, 121, 125, 148, 153, 212, 213, 216, 217, 218, 219, 220, 221, 222, 223, 224, 226, 227, 257, 266, 274

# Q

Qualidade de Vida (QV)  11, 12, 17, 19, 20, 29, 53, 56, 59, 64, 80, 99, 103, 104, 105, 106, 107, 110, 115, 116, 117, 118, 119, 120, 121, 123, 124, 129, 130, 131, 132, 133, 135, 136, 137, 138, 139, 143, 144, 146, 147, 148, 150, 151, 154, 158, 161, 168, 169, 170, 177, 178, 179, 180, 197, 202, 203, 206, 209, 222, 227, 232, 234, 235, 236, 237, 238, 239, 240, 252, 255, 267, 270, 271, 273

# R

Raciocínio clínico  92, 95, 103, 195

Recuperação emocional  247, 249

Recursos  14, 37, 38, 39, 40, 46, 63, 64, 76, 96, 105, 122, 153, 162, 166, 183, 185, 213, 215, 218, 224, 230, 235, 236, 237, 244, 245, 275
  de enfrentamento  78
  disponíveis  81, 82, 152, 217, 219
  psicológicos  59, 121, 167, 174, 182

Regulação Emocional (RE)  108, 129, 131, 132, 135, 138, 139, 178, 241, 247, 248, 249, 250, 251, 254, 271, 273

Repercussões emocionais  118, 215, 221

Reprodutiva/materna  162

Resiliência  52, 55, 56, 57, 59, 82, 216, 237, 241, 243, 244, 245, 246, 247, 248, 249, 250, 251, 252, 253, 254, 265, 270

# S

Sabedoria  108, 265

Saúde  11, 12, 14, 17, 18, 20, 21, 25, 26, 27, 28, 29, 30, 31, 33, 35, 37, 39, 40, 41, 42, 43, 44, 45, 46, 47, 49, 52, 53, 56, 58, 59, 62, 64, 65, 66, 72, 73, 76, 77, 78, 79, 80, 82, 83, 84, 85, 92, 94, 95, 96, 97, 98, 99, 100, 101, 104, 105, 107, 109, 110, 114, 116, 117, 118, 119, 120, 121, 122, 123, 125, 130, 131, 133, 143, 144, 145, 148, 149, 152, 153, 166, 176, 177, 178, 184, 192, 202, 203, 204, 205, 206, 207, 210, 228, 229, 235, 236, 239, 240, 242, 244, 245, 246, 253, 256, 258, 260, 262, 264, 273, 274, 275, 276, 277
  da mulher  158, 159, 160, 161, 162, 163, 164, 165, 167, 168, 169
  integral  158, 162, 164, 168
  mental  13, 15, 32, 34, 38, 50, 51, 55, 57, 63, 67, 68, 69, 70, 71, 86, 103, 108, 115, 129, 136, 137, 138, 139, 154, 162, 163, 164, 168, 169, 174, 186, 212, 213, 215, 216, 217, 218, 219, 220, 221, 222, 223, 224, 225, 226, 227, 230, 233, 234, 237, 241, 243, 247, 248, 249, 251, 252, 254, 255, 257, 259, 261, 265, 266, 270, 271, 272
  reprodutiva  162
  sistema(s) de. *Cf.* Sistema(s), de saúde

Sedentarismo  144, 149, 175, 195, 272, 273

Sistema(s)  4, 12, 18, 27, 37, 39, 46, 53, 55, 65, 68, 78, 79, 104, 113, 115, 117, 118, 120, 146, 164, 175, 197, 204, 213, 214, 218, 219, 225, 231, 244, 245, 246, 247, 248, 267, 270, 272
    de saúde  12, 148, 154, 267, 268
Sistema Único de Saúde (SUS)  94, 100, 159, 165, 166, 176, 203, 210
Solastalgia  218, 223, 224, 226
Suporte social  13, 32, 39, 64, 104, 105, 108, 110, 136, 138, 162, 179, 184, 205, 221, 232, 238, 243, 255, 259, 261

## T

Tabagismo  31, 43, 66, 144, 195, 265, 267, 268, 270, 271, 273
Trabalho Decente  255, 256, 257, 261
Traços
    de personalidade  13, 14, 15, 46, 62, 63, 64, 65, 66, 67, 68, 69, 70, 71, 80, 266
    patológicos  62, 71, 72
Tratamento  12, 13, 15, 17, 25, 26, 27, 28, 30, 31, 32, 33, 34, 37, 38, 39, 40, 47, 51, 71, 80, 97, 98, 103, 105, 106, 108, 109, 114, 115, 116, 117, 118, 120, 121, 122, 123, 124, 125, 129, 130, 131, 132, 134, 137, 138, 139, 143, 144, 145, 146, 147, 150, 152, 154, 158, 159, 160, 161, 162, 163, 164, 167, 169, 174, 175, 176, 177, 178, 179, 180, 181, 182, 183, 185, 193, 198, 199, 202, 203, 204, 205, 233, 265, 267, 268, 269, 272, 273, 274
    da obesidade  174, 177, 178, 181, 183, 185
Trauma(s)  13, 213, 216, 217, 218, 220, 222, 223, 226, 227
Tuberculose  113, 114, 117, 118, 119

## V

Violência
    de gênero  159, 164, 165
    doméstica  162, 164, 166
Vírus da Imunodeficiência Humana (HIV)  114, 267. *Cf. tb.* HIV
Vulnerabilidade  63, 68, 72, 79, 80, 84, 93, 118, 121, 122, 123, 149, 162, 205, 213, 215, 217, 224, 225, 230, 239, 240, 248

# Sobre os autores

**Adriana Jung Serafini** – graduação em Psicologia pela Pontifícia Universidade Católica do Rio Grande do Sul (PUCRS), especialização em Avaliação Psicológica pelo Conselho Federal de Psicologia (CFP) e em Psicologia Clínica com ênfase em Avaliação Psicológica pela UFRGS, mestrado em Psicologia do Desenvolvimento pela Universidade Federal do Rio Grande do Sul (UFRGS) e doutorado em Psicologia pela mesma instituição. Professora associada II do Departamento de Psicologia e do programa de pós-graduação em Ciências da Saúde da Universidade Federal de Ciências da Saúde de Porto Alegre (UFCSPA). Orcid: https://orcid.org/0000-0002-9273-5594 | *e-mail*: adrianaj@ufcspa.edu.br

**Adriana Tavares Stürmer** – graduação em Medicina pela UFRGS, especialização em Fisiatria pela Associação Brasileira de Medicina Física e Reabilitação (ABMFR), em Acupuntura pelo Colégio Médico Brasileiro em Acupuntura (CMBA), e em Psicologia Positiva pela PUCRS e mestrado em Ciências da Reabilitação pela UFCSPA. Médica da Santa Casa de Misericórdia de Porto Alegre e das clínicas Muskular e Biofisio (Porto Alegre). Orcid: 0009-0005-8394-9346 | *e-mail*: stuadriana@gmail.com

**Alef Alves Lemos** – especialização em Clínica Cirúrgica pelo Programa de Residência Multiprofissional "Atenção Integral ao Paciente Adulto Cirúrgico" (Hospital de Clínicas de Porto Alegre) e mestrado (em andamento) em Psicologia pela UFRGS. Psicólogo, trabalha em consultório particular atendendo demandas de avaliação psicológica, psicoterapia e tratamento da obesidade. Orcid: https://orcid.org/0009-0009-0829-1803 | *e-mail*: psialeflemos@gmail.com

**Ana Paula Porto Noronha** – mestrado em Psicologia Escolar pela Universidade do Minho, doutorado em Psicologia e estágio pós-doutoral em Ciências da Educação na mesma instituição. Docente do programa de pós-graduação stricto sensu em Psicologia da Universidade São Francisco (USF). Psicóloga e coordenadora do LabC+/USF. Bolsista produtividade em pesquisa no Conselho Nacional de Desenvolvimento Científico e Tecnológico (CNPq) nível 1A. Orcid: https://orcid.org/0000-0001-6821-0299 | *e-mail*: ana.noronha8@gmail.com

**André Faro** – doutorado em Psicologia pela Universidade Federal da Bahia (UFBA) e estágio pós-doutoral em Saúde Pública e Saúde Mental na Bloomberg School of Public Health – Johns Hopkins University (JHU). Professor dos cursos de graduação e pós-graduação em Psicologia da Universidade Federal de Sergipe (UFS) e líder do Grupo de Estudos e Pesquisas em Psicologia da Saúde (GEPPS) na mesma instituição. Orcid: https://orcid.org/0000-0002-7348-6297 | *e-mail*: andre.faro.ufs@gmail.com

**Brenda Fernanda Silva-Ferraz** – graduação, mestrado e doutorado em Psicologia pela UFS. Professora na Faculdade Independente do Nordeste (FAINOR). Orcid: https://orcid.org/0000-0003-1139-0342 | *e-mail*: brendafernandapsi@gmail.com

**Bruno Luis Schaab** – graduação e mestrado em Psicologia, e doutorado (em andamento) em Ciências da Saúde. Psicólogo clínico no Serviço Social da Indústria do Rio Grande do Sul (SESI-RS), membro do Laboratório de Pesquisa em Avaliação Psicológica da UFCSPA. Orcid: https://orcid.org/0000-0003-3399-1579 | *e-mail*: brunoluisschaab@gmail.com

**Camila Nogueira Bonfim** – graduação, mestrado e doutorado (em andamento) em Psicologia pela Universidade Federal do Espírito Santo (UFES). Psicóloga e psicometrista (The Royal Healthcare Group – Ottawa). Orcid: https://orcid.org/0000-0002-0626-7537 | *e-mail*: camilanogueirabonfim@gmail.com

**Carolina Rosa Campos** – graduação, mestrado e doutorado em Psicologia pela Pontifícia Universidade Católica de Campinas (PUC-Campinas). Professora do programa de pós-graduação em Psicologia da Universidade Federal do Triângulo Mineiro (UFTM). Orcid: https://orcid.org/0000-0002-1713-3307 | *e-mail*: carolinarosacampos@gmail.com

**Caroline Tozzi Reppold** – graduação, mestrado e doutorado em Psicologia pela UFRGS; estágio pós-doutoral em Psicologia na mesma instituição, em Avaliação Psicológica na USF e em Ciências da Educação na Universidade do Minho. Professora titular da UFCSPA, coordenadora do Laboratório de Pesquisa em Avaliação Psicológica da mesma instituição. Bolsista produtividade em pesquisa no CNPq nível 1-C. Orcid: https://orcid.org/0000-0002-0236-2553 | *e-mail*: reppold@ufcspa.edu.br

**Cassiana Saraiva Quintão Aquino** – graduação em Psicologia pelo Centro Universitário Católico do Leste de Minas Gerais, mestrado em Educação Especial pela Universidade Federal de São Carlos (UFSCar) e doutorado em Psicologia pela mesma instituição. Orcid: https://orcid.org/0000-0002-5981-6712 | *e-mail*: cassianaquintao@gmail.com

**Celine Lorena Oliveira Barboza de Lira** – especialização em Nefrologia pelo Hospital das Clínicas da Universidade Federal de Pernambuco (UFPE) e doutorado em Psicologia Cognitiva pela mesma instituição. Psicóloga e chefe da Unidade Psicossocial do Hospital Barão de Lucena (Secretaria Estadual de Saúde – PE). Orcid: https://orcid.org/0000-0003-4092-7604 | *e-mail*: celine610@msn.com

**Clarissa Marceli Trentini** – especialização em Avaliação Psicológica pela UFRGS, mestrado em Psicologia Clínica e doutorado em Ciências Médicas: Psiquiatria pela mesma instituição. Professora titular nos cursos de graduação e pós-graduação em Psicologia na UFRGS. Bolsista produtividade em pesquisa no CNPq nível 1B. Orcid: https://orcid.org/0000-0002-2607-7132 | *e-mail*: clarissatrentini@gmail.com

**Daiane Nunes dos Santos** – mestrado e doutorado (em andamento) em Psicologia pela UFS. Orcid: https://orcid.org/0000-0002-8680-0206 | *e-mail*: daianenunesufs@gmail.com

**Daniela Sacramento Zanini** – doutorado em Psicologia Clínica e da Saúde pela Universidad de Barcelona. Professora da Pontifícia Universidade Católica de Goiás (PUC Goiás), coordenadora do grupo temático (GT) "Avaliação em Psicologia Positiva e Criatividade" na Associação Nacional de Pesquisa e Pós-graduação em Psicologia (ANPEPP) e ex-presidente do Instituto Brasileiro de Avaliação Psicológica (IBAP). Bolsista produtividade em pesquisa no CNPq. Orcid: https://orcid.org/0000-0003-2515-2820 | *e-mail*: dazanini@yahoo.com

**Denise Balem Yates** – graduação e doutorado em Psicologia pela UFRGS. Especialização em Neuropsicologia pela mesma instituição e em Avaliação Psicológica pelo Conselho Federal de Psicologia (CFP). Coordenadora-executiva do Centro de Avaliação Psicológica da UFRGS e colaboradora do Grupo de Estudo, Aplicação e Pesquisa em Avaliação Psicológica (GEAPAP) da mesma instituição. Orcid: https://orcid.org/0000-0002-0879-9270 | *e-mail*: denise.yates@ufrgs.br

**Diana Tosello Laloni** – especialização em Saúde Mental pela Universidade de Campinas (Unicamp), graduação e doutorado em Psicologia pela PUC-Campinas. Professora e supervisora de Saúde Clínica da PUC-Campinas, psicóloga clínica do Centro de Psicologia e Fonoaudiologia, e sócia-fundadora do Núcleo de Aprimoramento em Psicologia (NAPSI). Orcid: https://orcid.org/0000-0002-7029-2913 | *e-mail*: diana.laloni@gmail.com

**Doralúcia Gil da Silva** – graduação, mestrado e doutorado em Psicologia pela UFRGS. Psicóloga hospitalar no Hospital Escola da Universidade Federal de Pelotas (UFPel). Orcid: https://orcid.org/0000-0003-1240-6721 | *e-mail*: doralu.gil@gmail.com

**Eduardo Remor** – especialização em Promoção e Educação para a Saúde pelo Centro Universitário de Salud Publica, graduação em Psicologia pela PUCRS e doutorado em Psicologia da Saúde pela Universidad Autónoma de Madrid. Professor do programa de pós-graduação em Psicologia da UFRGS. Orcid: https://orcid.org/0000-0002-5393-8700 | *e-mail*: eduardo.remor@ufrgs.br

**Evandro Morais Peixoto** – doutorado em Psicologia pela PUC-Campinas. Professor do programa de pós-graduação stricto-sensu em Psicologia da USF. Orcid: https://orcid.org/0000-0003-1007-3433 | *e-mail*: peixotoem@gmail.com

**Flávia Wagner** – especialização em Psicologia Clínica (ênfase em Avaliação Psicológica) pela UFRGS, graduação, mestrado e doutorado em Psicologia pela mesma instituição. Pesquisadora do Programa de Déficit de Atenção/Hiperatividade (ProDAH) do Hospital de Clínicas de Porto Alegre (HCPA), supervisora de estágio no curso de Psicologia da UFRGS e em consultório particular, com ênfase em Avaliação Psicológica e Terapia Cognitiva-Comportamental (TCC). Orcid: https://orcid.org/0000-0002-7301-1515 | *e-mail*: flavia.wagner@ufrgs.br

**Gabriela da Silva Cremasco** – doutorado em Psicologia pela USF. Professora do curso de graduação em Psicologia na mesma instituição. Orcid: https://orcid.org/0000-0003-2075-8049 | *e-mail*: gabicremasco1@gmail.com

**Giovanna Viana Francisco Moreira** – graduação em Psicologia pela PUC-Campinas e mestrado (em andamento) em Avaliação Neuropsicológica pela USF. Orcid: https://orcid.org/0009-0000-0763-7870 | *e-mail*: giovannavfm@gmail.com

**Hugo Ferrari Cardoso** – graduação em Psicologia pela Universidade Sagrado Coração; mestrado, doutorado e estágio pós-doutoral na USF. Professor assistente dos cursos de graduação e pós-graduação em Psicologia do Desenvolvimento e Aprendizagem na Universidade Estadual Paulista Júlio de Mesquita Filho (UNESP), membro da diretoria do IBAP e do GT "Avaliação em Psicologia Positiva e Criatividade" na ANPEPP. Bolsista produtividade em pesquisa do CNPq nível 2. Orcid: https://orcid.org/0000-0003-1960-2936, | *e-mail*: hfcardoso@gmail.com

**Iorhana Almeida Fernandes** – graduação, doutorado e estágio pós-doutoral (em andamento – bolsa CNPq n. 152130/2024-1) em Psicologia na PUC Goiás. Membro do GT "Avaliação Psicológica em Psicologia Positiva e Criatividade" na ANPEPP e do Grupo de Pesquisa Atenção Integral à Saúde (GPAIS). Orcid: https://orcid.org/0000-0001-5852-661X | *e-mail*: iorhanafernandes@hotmail.com

**João Carlos Caselli Messias** – graduação, mestrado e doutorado em Psicologia pela PUC-Campinas, e estágio pós-doutoral na Universidade Católica Dom Bosco. Docente permanente da Escola de Ciências da Vida no programa de pós-graduação stricto sensu em Psicologia na PUC Campinas, líder do grupo de pesquisa "Psicologia do Trabalho e Carreira: Pesquisa e Intervenção" no CNPq, editor associado da Revista Estudos em Psicologia, membro do Comitê de Ética em Pesquisa com Seres Humanos da PUC-Campinas e do GT "Carreiras: informação, orientação e aconselhamento" na ANPEPP, *miembro de derecho da Red Iberoamericana de Psicología de las Organizaciones y del Trabajo* (RIPOT). Orcid: https://orcid.org/0000-0002-6487-4407 | *e-mail*: profjoaomessias@gmail.com

**José Maurício Haas Bueno** – graduação, mestrado e doutorado em Psicologia pela USF e estágio pós-doutoral em Avaliação Psicológica na mesma instituição e na Universidade do Minho. Professor Associado I da UFPE. Orcid: https://orcid.org/0000-0002-9179-7216 | *e-mail*: mauricio.bueno@ufpe.br

**Júlia Duarte Firmino Salviano** – graduação em Psicologia pela Universidade Vila Velha e mestrado (em andamento) em Psicologia pela UFES. Psicoterapeuta em Dessensibilização e Reprocessamento por meio de Movimentos Oculares (*Eye Movement Desensitization and Reprocessing* [EMDR]) (em formação) pela Trauma Clinic. Orcid: https://orcid.org/0009-0007-2319-9015 | *e-mail*: juliadpsic@gmail.com

**Juliana Bertoletti** – especialização em Psicologia Clínica pelo CFP, mestrado em Ciências da Saúde pelo Instituto de Cardiologia/Fundação Universitária de Cardiologia e doutorado em Psicologia pela UFRGS. Psicóloga com atendimento em consultório particular: avaliação psicológica, psicoterapia e tratamento da obesidade. Orcid: https://orcid.org/my-orcid?orcid=0000-0001-8422-0155 | *e-mail*: julianabertolettipsi@gmail.com

**Karina da Silva Oliveira** – doutorado em Psicologia pela PUC-Campinas. Professora do programa de pós-graduação stricto-sensu em Psicologia da USF. Orcid: https://orcid.org/0000-0002-5301-7012 | *e-mail*: oliveira.karinadasilva@gmail.com

**Luanna dos Santos Silva** – mestrado e doutorado (em andamento) em Psicologia pela UFS. Orcid: https://orcid.org/0000-0003-0259-1337 | *e-mail*: luanna.psi.ufs@gmail.com

**Makilim Nunes Baptista** – graduação em Psicologia pela Universidade São Judas Tadeu, mestrado em Psicologia pela PUC-Campinas e doutorado em Psicologia pela Universidade Federal de São Paulo (Unifesp). Professor do programa de pós-graduação em Psicologia da PUC-Campinas. Orcid: https://orcid.org/0000-0001-6519-254X | *e-mail*: makilim01@gmail.com

**Marcela Mansur-Alves** – graduação, mestrado e doutorado em Psicologia pela Universidade Federal de Minas Gerais (UFMG). Professora do programa de pós-graduação em Psicologia: Cognição e Comportamento da mesma instituição. Orcid: http://orcid.org/0000-0002-3961-3475 | *e-mail*: marmansura@gmail.com

**Maria Andréia da Nóbrega Marques** – graduação em Psicologia e Neuropsicologia, mestrado em Educação pela UFP, doutorado e estágio pós-doutoral em Psicologia na USF. Professora de Psicologia da UFP, líder e pesquisadora do Grupo de Estudos em Neurociência, Neuropsicologia e Reabilitação da mesma instituição. Orcid: https://orcid.org/0000-0003-1607-6301 | *e-mail*: dra.mariaandreia@gmail.com

**Miguel Luis Alves de Souza** – graduação e mestrado em Psicologia pela Universidade do Vale do Rio dos Sinos (Unisinos), e doutorado em Psicologia pela UFRGS. Orcid: https://orcid.org/0000-0002-9012-9996 | *e-mail*: mlalvesdesouza@outlook.com

**Natalício Augusto da Silva Junior** – graduação em Ciências Econômicas pela Universidade Federal de Rondônia (UNIR) e em Psicologia pela USF, mestrado (em andamento) em Psicologia pela USF. Orcid: https://orcid.org/0000-0002-6458-6499 | *e-mail*: contato.natalicioaugusto@gmail.com

**Nelson Hauck Filho** – graduação, mestrado e doutorado em Psicologia pela UFRGS. Professor do programa de pós-graduação stricto sensu em Psicologia da USF. Orcid: https://orcid.org/0000-0003-0121-7079 | *e-mail*: hauck.nf@gmail.com

**Nohana Emanuelly Cassiano da Silva** – graduação em Psicologia pela Faculdades Integradas Espírito-Santenses (FAESA), especialização em Saúde Mental e Desenvolvimento Humano pela Pontifícia Universidade Católica do Paraná (PUCPR) e mestrado (em andamento) em Psicologia pela UFES. Orcid: https://orcid.org/0000-0002-0704-9988 | *e-mail*: nohanapsi@gmail.com

**Prisla Ücker Calvetti** – graduação e doutorado em Psicologia pela PUCRS, especialização em Avaliação Psicológica e em Psicologia Clínica pelo CFP, e estágio pós-doutoral no Laboratório de Dor & Neuromodulação do Hospital de Clínicas de Porto Alegre (PPG Ciências Médicas: Medicina – UFRGS) e no Laboratório de Avaliação Psicológica (PPG Ciências da Saúde e PPG Psicologia e Saúde – UFCSPA). Orcid: 0000-0003-0581-9595 | *e-mail*: prisla.calvetti@gmail.com

**Rafael Andrade Ribeiro** – graduação em Psicologia pela PUC-Campinas, especialização pelo Programa de Residência Multiprofissional em Saúde pelo Hospital PUC-Campinas, mestrado em Psicologia como Profissão e Ciência pela mesma instituição. Professor de Análise do Comportamento, Psicologia Hospitalar, Psicologia na Saúde/Clínica, supervisor de estágios de Saúde/Clínica, e professor-tutor do Programa de Residência Multiprofissional em Saúde da PUC-Campinas, psicólogo clínico, supervisor e professor do Núcleo de Aprimoramento em Psicologia (NAPSI) e do Centro de Psicologia e Fonoaudiologia. *e-mail*: rafael.aribeiro@gmail.com

**Rodolfo Augusto Matteo Ambiel** – graduação, mestrado e doutorado em Psicologia pela USF. Docente permanente Escola de Ciências da Vida no programa de pós-graduação stricto sensu em Psicologia da PUC-Campinas, líder do Grupo Psicologia do Trabalho e Carreira: Pesquisa e Intervenção no CNPq. Editor-chefe da Revista Psico-USF e da Revista Brasileira de Orientação Profissional, ex-presidente da Associação Brasileira de Orientação Profissional (ABOP) e membro do GT "Carreiras: informação, orientação e aconselhamento" na ANPEPP. Ex-docente, ex-vice-coordenador e ex-coordenador do programa de pós-graduação stricto sensu em Psicologia da USF. Bolsista produtividade em pesquisa no CNPq nível 1D. Orcid: https://orcid.org/0000-0002-5315-9635 | *e-mail*: ambielram@gmail.com

**Sheila Gonçalves Câmara** – graduação em Psicologia, mestrado em Psicologia Social e da Personalidade e doutorado em Psicologia pela PUCRS. Professora associada da UFCSPA. Orcid: https://orcid.org/0000-0001-6761-7644 | *e-mail*: sheilac@ufcspa.edu.br

**Tonantzin Ribeiro Gonçalves** – graduação, mestrado e doutorado em Psicologia pela UFRGS, e estágio pós-doutoral na mesma instituição. Professora adjunta do Departamento de Psicologia e do programa de pós-graduação em Psicologia e Saúde da UFCSPA. Orcid: https://orcid.org/0000-0003-0249-3358 | *e-mail*: tonantzin@ufcspa.br

**Valeschka Martins Guerra** – graduação e mestrado em Psicologia pela Universidade Federal da Paraíba (UFPB), e doutora em Psicologia Social pela University of Kent. Docente do Departamento de Psicologia Social e do Desenvolvimento e do programa de pós-graduação em Psicologia na Universidade Federal do Espírito Santo. Orcid: https://orcid.org/0000-0001-7455-125X | *e-mail*: valeschka.guerra@ufes.br

**Willian de Sousa Rodrigues** – graduação, mestrado e doutorado (em andamento) em Psicologia pela UFMG. Orcid: https://orcid.org/0000-0002-5959-8073 | *e-mail*: williansourodrigues@gmail.com

Conecte-se conosco:

 facebook.com/editoravozes

 @editoravozes

 @editora_vozes

 youtube.com/editoravozes

 +55 24 2233-9033

www.vozes.com.br

Conheça nossas lojas:
www.livrariavozes.com.br

Belo Horizonte – Brasília – Campinas – Cuiabá – Curitiba
Fortaleza – Juiz de Fora – Petrópolis – Recife – São Paulo

  Vozes de Bolso

**EDITORA VOZES LTDA.**
Rua Frei Luís, 100 – Centro – Cep 25689-900 – Petrópolis, RJ
Tel.: (24) 2233-9000 – E-mail: vendas@vozes.com.br